Motorräder fotografieren

Foto: Thorsten Karrer

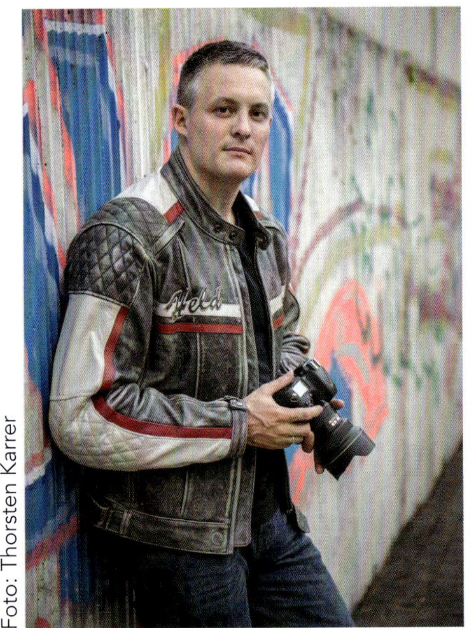

Julian Eichhoff (Jahrgang 1979) studierte und promovierte im Maschinenbau in Aachen. Er fotografiert seit 2004 und hat sich als leidenschaftlicher Biker in den letzten Jahren auf Motorradfotografie spezialisiert. Dort deckt er alle Themen von Porträt-, Studio- bis hin zur Actionfotografie ab. Charakteristisch für seinen fotografischen Stil sind der intensive Einsatz von Blitzlicht sowie die Kombination von Blitz- und Tageslicht. Seit 2010 schreibt er auf seinem Blog *Lumenatic.com* regelmäßig zu fotografischen Themen. Dabei zeigt er nicht nur die Fotos, sondern erzählt auch deren Entstehungsgeschichte. Julian Eichhoff ist verheiratet, hat zwei Kinder und lebt in Hannover. Hauptberuflich arbeitet er im Sondermaschinenbau.

Julian Eichhoff

Motorräder fotografieren

Bikes on Location, im Studio und in Bewegung

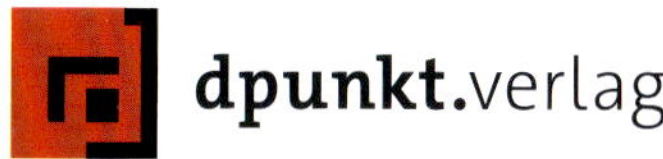

Dr.-Ing. Julian Eichhoff
http://Lumenatic.com
julian@lumenatic.com

Lektorat: Rudolf Krahm
Copy-Editing: Petra Kienle, Fürstenfeldbruck
Satz: Birgit Bäuerlein
Herstellung: Susanne Bröckelmann
Umschlaggestaltung: Helmut Kraus, www.exclam.de
Druck und Bindung: Schleunungdruck GmbH, Marktheidenfeld

Bibliografische Information der Deutschen Nationalbibliothek
Die Deutsche Nationalbibliothek verzeichnet diese Publikation in der Deutschen Nationalbibliografie; detaillierte bibliografische Daten sind im Internet über http://dnb.d-nb.de abrufbar.

ISBN:
Print 978-3-86490-506-3
PDF 978-3-96088-223-7
ePub 978-3-96088-224-4
mobi 978-3-96088-225-1

Sämtliche Kennzeichen der in diesem Buch gezeigten Motorräder sind verändert worden. Die Thematik der Kennzeichen in der Motorradfotografie wird in Abschnitt 10.4.4 ausführlich behandelt.

5 4 3 2 1 0

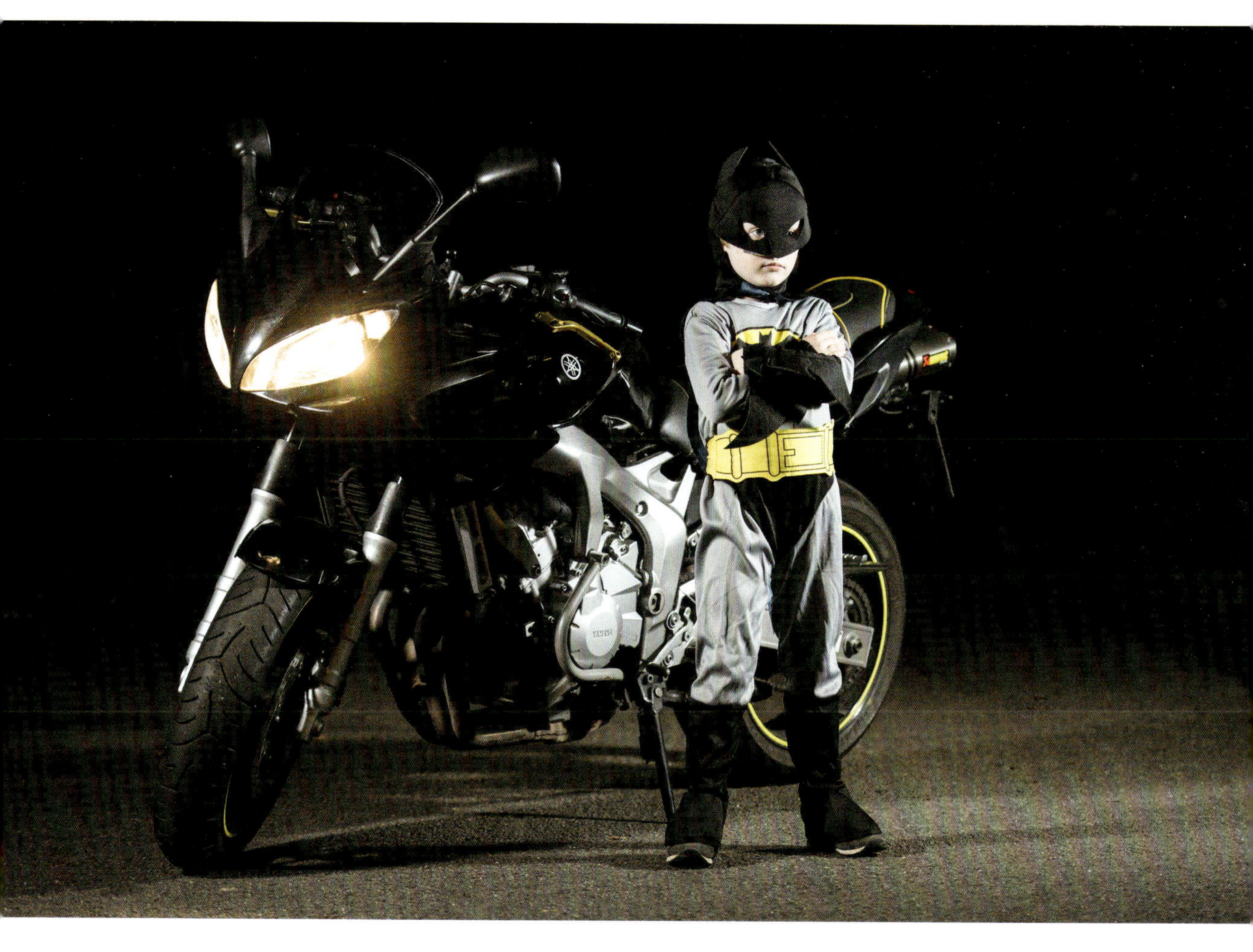

Sei immer Du selbst.
Es sei denn, Du kannst Batman sein.
Dann sei immer Batman.
(Autor unbekannt)

Danksagung

Ein riesengroßes Dankeschön geht an ...

- meine wunderbare Frau Kristina und meine Töchter Svenja und Paula für den Freiraum, den sie mir zum Fotografieren und Schreiben dieses Buchs gegeben haben. Es würde mich freuen, wenn meine Kinder ebenfalls Spaß an der Fotografie fänden (und vielleicht auch am Motorradfahren, doch darüber sprechen wir zu einem späteren Zeitpunkt).
- Dominik Spitz, ohne den es dieses Buch nicht gäbe. Denn Dominik hat mich mit dem Mopedvirus überhaupt erst (re-)infiziert. Danke für viele tolle Ausfahrten, Fotosessions und dafür, dass ich mir deine Moto Morini mehr als einmal zum Fotografieren und Fahren ausleihen durfte.
- Atilla Vuran dafür, dass er mich zu dem Streben geführt hat, der Beste zu sein, der ich sein kann.
- Thorsten Karrer, der mit seinem professionellen und kritischen Blick das Manuskript gelesen und mit sachlich-fundierter Brutalität kommentiert hat.
- Franz Binder, der mir mit seiner schriftstellerischen Erfahrung zur Seite gestanden hat. Franz hat mich unter anderem darin beraten, wie man einen Verlag für ein Buchprojekt interessiert. Wie man sieht, erfolgreich.
- Inga Schnepel, die mich u. a. beim Aufsetzen des Wordpress-Servers meiner Homepage *Lumenatic.com* tatkräftig unterstützt hat (Klartext: Sie hat den Server aufgesetzt).

- den dpunkt.verlag, der den Mut hatte, sich des zugegebenermaßen exotischen Themas anzunehmen.
- meinen Lektor Rudolf Krahm, der mir jederzeit mit Rat und Tat beiseite stand. Danke für viele anregende Diskussionen und die professionelle Zusammenarbeit!
- die Biker, mit denen ich fotografiert habe. Ihr alle habt geduldig, engagiert und interessiert teilgenommen, was die Fotosessions noch spannender und ergiebiger gemacht hat!
- die Biker Family Hannover für das positive Feedback zu meinen Bildern. Ihr seid eine verrückt-bunte Motorradgemeinde zum Wohlfühlen.
- Chris Marquardt und Boris Nienke vom Podcast »Happy Shooting«, welcher mich über lange Strecken meiner fotografischen Reise begleitet hat.
- Thorsten Karrer (nochmal), Daniel Beck und Mark Stegelmann. Diese kleine Clique stellt den Nukleus meiner fotografischen Laufbahn dar. Gerade in den Anfangstagen habe ich viel von euch gelernt!
- Monsieur Jean-Marc Dugas aus Kanada. Deine begeisterten Kommentare zu meinen Blogeinträgen freuen mich jedes Mal aufs Neue und spornen mich an, weitere Artikel zu schreiben!
- Danke an folgende Firmen für die Möglichkeit, auf dem Gelände zu fotografieren:
  - ADAC Fahrsicherheits-Zentrum Laatzen
  - Engel und Völkers Commercial, Hannover
  - RET Reifenerneuerungstechnik GmbH, Hemmingen
  - Restaurant Silbervogel, Hannover

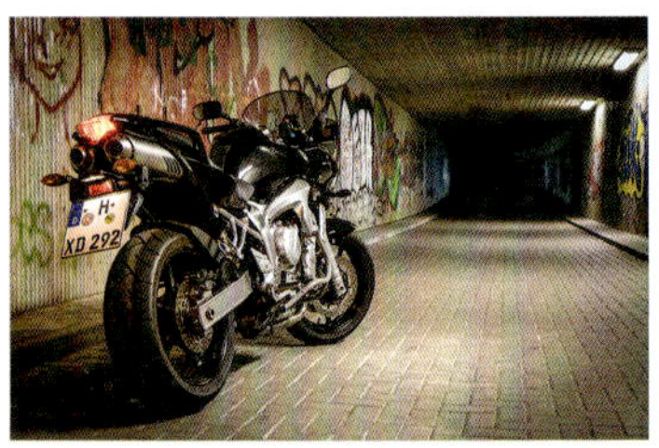

Inhaltsverzeichnis

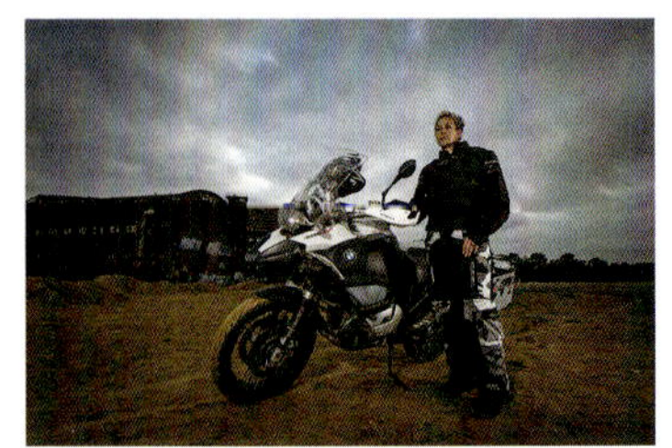

Kapitel 4
Motorradporträts on Location 45

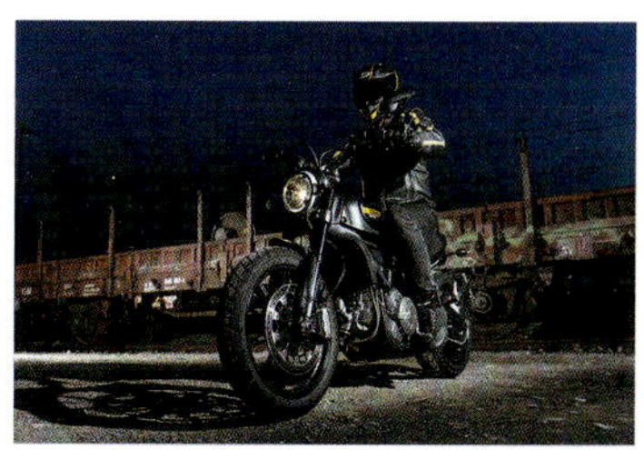

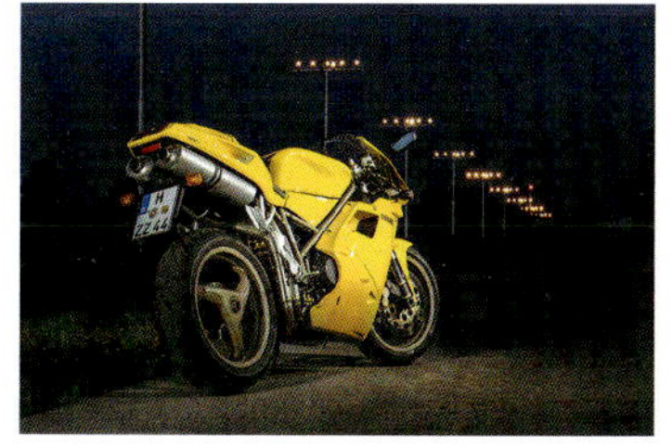

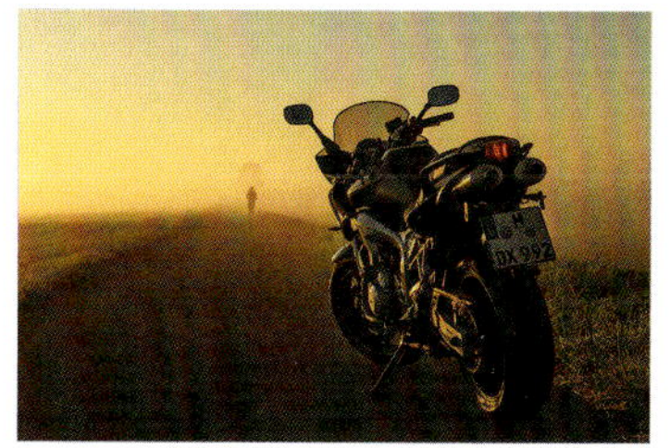

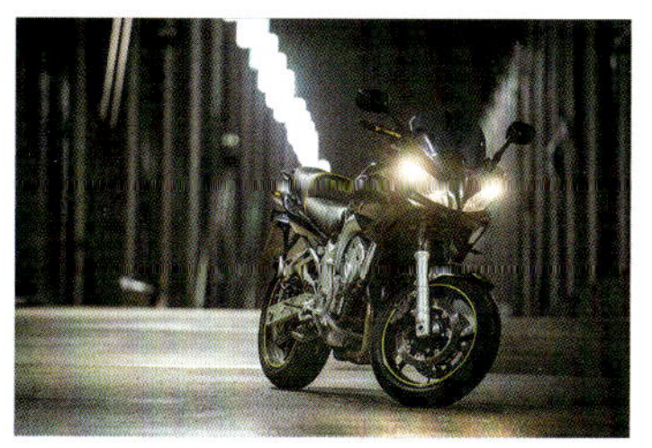

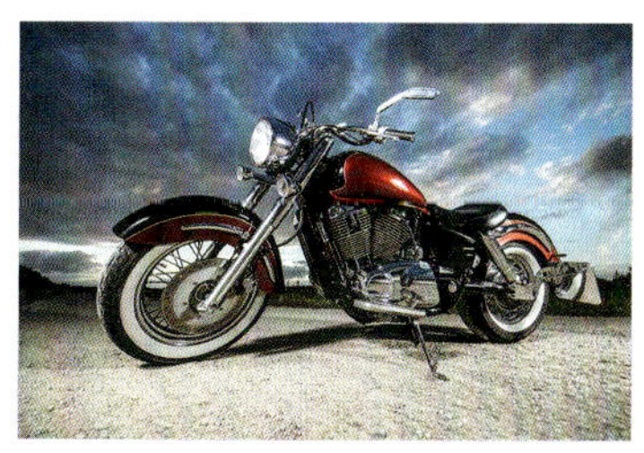

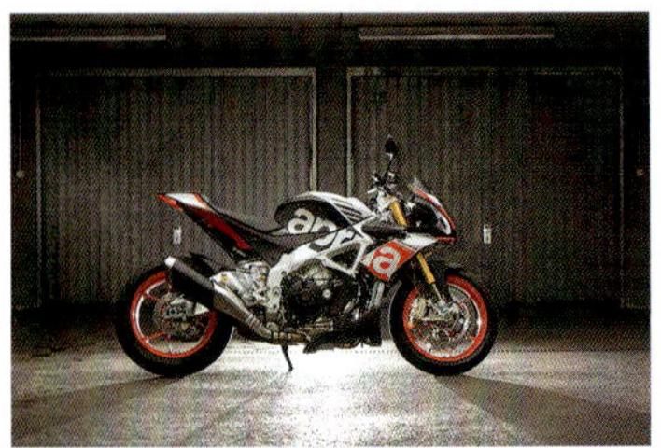
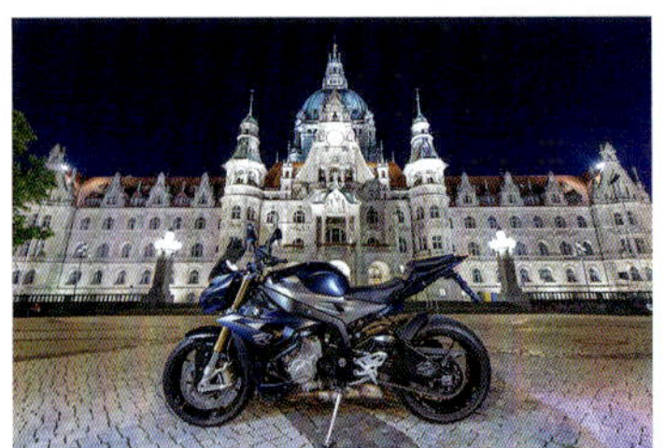
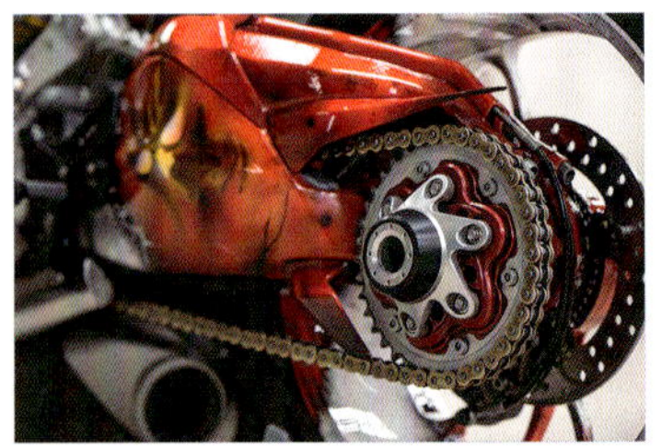
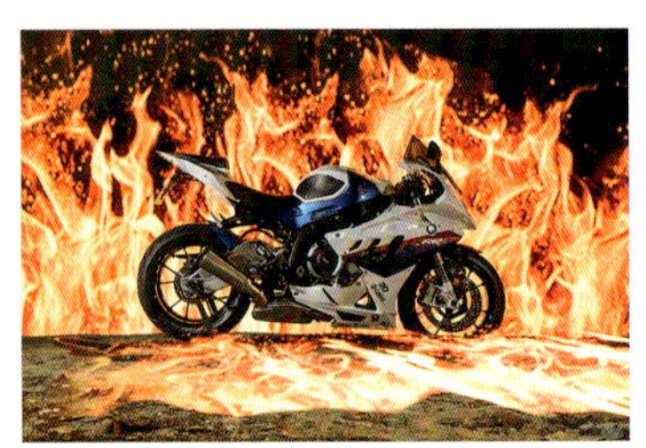
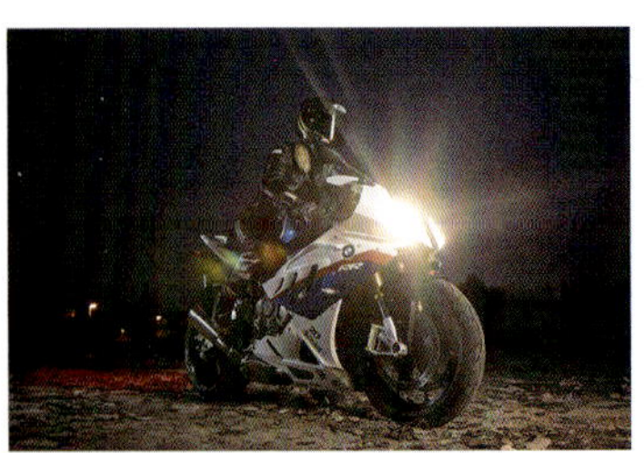

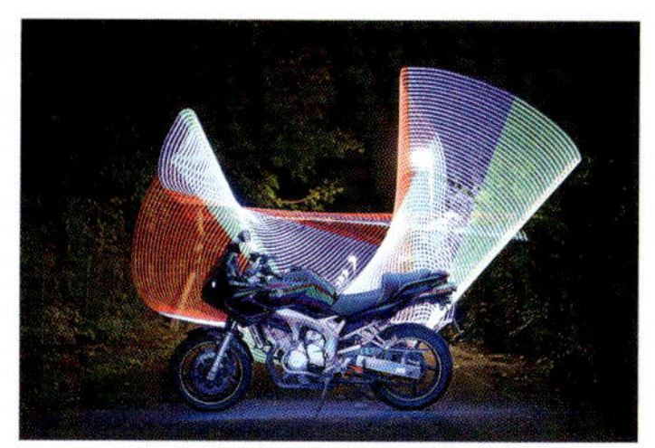

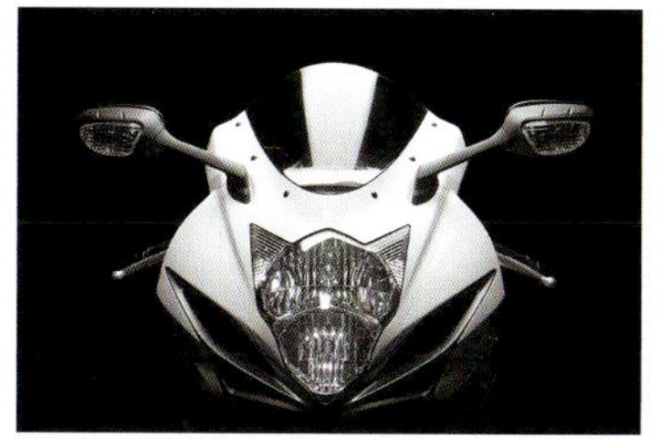

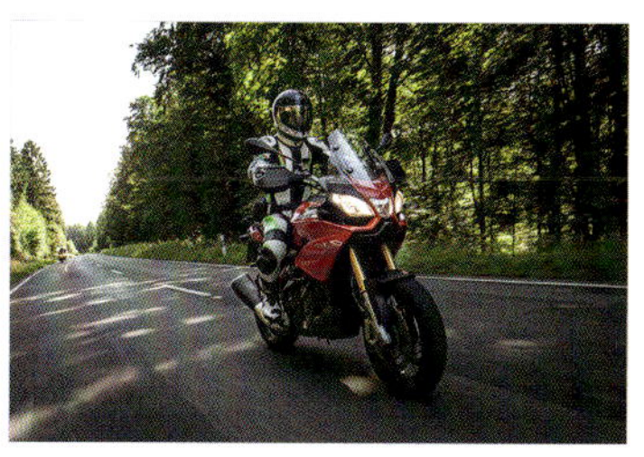

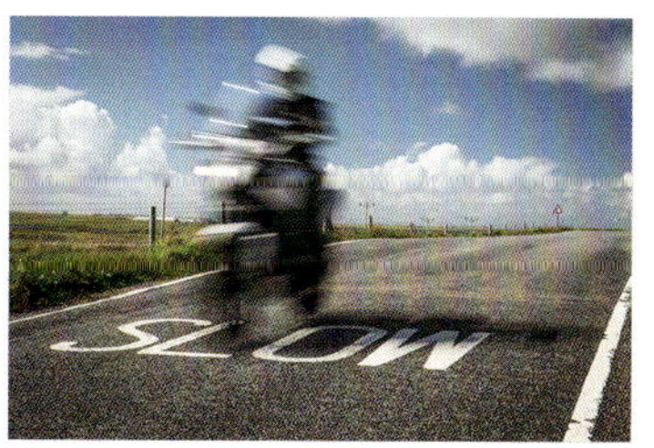
SLOW

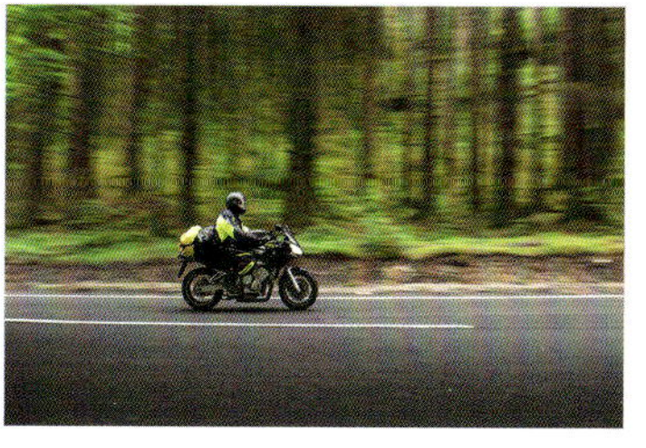

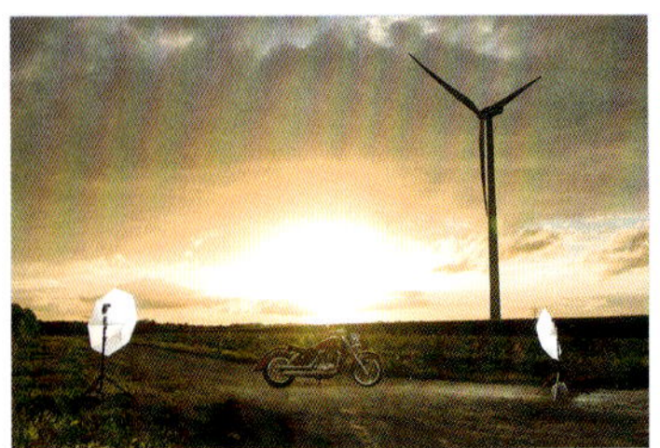

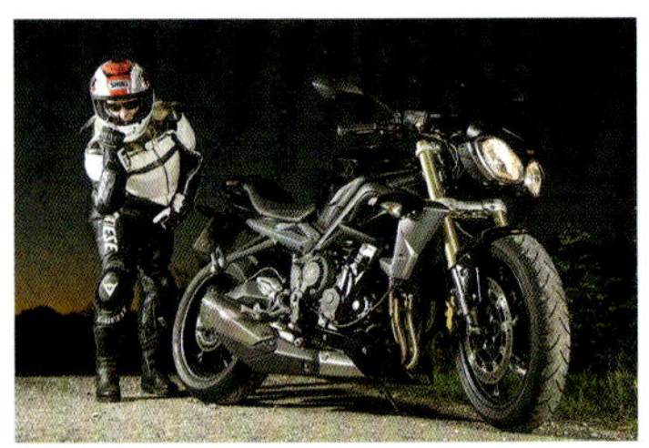

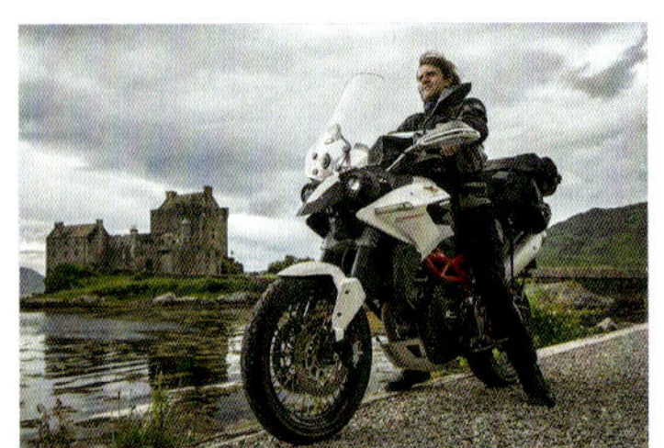

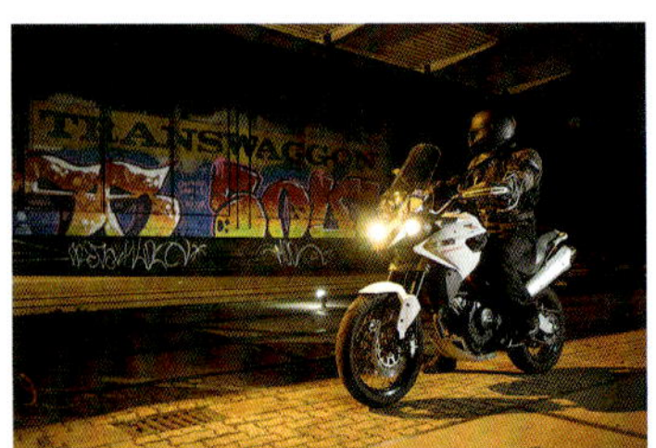

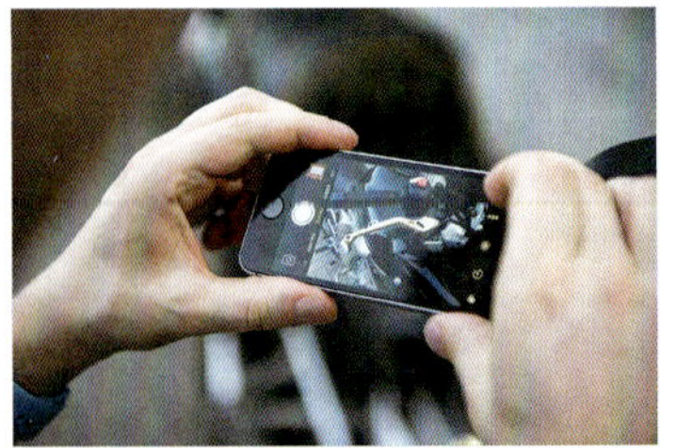

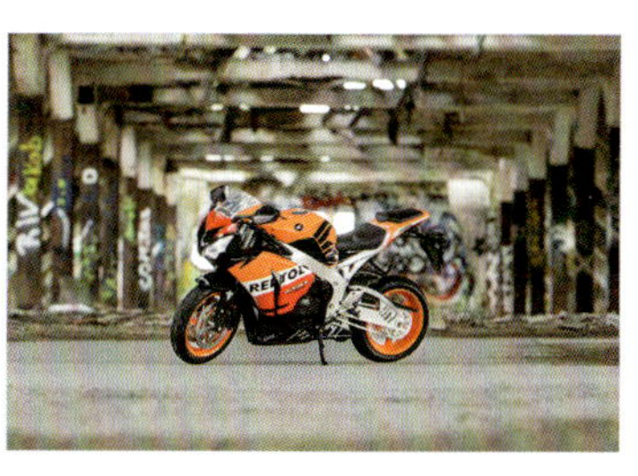

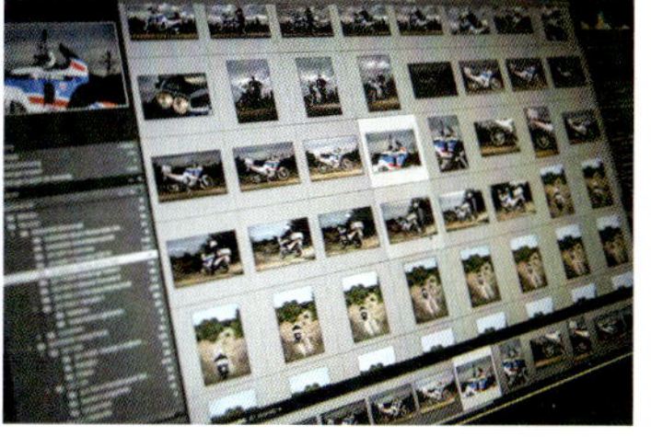

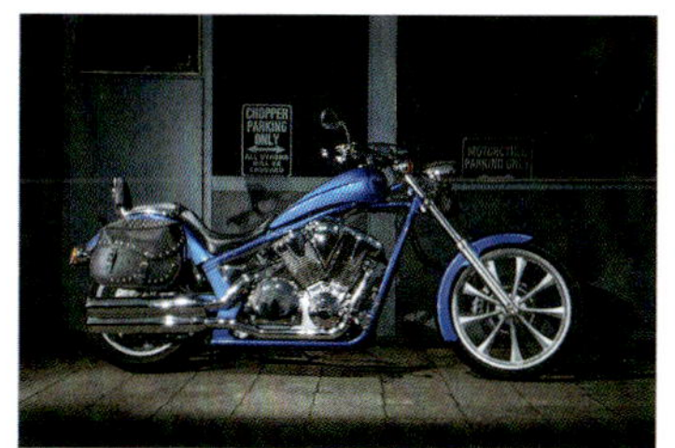

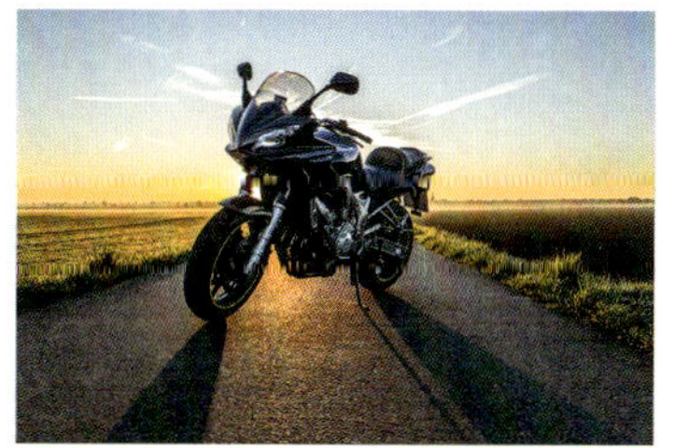

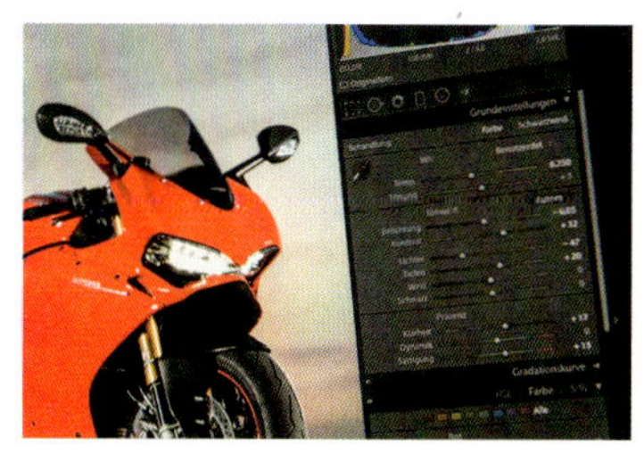

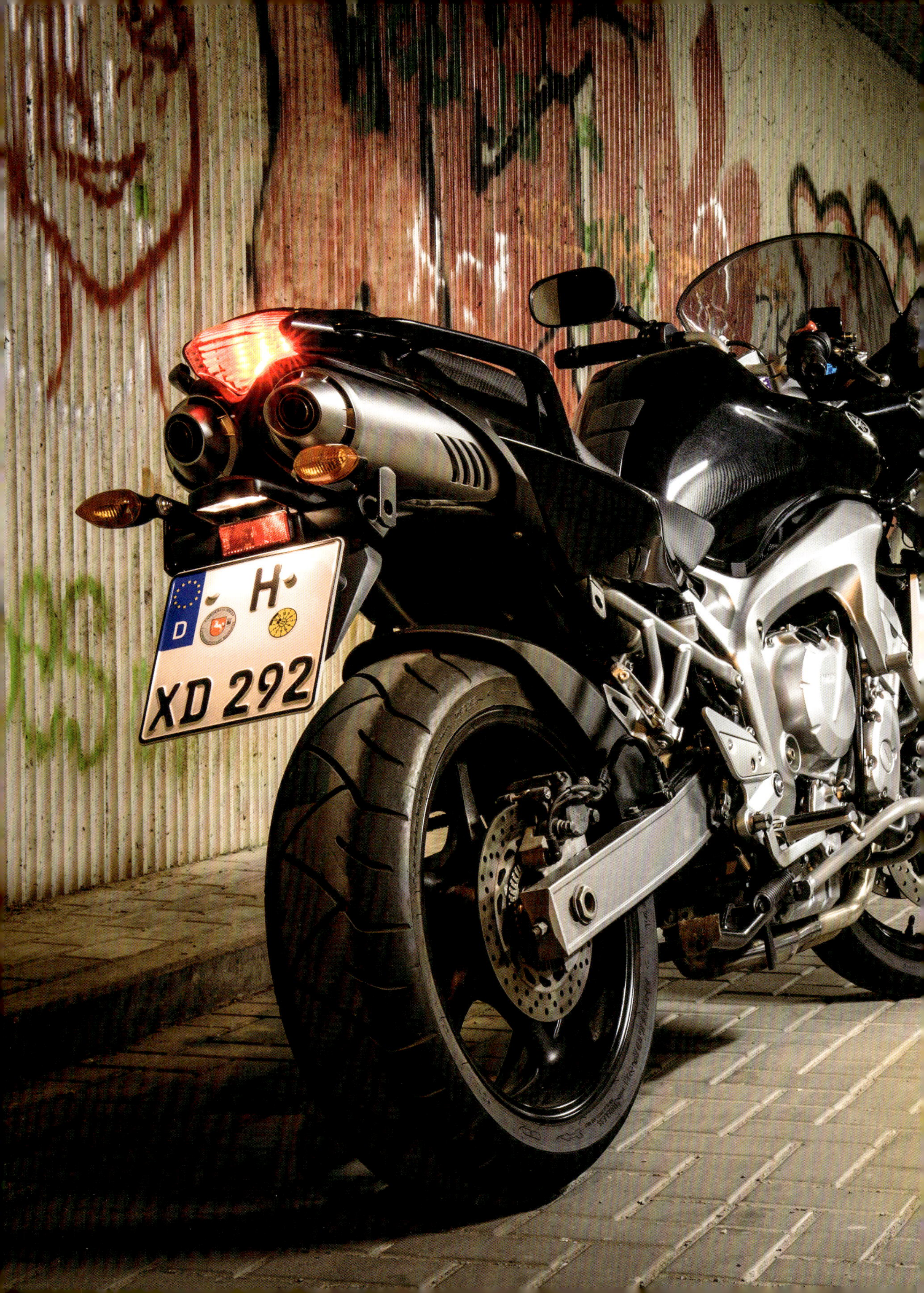
D
H
XD 292

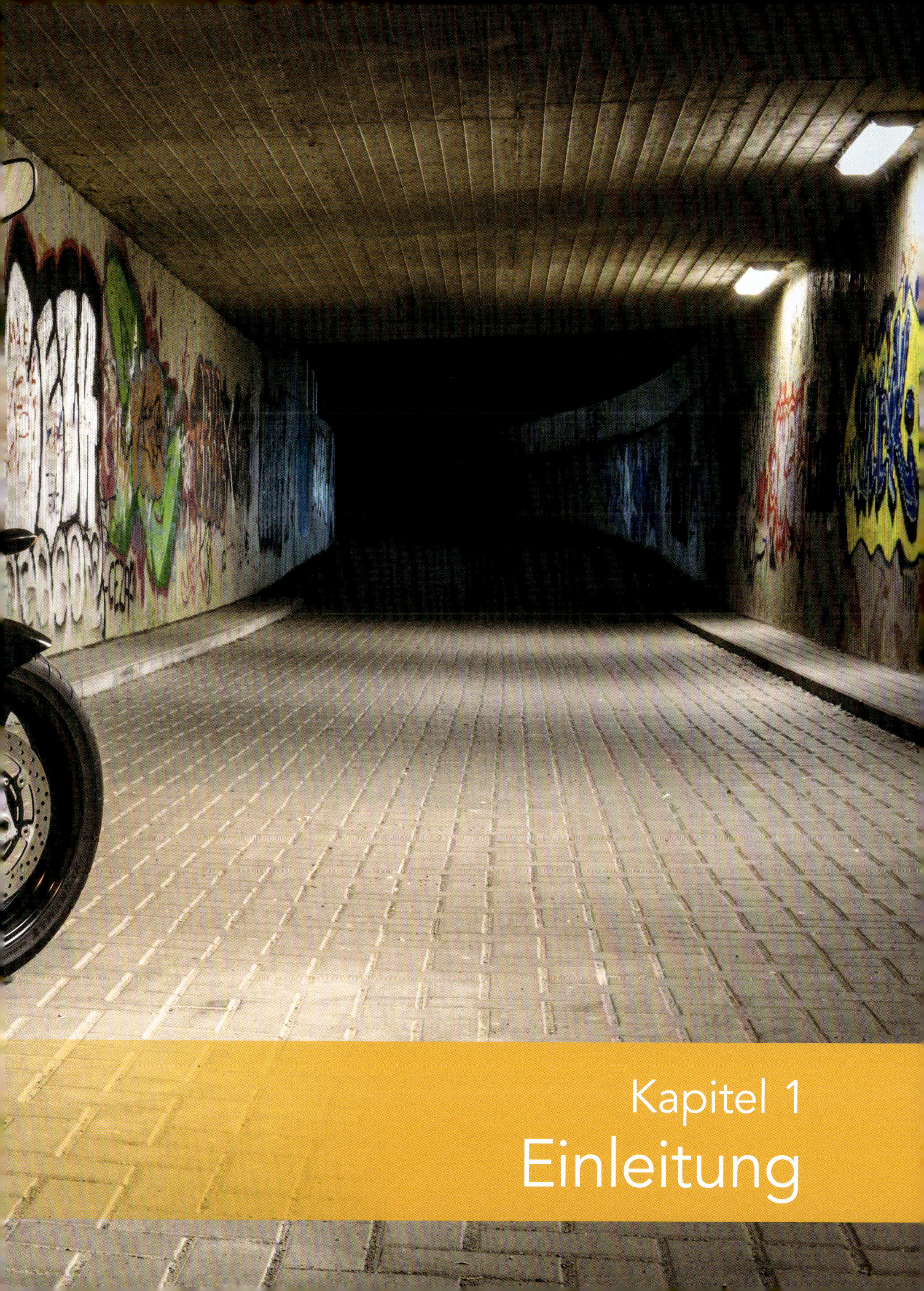

Kapitel 1

Einleitung

Vorherige Doppelseite:
Abb. 1–1 Yamaha FZ6 Fazer (50 mm, 30 s, f/20, ISO 100)

Motorräder sind viel mehr als nur ein Vehikel, um von A nach B zu gelangen. Sie symbolisieren Freiheit, Individualität und Leidenschaft. Das Fahrerlebnis auf einem Motorrad ist ungefiltert: Man erlebt das Fahren ohne die abgeschlossene Atmosphäre einer Fahrgastzelle, das Beschleunigen und Abbremsen und vor allem das Durchfahren von Kurven wird intensiver und mit dem gesamten Körper wahrgenommen. Das Lieblingsspielzeug der Deutschen ist dem Volksmund nach zwar das Auto, aber Biker sind ein nochmal spezielleres Völkchen. Die Maschine wird gehegt und gepflegt, getunt und individualisiert. Jeder Motorradfahrer ist stolz auf sein Bike und möchte es daher im besten Licht erscheinen lassen.

In Deutschland sind über 4 Mio. Motorräder zugelassen und ca. 16 Mio. Personen besitzen einen Motorradführerschein. Rechnet man jetzt noch hinzu, dass es mehrere Millionen begeisterte (Amateur-) Fotografen in Deutschland gibt, verwundert es schon fast, dass sich aus diesem großen Pool an aktiven Fotografen und Motorradfahrern nicht schon längst eine größere Schnittmenge gefunden hat. Mit diesem Buch möchte ich den Leser einladen, sich auf die wundervolle Reise der Motorradfotografie zu begeben. Ein Motorrad ansprechend zu fotografieren und effektvoll zu inszenieren, ist gar nicht so schwer, wenn Sie die Grundregeln von Belichtung und Komposition verstanden haben. Wie positioniert und beleuchtet man ein Motorrad mit verschiedenen Lichtquellen und wie gestaltet man ein ansprechendes Bild? Was muss man bei der Organisation von Motorradshootings beachten? Wie kann ich auch mit einem Smartphone bessere Motorradfotos aufnehmen? All diese Fragen möchte ich in diesem Buch beantworten.

Dieses Buch richtet sich an zwei Zielgruppen: zum einen an Fotografen, welche sich die Motorradfotografie erarbeiten möchten, zum anderen an Motorradfahrer, die bessere Bilder von ihren Maschinen aufnehmen möchten, aber nicht unbedingt das nötige fotografische Vorwissen besitzen. Die Kapitel zu Ausrüstung und Belichtung richten sich daher eher an die zweitgenannte Zielgruppe, um ihr die notwendigen Grundlagen des fotografischen Handwerks zu vermitteln. Es folgen die drei Hauptgenres der Motorradfotografie: Porträts on Location (also »in der freien Wildbahn«), Porträts im Studio und Motorräder in Bewegung. Jedes Kapitel ist mit mehreren Trainings ausgestattet, um dem Leser die Möglichkeit zu geben, sich die Themen und Techniken Stück für Stück zu erarbeiten. Anschließend werden die Planung und Durchführung der Besonderheiten von Motorradshootings erklärt.

Da Motorräder zum Fahren gebaut werden (und somit auch zum Reisen), darf ein Kapitel über Reisefotografie nicht fehlen. Ein spezielles Thema ist die anschließend behandelte Fotografie von Motorradmodellen. Aus klein mach groß – mit ein paar Techniken ist es möglich, ein Spielzeug wie ein echtes Motorrad aussehen zu lassen. Das Buch schließt mit dem großen Themenkomplex der Nachbearbeitung, Verwaltung und Präsentation der erstellten Fotos.

Eine Anmerkung zum Schreibstil: Biker duzen sich automatisch und ungeachtet des Alters, auch wenn sie sich nicht kennen (bei Fotografen ist es ähnlich, wenn auch nicht so ausgeprägt wie bei Motorradfahrern). Daher habe ich beim Schreiben überlegt, den Leser in diesem Buch auch zu duzen. Da dies nach dem Lesen eines Probekapitels auf Dauer aber etwas penetrant wirkte, habe ich einen Kompromiss gewählt. In den Kapiteln wird der Leser gesiezt, in den Trainings aber geduzt, um mehr Nähe bei den Übungen aufzubauen.

Sicherheitshinweis

Beachten Sie beim Fotografieren von Motorrädern stets alle Verkehrsregeln und machen Sie nur Bilder, wenn dies ohne Gefahr für Sie, den Biker und andere Verkehrsteilnehmer möglich ist.

Der Autor sowie der Verlag können nicht für Unfälle und Schäden verantwortlich gemacht werden, die im Rahmen der Anwendung der im Buch gezeigten Aufnahmetechniken sich ereignen bzw. entstehen.

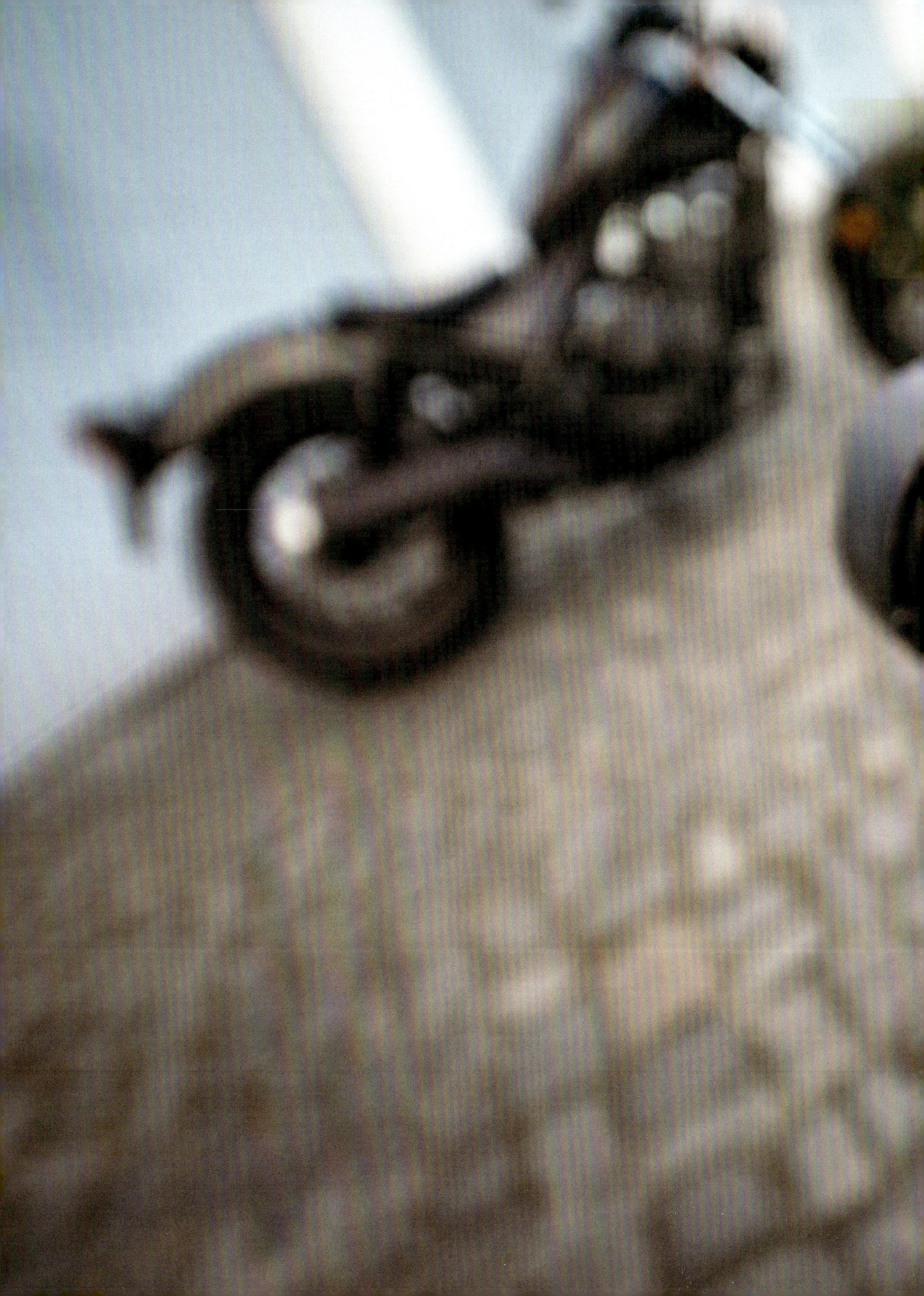

Kapitel 2

Die Ausrüstung

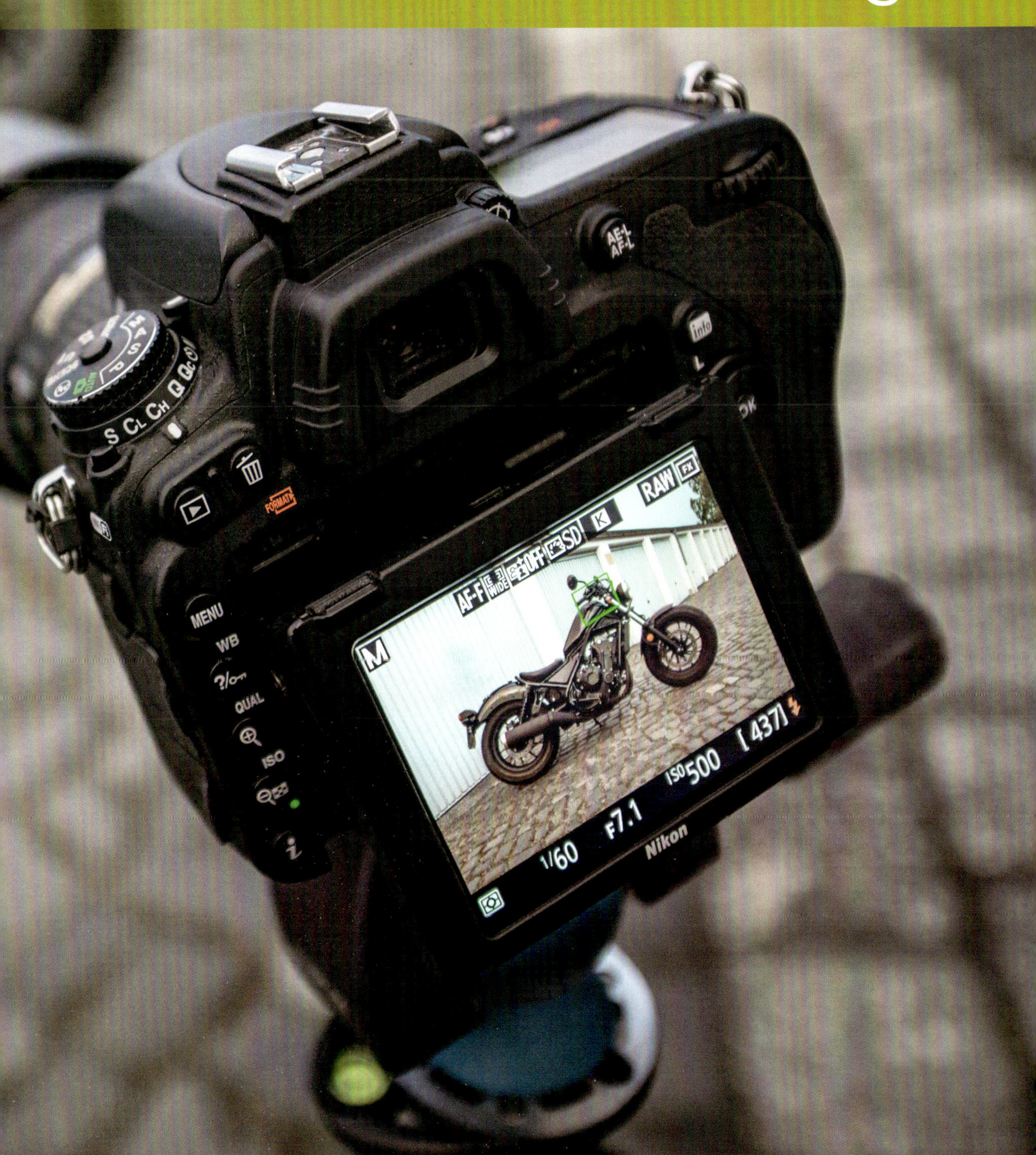

Vorherige Doppelseite:
Abb. 2–1 Honda CMX 500 Rebel (1/80 s, f/2.8, ISO 800)

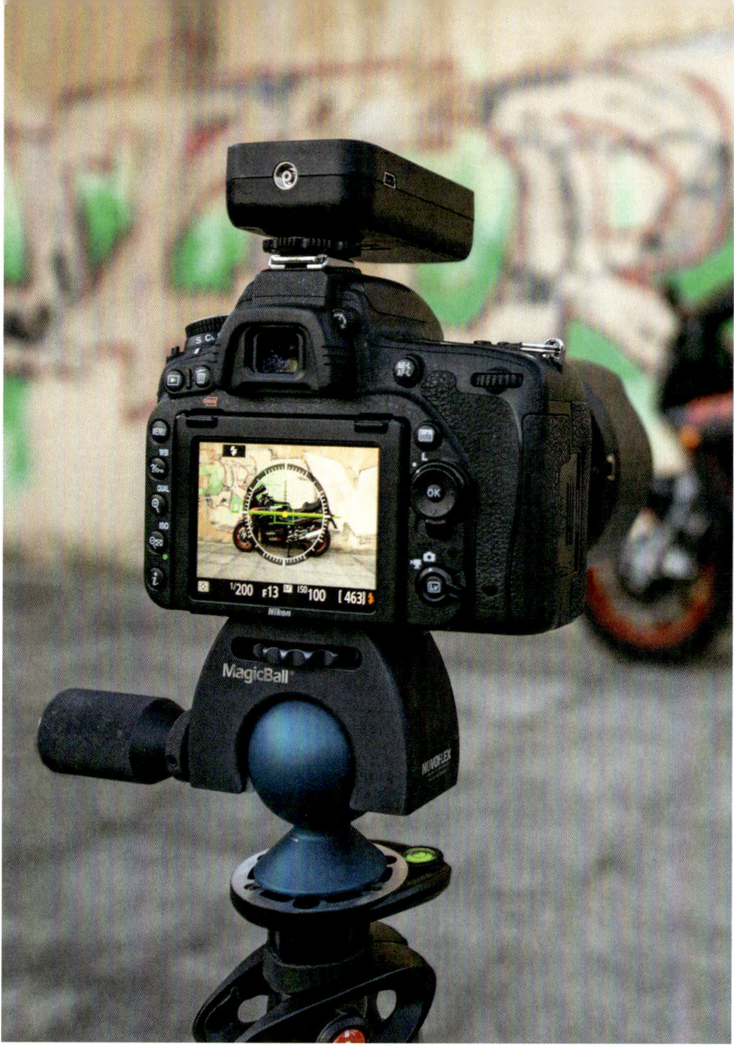

Abb. 2–2 Die Ausrüstung ist Ihr Werkzeug, weshalb Sie bei der Auswahl besondere Sorgfalt walten lassen sollten.

»Die Kamera ist nur ein Werkzeug« ist eine der am meisten strapazierten Weisheiten in der Fotografie. Dem gegenüber steht der Spruch, der alle Fotografen zum inneren Augenrollen veranlasst: »So eine tolle Kamera macht bestimmt gute Bilder!« Und doch: Beide Aussagen beinhalten etwas Wahrheit. Die Kamera ist in der Tat nur das Werkzeug, der Fotograf muss Belichtung und Komposition umsetzen. Es kommt darauf an, die verfügbare Ausrüstung richtig einzusetzen, unabhängig davon, ob es eine Einsteiger- oder Profikamera ist.

Der Umkehrschluss wäre: »Ausrüstung ist nicht wichtig, solange Können vorhanden ist.« Auch dies möchte ich nicht kommentarlos unterschreiben. Ich behaupte, dass Sie mit jeder derzeit am Markt erhältlichen Spiegelreflex- oder Systemkamera atemberaubende Motorradfotos kreieren können, sofern Sie das notwendige Können dazu haben. Aber es gibt eine untere Grenze. Wenn die Kamera zu einfach ist und zum Beispiel nur den Automatikmodus hat, einen minderwertigen Sensor oder eine sehr einfache Optik besitzt, dann wird es schwierig, auch mit noch so viel Können anspruchsvolle Fotografien zu erstellen. Die Wahrheit liegt also irgendwo in der Mitte. Eine High-End-Ausrüstung ist zwar kein Garant für atemberaubende Fotos, aber sie eröffnet die Möglichkeiten dafür. Es ist wenig Licht vorhanden? Ein empfindlicher Sensor und/oder ein lichtstarkes Objektiv ermöglichen die Aufnahme. Actionaufnahmen bei hoher Geschwindigkeit? Ein schneller Autofokus und eine hohe Geschwindigkeit bei Serienaufnahmen helfen.

Sie sollten daher in solide Ausrüstung investieren und nicht dem Reflex nachgeben, das billigste Angebot zu nehmen. Schauen Sie sich die Produkte im Laden an, probieren Sie die Gerätschaften aus. Lesen Sie Tests und Bewertungen, fragen Sie Freunde und Bekannte.

2.1 Eine Kamera aussuchen

Es ist enorm wichtig, verschiedene Kameras auszuprobieren, bevor Sie sich für ein Modell entscheiden. Leihen Sie sich zum Beispiel eine Kamera von Freunden, gehen Sie in einen Laden und probieren Sie mehrere Modelle aus.

- Liegt die Kamera gut in der Hand, sind alle Tasten gut erreichbar?
- Wenn Sie die Kamera auf dem Motorrad mitnehmen, sollte sie in den Tankrucksack oder eine andere Ihrer Taschen passen. Bringen Sie dazu zum Beispiel den Tankrucksack mit in das Geschäft und probieren Sie es aus.
- Schauen Sie durch den Sucher (oder auf das Display) und machen Sie ein paar Testbilder. Sind die Anzeigeelemente im Sucher übersichtlich angeordnet?
- Für Kameras mit LCD-Sucher oder Display: Schwenken Sie die Kamera schnell von links nach rechts. Wie stark ist die Zeitverzögerung zwischen Schwenk und Anzeige auf dem Display?
- Wenn die Kamera von einem Freund oder innerhalb der Familie ausgeliehen wurde: Benutzen Sie die Kamera nach Möglichkeit eine Weile und prüfen Sie so, ob Sie damit gut arbeiten können.
- Gibt es ein Kamerasystem im Freundeskreis oder in der Familie? Das sollte nicht den Ausschlag geben, ist aber eine Überlegung wert, denn so könnte man Objektive und Blitze untereinander ausleihen.
- Die wichtigste Frage von allen aber lautet: Wie hoch ist Ihr Budget für eine Kamera? Bedenken Sie hierbei, dass Sie neben der Kamera und dem Objektiv noch etwas Zubehör für eine Grundausstattung benötigen.

Das fotografische Starterpaket

Wenn Sie frisch in die Fotografie einsteigen und sich erst einmal eine Grundausrüstung zulegen müssen, empfehle ich folgenden Umfang:

- Kamera und Objektiv
- Speicherkarte(n)
- Kamerastativ
- zusätzlichen Kameraakku
- Fototasche oder -rucksack

Falls es Ihr Budget zulässt, können Sie auch in eine erweiterte Grundausstattung investieren. Diese umfasst dann zusätzlich:

- Aufsteckblitz
- Blitzstativ
- zwei Sätze Akkus für den Blitz

Die oben genannten Faktoren sind, bis auf die Frage nach dem Budget, »weiche« Faktoren, die keine endgültige Festlegung auf eine Kamera erlauben. Ich habe daher drei *Muss*-Kriterien gebildet, welche die Auswahl einschränken und somit erleichtern. Diese Kriterien sind mit folgender Frage im Hinterkopf gewählt worden: »Was muss eine Kamera bieten, damit man sich als Motorradfotograf weiterentwickeln kann?«

- *Belichtungszeit, Blende und Empfindlichkeit (ISO-Wert) müssen individuell einstellbar sein.*
  Zugegeben, dieses Kriterium erfüllen die meisten Kameras am Markt. Wichtig sind die Modi »Blendenvorwahl« (Aperture Priority, auch »Zeitautomatik« genannt, oftmals mit »A« oder »Av« abgekürzt), »Zeitvorwahl« (Shutter Priority, auch »Blendenautomatik« genannt, mit »S« oder »Tv« abgekürzt) und Manuelle Belichtung (»M«). Diese drei Modi erlauben die Kontrolle über die Kernparameter der Fotografie und müssen vorhanden sein, wenn Sie es mit dem Fotografieren ernst meinen.

- *Die Kamera muss in der Lage sein, RAW-Dateien zu speichern.*
  Im RAW-Format werden die Rohdaten vom Sensor mit der vollen Farbtiefe auf die Speicherkarte geschrieben. Das bedeutet, dass jede Farbe deutlich feiner abgestuft werden kann. Es gibt also zum Beispiel nicht nur Schwarz und Weiß, sondern mehrere Tausend Schattierungen (Graustufen) dazwischen. So werden in dunklen Bereichen eines Bilds noch Details gespeichert, die auf den ersten Blick beinahe schwarz erscheinen. In der Nachbearbeitung können Sie dann aus diesen dunklen Bereichen noch die Bildinformationen hervorholen. Bei einer JPG-Datei wäre der Bereich dunkel und Sie haben keine Möglichkeit, die Details hervorzuheben. Das RAW-Bild entspricht dem Negativ bei der Filmfotografie. Eine RAW-Datei ist noch kein direkt nutzbares Foto, sondern muss erst entwickelt werden. Hierzu wird ein RAW-Entwickler benötigt, welcher zum Beispiel in Adobe Photoshop Lightroom integriert ist.
- *Die Kamera benötigt ein schnelles Autofokussystem und die Möglichkeit, es abzuschalten, um manuell zu fokussieren.*
  Der Autofokus sorgt dafür, dass auf den gewünschten Punkt automatisch scharf gestellt wird, wenn der Auslöser der Kamera bis zum ersten Druckpunkt betätigt wird. Ein schnelles Autofokussystem (AF-System) ist für die Actionfotografie notwendig. Die Kamera muss am Ausgang der Kurve schnell auf das Motorrad bzw. den Fahrer scharf stellen können. Es gibt leider keine Messgröße, welche die Geschwindigkeit des AF-Systems beziffert (wie zum Beispiel dB bei der Geräuschmessung von Motorrädern). Sie können die Geschwindigkeit des Autofokus aber selbst ausprobieren, indem Sie auf ein Objekt scharf stellen, dann die Kamera schnell verschwenken und ein anderes Objekt anvisieren. Das zweite Objekt muss dabei weiter oder näher an der Kamera sein, damit der Autofokus auch erneut scharf stellen muss. Sie werden beim Ausprobieren merken, ob der Fokuspunkt schnell gefunden wird.

Warum sollte man nun in der Lage sein, das AF-System zu deaktivieren? Der Autofokus benötigt eine gewisse Lichtmenge, um arbeiten zu können. In Situationen mit wenig natürlichem Licht (wo zum Beispiel primär mit einem Blitz gearbeitet wird), kann es problematisch sein, ein scharfes Bild zu erhalten. Dann ist es sinnvoll, den Autofokus zu deaktivieren und manuell, gegebenenfalls unter Zuhilfenahme einer Taschenlampe, scharf zu stellen. Außerdem gibt es fotografische Techniken, welche das Übereinanderlegen und Zusammenrechnen mehrerer Bilder am Computer erfordern. Hier müssen immer die gleiche Schärfe und der gleiche Bildausschnitt vorliegen, was durch einen deaktivierten Autofokus ermöglicht wird.

Was unterscheidet eine Einsteiger- von einer Profiausrüstung?

Als Faustregel gilt, dass das Objektiv wichtiger ist als der Kamerabody. Das Objektiv sorgt für die optische Abbildung, der Sensor fängt diese »nur« ein. Die Paarung teures Objektiv – günstiger Kamerabody wird eine bessere Abbildungsleistung liefern als ein günstiges Objektiv an einem teuren Kamerabody.

Fachgerechte Handhabung und das gleiche Objektiv vorausgesetzt, produzieren Einsteigerkameras also nicht schlechtere Bilder als Profikameras. Bei Letzteren ist es allerdings so, dass sie durch die üppigere/bessere technische Ausstattung auch dann noch Bilder machen können, wenn die Einsteigerkamera aufgegeben hat, weil es zum Beispiel zu dunkel zum Fokussieren ist oder der Autofokus die fahrenden Motorräder nicht schnell genug erfassen kann. Die Unterschiede, welche sich dann im Preis der Kamera niederschlagen, finden sich zum Beispiel in folgenden technischen Details:

- Geschwindigkeit des Autofokus
- Anzahl der Sensorpunkte im Autofokus
- Sensorgröße
- Empfindlichkeitsbereich und Rauschverhalten des Sensors
- Geschwindigkeit bei Serienbildaufnahmen
- Spritzwasserabdichtung
- Robustheit (Gehäuse aus Metall oder Kunststoff?)
- Langlebigkeit (Auslegung für deutlich mehr Auslösungen)

2.2 Eine kleine Artenkunde der Kamerasysteme

Bevor Sie sich für eine bestimmte Kamera entscheiden, müssen Sie sich für ein Kamerasystem entscheiden.

2.2.1 Kompaktkameras

Der gemeinsame Nenner aller Kompaktkameras ist, dass das Objektiv fest verbaut ist und nicht ausgewechselt werden kann. Damit hören die Gemeinsamkeiten aber auch schon auf. Kompaktkameras sind am Markt in einer bunten Artenvielfalt vertreten. Es gibt sehr einfache Kompaktkameras, welche nur den Automatikmodus bieten (diese Modelle sind für den ambitionierten Motorradfotografen ungeeignet, siehe Abschnitt 2.1), aber auch komplexe und gut ausgestattete Modelle mit einem starken Zoom und schnellem Autofokussystem. Die meisten Kompaktkameras gestatten die volle Kontrolle über die Belichtungsparameter, was absolut essenziell ist, wenn Sie in der Fotografie Fortschritte machen möchten.

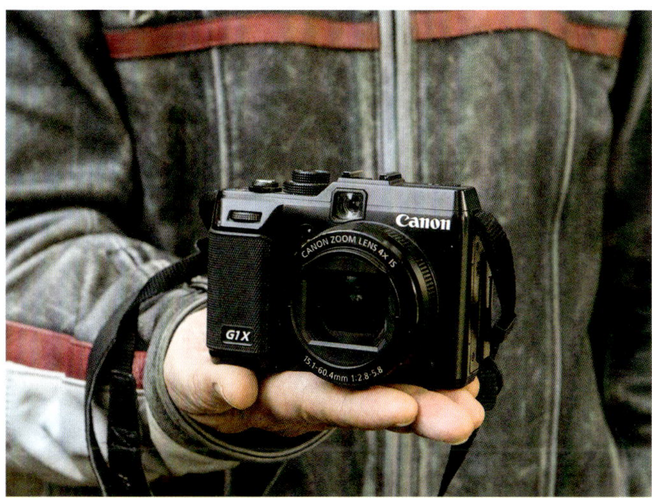

Abb. 2–3 Kompaktkameras sind leicht und handlich, jedoch kann man das Objektiv nicht wechseln (der geriffelte Ring an dieser Kamera ist ein Designelement, das Objektiv ist fest verbaut). Die Ansteuerung externer Blitze ist außerdem nicht bei allen Modellen gegeben, wodurch Sie sich als Motorradfotograf stark einschränken würden.

2.2.2 Spiegelreflexkameras (DSLR)

Die Abkürzung für digitale Spiegelreflexkameras lautet »DSLR« und steht für »Digital Single Lens Reflex«. Spiegelreflexkameras sind u.a. dadurch gekennzeichnet, dass sie ein Objektiv besitzen, welches austauschbar ist. Im Inneren der Kamera befindet sich ein Spiegel, welcher das Licht von der Linse auf ein Pentaprisma lenkt. Dort wird das Licht mehrfach umgelenkt, um am Ende durch das Okular auf das Auge des Fotografen zu treffen.

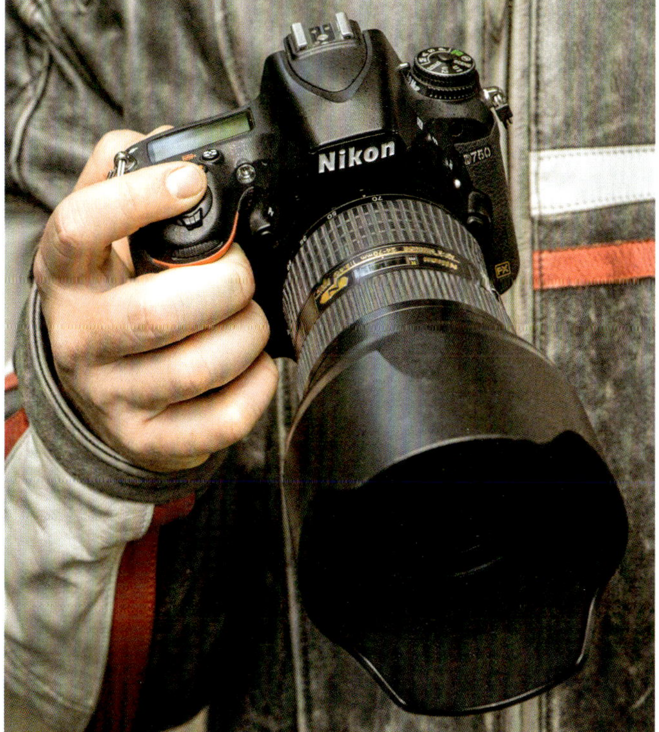

Abb. 2–4 Spiegelreflexkameras sind seit Jahrzehnten der Standard in der professionellen Fotografie. Dank einer breit gefächerten Modellpalette ist für jeden Geldbeutel etwas dabei.

Zur Information ...

Das »Single« in der Abkürzung »DSLR« rührt daher, dass die ersten Spiegelreflexkameras zwei Objektive hatten. Eines projizierte das Bild über einen Spiegel auf die Mattscheibe, das zweite Objektiv war für die eigentliche Aufnahme des Bilds zuständig. Dies hatte den Nachteil, dass man nie exakt die Komposition auf den Film gebannt bekam, welche man im Sucher sah – da beide Objektive einige Zentimeter voneinander entfernt waren, war die Perspektive immer leicht verschoben.

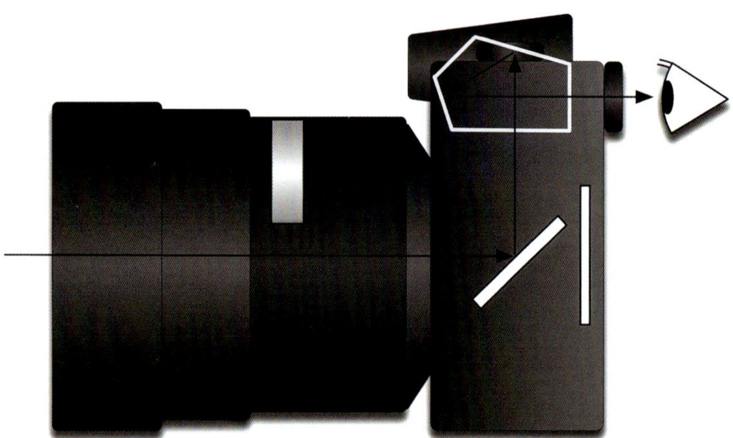

Abb. 2–5 Das Licht fällt durch das Objektiv in das Kameragehäuse und wird vom Spiegel nach oben zum Pentaprisma hin reflektiert. Innerhalb des Pentaprismas wird das Licht dann mehrfach umgelenkt, bis es schließlich durch das Okular das Auge des Fotografen erreicht. Bei der Aufnahme klappt der Spiegel hoch und gibt den dahinterliegenden Sensor frei.

Das Bild wird mit einer DSLR komponiert, indem man durch den Sucher blickt. Wenn der Auslöser gedrückt wird, klappt der Spiegel hoch und gibt den Weg für das Licht frei. Vor dem Sensor sitzen zwei sogenannte Vorhänge. Diese steuern die Belichtungszeit. Das Öffnen des ersten Vorhangs startet die Belichtung, am Ende der Belichtung läuft der zweite Vorhang hinterher und verdeckt den Sensor wieder. Zuletzt klappt der Spiegel wieder herunter und die Vorhänge gehen zurück in ihre Ausgangsposition.

Der Sensor einer üblichen Spiegelreflexkamera ist bis zu 36 × 24 mm groß. Dieses Format wird als »Vollformat« bezeichnet, da 36 × 24 mm dem Format des Dia-Negativfilms entspricht. Beachten Sie hierbei, dass die physikalische Sensorgröße (wie viele Millimeter breit und hoch) keine Aussage über die Anzahl der Pixel erlaubt. Vollformatsensoren können 18, 24 oder 36 Megapixel haben, kleinere Sensoren aber ebenso (die einzelnen Pixel sind dann kleiner).

Aus Kostengründen hat die Mehrzahl der Spiegelreflexkameras einen kleineren Sensor. Die Kantenlängen des Sensors sind dann um einen Faktor verkleinert, welcher bei Nikon zum Beispiel 1,5 beträgt (24 × 16 mm). Dieser Faktor wird »Crop-Faktor« genannt (Crop [engl.] = Beschnitt, zu Deutsch vielleicht »Ausschnittsvergrößerungsfaktor«). Der kleinere Sensor bewirkt, dass ein kleinerer Ausschnitt eines Bilds gezeigt wird, also als ob man weiter hineingezoomt hätte (siehe Abb. 2–6). Daher wird der Crop-Faktor oft auch »Brennweitenverlängerungsfaktor« genannt. Ein Foto mit 200 mm Brennweite an einem Sensor mit dem Crop-Faktor 1,5 würde somit einem Foto mit 300 mm Brennweite an einer Vollformatkamera entsprechen.

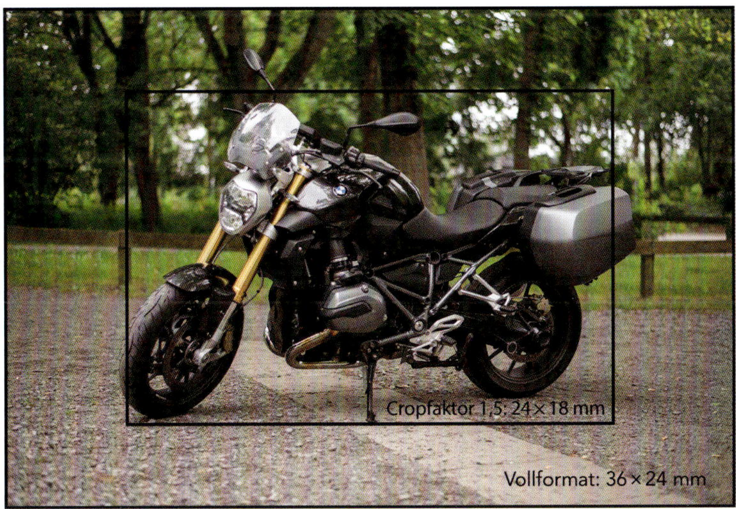

Abb. 2–6 Der große Rahmen zeigt an, welchen Bildbereich ein Vollformatsensor mit 36 × 24 mm Kantenlänge erfasst. Der kleine Rahmen zeigt den Bildbereich an, der bei gleicher Brennweite von einem kleineren Sensor erfasst würde. Die BMW R 1200 R wirkt bei der Kamera mit kleinerem Sensor in den Bildrahmen eingequetscht. Da der kleinere Sensor (Crop-Faktor 1,5) das Motorrad größer abbildet, spricht man von einer Brennweitenverlängerung: An einer Vollformatkamera hätten Sie den gleichen Bildausschnitt mit einer Brennweite von 75 mm erreicht (50 mm × 1,5) (50 mm, 1/320 s, f/1.8, ISO 180).

2.2.3 Spiegellose Systemkameras

Spiegellose Systemkameras kombinieren die kleine Größe und das geringe Gewicht einer Kompaktkamera mit der Vielseitigkeit einer DSLR. Spiegellose Systemkameras haben austauschbare Objektive und benutzen, wie der Name schon verrät, keinen Spiegel. Das Licht fällt direkt auf den Sensor, das Bild wird am

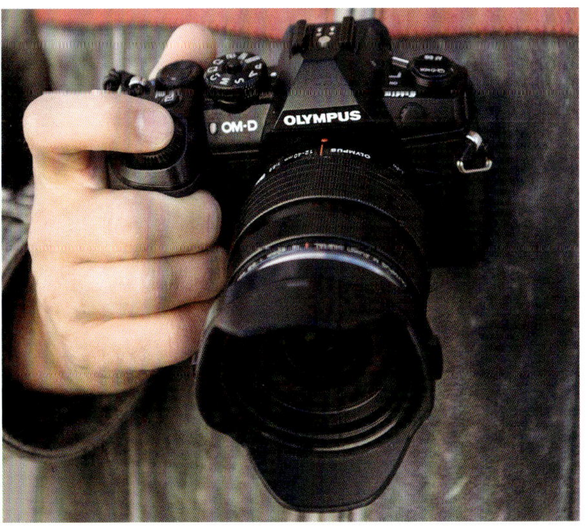

Abb. 2–7 Spiegellose Systemkameras haben das Potenzial, in Zukunft Spiegelreflexkameras abzulösen. Sie vereinen ein geringes Gewicht mit hoher Bildqualität und der Möglichkeit, verschiedene Objektive zu verwenden. (Foto: Andreas Kaiser)

LCD-Display der Kamera oder im Sucher komponiert (der in diesem Fall auch ein kleines LCD-Display beherbergt, man spricht dann von einem elektronischen Sucher).

Durch den Wegfall des Spiegels können die Kameragehäuse deutlich kleiner und leichter gebaut werden, was die Kameras handlicher und komfortabler in der Benutzung macht. Besonders, wenn man mit dem Motorrad unterwegs ist, sind Gewicht und Platz ein Thema. Alleine aus diesem Grund kann eine spiegellose Systemkamera interessant für den angehenden Motorradfotografen sein.

2.2.4 Smartphones

Smartphone-Kameras sind zwar im Funktionsumfang beschränkt (Stichwort externe Blitzgeräte), aber an sich sehr leistungsfähig hinsichtlich Bildqualität und Schärfe. Außerdem ist es die »Immer dabei«-Kamera, da man das Telefon meist mit sich führt. Smartphones sind leicht und kompakt, die Auflösung der Sensoren reicht oftmals schon an die von Spiegelreflexkameras heran. Gehobene Smartphone-Modelle erfüllen sogar alle drei der vorher aufgeführten »Muss«-Kriterien (Kontrolle über Blende, Belichtungszeit und ISO-Wert; Aufnahme von RAW-Daten; schnelles Autofokus-System).

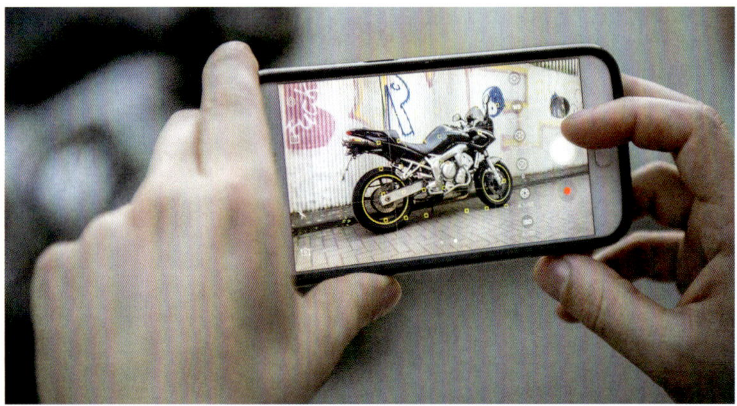

Abb. 2–8 Smartphone-Kameras sind stets zur Hand und dank leistungsfähiger Sensoren und Bildverarbeitungsalgorithmen eine gute Aushilfskamera.

Ein bestechender Vorteil von Smartphone-Kameras ist, dass die Aufnahme, die Bearbeitung und das Veröffentlichen im Internet direkt durch ein Gerät erfolgen. Die Bildbearbeitung auf dem Telefon ist natürlich nicht mit den Möglichkeiten eines Bildbearbeitungsprogramms wie Photoshop an einem Desktop-Computer zu vergleichen, aber wichtige Korrekturen wie Weißabgleich, Beschneiden, Gerade ausrichten und sogar einfache Retuschen sind mit entsprechenden Programmen am Smartphone möglich.

Ein Nachteil von Smartphones hingegen liegt darin, dass man das Objektiv nicht wechseln kann und somit auf den Brennweitenbereich des eingebauten Linsensystems limitiert ist. Das Ansteuern von Blitzgeräten ist ebenfalls nicht möglich, was den Einsatz einer Smartphone-Kamera auf den Bereich mit verfügbarem Licht reduziert. Außerdem erfordert ein Smartphone meist ein Fotografieren mit »spitzen Fingern«, da das Telefon keine ergonomischen Griffe aufweist wie eine herkömmliche Kamera.

Fazit: Smartphone-Kameras sind eine sinnvolle Ergänzung der Hauptkamera in der Motorradfotografie. Making-of-Fotos und kleinere, einfachere Shootings (mit begrenzten technischen Möglichkeiten) lassen sich mit ihnen durchführen. Für dauerhaftes Arbeiten ist jedoch eine Kamera vorzuziehen, die mehr technische Möglichkeiten bietet und somit ein ernsthaftes Arbeiten ermöglicht.

2.2.5 Actionkameras

In einem Buch über Motorradfotografie dürfen Actionkameras nicht unerwähnt bleiben. Diese extrem kleinen und leichten Kameras (siehe Abb. 2–9) können mit einer Vielzahl von Befestigungselementen fast überall am Motorrad (oder dessen Fahrer) angebracht werden und erlauben den einfachen Mitschnitt jeder rasanten Kurvenfahrt. In wasser- und staubdicht verschlossenen Gehäusen können sie auch bei Regen oder der Fahrt auf einer staubigen Piste eingesetzt werden.

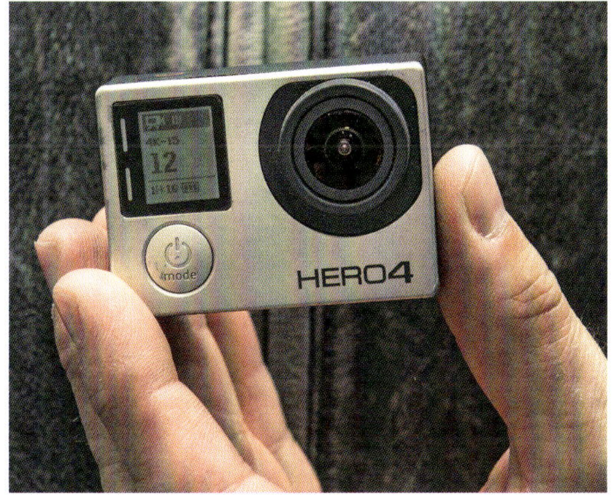

Abb. 2–9 Eine Actionkamera ist winzig und robust. Dank einer großen Auswahl an Befestigungsmöglichkeiten kann sie auf vielerlei Arten am Motorrad oder am Fahrer befestigt werden. Während sie ideal zum Filmen während der Fahrt sind, ist ihr Einsatz als Fotokamera nur beschränkt möglich.

Wenn Sie die in Abschnitt 2.1 aufgestellten Kriterien zur Auswahl einer Kamera für die Motorradfotografie beachten, werden Sie feststellen, dass Actionkameras die genannten Kriterien nicht erfüllen. Weder die Belichtungsparameter Blende, Belichtungszeit und ISO-Wert können individuell gesteuert werden, nur wenige Modelle können RAW-Dateien abspeichern. Des Weiteren sind in Actionkameras extrem weitwinklige Objektive (meist Fisheye-Optiken) verbaut, um ein großes Blickfeld beim Filmen abzudecken. Manche Modelle haben noch nicht einmal ein LCD-Display, mit welchem die Ausrichtung der Kamera geprüft oder ein Bild komponiert werden kann. Die Kamera wird nur grob ausgerichtet und die Aufnahme gestartet.

Trotz dieser Einschränkungen können Actionkameras auch in der Motorradfotografie eingesetzt werden. Die Weitwinkligkeit der Objektive und die geringe Größe der Kameras ermöglichen ungewöhnliche Perspektiven.

Lesetipp

Wenn Sie sich intensiver mit dem Erstellen von Filmen mit einer Actionkamera beschäftigen möchten, dann empfehle ich Ihnen das Buch »GoPro! Mit Spaß und System zum spektakulären GoPro-Video« von Julian Breuer, erschienen im dpunkt.verlag.

Die GoPro Hero4 zum Beispiel (siehe Abb. 2–9) kann Fotos mit einer Auflösung von 12 Megapixeln aufnehmen. Des Weiteren besteht die Möglichkeit, Einzelbilder aus einem Video zu extrahieren. Bei FullHD-Videos (1.920 × 1.080 Pixel, ca. 2 Megapixel) ergibt dies nur sehr gering aufgelöste Fotos. In der 4K-Auflösung (4.096 × 2.160 Pixel) erhalten Sie ca. 8,8 Megapixel große Fotos. Neueste Actionkameras können auch in 8K-Auflösung filmen, was Bildern einer Kantenlänge von 7.680 × 4.320 Pixel, also ca. 33 Megapixeln entspricht.

2.3 Wie viele Megapixel sind genug?

Die Frage nach der Anzahl der Megapixel wird lebhaft diskutiert und mündet nicht selten in kleine fotografische Glaubenskriege. Vorab sei gesagt, dass ich keine Antwort auf die Frage in Form einer Zahl gebe. Die Frage nach der Anzahl der Megapixel hat keine »richtige« Antwort. Da Megapixel eine für jedermann verständliche Größe ist, wird diese Zahl in der Werbung oftmals hervorgehoben, als wenn die Anzahl der Bildpunkte sich 1:1 in Bildqualität umsetze. Dem ist jedoch nicht so. Aber: Viele Megapixel bieten gewisse Vorteile.

- Je höher die Auflösung eines Bilds, desto mehr Spielraum haben Sie dabei, einen Bildausschnitt zu wählen und trotzdem noch ein ausreichend detailliertes Foto zu haben.
- Große Drucke können angefertigt werden.
- Bei komplexen Retuschearbeiten am Rechner helfen viele Megapixel ebenfalls. Je mehr Information im Bild verfügbar ist, desto besser kann der Fotograf Details kopieren und verändern.

Ich möchte auf das oftmals angeführte Argument großer Abzüge eingehen. Angenommen, eine Kamera hat 24 Megapixel, das entspricht Bildern mit einer Kantenlänge von 6.000 × 4.000 Pixeln. Eine recht annehmbare Auflösung für den Druck von großformatigen Fotos sind 200 dpi (dots per inch = Punkte pro Zoll). Das bedeutet, auf 2,54 cm (1 Zoll) befinden sich 200 Pixel. Unser Bild könnte also auf 30 × 20 Zoll gedruckt werden (ca. 76 × 51 cm). Wenn wir die Auflösung auf 150 dpi heruntersetzen (was zum Beispiel immer noch für Leinwanddrucke ausreicht), so können wir sogar auf 40 × 26,7 Zoll (102 × 68 cm) drucken. Wenn man nun noch bedenkt, dass man einen solch großen Ausdruck stets mit etwas Abstand betrachtet, ist die Auflösung immer noch mehr als ausreichend, um keine Artefakte o. Ä. im Bild wahrzunehmen.

Bedenken Sie jedoch, dass die überwältigende Mehrheit der Fotos online konsumiert wird, und davon der Großteil auf mobilen Geräten mit einem eher kleinen Display. Selbst große Smartphones haben derzeit »nur« eine Auflösung von ca. 2.000 Pixel an der langen Kante. Hinzu kommt, dass die meisten Bilderdienste und sozialen Netzwerke die Bilder herunterskalieren, um Bandbreite im mobilen Netzwerk zu sparen. Somit werden die hoch aufgelösten Bilder für die Nutzung im Internet auf ca. 4–6 Megapixel reduziert.

2.4 Grundlegendes über Objektive

Wie oben beschrieben, besitzen Spiegelreflex- und spiegellose Systemkameras austauschbare Objektive. Jeder Anbieter hat eine breite Auswahl an Objektiven im Portfolio, oftmals auch Objektive ähnlicher Brennweitenbereiche in unterschiedlichen Preisklassen. Ein Objektiv wird charakterisiert durch die Brennweite und die größte Blendenöffnung. Es gibt Festbrennweiten mit einer, nomen est omen, festen Brennweite, zum Beispiel 28, 50, 105, 200 mm. Und es gibt Zoom-Objektive mit einem gewissen Brennweitenbereich, zum Beispiel 14–24, 24–70, 70–200 mm. Je größer die Brennweite eines Objektivs, desto geringer ist der Öffnungswinkel (das ist der Bereich, den ein Objektiv »sieht«).

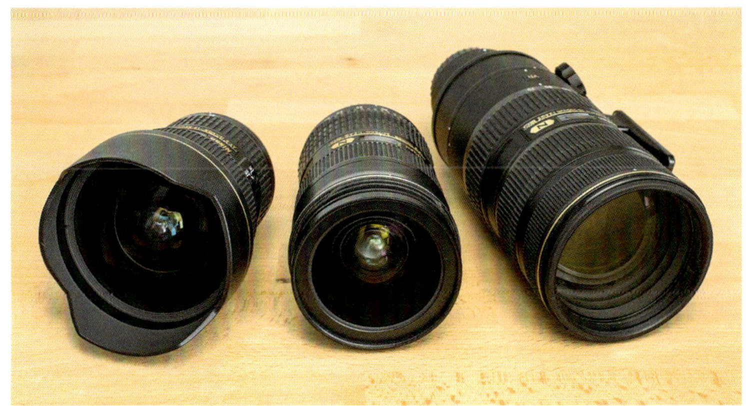

Abb. 2-10 Einige Objektive für Spiegelreflexkameras. Von links nach rechts: 14–24 mm f/2.8, 24–70 mm f/2.8, 70–200 mm f/2.8. Somit ist der Brennweitenbereich von Weitwinkel (14 mm) bis Tele (200 mm) lückenlos abgedeckt.

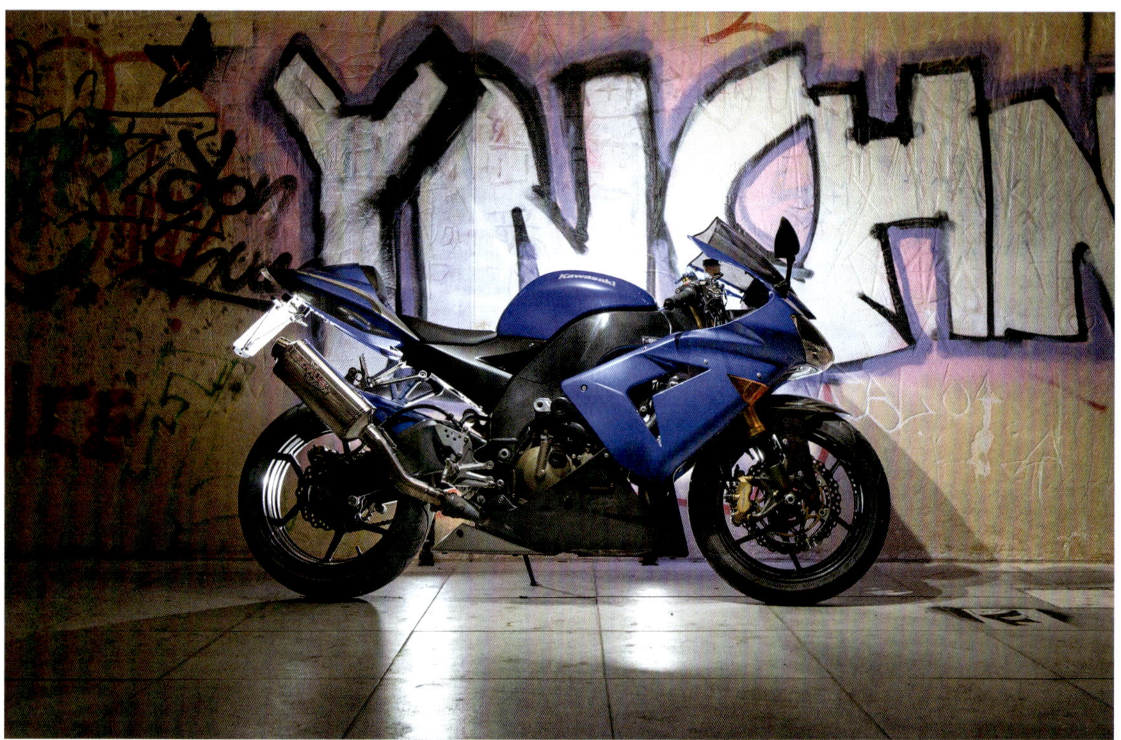

Abb. 2–11 Eine Kawasaki ZX-10R Ninja. Die Proportionen der Maschine sind originalgetreu wiedergegeben, obwohl eine weitwinklige Brennweite von 36 mm verwendet wurde. Moderate Weitwinkelbrennweiten eignen sich gut, wenn Sie nicht viel Abstand zwischen die Kamera und das Motorrad bringen können, wie hier zum Beispiel in dieser Unterführung (36 mm, 1/200 s, f/5, ISO 100).

Eine Brennweite von 50 mm wird als »normale« Brennweite bezeichnet, weil diese ungefähr dem entspricht, wie wir mit dem menschlichen Auge sehen. Brennweiten kleiner 50 mm sind weitwinklig und verzerren umso stärker, je geringer die Brennweite ist. Extrem geringe Brennweiten (zum Beispiel 8 oder 12 mm) werden als »Fischauge« bzw. »Fisheye« bezeichnet. Fisheye-Objektive transformieren die Umgebung in eine nahezu kugelförmige Perspektive, ihr Öffnungswinkel beträgt bis zu 180°. Die Proportionen der abgebildeten Objekte werden bei Fisheye-Aufnahmen allerdings stark verzerrt wiedergegeben. Moderatere weitwinklige Brennweiten (24–36 mm zum Beispiel) bieten meist einen guten Kompromiss zwischen Verzerrung und weitem Öffnungswinkel. So können Sie einen weiten Bereich der Umgebung erfassen, ohne gleichzeitig das Motorrad verzerrt darzustellen (siehe Abb. 2–11).

Über 50 mm Brennweite beginnt der Telebereich. Mit Teleobjektiven können weit entfernte Objekte nah herangeholt werden. In der Motorradfotografie ist es oftmals sinnvoll, mit einer Telebrennweite zu fotografieren, denn so werden die Proportionen der Maschine nicht verzerrt. Außerdem helfen hohe Brennweiten dabei, Vorder- und Hintergrund zu trennen, da bei höheren Brennweiten die Schärfentiefe abnimmt (siehe Abb. 2–12).

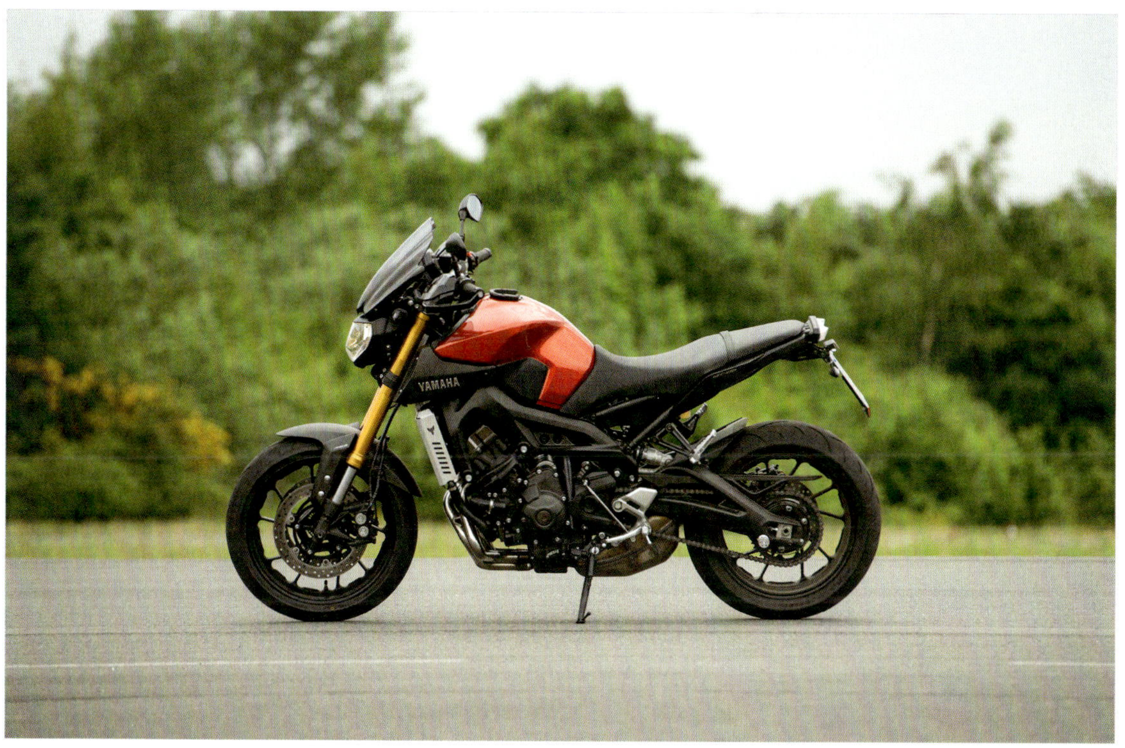

Abb. 2–12 Ein sauberes, aufgeräumtes Porträt einer Yamaha MT-09. Vorder- und Hintergrund werden durch die Unschärfe sauber getrennt, die Maschine tritt klar und realistisch hervor (200 mm, 1/800 s, f/4, ISO 1.100).

Die *Blende* im Inneren des Objektivs besteht aus mehreren Lamellen, welche ineinandergreifen, um eine Öffnung zu formen. Die Größe dieser Öffnung ist variabel, wie in Abbildung 2–13 zu sehen ist. Die Blende wird durch die Blendenzahl beschrieben, welche das *Verhältnis aus Brennweite zur Fläche der Blendenöffnung* darstellt. Dies erklärt die auf den ersten Blick ungewöhnliche Notationsweise für die Blendenzahl, nämlich zum Beispiel f/4. Dies ist als Bruch zu lesen und bedeutet f (*focal length*, also Brennweite), geteilt durch die Blendenzahl. Der Logik der Bruchrechnung folgend bedeutet demnach eine kleine Blendenzahl eine große Blendenöffnung (viel Licht fällt in die Kamera) und eine große Blendenzahl bedeutet eine kleine Blendenöffnung (wenig Licht fällt in die Kamera).

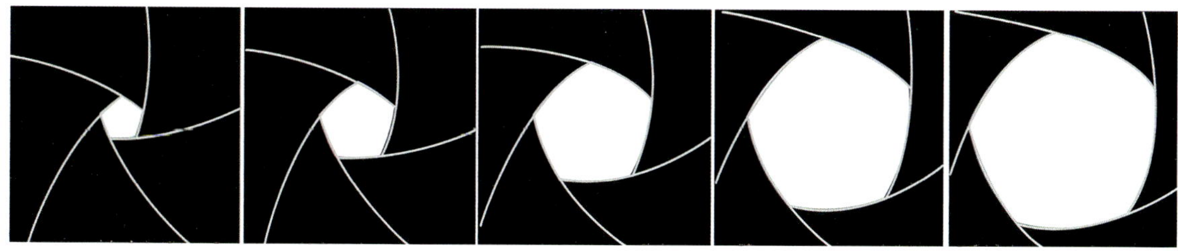

Abb. 2–13 Die Blende bestimmt, wie viel Licht zum Sensor gelangt. Eine kleine Blendenöffnung hat eine große Blendenzahl und umgekehrt.

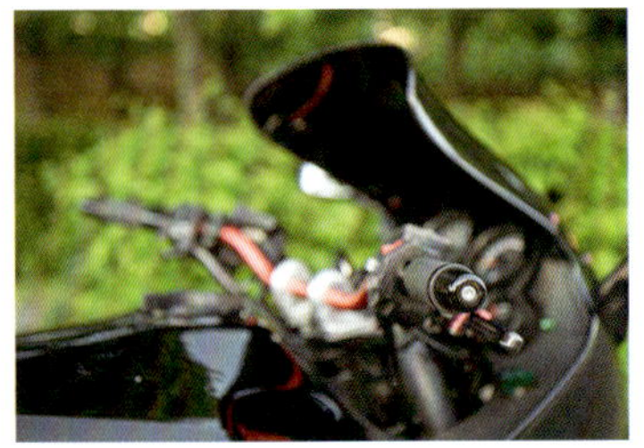
Abb. 2–14
(52 mm, 1/80 s, f/2.8, ISO 250)

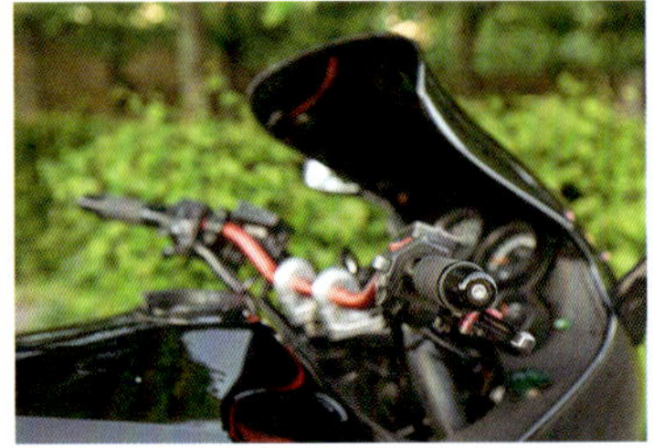
Abb. 2–15
(52 mm, 1/40 s, f/4, ISO 250)

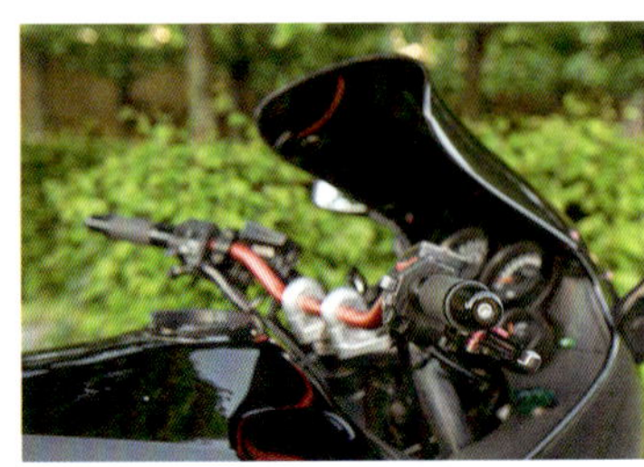
Abb. 2–16
(52 mm, 1/30 s, f/5, ISO 250)

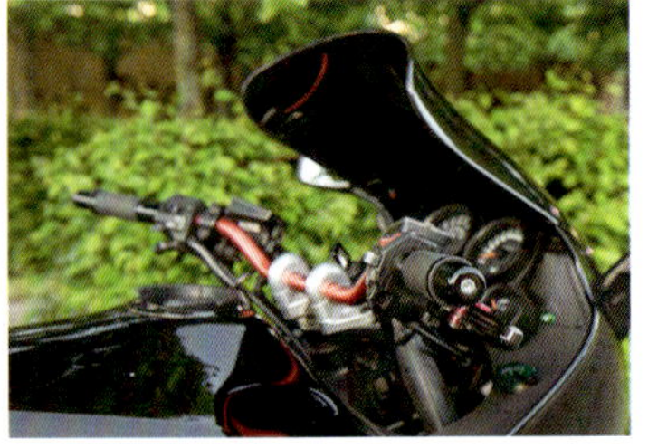
Abb. 2–17
(52 mm, 1/20 s, f/6.3, ISO 250)

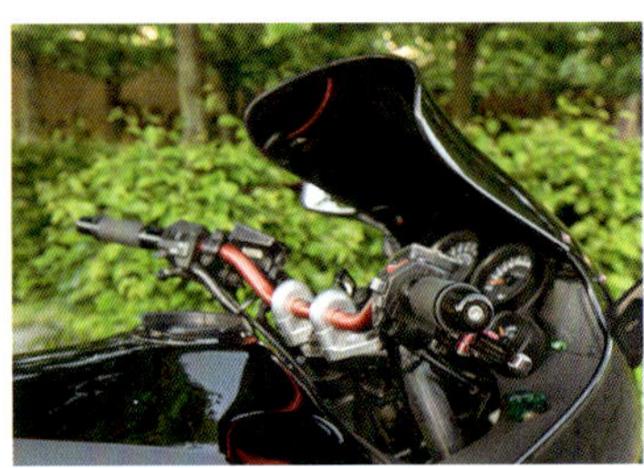
Abb. 2–18
(52 mm, 1/13 s, f/8, ISO 250)

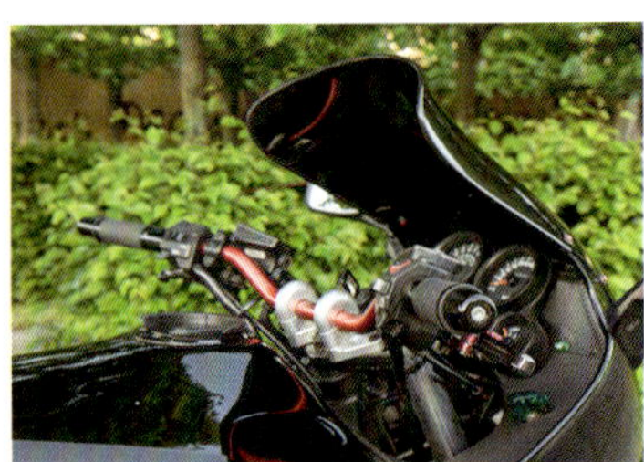
Abb. 2–19
(52 mm, 1/8 s, f/10, ISO 250)

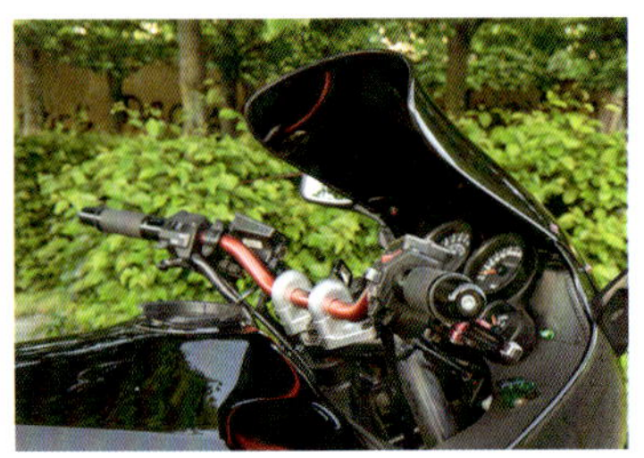
Abb. 2–20
(52 mm, 1/6 s, f/13, ISO 250)

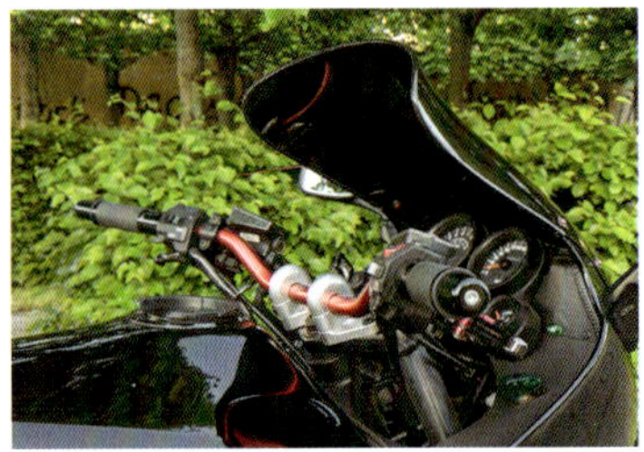
Abb. 2–21
(52 mm, 0,4 s, f/18, ISO 250)

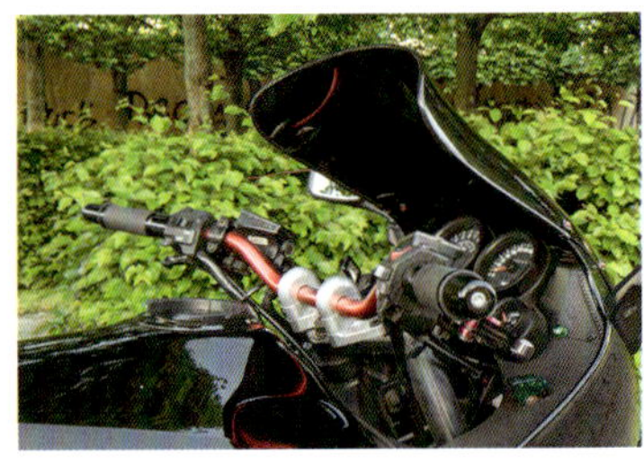
Abb. 2–22
(52 mm, 0,5 s, f/20, ISO 250)

Mit der Blende wird die Schärfentiefe gesteuert (siehe Abb. 2–14 bis 2–22). Als Schärfentiefe bezeichnet man den Bereich vor und hinter dem Schärfepunkt, der noch scharf abgebildet wird. Eine kleine Blendenzahl (zum Beispiel f/2.8, große Öffnung) resultiert in einer geringen Schärfentiefe, eine große Blendenzahl (zum Beispiel f/22, kleine Öffnung) ergibt eine hohe Schärfentiefe.

Manche Objektive sind mit einer Bildstabilisierung ausgestattet. Diese erlaubt längere Belichtungszeiten bei Aufnahmen ohne Stativ. Ein gyroskopischer Sensor im Inneren des Objektivs erfasst die Bewegungen, welche das Objektiv erfährt. Ein bewegliches Linsenelement im Objektiv wird dann motorisch gegengesteuert, sodass die Bewegung ausgeglichen wird. Einige Kameramodelle haben einen beweglich gelagerten Sensor, sodass eine Bildstabilisierung unabhängig vom eingesetzten Objektiv gegeben ist.

Interessant für das Fotografieren unterwegs sind sogenannte Reisezooms. Dies sind Objektive mit außergewöhnlich großen Brennweitenbereichen, zum Beispiel 18–300 mm oder 25–250 mm. Diese Objektive sind Allrounder, mit welchen man sowohl weitwinklige Aufnahmen erstellen als auch weit entfernte Objekte nah heranholen kann. Manche Modelle haben sogar einen Bildstabilisator, was sie für Aufnahmen während der Fahrt interessant macht (vom Soziussitz aus versteht sich). Reisezooms sind außerdem nicht übermäßig groß, was dem begrenzten Gepäckstauraum auf einem Motorrad entgegenkommt.

2.5 Stative

Mit einem Stativ wird eine Kamera fest aufgestellt, sodass längere Belichtungszeiten ohne Verwackeln möglich sind. Die drei Beine des Stativs sorgen für den sicheren Stand auf dem Untergrund, die Kamera wird auf dem sogenannten Stativkopf montiert. Unter der Bezeichnung »Reisestativ« firmieren Stative mit einem sehr kleinen Packmaß (siehe Abb. 2–23). Meist lassen sich die Beine so umklappen, dass das Stativ insgesamt nur noch ca. 30 cm lang ist. Wer mit dem Motorrad unterwegs ist, wird dies zu schätzen wissen.

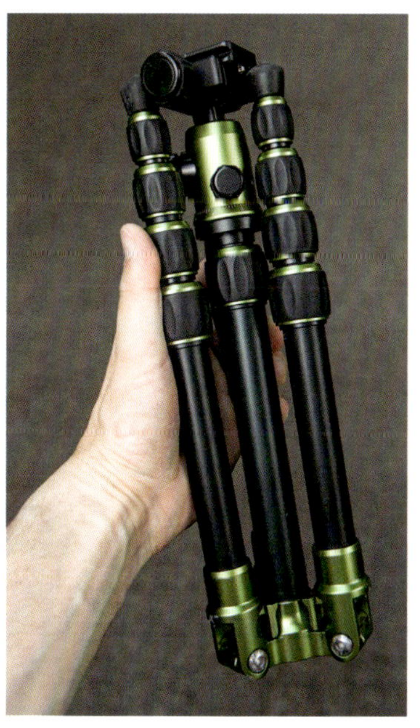

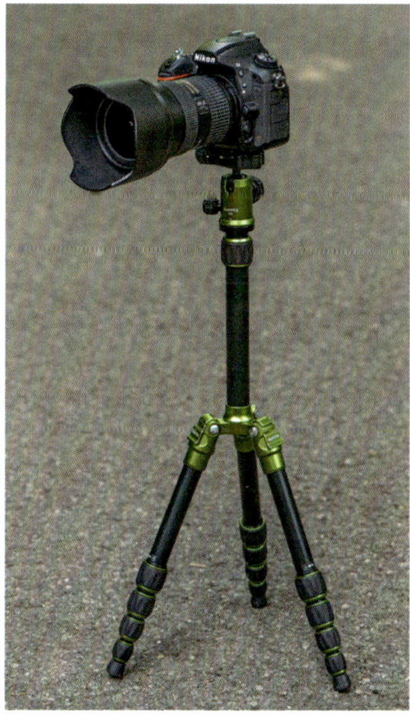

Abb. 2–23 Ein Reisestativ ist leicht, kompakt und somit gut für Touren mit dem Motorrad geeignet.

Es gibt viele verschiedene Typen von Stativköpfen, jeder ist für einen eigenen Einsatzzweck gedacht. Die gebräuchlichsten Stativköpfe sind Dreiwegeneiger und Kugelköpfe. Ein Dreiwegeneiger erlaubt das Kippen der Kamera entlang dreier definierter Achsen. Ein präzises Ausrichten der Kamera ist möglich, außerdem sind horizontale Schwenks möglich, ohne dass der Horizont kippt (jede Achse wird einzeln bewegt). Der Nachteil von Dreiwegeneigern ist, dass das Ausrichten etwas länger dauert.

Der Gegenentwurf zum Neiger ist der Kugelkopf (siehe Abb. 2–24). Hier ist die Stativplatte mit der Kamera auf einer Kugel montiert, welche in einer Fassung frei drehbar ist. Fixiert wird der Kugelkopf mit einem Friktionssystem, das heißt, die Kugel wird mit Klemmbacken durch das Drehen einer Schraube festgeklemmt. Kugelköpfe erlauben ein schnelles und unkompliziertes Ausrichten der Kamera.

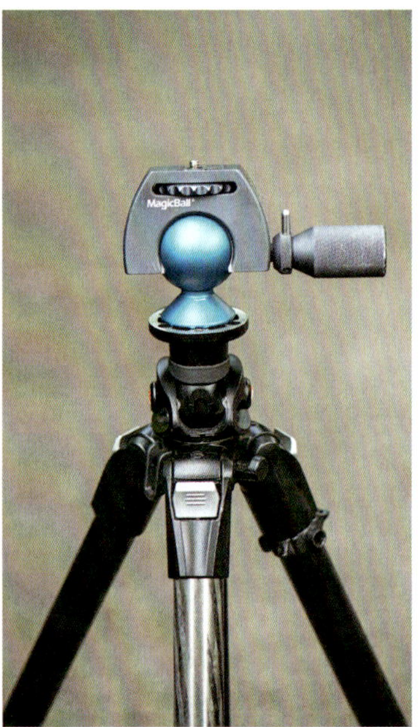

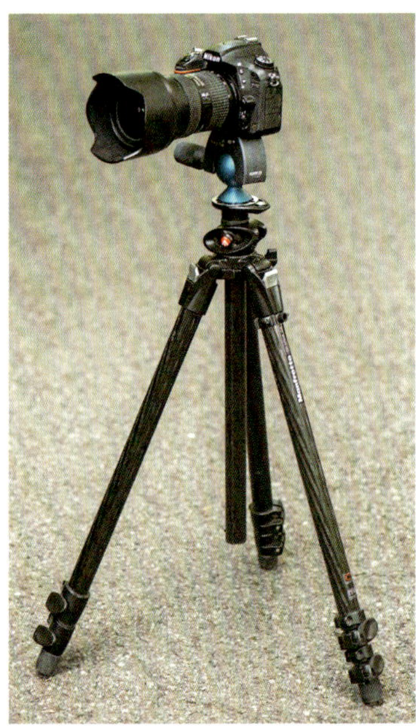

Abb. 2–24 Ein Kugelkopf ermöglicht es Ihnen, die Kamera schnell und in einem beliebigen Winkel auszurichten. Die Kamera wird auf der Klammer montiert, welche die Kugel umfasst. Der Griff an der Klammer des Kugelkopfs ist drehbar und spannt das Klemmsystem zwischen Klammer und Kugel.

Ein Stativ ist aber nicht immer unbedingt notwendig, wenn länger belichtet werden soll. Manchmal tut es auch ein kleines Kissen (Beanbag) oder notfalls eine Bank oder ein Stein. Mit etwas Kreativität können Sie auch ohne Stativ die Kamera sicher in der Umgebung fixieren, indem Sie sie zum Beispiel in eine Astgabel oder auf eine Mauer stellen. Besonders beim Stativkauf gilt die Regel »Wer billig kauft, kauft zweimal«. Es gibt verlockende Angebote für Stative um die 10–15 €. Solche Stative sind in der Regel billigst verarbeitet und schlecht konstruiert, sie bieten keinen sicheren Stand für die Kamera (im besten Fall bedeutet »nicht sicher« hierbei »nicht verwacklungsfrei«).

Aber auch ganz ohne technische Hilfsmittel können verwacklungsfreie Aufnahmen erreicht werden. Ebenso wie ein Stativ benötigt auch der Mensch drei Auflagepunkte, um möglichst stabil zu stehen. Sie können sich zum Beispiel im Stehen anlehnen oder in der Hocke ein Knie aufsetzen, um die Stabilität beim Fotografieren zu erhöhen (siehe Abb. 2–25). Wenn Sie eine solche Position einnehmen, können Sie auch ohne weitere technische Hilfsmittel verwacklungsfreie längere Belichtungszeiten realisieren.

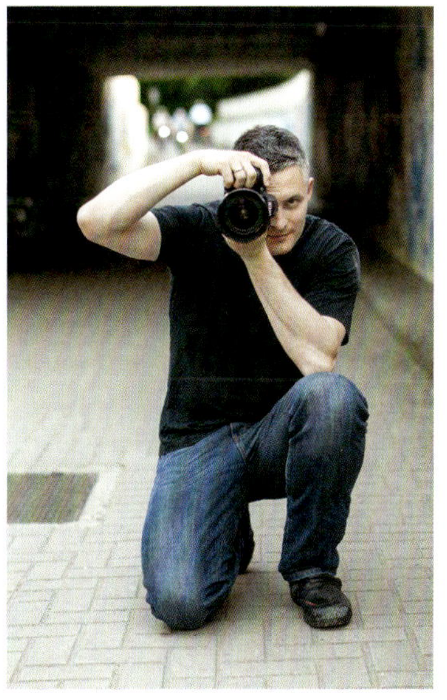

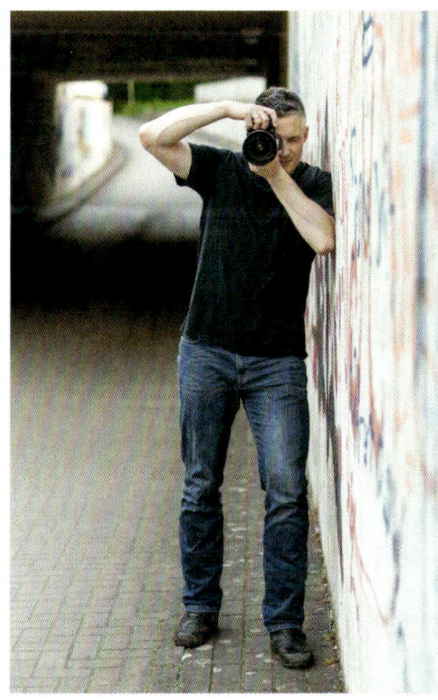

Abb. 2–25 Knien Sie sich hin oder lehnen Sie sich beim Fotografieren an, um eine stabile Position zu erreichen (Fotos: Thorsten Karrer).

2.6 Blitzgeräte

Blitze geben dem Fotografen die Möglichkeit, ein Bild mit Licht aktiv zu gestalten. In der Regel kommt Blitzlicht zum Einsatz, wenn nicht genügend Umgebungslicht zur Verfügung steht, also in der Dämmerung oder im Dunkeln. Aber auch bei hellem Tageslicht können Blitzgeräte, oft kurz als Blitze bezeichnet, verwendet werden, um zum Beispiel ein gegen die Sonne fotografiertes Motiv aufzuhellen. Mit starkem Blitzlicht kann das Tageslicht auch in den Hintergrund gedrängt werden, sodass das dominierende Licht im Bild vom Blitz kommt und somit wieder aktiv mit Blitzlicht gestaltet werden kann.

Wenn in diesem Buch von Blitzen geredet wird, sind immer Aufsteck- oder Studioblitze gemeint (siehe Abb. 2–26). Diese können »entfes-

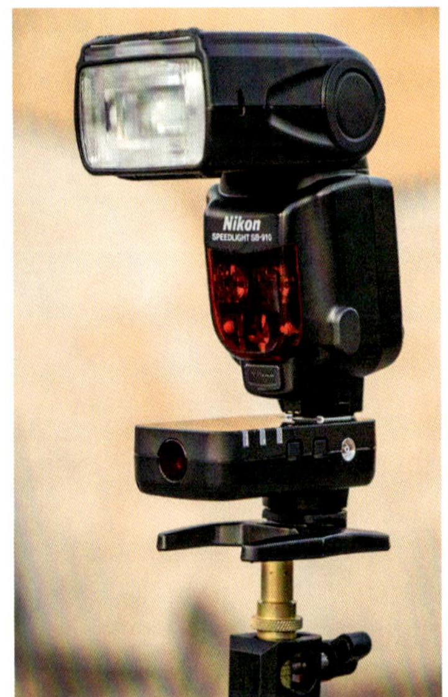

Abb. 2–26 Aufsteckblitze sind wichtige Zubehörteile der Motorradfotografie. Dieses Modell ist mit einem Funkauslöser verbunden und zusammen mit dem Standfuß auf einem Blitzstativ montiert.

selt«, also von der Kamera getrennt, betrieben werden. So können unterschiedliche Blitze eingesetzt werden, um ein Motorrad aus unterschiedlichen Richtungen zu beleuchten. Beachten Sie, dass externe Blitze nicht mit allen in Abschnitt 2.2 beschriebenen Kamerasystemen betrieben werden können. Spiegelreflex- und Systemkameras können externe Blitze immer ansteuern, bei Kompaktkameras ist dies nicht automatisch gegeben. Sollten Sie sich für eine Kompaktkamera interessieren, müssen Sie sich vor dem Kauf darüber informieren, ob mit ihr externe Blitzgeräte verwendet werden können. Ein interner Kamerablitz ist nicht dazu geeignet, ein Motorrad ansprechend aufzuhellen. Das Licht eines in der Kamera verbauten Blitzes trifft immer frontal auf die Szene, sodass alles gleichmäßig beleuchtet wird. Die Konturen einer Maschine werden nicht hervorgehoben, weshalb man in diesem Fall umgangssprachlich davon redet, dass das Motiv »plattgeblitzt« wurde.

Blitze sind kleine Lichtgranaten. Sie pumpen in sehr kurzer Zeit eine unglaubliche Menge an Licht heraus. Die Kunst, einen oder mehrere Blitze zu verwenden, liegt in der Positionierung und Dosierung der Lichtmenge. Ersteres obliegt der Erfahrung und künstlerischen Freiheit des Fotografen, Letzteres kann durch Technologie unterstützt werden.

Blitze haben verschiedene Operationsmodi, mit welchen die Lichtmenge festgelegt wird, die der Blitz bei Auslösung abgibt. Die wichtigsten Modi sind der manuelle Modus (M) und der TTL-Modus (»through the lens«). Im manuellen Modus (M) wird der Blitz auf eine definierte Lichtstärke eingestellt und feuert exakt diese Menge Licht hinaus. Es liegt in der Verantwortung des Fotografen, die Lichtstärke auszubalancieren. Diese Methode eignet sich gut, wenn Sie in einer Situation fotografieren, in der sich die umgebenden Lichtverhältnisse nicht ändern und immer eine fest eingepegelte Lichtmenge benötigt wird, um die Fotos untereinander vergleichbar zu halten. Dies könnte zum Beispiel bei Studiofotos der Fall sein.

In der fotografischen Praxis ist meistens jedoch der TTL-Modus das Mittel der Wahl. TTL steht, wie oben schon erwähnt, für »through the lens« und bezieht sich auf die Methode, wie die benötigte Lichtmenge ermittelt wird. Nach dem Drücken des Auslösers wird zunächst ein kurzer Testblitz abgefeuert. Das Licht wird vom Motiv reflektiert und gelangt in die Kamera. Diese misst, wie viel Lichtenergie zurückgekommen ist. Basierend auf der Stärke des Testblitzes und der gemessenen zurückgeworfenen Lichtmenge kann die Kamera die Stärke des

Hauptblitzes berechnen. Erst danach wird die Aufnahme gestartet und der Hauptblitz abgefeuert. Diese Messung läuft so schnell ab, dass sie meist als ein Blitz wahrgenommen wird. Der Komfort von TTL ist, dass man sich voll und ganz auf das Fotografieren konzentrieren kann, die Lichtmenge wird automatisch berechnet.

Es gibt mehrere Methoden, entfesselte Blitze auszulösen:

- *Blitzsynchronkabel* beschreiben die Methode mit einem Wort. Ein Kabel synchronisiert den Blitz mit der Kamera. Eine einfache Methode, welche jedoch zu Kabelsalat führen kann und bei größeren Abständen zwischen den Blitzen und der Kamera unpraktisch ist.
- *Funkauslöser* sind eine deutlich praktischere Methode. Jeweils ein kleines Funkmodul an Kamera und den Blitzen sorgen dafür, dass die Auslösung erfolgt. Einfachere Funkmodule agieren lediglich als Auslöser (die Blitzstärke muss manuell eingestellt werden), etwas höherwertige Funkauslöser können die TTL-Information mit übertragen. Diese Auslöserart ist zu präferieren, da sie deutlich mehr Komfort beim Fotografieren verspricht.
- Die Kamerahersteller haben ausgeklügelte *Systeme zur Steuerung* von entfesselten Blitzen entwickelt. Das Creative Lighting System von Nikon beispielsweise ist eine besonders spannende Methode. Dabei agiert ein Blitz auf der Kamera (oder der kamerainterne Blitz) als sogenannter »Master« und steuert mit Lichtsignalen die anderen Blitze (sogenannte »Slave-Blitze«). Das Besondere am Creative Lighting System ist, dass man bis zu drei verschiedene Blitzgruppen definieren kann. So lässt sich zum Beispiel das Motorrad mit einem starken Lichtblitz ausleuchten, während der Hintergrund mit einem schwächeren Lichtblitz ausgeleuchtet wird. Mit dieser Methode kann man präzise gesteuert Akzente setzen und die Szene nach Belieben ausleuchten. Andere Hersteller von Kamerasystemen wie Canon bieten vergleichbare Steuerungsmöglichkeiten von mehreren Blitzgeräten an.

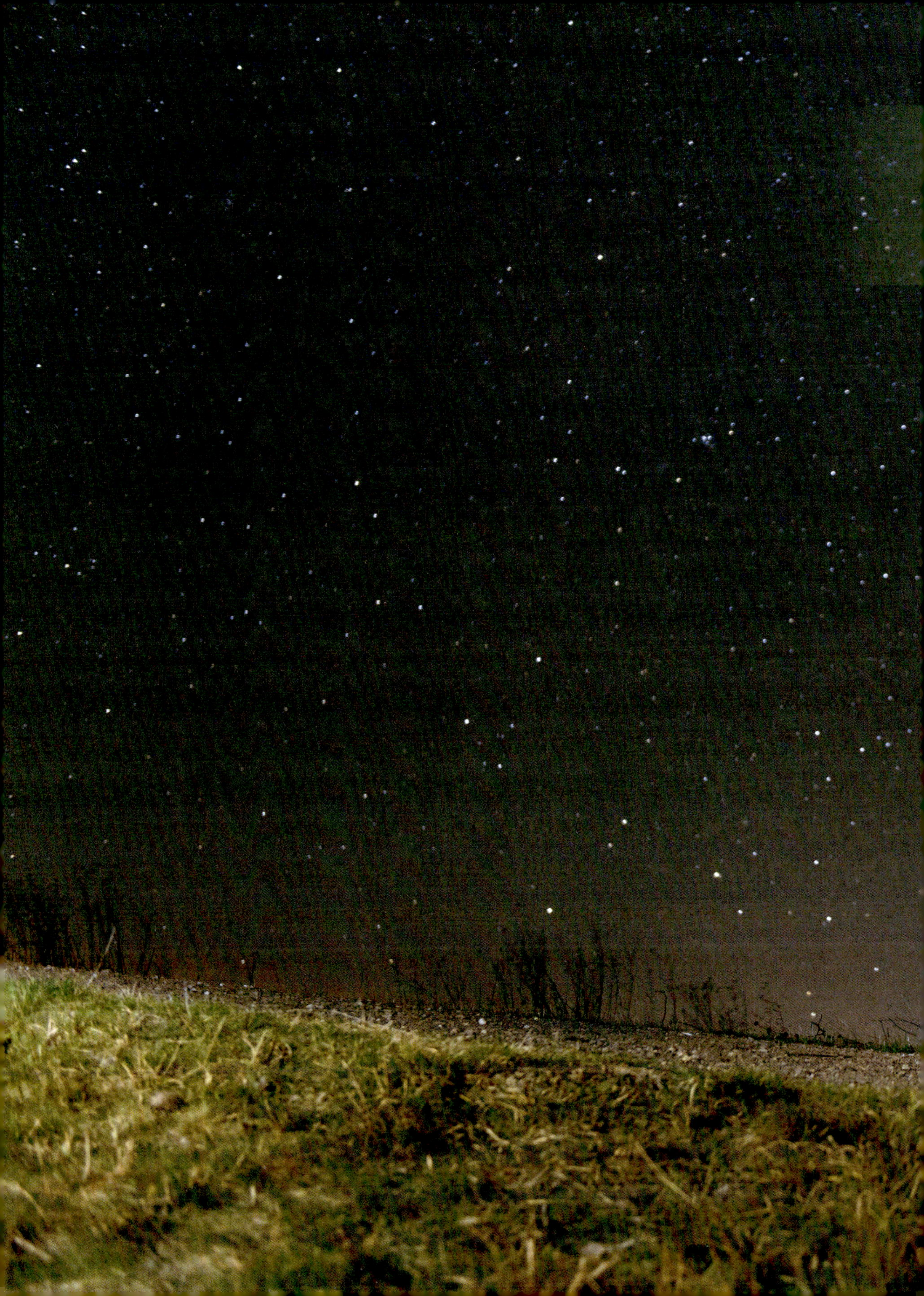

Kapitel 3
Die Belichtung

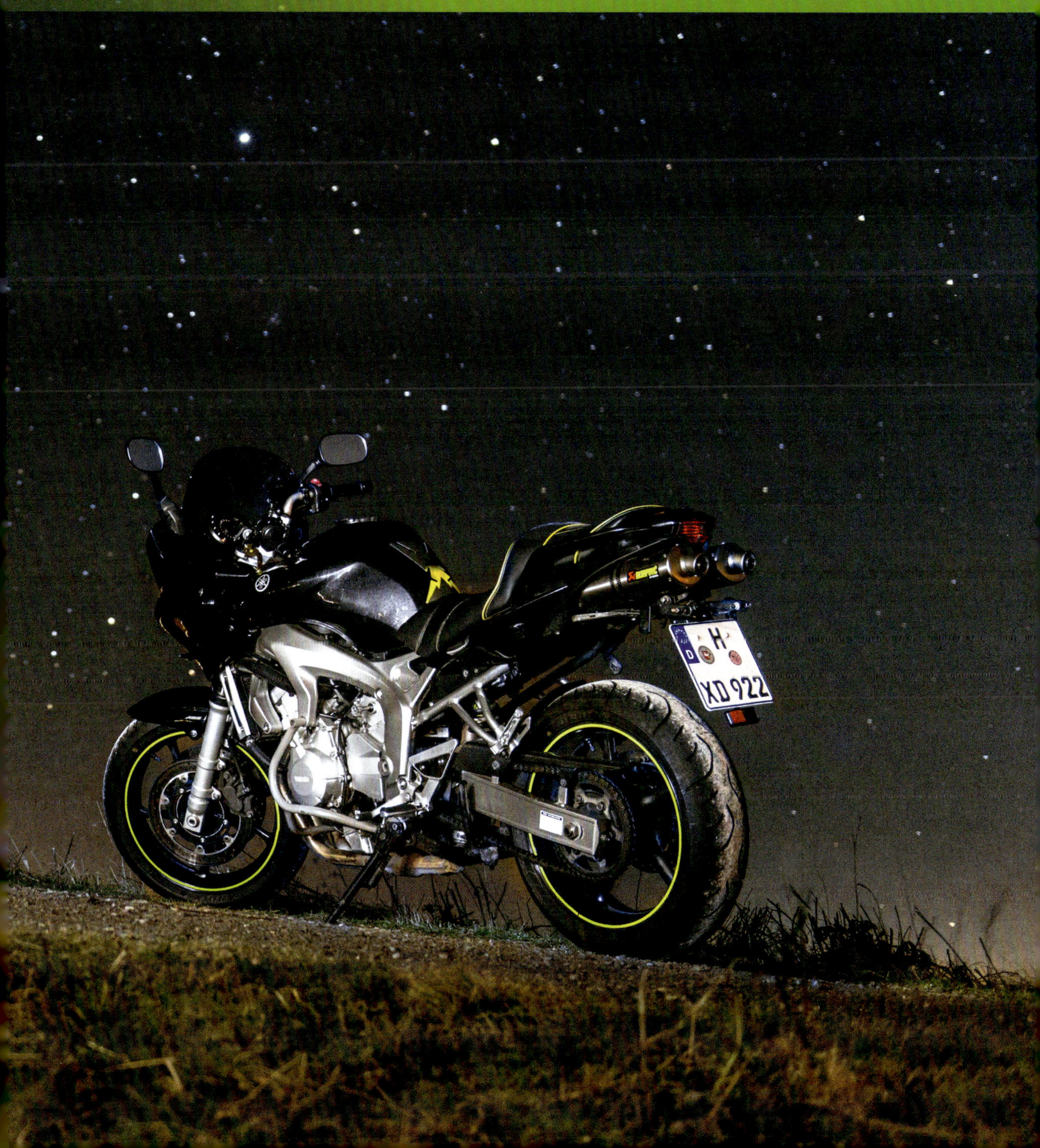

Vorherige Doppelseite: Abb. 3–1 Yamaha FZ6 Fazer (40 mm, 10 s, f/2.8, ISO 1.600)

Als Belichtung bezeichnet man die Intensität (Helligkeit) des »Abdrucks« eines Bilds auf dem Sensor. Die Belichtung wird von drei Parametern beeinflusst: Belichtungszeit, Blende und Empfindlichkeit des Sensors (ISO-Wert).

Um eine ausgeglichene Belichtung zu erreichen, müssen diese drei Parameter gegeneinander ausbalanciert werden. Eine Veränderung eines Parameters muss eine entgegengesetzte Veränderung an einem oder beiden anderen Parametern nach sich ziehen, sonst ist das Bild über- oder unterbelichtet. Wählen Sie zum Beispiel eine kürzere Belichtungszeit, müssen Sie die Blende weiter öffnen und/oder die ISO-Empfindlichkeit hochsetzen. Verkleinern Sie die Blendenöffnung, müssen Sie entweder länger belichten oder die Empfindlichkeit heraufsetzen.

Belichtungszeit und Blende sind die Parameter, welche als gestalterisches Mittel eingesetzt werden können. Über die Belichtungszeit können Sie steuern, ob zum Beispiel ein bewegtes Motorrad scharf abgebildet wird oder ob der Abendhimmel dunkelblau auf der Aufnahme erstrahlt. Die Blende wiederum bestimmt die Schärfentiefe und ob Lichtquellen auf dem Foto Strahlen bilden. Mit Blende und/oder Belichtungszeit steuern Sie den Haupteffekt, welchen Sie im Foto erreichen möchten. In der Regel wird ein Parameter auf einen bestimmten Wert eingestellt, um den Effekt zu erreichen, zum Beispiel Bewegungsunschärfe. Die Blende wird in diesem Fall entsprechend nachgeregelt. Reicht die Lichtmenge dann nicht aus, kommt die Sensorempfindlichkeit (der ISO-Wert) als eine Art Joker ins Spiel. Dieser Belichtungsparameter hat einen anderen Stellenwert, denn er kann nicht als künstlerisches Element eingesetzt werden. Ein hoher ISO-Wert bringt starkes Sensorrauschen mit sich, das Bild wird körnig bzw. »matschig«. Der ISO-Wert sollte daher immer so niedrig wie möglich gehalten werden, um das Sensorrauschen ebenfalls so niedrig wie möglich zu halten.

Wer dies verstanden hat, ist schon ein großes Stück weitergekommen. Jeder der drei Parameter wirkt sich unterschiedlich auf das Bild aus, es bleibt also für die Bildwirkung nicht ohne Konsequenz, wenn an Blende, Belichtungszeit oder ISO-Wert geschraubt wird.

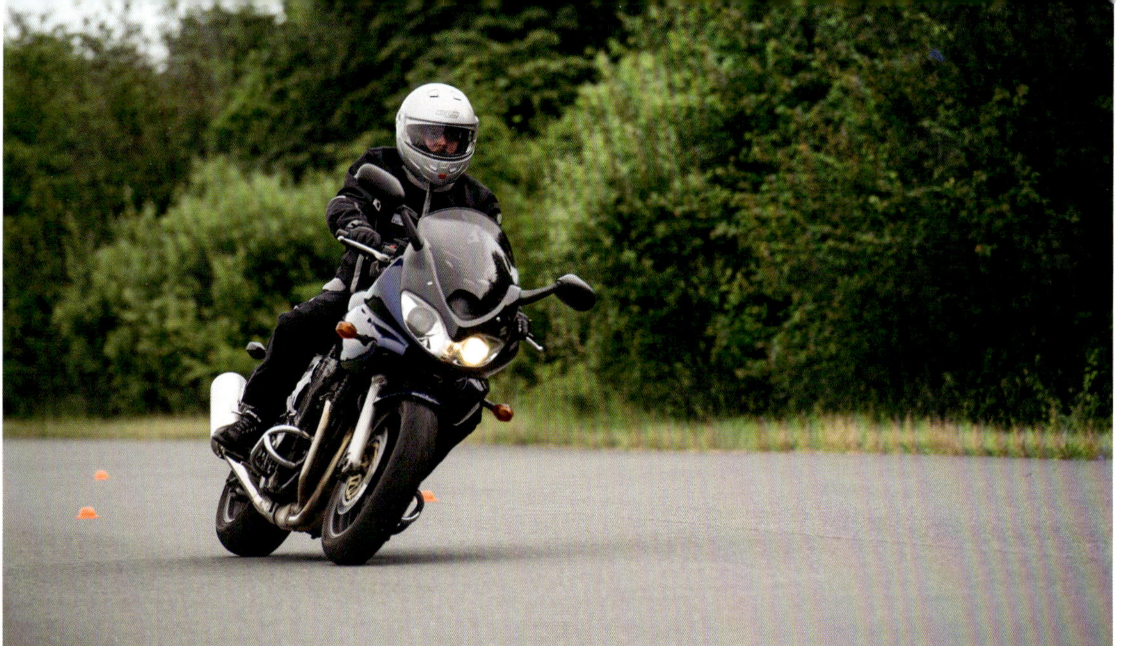

Abb. 3–2 Eine Suzuki Bandit 1200 in Bewegung. Die Maschine selbst ist bei einer Belichtungszeit von 1/320 s scharf abgebildet, die schnell drehenden Reifen weisen Bewegungsunschärfe auf (200 mm, 1/320 s, f/5, ISO 220).

3.1 Belichtungszeit

Die Belichtungszeit beschreibt die Zeitspanne, in welcher der Sensor dem Licht ausgesetzt ist. Kurze Belichtungszeiten frieren Bewegungen ein, jedoch gelangt auch nur wenig Licht auf den Sensor. Dies muss entweder mit einer offenen Blende oder, wenn das noch nicht ausreicht, einer höheren ISO-Einstellung kompensiert werden.

Bewegungen werden (abhängig von der Geschwindigkeit des Motorrads) ab 1/200 s eingefroren. Je kürzer die Belichtungszeit, desto schärfer wird die Abbildung eines sich bewegenden Motorrads (siehe Abb. 3–2).

Bewegungsunschärfe vs. Verwacklung

Die Phänomene »Bewegungsunschärfe« und »Verwacklung« haben die gleiche Ursache: eine für die Situation zu lange Belichtung. Der Unterschied liegt darin, dass Bewegungsunschärfe oft ein beabsichtigter Effekt ist, der zur Bildgestaltung eingesetzt wird. Ein verwackeltes Bild hingegen ist einfach nur unscharf, weil der Fotograf die Kamera während der Aufnahme nicht ruhig gehalten hat.

Ob ein Bild scharf oder verwackelt ist, hängt ebenfalls von der Belichtungszeit ab. Bei Aufnahmen aus der freien Hand erfährt die Kamera winzige, nicht kontrollierbare Bewegungen, da man als Mensch nicht vollständig stillhalten kann. Wird zu lange belichtet, führen diese Bewegungen zu Unschärfen im Bild. Als Faustregel kann man sagen, dass eine verwacklungsfreie Aufnahme aus der Hand (also ohne Stativ) mit einer Belichtungszeit von 1/Brennweite möglich ist. Bei 200 mm Brennweite wäre dies eine Belichtungszeit von 1/200 s oder kürzer. Bei Aufnahmen aus der Hand sollten Sie daher eine möglichst stabile Position einnehmen, zum Beispiel durch Anlehnen oder Hinknien (vgl. Abb. 2–25). Dies reduziert die Wahrscheinlichkeit einer verwackelten Aufnahme.

Die Dauer der Belichtungszeit bewegt sich zwischen 1/8.000 s (manche Kameras »nur« 1/4.000 s) und 30 s. Im Zeitvorwahlmodus (Modus S oder Tv, je nach Kamerahersteller) können Sie die gewünschte Belichtungszeit einstellen, die Kamera wählt dann die passende Blende dazu aus. Im Manuellen Modus (M) können Sie Belichtungszeit und Blende unabhängig voneinander festlegen. Für lange Belichtungszeiten über 30 s gibt es noch den sogenannten »bulb«-Modus. Dies bedeutet, dass die Belichtung so lange andauert, wie der Auslöser gedrückt wird. Dies erfolgt dann in der Regel über einen feststellbaren Kabel- oder Funkauslöser. Diese hohen Belichtungszeiten haben in der Motorradfotografie aber eine eher untergeordnete Bedeutung.

3.2 Blende

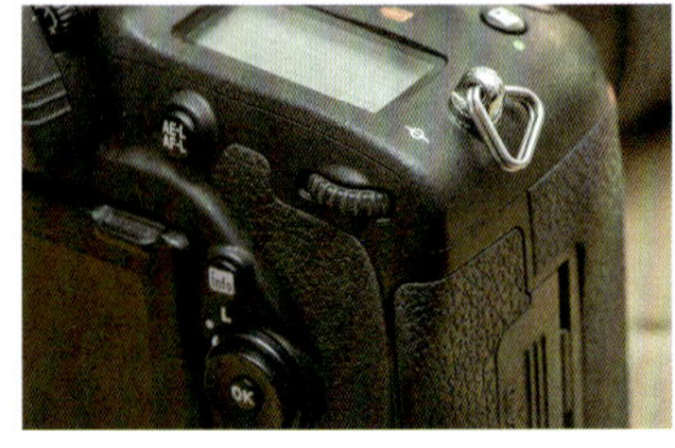

Abb. 3–3 Das Wahlrad einer Spiegelreflexkamera. Dieses Rad rastet an festen Positionen ein und erlaubt, je nach gewähltem Belichtungsmodus, die Wahl von Blende oder Belichtungszeit.

Die Blende beschreibt die Größe der Öffnung, durch welche das Licht in die Kamera fällt, siehe Abschnitt 2.4. Eine große Blendenöffnung (kleine Blendenzahl) lässt viel Licht in die Kamera und führt zu einer niedrigen Schärfentiefe. Eine kleine Blendenöffnung (große Blendenzahl) lässt wenig Licht in die Kamera, erzeugt aber eine hohe Schärfentiefe.

Die Blende wird in sogenannten Blendenstufen geöffnet bzw. geschlossen. Zwei Stufen bedeuten hierbei eine Verdoppelung bzw. Halbierung der Blendenzahl, also zum Beispiel von f/2.8 zu f/5.6 oder umgekehrt. Beachten Sie hierbei, dass ein Schritt nicht gleich einem Klick am Wahlrad der Kamera ist. Die meisten Kameras bieten eine feinere Regulierung der Blendenstufen in 1/3- oder 1/2-Blendenstufen an. Bei der Einstellung von 1/3-Blendenstufen würde also mit jedem Klick am Wahlrad die folgende Blendenreihe Schritt für Schritt durchlaufen werden: f/2.8, 3.2, 3.6, 4.0, 4.5, 5, 5.6 Mit dieser Einstellung müssten Sie das Wahlrad an der Kamera also sechsmal klicken, um von f/2.8 nach f/5.6 abzublenden.

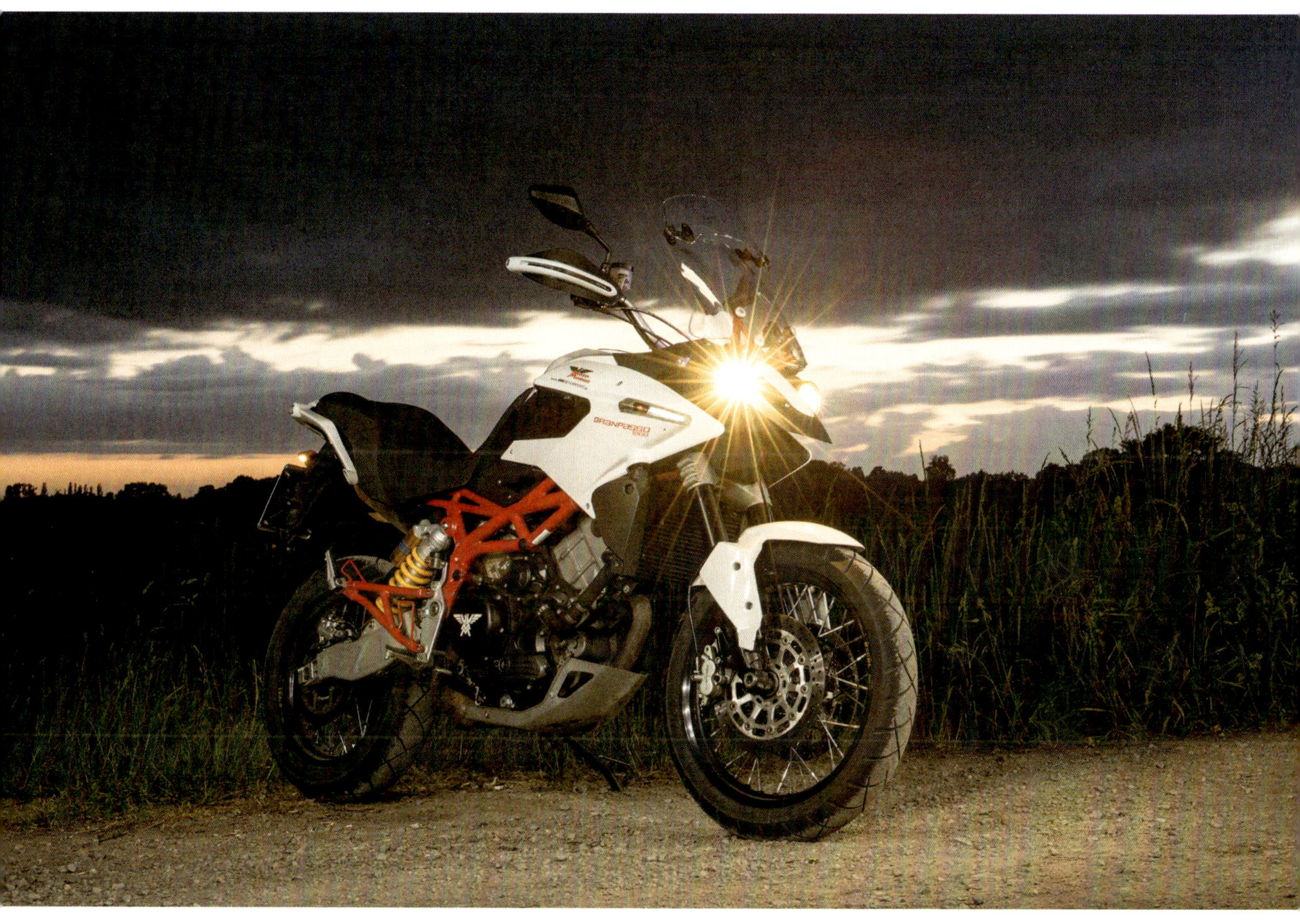

Die Blendenzahl bewegt sich, je nach Objektiv, zwischen f/1.4 und f/36 (wobei f/1.4 schon recht exotisch ist, gewöhnlicher ist eine Blendenöffnung von f/2.8 oder f/4 als größte Blendenöffnung eines Objektivs). An der Definition der Blendenzahl (Brennweite geteilt durch den Durchmesser der Blendenöffnung) können Sie übrigens auch erkennen, warum lichtstarke Objektive so teuer sind. Eine kleine Blendenzahl bedeutet eine große Öffnung, dies wiederum bedeutet große Glaslinsen im Objektiv. Und je größer eine Linse ist, desto aufwendiger und somit teurer ist ihre Herstellung.

Abb. 3–4 Der Scheinwerfer der Moto Morini Granpasso 1200 erzeugt bei geschlossener Blende starke Strahlen (56 mm, 30 s, f/16, ISO 100).

Je weiter die Blende geschlossen wird (also je höher die Blendenzahl), desto höher wird auch die Schärfentiefe in einem Bild. Zusätzlich gibt es einen weiteren Effekt, der als gestalterisches Element verwendet werden kann. Mit zunehmend geschlossener Blende bilden punktförmige Lichtquellen (und Motorradscheinwerfer zählen zu diesen) Strahlenkränze aus. Dies liegt daran, dass das Licht an den Kanten der Blendenlamellen gebeugt wird (siehe Abb. 3–4).

3.3 ISO (Sensorempfindlichkeit)

Die Parameter Belichtungszeit und Blende bestimmen, wie viel Licht physikalisch auf den Sensor fällt. Gleichzeitig sind sie die beiden Faktoren, welche zur Bildgestaltung beitragen. Der dritte Faktor, welcher eine Belichtung beeinflusst, ist die Empfindlichkeit des Sensors, der sogenannte ISO-Wert. Dieser legt fest, wie empfindlich der Sensor auf Licht reagiert bzw. wie stark das Signal des Sensors verstärkt wird (je höher der ISO-Wert, desto höher die Verstärkung des Signals). In der analogen Fotografie bedeutete dies, dass ein Filmmaterial eine gewisse Empfindlichkeit hatte, pro Filmrolle hatte man also nur eine ISO-Einstellung. Im digitalen Zeitalter hat man die Möglichkeit, die Empfindlichkeit des Sensors für jedes Foto individuell einzustellen. Technisch gesehen ist diese Einstellung ein Verstärker, welcher das Signal des Sensors vervielfacht. So kann auch bei wenig verfügbarem Licht eine gute Belichtung erreicht werden.

Leider erkauft man sich mit diesem Komfort auch einen Nachteil. Eine Verstärkung bedeutet, dass auch Störungen verstärkt werden. Dieses in der Signaltechnik genannte »Rauschen« wird umso prägnanter, je höher die Verstärkung ausfällt. Im Audiobereich macht sich dies in einem akustischen Rauschen bemerkbar, bei Fotos spricht man daher auch vom »Bildrauschen« bzw. »Farbrauschen«. Die Pixel in den Farben Rot, Grün und Blau sind in ihren Helligkeiten nicht mehr konsistent und es kommt zu einem »körnigen« Erscheinungsbild (siehe Abb. 3–5).

Wie zu Beginn dieses Abschnitts angemerkt, sollten Sie die Sensorempfindlichkeit lediglich als Joker in der Belichtung betrachten. Dieser Joker ist nur zu ziehen, wenn das vorhandene Licht nicht ausreicht, um eine gute Belichtung zu erreichen. Arbeiten Sie primär mit Blende und Belichtungszeit – dies sind die Belichtungsparameter, welche Sie zur Gestaltung des Bilds einsetzen können. Erst wenn dies nicht ausreicht, sollten Sie den ISO-Wert erhöhen, um gegebenenfalls Farbrauschen in Kauf zu nehmen. Wie stark sich Farbrauschen bei einer Aufnahme bemerkbar macht, hängt von der Güte des Sensors ab und ist mitunter ein Kriterium, nach welchem Bildsensoren in Labortests bewertet werden.

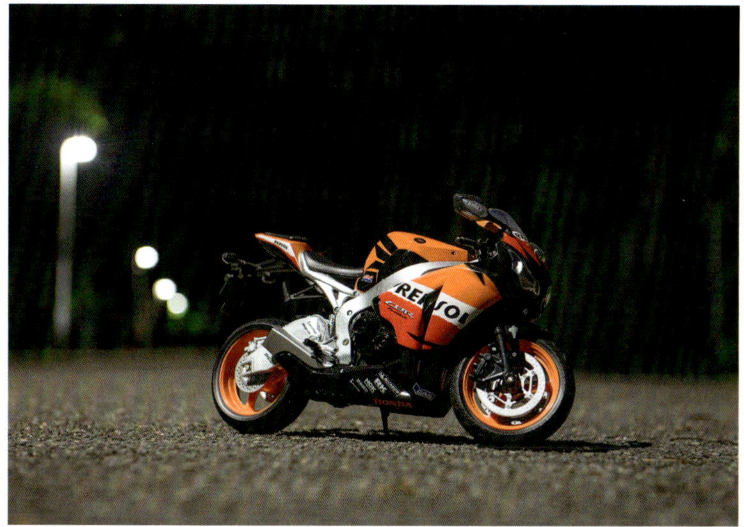

Abb. 3–5 Je höher der ISO-Wert, desto intensiver wird das Bildsignal verstärkt. Dieses Modell einer Honda Fireblade wurde viermal mit einer Nikon D750 fotografiert. Das erste Bild (oben links) ist mit ISO 100 aufgenommen worden, die folgenden Bilder mit ISO 800, 3.200 und 12.800. Sie können erkennen, dass das Bildrauschen mit steigendem ISO-Wert zunimmt. Das Bild wird mehr und mehr grobkörnig und verwaschen.

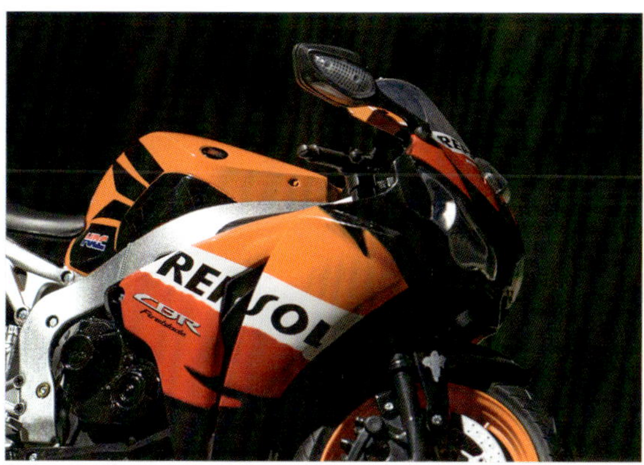

(70 mm, 2.5 s, f/4, ISO 100)

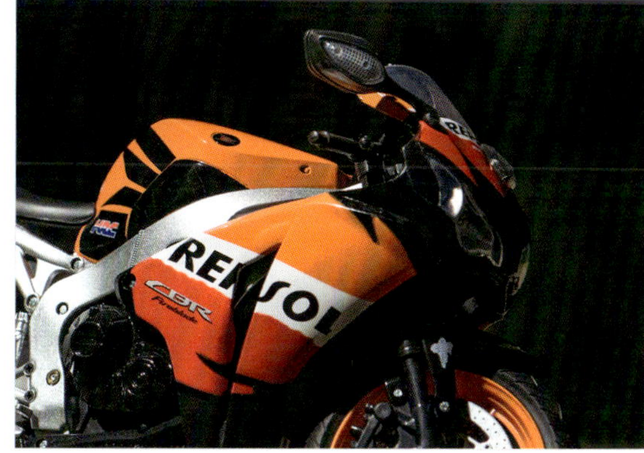

(70 mm, 1/3 s, f/4, ISO 800)

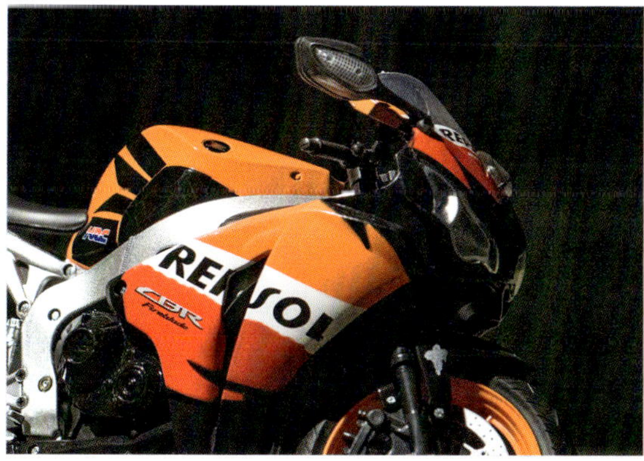

(70 mm, 1/10 s, f/4, ISO 3.200)

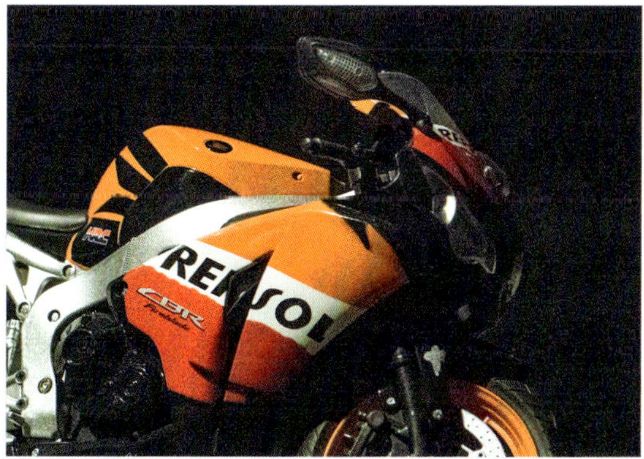

(70 mm, 1/50 s, f/4, ISO 12.800)

3.4 Belichtungsmessung

Wir haben jetzt die drei wichtigsten Parameter einer Belichtung kennengelernt. Aber was ist nun eine »gute« Belichtung? In der Regel versteht man darunter eine ausgewogene Belichtung, also dass alle Details im Bild erkennbar sind, helle Bereiche nicht überstrahlen und dunkle Bereiche nicht ins Schwarz »absaufen«. Doch wie bestimmt die Kamera, wie viel Licht sie für die Belichtung benötigt?

Die Antwort liegt im Belichtungsmesser, welcher in die Kamera integriert ist. Die Kamera misst, wie viel Licht vorhanden ist. Je nach dem gewählten Messmodus und den Belichtungsvorgaben wird dann berechnet, wie die entsprechenden Parameter der Belichtung zu wählen sind. Es gibt bei den meisten Kameras drei verschiedene Messmodi: Matrixmessung, Spotmessung und gewichtete Spotmessung.

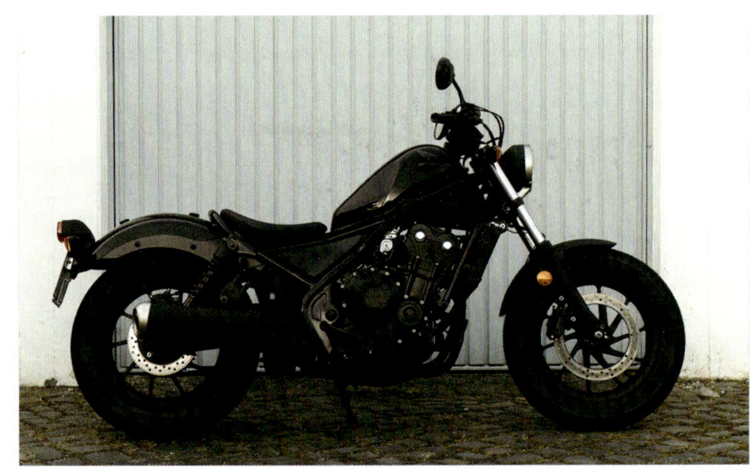

Abb. 3–6 Die Belichtung wurde mit der Matrixmessung ermittelt. Die Kamera versucht, eine ausgeglichene Belichtung zu finden. Der harte Helligkeitskontrast führt dazu, dass die Maschine etwas zu dunkel abgebildet wird (55 mm, 1/125 s, f/4, ISO 200).

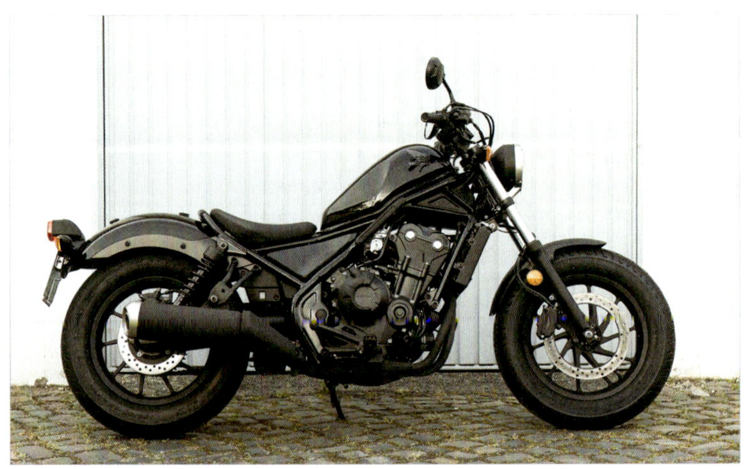

Abb. 3–7 Die Belichtung in diesem Foto wurde mit der Spotmessung ermittelt, der Messpunkt lag auf dem Bereich des Tanks mit dem Herstellerlogo. Die Kamera betrachtet nur den gemessenen Bereich (welcher dunkel ist) und ermittelt somit eine längere Belichtungszeit als in Abbildung 3–6. Die schwarze Maschine kommt nun heller heraus, jedoch ist der Hintergrund überbelichtet (55 mm, 1/80 s, f/4, ISO 200).

Bei der *Matrixmessung* (siehe Abb. 3–6) misst die Kamera die Helligkeitsverteilung im gesamten Bildausschnitt, gewichtet aber einzelne Bildbereiche unterschiedlich. Diese Verteilung wird dann mit einer in der Kamera gespeicherten Datenbank abgeglichen und eine entsprechende Einstellung wird gewählt. Die Matrixmessung ist die am häufigsten verwendete Messmethode und stellt für 95 % der Fotos die beste Wahl dar. Bei der *Spotmessung* (siehe Abb. 3–7) misst die Kamera nur den Bereich, auf welchen das Autofokussystem gerade scharf stellt. Damit ist diese eine Stelle dann gut belichtet, der Rest des Bilds kann allerdings gnadenlos über- oder unterbelichtet sein. Die Spotmessung ist am besten zu verwenden, wenn zum Beispiel ein besonders helles oder dunkles Element im Bild ist, welches hervorgehoben werden soll. Die *mittenbetonte Messung* beachtet den gesamten Bildbereich, legt den größten Wert aber auf die Bildmitte. Dieser Messmodus kann zum Beispiel eingesetzt werden, wenn Sie ein Objekt hervorheben möchten, das eine stark unterschiedliche Helligkeit zum Rest der Szene aufweist. In der Praxis der Motorradfotografie ist diese Messmethode aber von untergeordneter Bedeutung.

3.5 Belichtungsmodi

Die Parameter Belichtung und Blende bestimmen nicht nur, wie viel Licht auf den Sensor fällt, sie bestimmen vor allem, wie das Bild gestaltet wird (Bewegungsunschärfe, Schärfentiefe). Daher bieten Kameras mehrere Modi, mit welchen diese Parameter gesteuert werden. Die wichtigsten drei Belichtungsmodi sind die Zeitvorwahl, Blendenvorwahl und der Manuelle Modus.

Die *Zeitvorwahl* (oder auch Blendenautomatik) bedeutet, dass Sie eine Belichtungszeit vorgeben und die Kamera, basierend auf der Belichtungsmessung, die dazu passende Blende auswählt. Die Zeitvorwahl sollte verwendet werden, wenn Sie zum Beispiel bewegte Objekte fotografieren und Bewegungen gezielt einfrieren oder verwischen möchten. Dieser Belichtungsmodus wird auf Kameras oft als »S« (»Shutter priority«) bezeichnet, bei anderen Herstellern auch als »Tv« (»Time Value«).

Die *Blendenvorwahl* (Zeitautomatik) ist das Gegenstück zur Zeitvorwahl. Sie geben die gewünschte Blende vor, um die Schärfentiefe zu steuern, die Kamera ermittelt die dazu passende Belichtungszeit. Dieser Modus ist zu wählen, wenn Sie zum Beispiel die Schärfentiefe genau festlegen oder Strahlenkränze an Lichtquellen erzeugen möchten (siehe Abschnitt 2.4). Die Blendenvorwahl wird auf Kameras oft mit »A« (»Aperture priority«) oder »Av« (»Aperture Value«) abgekürzt.

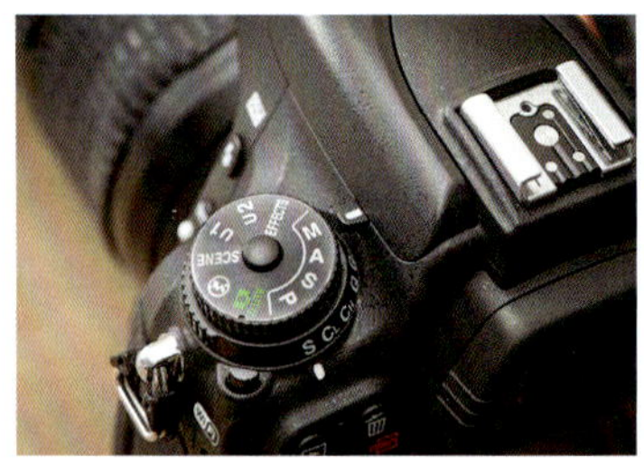

Abb. 3–8 Das Modus-Wählrad einer Spiegelreflexkamera. Die meisten Kameras verfügen neben den Modi M, A und S noch über andere Betriebsarten. Bei diesem Modell gibt es zum Beispiel noch die Möglichkeit, eigene Voreinstellungen zu programmieren, welche über U1 und U2 abgerufen werden können. Der Ring unterhalb des Wählrads bestimmt die Bildauslösefolge. »S« steht für »Single«, also Einzelauslösung. »CL« und »CH« stehen für den Serienbildmodus in niedriger (Continuous Low) und schneller Bildfolge (Continuous High), welche für Actionaufnahmen notwendig sind.

Die Königsklasse unter den Belichtungsmodi ist der *Manuelle Modus*. Hier kann der Fotograf Blende und Belichtungszeit frei einstellen. Der Kamera ist in diesem Modus die Kontrolle über alle Belichtungsparameter entzogen, die Verantwortung liegt voll und ganz beim Fotografen. Hier muss man sich an dem Anzeigebalken für die Belichtungsmessung im Sucher (oder dem LCD-Display) orientieren, um eine ausgewogene Belichtung zu erzielen. Wenn mit den gewählten Belichtungswerten das Foto zu dunkel wird, müssen Sie den ISO-Wert nachregeln. Der manuelle Modus ist zum Beispiel dann sinnvoll, wenn Sie Tages- und Blitzlicht mischen. Durch die manuelle Belichtungssteuerung können Sie das Umgebungslicht gut dosieren (zum Beispiel so belichten, dass der Abendhimmel gut herauskommt), die Blitze steuern unabhängig davon die Belichtung des Motorrads.

Auto-ISO: Eine oft vergessene Variable

Wenn Sie wissen, bis zu welchem ISO-Wert Sie mit Ihrer Kamera noch brauchbare Bilder erzeugen können (Stichwort Farbrauschen), gibt es auch die Möglichkeit, mit einer automatischen ISO-Einstellung zu arbeiten. Der Modus wird bei vielen Kameras »Auto-ISO« oder »ISO-Automatik« genannt. In diesem Modus wählt die Kamera selbstständig den passenden ISO-Wert, um eine gute Belichtung zu erzielen. Meist können Sie vorgeben, bis zu welchem ISO-Wert die Kamera gehen darf. Die Verwendung dieses Modus erweitert Ihren Spielraum beim Belichten ungemein. Nehmen wir beispielhaft eine Szene, die im Zeitvorwahlmodus belichtet werden soll. Sie möchten ein bewegtes Motorrad in schneller Fahrt scharf abbilden und wählen daher eine Belichtungszeit von 1/2.000 s. Die Kamera öffnet nun die Blende des Objektivs bis zur weitesten Stellung, aber die Belichtung wäre immer noch zu dunkel. Nun springt die ISO-Automatik ein und regelt den ISO-Wert nach, bis die Belichtung stimmt. Da der Belichtungsparameter ISO keinen fotografischen Mehrwert im Sinne der Bildgestaltung bringt (hohe ISO-Werte = Farbrauschen), sucht die Auto-ISO-Funktion immer den niedrigstmöglichen Wert, mit dem eine gute Belichtung möglich ist.

Ich persönlich gehe beim Fotografieren gerne noch einen Schritt weiter und nutze lediglich den manuellen Modus. So habe ich die volle Kontrolle über die Bildgestaltung, indem ich Belichtungszeit und Blende vorgebe. Die Belichtung wird dann über die automatische Auswahl des ISO-Werts gesteuert. Auf diese Weise kann ich mich voll und ganz auf die Bildgestaltung konzentrieren und muss nur bei sehr hellen Szenen aufpassen, dass das Foto trotz niedrigstem ISO-Wert nicht überbelichtet wird.

3.6 Belichtungskorrektur

In bestimmten Situationen kann es notwendig sein, die Kamera hinsichtlich der ermittelten Belichtung zu »überstimmen«, um das Motiv dunkler oder heller abzubilden. Das kann zum Beispiel der Fall sein, wenn Sie eine sehr dunkle oder sehr helle Szene fotografieren (zum Beispiel weißes Motorrad in weißer Umgebung, hier müssten Sie der Kamera mitteilen, etwas dunkler zu belichten). Diese Option heißt »Belichtungskorrektur« und wird zum Beispiel auch gebraucht, wenn starke Kontraste dazu führen, dass der Himmel nur noch als einheitliche, weiße Fläche dargestellt wird. In so einem Fall müssen Sie mit der Belichtungskorrektur unterbelichten, um intensive und dramatische Zeichnung in die Wolken am Himmel zu bekommen, wie es zum Beispiel in Abbildung 3–9 zu sehen ist. Da das Bike und Fahrerin Maike dadurch zu dunkel geraten wären, habe ich beide mit Blitzlicht aufgehellt.

Abb. 3–9 Der dramatische Himmel, vor dem diese BMW R 1200 GS Adventure inszeniert wurde, konnte durch eine Belichtungskorrektur erreicht werden. Durch eine Unterbelichtung der Umgebung wurden die Wolken künstlich abgedunkelt, der Vordergrund mit dem Motorrad wurde mit zwei Blitzen aufgehellt (19 mm, 1/160 s, f/7.1, ISO 100).

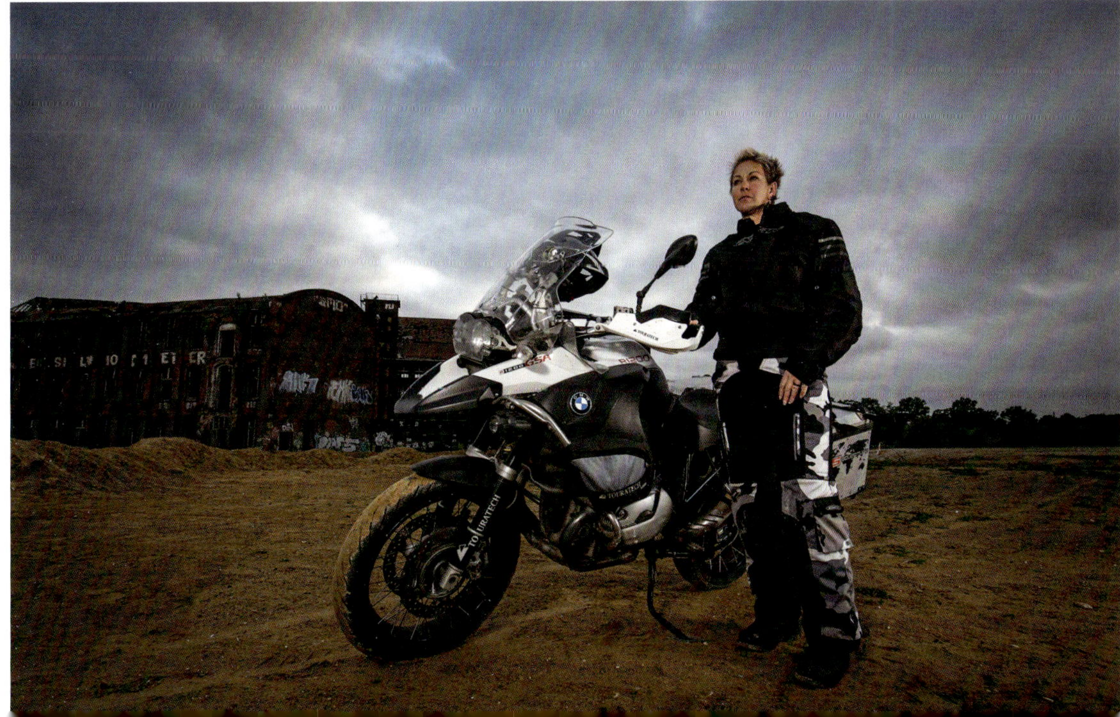

Unterschieden werden muss zwischen der Belichtungskorrektur der Aufnahme und der Blitzbelichtungskorrektur.

Die *Belichtungskorrektur* kann, je nach Kameratyp, in ganzen, 1/3 oder 1/2 Blendenstufen erfolgen. Typischerweise ist ein Bereich von -5 bis +5 LW einstellbar. Die Einheit der Belichtungskorrektur heißt »Lichtwert« (LW, im englischen Exposure Value, EV). In der Kamera wird die Belichtungskorrektur meist mit dem Symbol +/- dargestellt. Positive LW-Einstellungen hellen das Motiv auf, negative LW-Einstellungen dunkeln es ab. Abbildung 3–10 zeigt beispielhaft, wie sich die Belichtungskorrektur auswirkt. Wichtig dabei: Die Belichtungskorrektur beeinflusst sowohl die Belichtungsparameter (Belichtung des Hintergrunds) als auch die Blitzleistung!

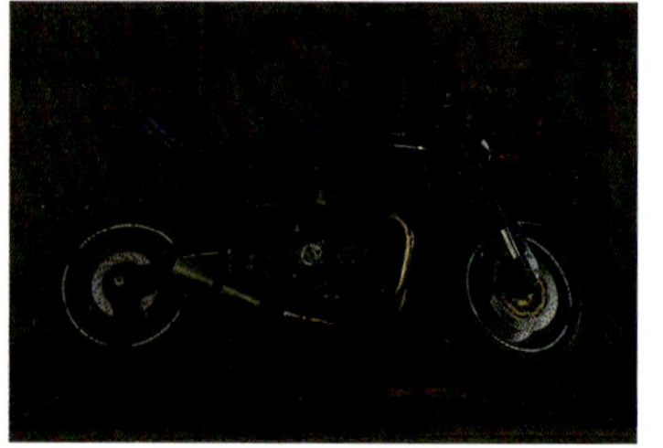

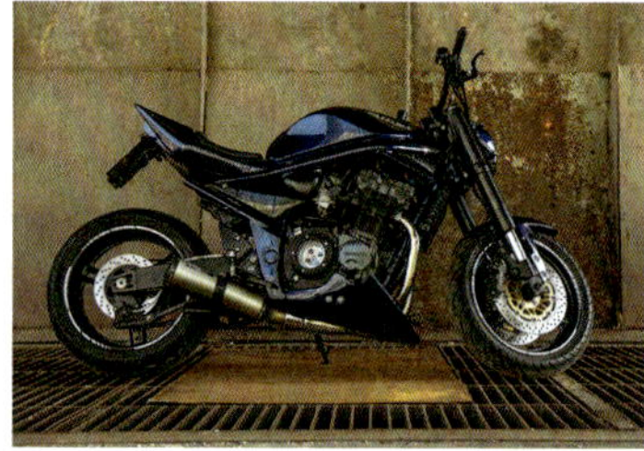

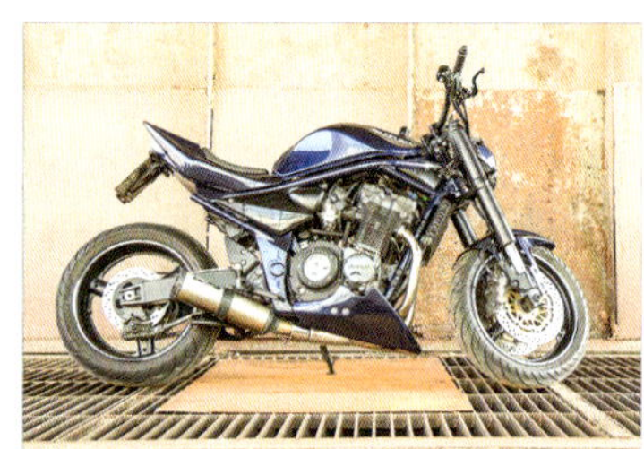

Abb. 3–10 Diese modifizierte Suzuki Bandit 1200 wurde bei Tageslicht aufgenommen. Von links nach rechts: -3 LW, 0 LW, +3 LW

Um Vorder- und Hintergrund unabhängig voneinander belichten zu können, muss mit der *Blitzbelichtungskorrektur* gearbeitet werden. Sie beeinflusst nur die Blitzleistung und lässt die Belichtungsparameter unverändert. Um die Helligkeit des Motivs im Gegensatz zur Umgebung heller oder dunkler zu gestalten, kann eine positive bzw. negative Blitzbelichtungskorrektur durchgeführt werden (siehe Abb. 3–11 bis 3–13). Die Stärke der Korrektur wird wieder in LW bzw. EV-Werten gemessen. Wird gleichzeitig sowohl eine Blitzbelichtungskorrektur als auch eine Belichtungskorrektur eingestellt, so addieren die meisten Kamerasysteme die Werte.

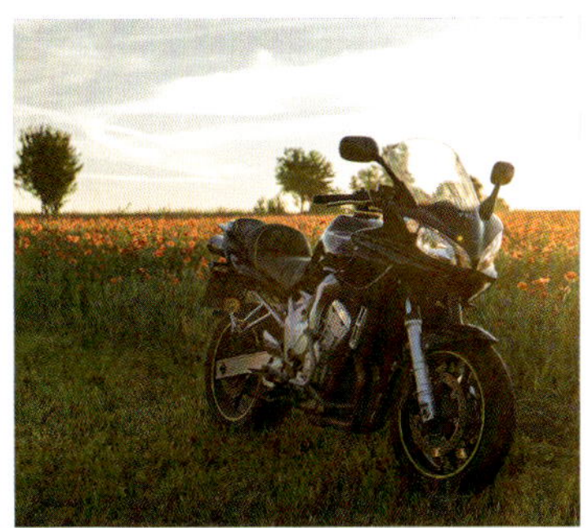

Abb. 3–11 Um das Motorrad gegen die Morgensonne aufzuhellen, wurde ein einzelner Blitz mit orangefarbigem Farbfilter links außerhalb des Bilds platziert. Auf diesem Bild wurde der Blitz mit TTL und einer Blitzbelichtungskorrektur von -3 LW gezündet (58 mm, 1/200 s, f/4, ISO 100).

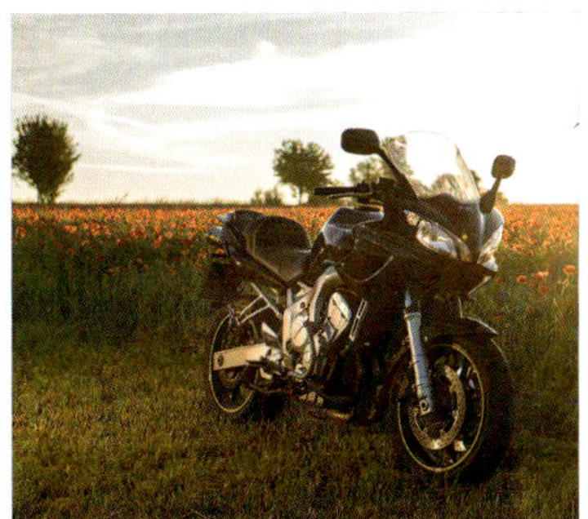

Abb. 3–12 Die gleichen Belichtungsparameter, Blitzbelichtungskorrektur bei 0 LW. Beachten Sie, dass die von der Sonne beschienene Umgebung unverändert hell dargestellt wird. Das Gras im Vordergrund ist jedoch von dem Blitz dezent aufgehellt worden.

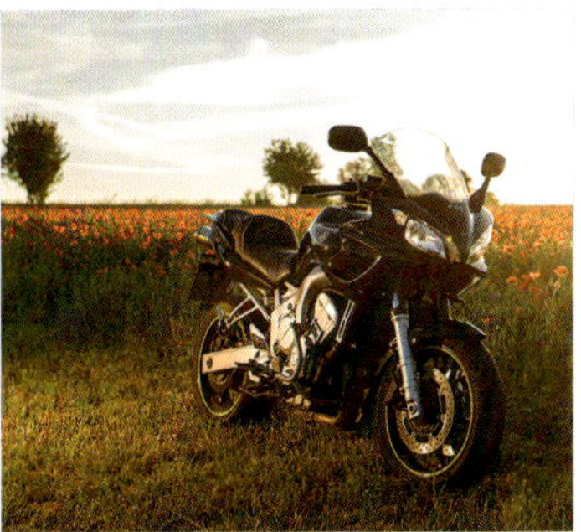

Abb. 3–13 Blitzbelichtungskorrektur +3 LW. Die aufgehellten Bereiche werden stärker beschienen, es ist schon fast zu viel des Guten.

3.7 RAW und JPG

Wie in Abschnitt 2.1 beschrieben, sollte die Kamera in der Lage sein, die Fotos als RAW-Datei abzuspeichern. RAW ist ein unkomprimiertes Format in voller Farbtiefe, das heißt, dass die Sensorinformation so in die Datei geschrieben wird, wie sie aufgenommen wurde. RAW-Dateien müssen erst entwickelt werden, bevor man aus ihnen eine JPG-Datei exportieren kann. »Entwickeln« bedeutet in diesem Zusammenhang, dass die Belichtungsstärke und Farbtemperatur korrigiert und zum Beispiel dunkle und helle Bereiche verändert werden können.

Theoretisch kann man natürlich auch nur mit JPG-Dateien arbeiten. Dann müssen Sie aber das perfekte Endresultat bereits in der Kamera erreichen. Das ist allerdings nicht immer möglich, alleine schon aus dem Grund, dass Sie auf dem kleinen LCD-Display der Kamera das Foto nicht abschließend beurteilen können. Stellt sich dann später am Rechner heraus, dass das Foto doch nicht den Vorstellungen entspricht, haben Sie ein Problem. Besonders die Möglichkeit, aus RAW-Dateien dunkle Bereiche noch zu retten (zum Beispiel den Motorblock einer Maschine), kann nicht hoch genug geschätzt werden. Mit JPG limitieren Sie sich also unnötigerweise.

3.8 Farbtemperatur und Weißabgleich

Licht ist nicht gleich Licht. Diese an sich banale Aussage bezieht sich nicht nur auf die Intensität und Richtung, sondern insbesondere auch auf die Farbwirkung einer Lichtquelle. Sie wird in der Fotografie als Farbtemperatur bezeichnet und in Kelvin [K] angegeben. Niedrige Farbtemperaturen liegen im gelben/orangefarbenen Bereich und werden als »warm« empfunden. Hohe Farbtemperaturen gehen ins Blaue und vermitteln einen »kalten« Eindruck. Abbildung 3–14 zeigt, wie die einzelnen Farbtemperaturen einzuordnen sind. Ein Sonnenuntergang hat circa 2.500 K, Blitzlicht liegt bei 5.500 K (was auch ungefähr der Farbtemperatur des Mittagslichts entspricht). Zur blauen Stunde befindet sich die Farbtemperatur im tiefblauen Bereich bei circa 9.500 K.

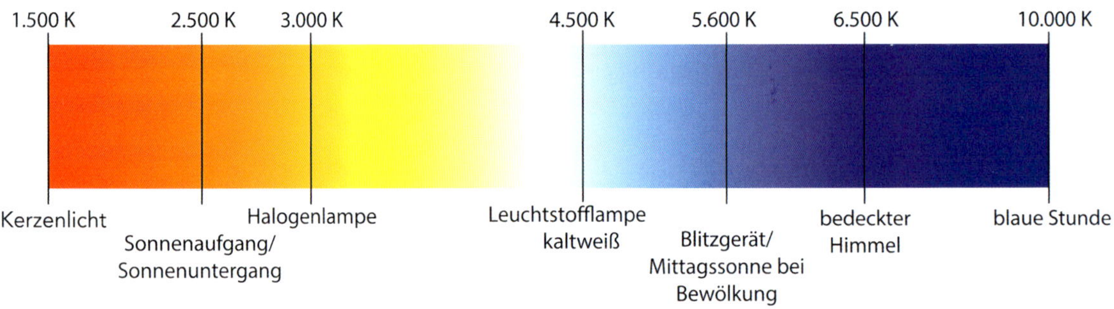

Abb. 3–14 Die Farbtemperaturen des sichtbaren Lichts

Warum ist das wichtig bzw. warum sollten Sie als Fotograf dies verstanden haben? Die Kamera muss die Farben einer Szene interpretieren und benötigt hierzu eine Referenz, den sogenannten Weißpunkt. Von diesem Punkt aus werden die restlichen Farben im Bild interpretiert. In der Regel wird in der (Motorrad-)Fotografie eine möglichst realitätsnahe Wiedergabe von Farben angestrebt. Eine blaue Maschine soll auf dem Foto genau in der Farbe erscheinen, mit welcher man sie auch in Wirklichkeit wahrnimmt. Die Farbwiedergabe eines Fotos wird über den kamerainternen Weißabgleich geregelt.

Die Weißabgleichsfunktion einer Kamera hat in der Regel mehrere voreingestellte Farbtemperaturen und einen Automatikmodus. Die voreingestellten Werte umfassen zum Beispiel Sonnenlicht, Schatten, Blitzlicht oder Glühlampenlicht. Vor dem Fotografieren muss der Weißabgleich entsprechend des vorherrschenden Lichts gewählt werden, wobei die Zuordnung der Werte aufgrund ihrer Namen und Symbole selbsterklärend ist. Die Abbildungen 3–15 bis 3–17 zeigen dasselbe Motiv (eine KTM LC4) bei drei verschiedenen Farbtemperaturen.

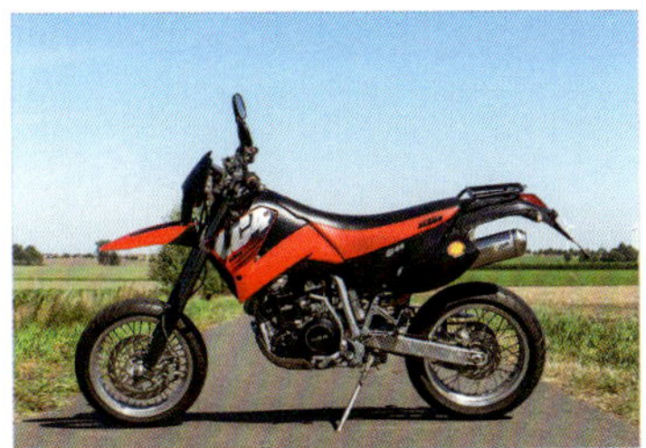

Abb. 3–15 Eine KTM LC4, aufgenommen zur Mittagszeit bei Sonnenlicht. Dieses Bild hat eine Farbtemperatur von ca. 5.500 K. Wenn der Weißabgleich auf diesen Wert gesetzt ist, werden die Farben korrekt wiedergegeben (70 mm, 1/320 s, f/8, ISO 100).

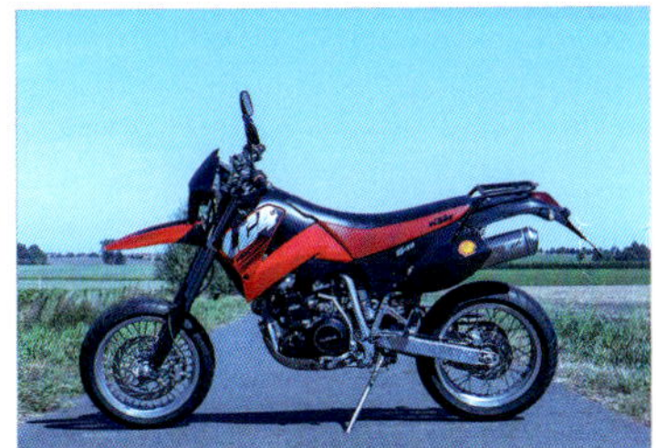

Abb. 3–16 Eine Verschiebung des Weißabgleichs in den gelben Bereich (3.000 K) resultiert in einem blaustichigen Bild.

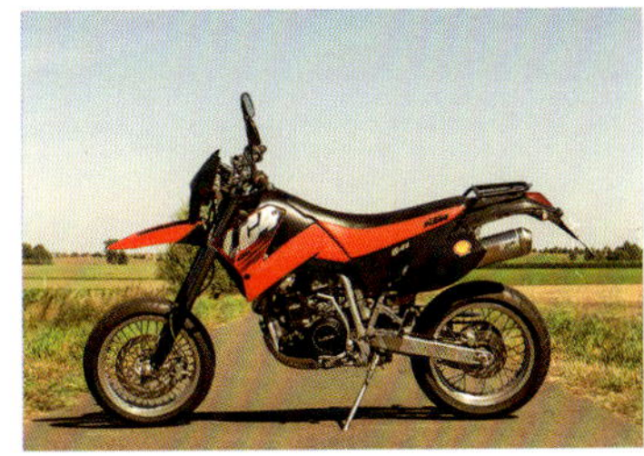

Abb. 3–17 Eine Verschiebung in den blauen Bereich (10.000 K) resultiert in einem Gelbstich.

Das mittlere Bild ist mit dem korrekten Wert für Tageslicht aufgenommen worden (5.500 K für Tageslicht um die Mittagszeit), die Farbwiedergabe ist realistisch. Bei dem blaustichigen Bild ist der Weißabgleich zu gelbem Licht hin verschoben worden.

Dies hört sich erst einmal unlogisch an, ist es bei genauerem Hinsehen aber nicht. Nehmen wir an, bei der Aufnahme herrschte ein Licht von 5.500 K vor (Mittagslicht). Jetzt teilen Sie der Kamera (oder Software) aber mit, das Licht hätte eine Temperatur von nur 3.000 K (also eher gelbes Licht). Die Farben werden nun so interpretiert, als seien sie in den gelben Bereich verschoben. Die Algorithmen regeln dagegen, indem sie die Farben zum blauen Ende hin verschieben. Da das Licht bei der Aufnahme aber schon viel Blau beinhaltete, werden die Farben zu weit in den blauen Bereich geschoben – ein Blaustich entsteht. Umgekehrt gilt dies ebenso: Stellt man eine zu hohe Farbtemperatur als Weißabgleich ein, denkt die Kamera, das Bild sei »zu blau« und regelt dagegen, indem alle Farben in den gelben Bereich verschoben werden – ein Gelbstich entsteht.

Die Verwendung des automatischen Weißabgleichs sollten Sie vermeiden. Mit diesem Modus interpretiert die Kamera bei jeder Aufnahme die Szene selbstständig und setzt einen individuellen Weißabgleich für das Foto. Somit ist die Farbeinstellung auf jedem Foto anders und Sie haben Ihre liebe Mühe, in der Nachbearbeitung einheitliche Farben zu erreichen. Daher sollten Sie einen voreingestellten Weißabgleich auswählen oder einen manuellen Wert eingeben. Selbst wenn die Farben dann auf dem Kamerabildschirm leicht blau- oder gelbstichig werden sollten – da Sie in RAW fotografieren, haben Sie später am Rechner die Möglichkeit, den Weißabgleich noch nachträglich beliebig zu verändern.

Eine sichere und professionelle Methode zur Erreichung eines korrekten Weißabgleichs ist die Verwendung einer Graukarte. Dies ist eine neutralgraue Fläche, welche einen exakt definierten Anteil des Lichts (18%) zurückstrahlt. Bei einem fest eingestellten Weißabgleich in der Kamera kann die Graukarte also eine Referenz für eine Bilderserie liefern. Es muss kein Karton in Neutralgrau sein. Prinzipiell eignet sich jedes Material. So gibt es zum Beispiel neutralgraue Linsenputztücher oder Kamerarucksäcke, welche neutralgraue Elemente in ihrem Design aufweisen.

Abb. 3–18 Biker Heiko assistiert und hält eine Graukarte für ein Referenzfoto ins Bild. Da die Umgebung an dieser Location aber schon vornehmlich grau ist, hätte man theoretisch auch die Wand im Hintergrund als Referenz für den Weißabgleich verwenden können.

In Abbildung 3–18 ist beispielhaft zu sehen, wie ein Weißabgleich durchgeführt werden kann. Das Vorgehen ist denkbar einfach: Fotografieren Sie die Graukarte in dem vorherrschenden Licht, indem Sie sie zum Beispiel an das Motorrad lehnen oder vom Biker in die Kamera halten lassen. Die Karte muss dabei so positioniert sein, dass sie vom vorherrschenden Licht beschienen wird (sie darf zum Beispiel bei Sonnenlicht nicht im Schatten stehen).

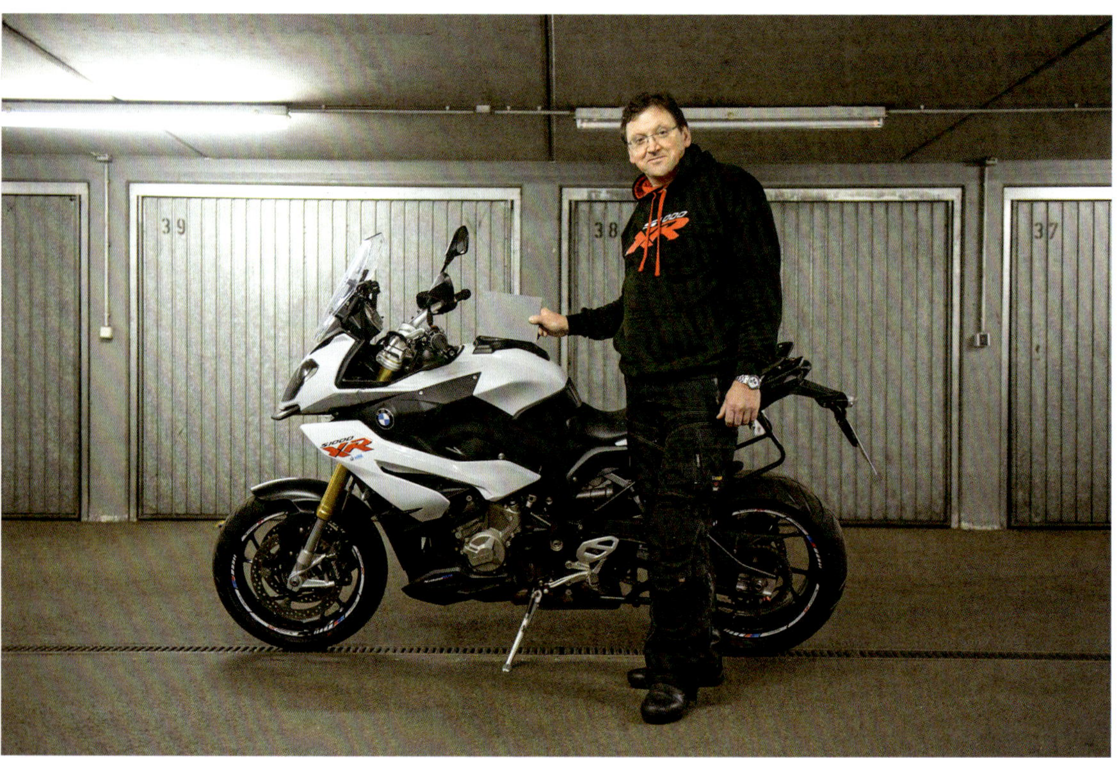

Am Rechner wählen Sie dann die Graukarte als Referenzpunkt für den Weißabgleich aus und können so die Bilderserie korrekt und vor allem einheitlich einstellen. Bitte bedenken Sie, dass für jede Lichtsituation ein neues Foto der Graukarte gemacht werden muss. Wenn Sie zum Beispiel draußen im Sonnenlicht fotografieren und Wolken vor die Sonne ziehen, verschiebt sich die Farbtemperatur des Lichts ins blaue Spektrum und ein neues Referenzfoto wird benötigt.

Praxistipp

Ist keine Graukarte vorhanden, können Sie auch ein weißes Blatt Papier verwenden. Ist auch dieses nicht zur Hand, reicht in der Nachbearbeitung auch eine annähernd graue oder weiße Fläche im Bild aus, um den Weißabgleich einzurichten. So kann zum Beispiel der Aluminiumrahmen einer Maschine, ein weißer Aufkleber oder notfalls auch das Grau einer Betonwand als Referenz für den Weißabgleich herhalten. Die letztgenannte Methode wird eine gewisse Streuung verursachen, das heißt, Bilder aus einer solchen Serie können dann leicht unterschiedliche Farbstiche aufweisen, aber es ist besser als nichts.

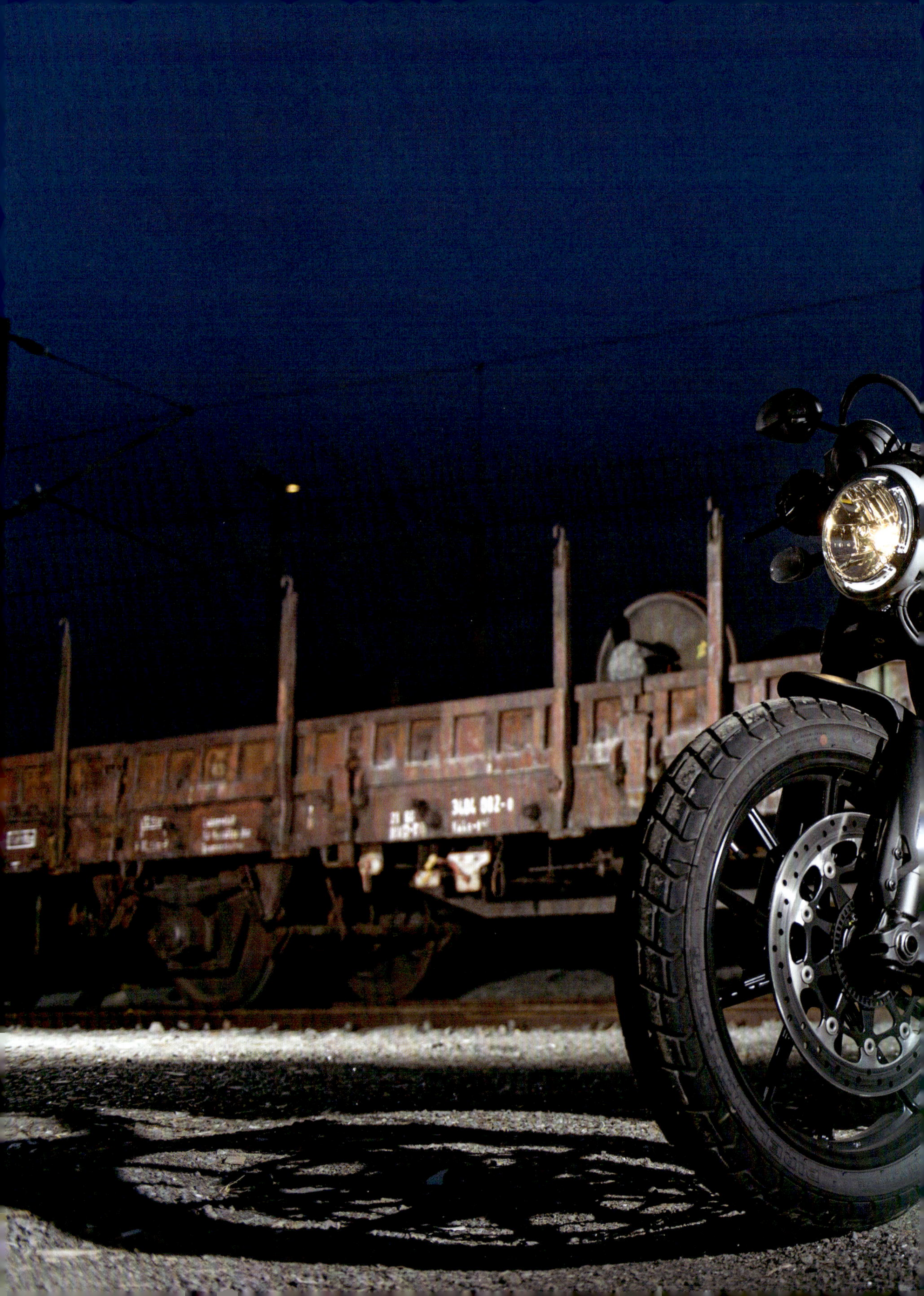

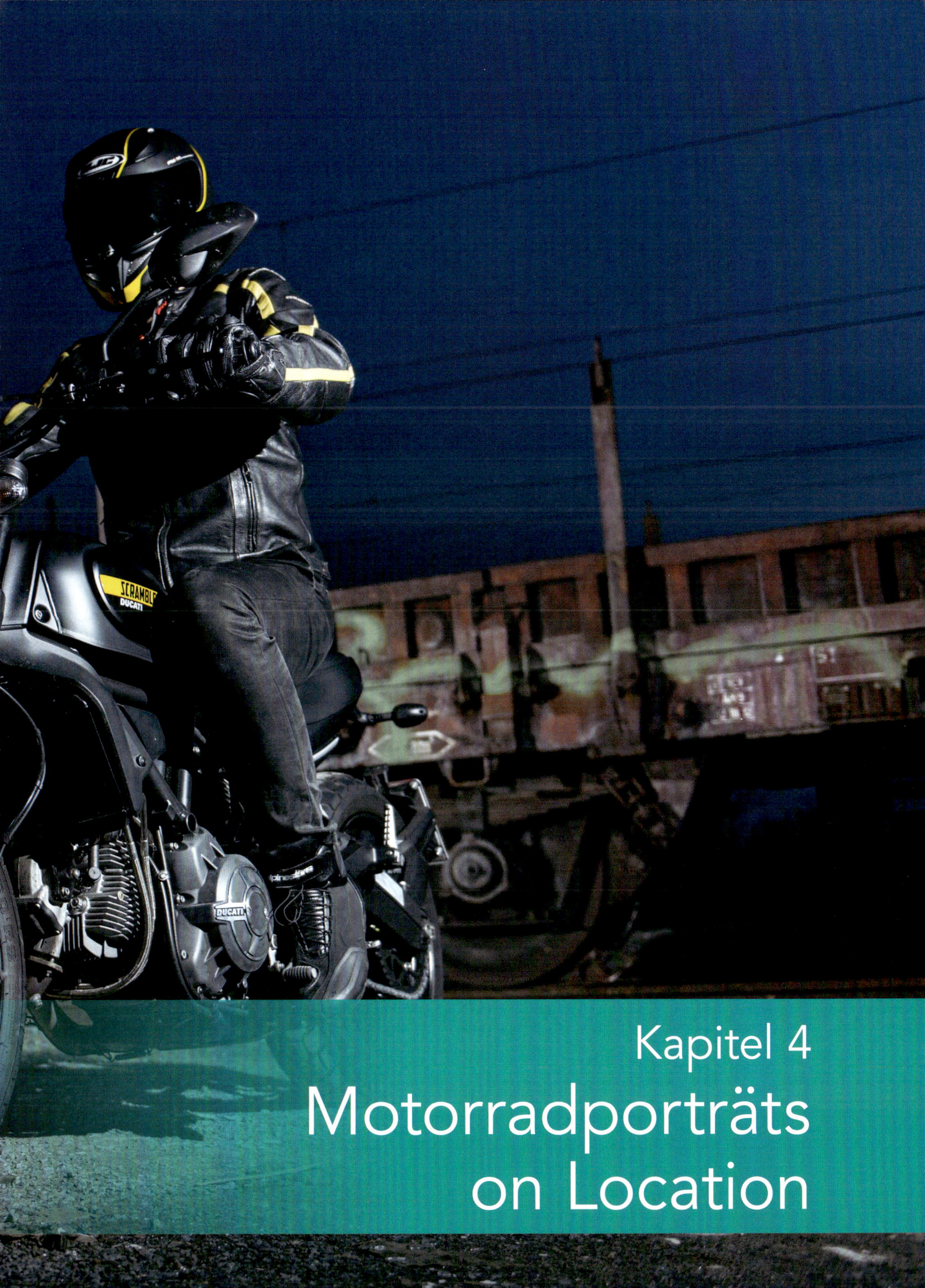

Kapitel 4
Motorradporträts on Location

Vorherige Doppelseite: Abb. 4–1 Ducati Scrambler Full Throttle (31 mm, 1/200 s, f/2.8, ISO 100)

Wenn man von einem Motorradporträt »on Location« spricht, bedeutet dies, dass das Motorrad an einem bestimmten Ort abgebildet wird, zum Beispiel vor einer Wand, auf einem Feld, in einer Halle etc. Das Gegenteil wäre ein Fotoshooting im Studio.

Für ein gelungenes Motorradporträt sind drei Faktoren ausschlaggebend:

- Location,
- Beleuchtung und
- Komposition.

4.1 Die Location

Die Location ist die Umgebung, in welcher das Motorrad steht. Eine gute Location zu finden, ist nicht einfach. Sie muss interessant sein, darf aber nicht zu sehr vom eigentlichen Star des Fotos – dem Motorrad – ablenken. Locations kann man grob in zwei Kategorien einteilen, »*weit offene Umgebung*« und »*begrenzter Raum*«.

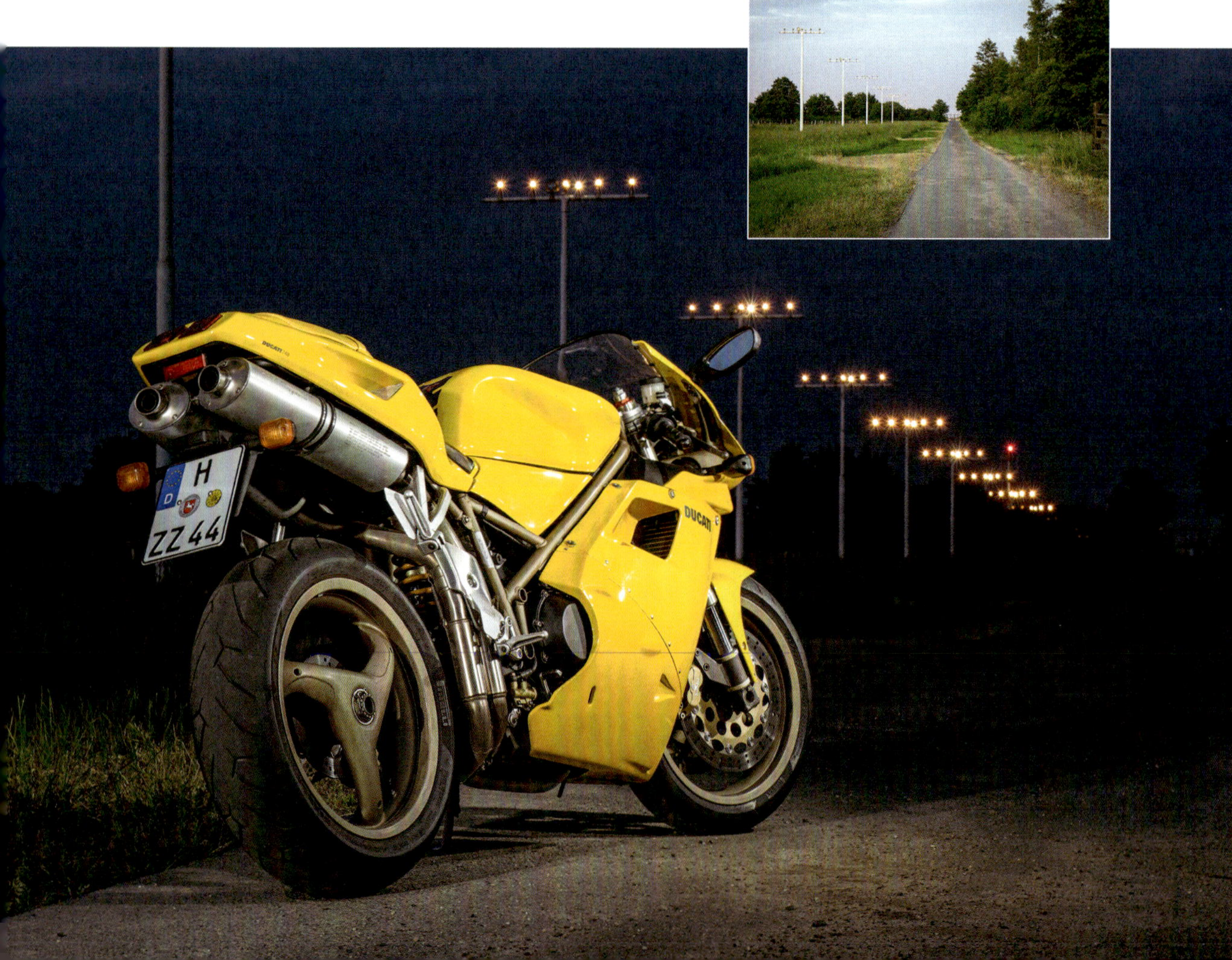

Abb. 4–2 Eine Location vom Typ »weit offene Umgebung«. Diese Ducati 748 S Biposto habe ich in der (öffentlich zugänglichen) Einflugschneise der Start- und Landebahn eines Flughafens fotografiert (70 mm, 13 s, f/13, ISO 100). Das eingeblendete Bild zeigt, wie das Gelände tagsüber aussieht.

»Weit offene Umgebungen« sind Plätze, an denen das Motorrad in einer großen Umgebung fotografiert wird und man auf dem Bild auch viel von dieser Umgebung sieht, zum Beispiel auf der Straße, an einem Feld, einem See, in einer großen Halle, auf einem leeren Parkplatz. Das Auge des Betrachters kann bis zum Horizont schweifen und man erhält den Eindruck von Raum und Weite. Ein Beispiel für eine solche Location ist in Abbildung 4–2 zu sehen.

Im Gegensatz dazu zeigen Locations vom Typ »begrenzter Raum« nur einen kleinen Ausschnitt aus der Umgebung. Klassische Beispiele für eine Location dieses Typs sind Backstein- oder Betonwände, ein Tunnel, die Ecke eines Gebäudes oder ein Rolltor. Die nähere Umgebung dieses kleinen Ausschnitts kann beliebig unansehnlich und unattraktiv sein, da sie nicht im Bild erscheint. Wichtig ist nur, dass der im Bildausschnitt gezeigte Hintergrund attraktiv ist.

Locations dieser Art eignen sich fast immer und für jeden Motorradtyp. Sie sind außerdem sehr einfach zu finden. Ein kleines Stück Wand reicht aus. So wurden zum Beispiel schon Shootings unter einer ansonsten äußerst unansehnlichen Eisenbahnunterführung gemacht.

Abb. 4–3 Eine Location vom Typ »begrenzter Raum«. Ingos zur »Zahnfee« umgebaute Suzuki GSX-R 750 habe ich unter einer Eisenbahnunterführung fotografiert (70 mm, 1/250 s, f/4, ISO 400). Die Kamera stand auf dem gegenüberliegenden Bürgersteig. Achten Sie an solchen Locations unbedingt darauf, den regulären Straßenverkehr nicht durch das Blitzlicht zu irritieren!

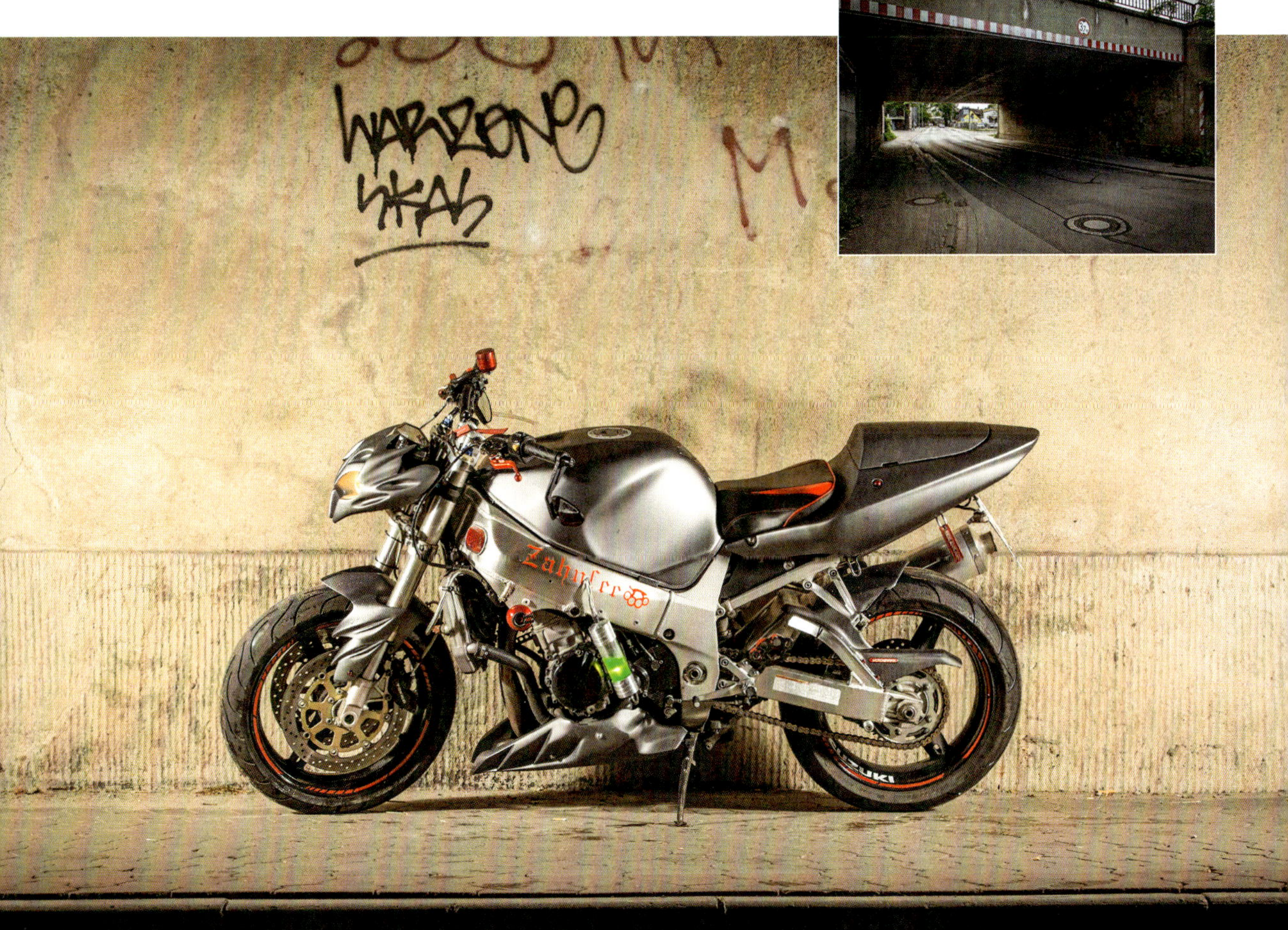

4.1.1 Locations finden

Die ersten Fotosessions mit einem Motorrad werden Sie vermutlich in der näheren Umgebung des eigenen Zuhauses durchführen. Sie kennen die Umgebung und wissen, wo es eine interessante Ecke gibt. Aber nach einigen Sessions werden Sie schnell neue Locations benötigen, sofern Sie nicht die gleiche Location immer und immer wieder verwenden möchten. Nicht falsch verstehen – es ist nichts Verwerfliches daran, die gleiche Location noch einmal zu verwenden. Aber warum sollte man sich künstlich einschränken, wo die Welt doch so groß ist? Motorräder bedeuten Freiheit, Abenteuer, Tatendrang! Das sollten auch Ihre Bilder bzw. das Portfolio widerspiegeln. Wie kommt man also an neue, interessante Locations?

- Fragen Sie Freunde oder Einheimische
  Die Frage muss präziser sein als: »Kennst du eine gute Stelle, um Fotos zu machen?« Wer Hilfe benötigt, muss genau definieren, was er sucht. Fragen Sie zum Beispiel: »Ich suche eine große Halle oder einen großen Platz, vielleicht ein paar Wände mit Graffiti. Gibt es hier Industriebrachen oder verlassene Hallen?« Beginnen Sie ein Gespräch und mit etwas Fragerei kann man aus seinem Gesprächspartner in der Regel etwas herauskitzeln.
- Satellitenbilder
  Das hört sich auf den ersten Blick seltsam an, ist aber meist sehr hilfreich. Auf Satellitenbildern kann man erkennen, wo große offene Flächen sind, wo Wege verlaufen, ob hohe Gebäude oder Büsche in der Nähe einer fraglichen Location stehen. Kartendienste wie Google Street View sind Gold wert, wenn Sie eine Location in einem Ballungsgebiet überprüfen möchten. Satellitenbilder sollten aber nur der ersten Orientierung dienen, denn oftmals ist das Bildmaterial veraltet und die Bebauungssituation an einem Ort weicht zum Beispiel erheblich von der auf dem Foto ab.
- Georeferenzierte Fotos in sozialen Medien
  Hashtags in sozialen Medien bieten ein mächtiges Instrument, um schnell Bilder von einem ganz bestimmten Ort zu finden. Wenn Sie bei Diensten wie Flickr, Instagram oder Tumblr zum Beispiel den Namen Ihres Wohnorts eingeben, erhalten Sie eine überwältigende Flut an Fotos, welche unkompliziert nach interessanten Locations gesichtet werden können.
- Networking bzw. »Vitamin B«
  »Insidertipps« sind immer noch die beste Quelle für gute Locations. Wer Kontakte hat und Leute kennt, kommt schneller an interessante und exklusive Locations. Treten Sie daher Fotografie- oder Bikergruppen in sozialen Medien bei, treffen Sie sich mit den Leuten nicht

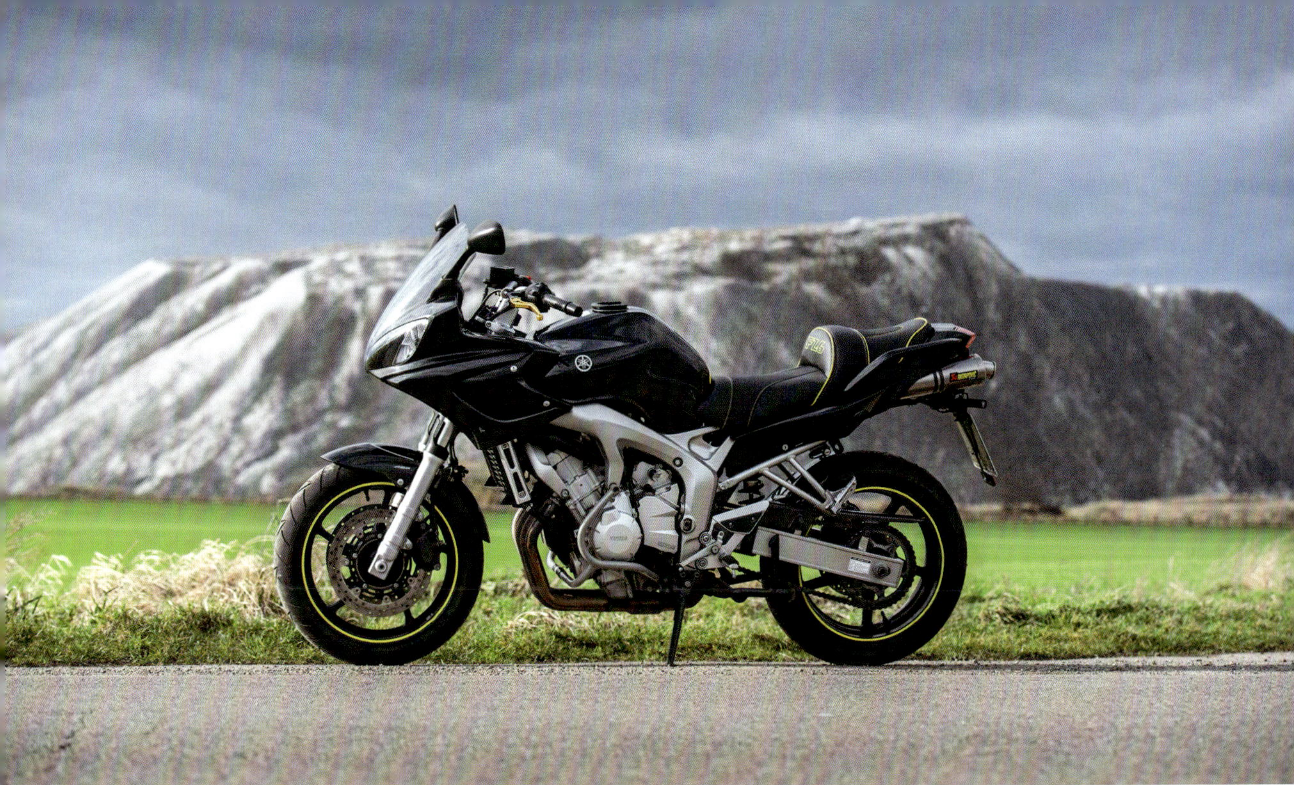

Abb. 4–4 Manchmal entstehen bei einem Location Scouting auch Bilder, die mehr sind als nur die Dokumentation der Umgebung. Auf dieser Aufnahme bilden Straße, Gras, Kalihalde und Himmel vier Streifen, welche das Bild gut aufteilen und das Motorrad wirkungsvoll hervorheben (70 mm, 1/320 s, f/4, ISO 100).

nur virtuell! Dies hat den äußerst positiven Nebeneffekt, dass man neben Locations auch viele nette, gleichgesinnte Menschen kennenlernt.

- Location-Scouting-Ausflüge
  Eine durchaus praktikable Methode ist es, einen Ausflug zum Location Scouting zu machen. Klassischerweise erfolgt dies, wenn Sie bereits ein paar »Kandidaten« durch Tipps oder andere Quellen identifiziert haben. Das Location Scouting lässt sich daher auch gut mit einer kleinen Tour mit dem eigenen Motorrad kombinieren. Dies hat übrigens den unschlagbaren Vorteil, dass man auch direkt prüfen kann, ob die Location mit einem Motorrad überhaupt erreichbar ist. Nicht selten stellt man zum Beispiel vor Ort fest, dass ein kleines Mäuerchen einem Motorrad den Zugang zu einer Location verwehrt. Und ebenfalls nicht selten entstehen bereits während eines Location-Scouting-Trips ansprechende Bilder (siehe Abb. 4–4).

- Ein Auge offen halten
  Dies sollte der Standardmodus eines jeden ambitionierten Fotografen sein. Wenn Sie immer ein Auge offen halten und im »Location-suchen-Modus« sind, kommen Sie früher oder später an einer interessanten Location vorbei. Es könnte auf einem Familienausflug oder einer kleinen Dienstreise passieren oder während Sie für eine Besorgung durch die Stadt fahren. Machen Sie sich in diesem Fall zumindest eine mentale Notiz. Oder halten Sie – sofern möglich –

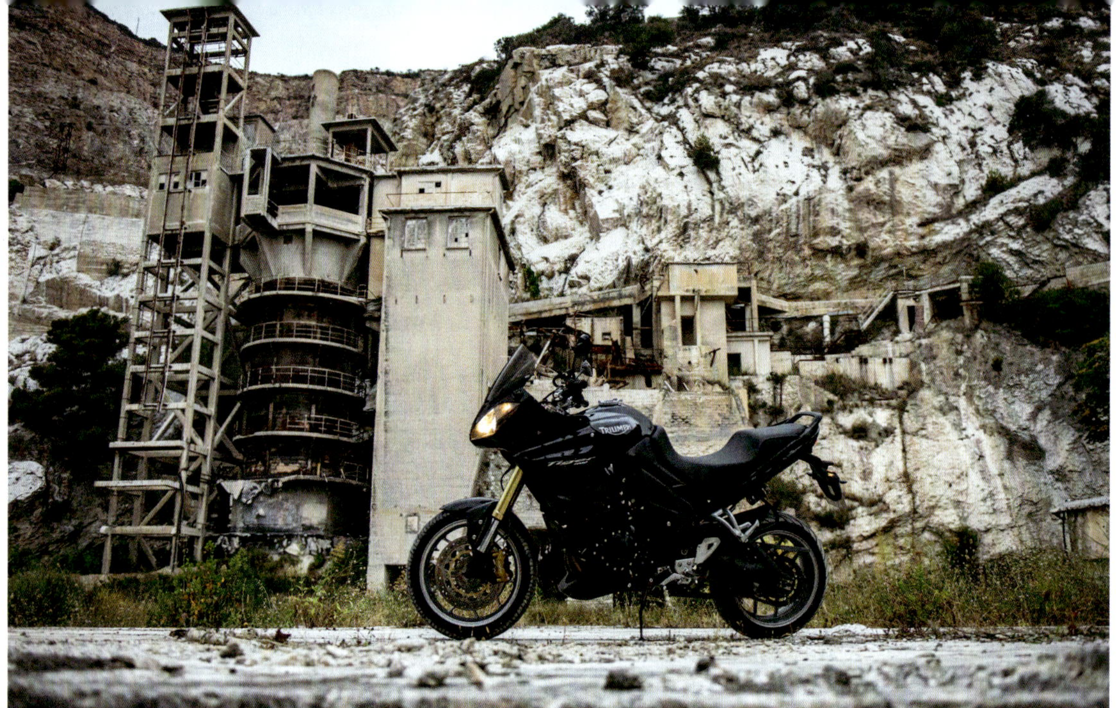

Abb. 4–5 Diese Location war ein Zufallsfund auf einer Reise durch Italien. Unser Weg führte an der verfallenen Anlage in einem Steinbruch vorbei, und da das Gelände öffentlich zugänglich war, konnten wir eine Fotosession mit einer Triumph Tiger 1050 an einem der so beliebten »Lost Places« durchführen (29 mm, 1/200 s, f/2.8, ISO 2.000).

kurz an und machen Sie ein paar Bilder mit dem Handy. Notfalls können Sie auch Ihren eigenen Anrufbeantworter anrufen und sich selbst eine Nachricht hinterlassen (»Auf der Bundesstraße X zwischen A und B ist ein großer Parkplatz direkt an einem See«). Wenn Sie mit dem Motorrad unterwegs sind, können Sie auch die Gelegenheit beim Schopfe packen und sofort eine Fotosession an der Location durchführen, so wie in Abbildung 4–5.

Zur besseren Auffindbarkeit der Locations empfiehlt es sich, die Fotos in einem separaten Ordner »Locations« auf der heimischen Festplatte abzulegen und für jede Location einen Unterordner zu erstellen. Mit dem Smartphone erstellte Fotos sollten außerdem mit den GPS-Koordinaten versehen sein, um den Ort eindeutig und wiederauffindbar zu kennzeichnen.

Sicherheit und Legalität

Auf der Suche nach spannenden Locations kann es schnell passieren, dass man wilde Ideen bekommt für außergewöhnliche Bilder. Und oftmals sind spannende Locations nicht öffentlich, wie zum Beispiel Industriegelände oder verfallene Hallen. Niemals sollte jedoch bei einem Shooting die Sicherheit vernachlässigt werden, ebenso muss man im Zweifelsfall die Genehmigung dafür einholen. Eine verfallene Industriehalle mag toll aussehen als Kulisse, aber es ist weniger amüsant, wenn Teile von der Decke fallen und

Schaden an Mensch und/oder Maschine anrichten. Eisenbahnschienen zu betreten verbietet der gesunde Menschenverstand. Ebenso wenig lustig ist es, wenn die Polizei beim Shooting vorbeischaut, weil man Privatgelände betreten und das vielleicht »nur leicht angelehnte« Tor mit ein wenig Kraft aufgehebelt hat.

Der Autor sowie der Verlag können nicht für Unfälle oder entstandene Schäden im Rahmen eines solchen Shootings verantwortlich gemacht werden.

Daher: Bleiben Sie sicher, bleiben Sie sauber, bleiben Sie legal.

4.1.2 Location Scouting

Nachdem eine interessante Location identifiziert wurde, sollte ein Scouting erfolgen. Location Scouting bedeutet, dass man vor dem Shooting (und damit ist ein paar Tage davor gemeint) den Ort besucht, sich mit der Umgebung vertraut macht und ein paar Testbilder aufnimmt.

Nehmen Sie das eigene Motorrad mit zu der Location und machen Sie ein paar Testbilder mit der Maschine. So werden Sie schnell herausfinden, welche Perspektiven gut funktionieren. Wenn Sie etwas sportlicher unterwegs sein möchten, können Sie das Testshooting auch mit einem Fahrrad machen, denn die gleichen Perspektiven, die für ein Motorrad gut funktionieren, sind auch auf ein Fahrrad anwendbar.

Während eines Location Scoutings können Sie verschiedene Aspekte eines Shootings vorbereiten:

- Erkunden der Location, Identifikation von möglichen Stellen, an welchen man fotografieren kann.
- Wenn Sie geeignete Stellen gefunden haben: Welche Perspektiven würden gut funktionieren? Achten Sie dabei auf den Hintergrund (Schilder, Bäume, Mülltonnen, parkende Autos etc.).
- Ist die Location mit einem Motorrad erreichbar? Achten Sie vor allem auf die letzten Meter: Wenn zwischen Straße und dem tollen Innenhof ein Zaun oder ein Mäuerchen ist, hat sich das Shooting erledigt. Bei sportlichen Maschinen, die vollverkleidet sind und nur wenig Bodenfreiheit haben, kann auch eine Bordsteinkante schon dazu führen, dass der Bugspoiler aufsetzt.
- Wie ungestört ist man an dem betreffenden Ort? Wie viel Publikums- bzw. Autoverkehr ist zu erwarten? Könnten sich Anwohner durch das Shooting in ihrer Privatsphäre beeinträchtigt fühlen? Könnten Blitze vorbeifahrende Autos gefährden?

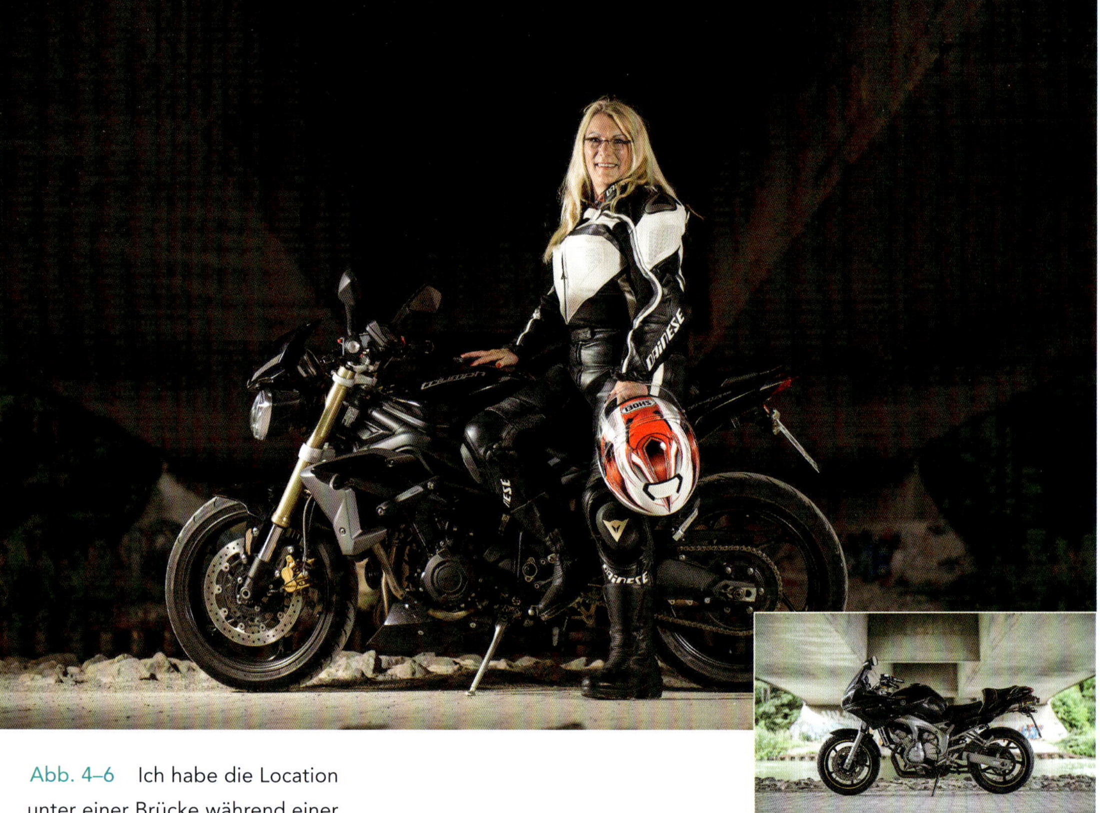

Abb. 4–6 Ich habe die Location unter einer Brücke während einer Fahrradtour entdeckt. Mit meiner eigenen Maschine machte ich später ein paar Testbilder, um die Perspektive zu prüfen. Beim richtigen Shooting mit Bea wusste ich dann bereits, welche Aufnahmen ich mit ihr und ihrer Triumph Street Triple machen konnte (66 mm, 1/160 s, f/2.8, ISO 400).

4.2 Beleuchtung

Nach der Location ist die Beleuchtung das zweite Schlüsselelement für ein gelungenes Motorradporträt. Es gibt drei verschiedene Beleuchtungsmöglichkeiten, welche Sie bei einem Motorradshooting on Location einsetzen können: natürliches Licht (Tageslicht oder Kunstlicht), Blitzlicht und Mischlicht.

4.2.1 Natürliches Licht

Natürliches Licht (Tageslicht) tritt in vielen Formen und Intensitäten auf. Es wird beeinflusst durch den Stand der Sonne sowie die Wetterbedingungen (Wolken).

Morgens

Das frühe Morgenlicht ist rot-golden und weich und trifft in einem spitzen Winkel auf die Szenerie. Das bedeutet, dass Konturen besonders gut hervorgehoben werden. Besonders spektakulär ist das erste Streiflicht, wenn die Sonne gerade erst über den Horizont scheint. Das allererste Licht kann aber nur dann effektiv genutzt werden, wenn zwischen dem eigenen Standpunkt und dem Horizont kein größeres Hindernis ist. In der Stadt hat man meist keine Möglichkeit, das erste Sonnenlicht abzupassen, da die Sicht zum Horizont durch die Bebauung stark eingeschränkt ist. Das bedeutet, dass man direktes Sonnen-

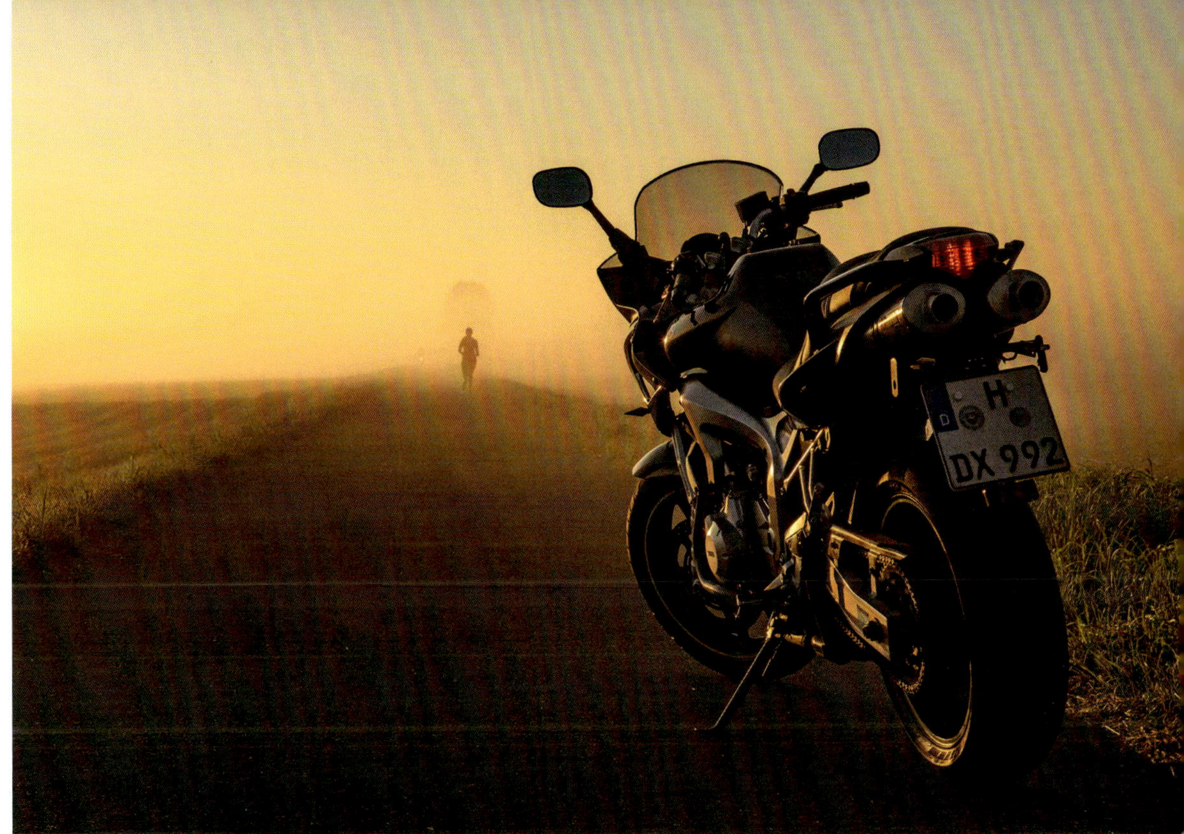

licht erst abbekommt, wenn die Sonne schon ein gutes Stück über den Horizont gewandert ist.

Abb. 4–7 Morgenstund hat Gold im Mund. Der Morgennebel und die Sonne verwandeln die Szene in ein mystisch-goldenes Szenario (70 mm, 1/200 s, f/14, ISO 100).

Abbildung 4–7 ist ein gutes Beispiel für Morgenlicht. Ein intensives Licht, sanft und golden, streift das Motorrad und erleuchtet die Szenerie. Der Morgennebel tut sein Übriges, um die Stimmung in dem Bild zu verstärken. Blitzlicht würde hier die besondere Lichtstimmung stören, daher ist das Bike für dieses Foto so positioniert worden, dass das Sonnenlicht die Seite der Maschine erhellt. Bei der Auswahl der Location ist dies mit einzubeziehen: Aus welcher Richtung wird das Licht kommen, wie kann ich die Maschine positionieren, welche Bildausschnitte kann man wählen?

Zuletzt ist noch zu sagen, dass Sie schnell arbeiten müssen, wenn Sie das Morgenlicht nutzen möchten. Diese besondere Lichtstimmung hält nicht lange vor, sie dauert vielleicht 10–15 Minuten, je nach Jahreszeit. Danach geht das Licht mehr und mehr in »gewöhnliches« Tageslicht über.

Mittags

Mittags dominiert hartes Licht, welches in harten Schatten resultiert. Ein altes Fotografen-Sprichwort lautet »Zwischen zwölf und drei hat der Fotograf frei«. Das ist natürlich wieder einmal nur als Richtlinie zu

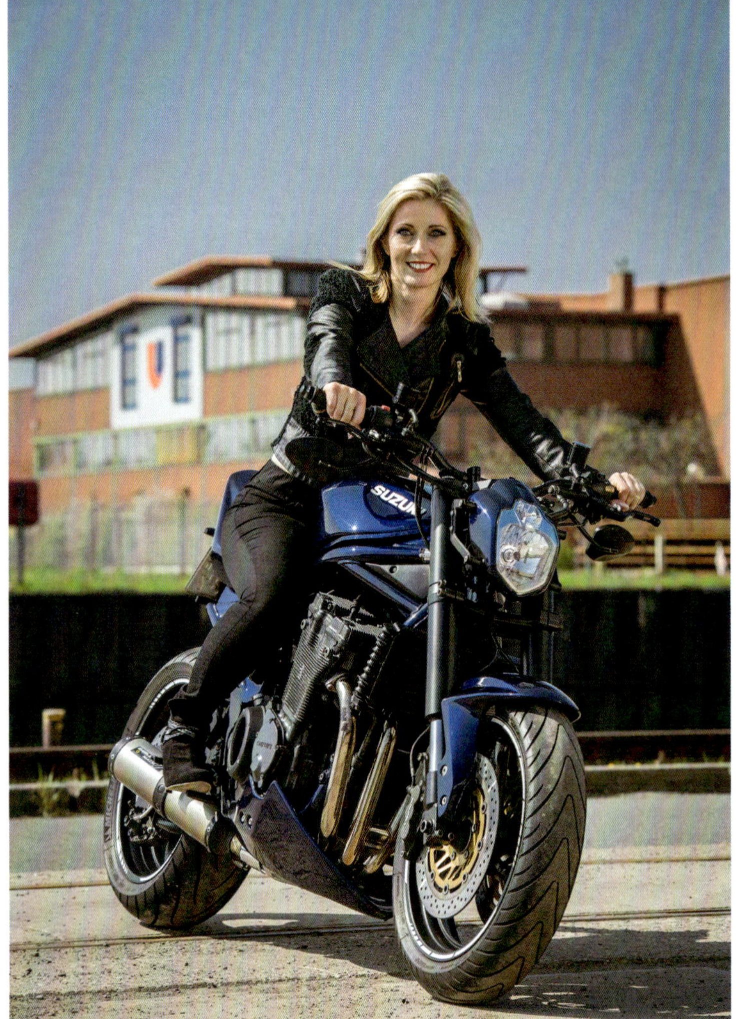

Abb. 4–8 Model Aurelia stand mit der Suzuki Bandit in der prallen Sonne. Der Schatten der Maschine verrät, wo genau die Sonne stand. Aus dieser Aufnahmeposition wurde die Maschine gut beleuchtet, gleichzeitig lag das Gesicht des Models im Schatten (120 mm, 1/200 s, f/6.3, ISO 100).

verstehen. Ein Motorrad in der prallen Mittagssonne zu fotografieren, ist möglich, allerdings aufgrund des grellen Lichts und der harten Schatten herausfordernd. Die starken Kontraste zwischen hell und dunkel sind schwierig in einem Foto abzubilden. Aber Faustregeln wie die oben angeführte sind eben genau das – Faustregeln.

Das Foto in Abbildung 4–8 wurde zur Mittagszeit bei einem nahezu wolkenlosen Himmel aufgenommen. Motorrad und Model sind im direktem Sonnenlicht abgebildet. Dabei wurde der Aufnahmewinkel so gewählt, dass das Gesicht des Models im Schatten liegt und keine direkte Sonne abbekommt (was zu zusammengekniffenen Augen auf dem Foto führen würde). Die Seite des Motorrads wiederum wird mit direktem Sonnenlicht beschienen, was in dieser Aufnahme gut funktioniert.

Ein weiteres Beispiel ist in Abbildung 4–9 zu sehen. Die Aufnahme wurde ebenfalls um die Mittagszeit herum bei einem wolkenlosen Himmel gemacht. An sich herrscht ein grelles Licht vor und die KTM

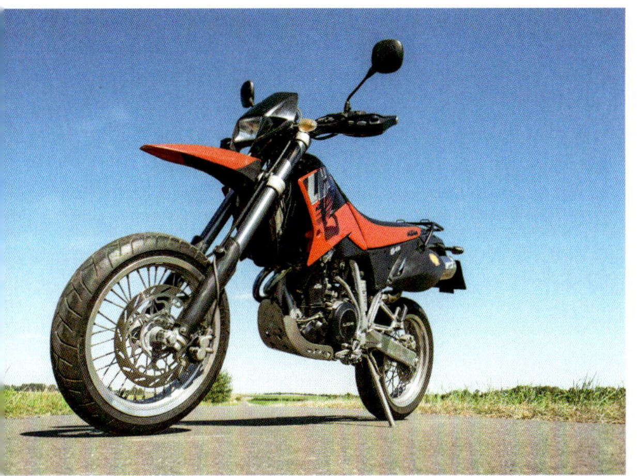

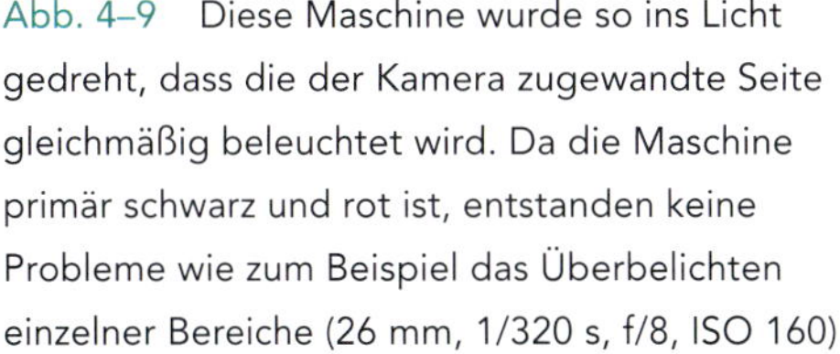

Abb. 4–9 Diese Maschine wurde so ins Licht gedreht, dass die der Kamera zugewandte Seite gleichmäßig beleuchtet wird. Da die Maschine primär schwarz und rot ist, entstanden keine Probleme wie zum Beispiel das Überbelichten einzelner Bereiche (26 mm, 1/320 s, f/8, ISO 160).

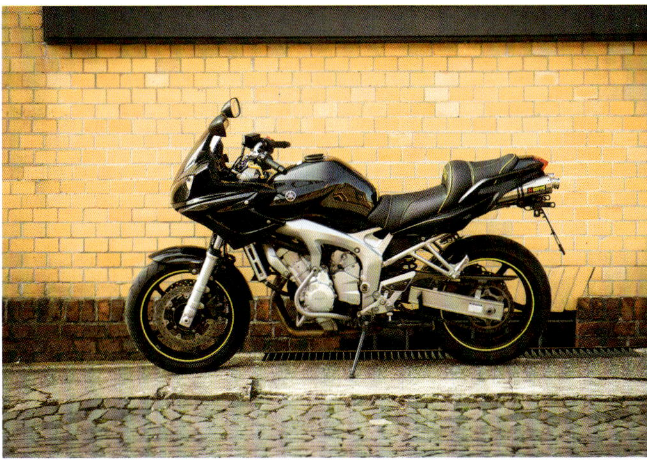

Abb. 4–10 Aufnahmen im Schatten sind um die Mittagszeit immer möglich. Im direkten Sonnenlicht hätte die Maschine einen Schatten auf die dahinterstehende Wand geworfen, hier jedoch hebt sie sich klar und ohne Störungen vom Hintergrund ab (70 mm, 1/200 s, f/4, ISO 320).

LC4 steht auf einem Feldweg ohne jeglichen Schatten. Dennoch ist es eine ansprechende Aufnahme ohne harte Kontraste oder störende Schattenbildung geworden, da die Maschine ihre Flanke der Sonne zuwendet. Die tiefe Aufnahmeposition erlaubt es außerdem, dass der Schatten des Fotografen nicht mit auf der Aufnahme ist.

Das Bild in Abbildung 4–10 ist ebenfalls zur Mittagszeit bei einem wolkenlosen Himmel entstanden. Allerdings stand die Maschine im Schatten des Gebäudes, sodass das Motorrad selbst keinen Schatten wirft. Dieser hätte zu einem harten und unschönen Schattenwurf geführt, welcher die Bildwirkung beeinträchtigen würde.

Sonnenuntergang und abends

Abends ist das Licht ebenfalls weich. Die Sonne steht tief über dem Horizont und das Licht legt einen längeren Weg durch die Atmosphäre zurück. Die längere Strecke durch die Atmosphäre wirkt wie ein Filter, durch den hauptsächlich der rote Anteil des sichtbaren Spektrums gelangt. Daher ist das Licht rot-golden und weniger intensiv. Einen Sonnenuntergang kann man mit bloßem Auge betrachten, zu anderen Tageszeiten ist der direkte Blick in die Sonne schmerzhaft und kann zu Schäden an der Netzhaut führen. Im Sonnenuntergang sind fantastische Aufnahmen von Motorrädern im Gegenlicht möglich (siehe Abb. 4–11).

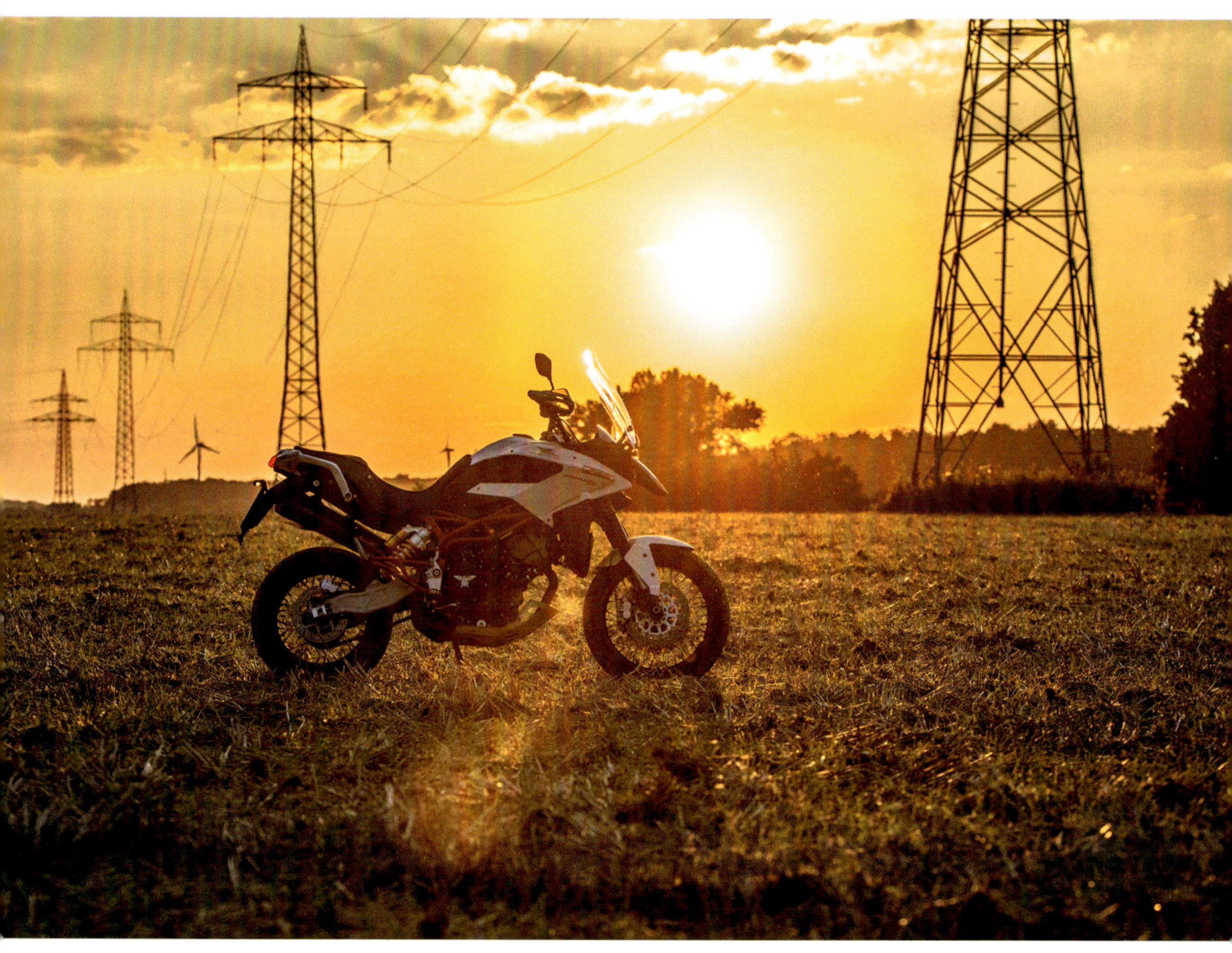

Abb. 4–11 Eine Moto Morini Granpasso 1200 in einer extremen Gegenlichtsituation. Das Fotografieren gegen die Abendsonne produziert ein stark goldenes Licht, die dunklen Partien der Maschine mussten in der Nachbearbeitung etwas aufgehellt werden (150 mm, 1/1.000 s, f/8, ISO 1.250).

Dieses Foto war nicht geplant. Eigentlich stand eine abendliche Spritztour mit der Maschine meines Freunds Dominik an, der sie mir großzügigerweise ausgeliehen hatte. Ich wollte eigentlich den Mond fotografieren und war auf dem Weg zu einem Ort, von dem aus ich einen guten Blick auf den über dem Horizont aufgehenden Mond hatte. Dann kam ich aber an einem frisch abgeernteten Feld vorbei. Die Sonne stand tief und tauchte alles in ein goldenes Licht. Ein weitläufiges Feld als Kulisse, Stromleitungen, die zum Horizont führten – eine perfekte Location mit einer extremen Lichtsituation.

Ich fuhr die Maschine auf das Feld, stieg ab und nahm die Kamera zur Hand. Da ich eigentlich den Mond fotografieren wollte, hatte ich nur ein starkes Teleobjektiv dabei (150–600 mm). Also musste ich etliche Meter Abstand einnehmen, um das Bild anständig komponieren zu können.

Das Shooting wurde nur mit dem natürlichen Abendlicht durchgeführt. Die Sonne steht nicht lange so knapp über dem Horizont, das Zeitfenster ist äußerst begrenzt. Daher arbeitete ich schnell, bewegte mich von links nach rechts, zoomte ein und aus, um in der verfügbaren Zeit möglichst viele gute Bilder zu bekommen. Das Ergebnis sind eindrucksvolle Bilder in einem extremen Gegenlicht, welche das Bike auf dem Acker in einer interessanten Umgebung zeigen. Für Aufnahmen bei Sonnenuntergang gilt dasselbe wie zum Sonnenaufgang: Sie müssen zügig arbeiten, da die Lichtsituation schnell vorbei ist. Wenige Minuten machen hier gewaltige Unterschiede aus.

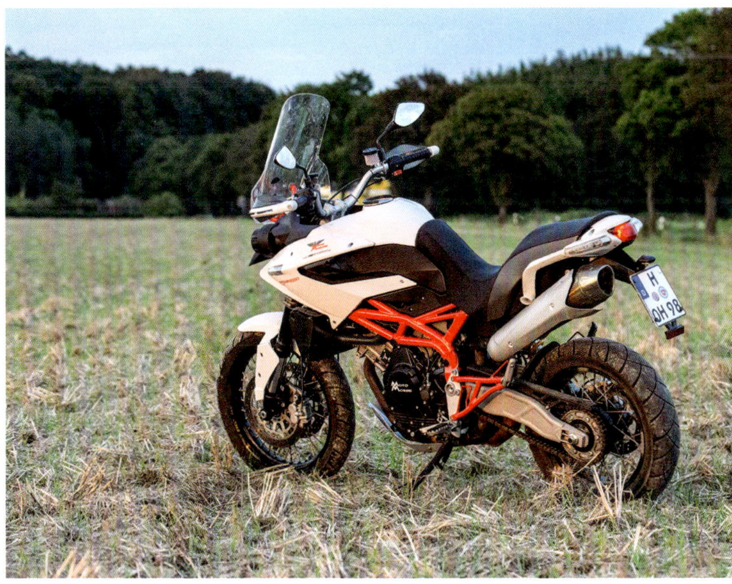

Abb. 4–12 Mit der Abendsonne im Rücken kann die besondere Lichtstimmung nicht nachgestellt werden. Es ist nun ein recht gewöhnliches Foto (150 mm, 1/1.000 s, f/8, ISO 12.800).

Um noch einmal zu verdeutlichen, wie wichtig Licht und Lichtrichtung sind, sei Abbildung 4–12 genannt. Dieses Foto entstand zur gleichen Zeit wie das vorherige Bild. Der einzige Unterschied ist, dass nun mit der Sonne im Rücken fotografiert wurde. An den Belichtungsparametern habe ich nichts geändert. Das Bild ist in Ordnung, aber nicht spektakulär – die besondere Lichtstimmung ist weg.

Die »blaue Stunde«

Sobald die Abendsonne verschwunden ist, beginnt die blaue Stunde. Das ist die Zeit nach Sonnenuntergang, in welcher es kein direktes Sonnenlicht mehr gibt, der Himmel vom Restlicht jenseits des Horizonts aber tiefblau leuchtet. Der Übergang zwischen Sonnenuntergang und dem Beginn der blauen Stunde ist fließend. Zwischen den beiden Fotos in den Abbildungen 4–13 und 4–14 liegen nur sieben

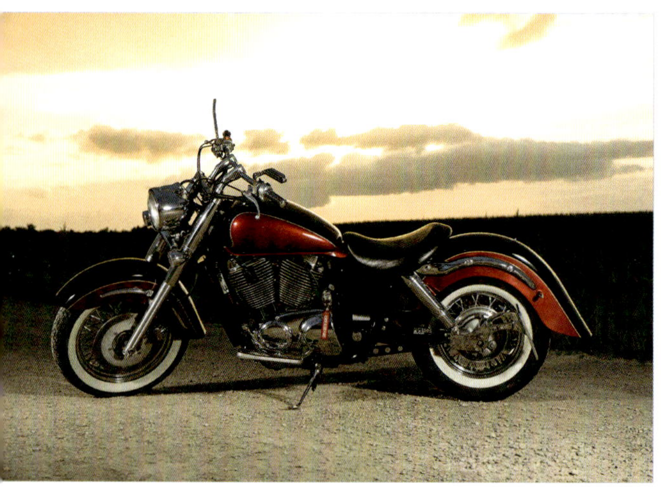

Abb. 4–13 VT 1100 Honda Shadow C3 (70 mm, 1/200 s, f/5.6, ISO 160)

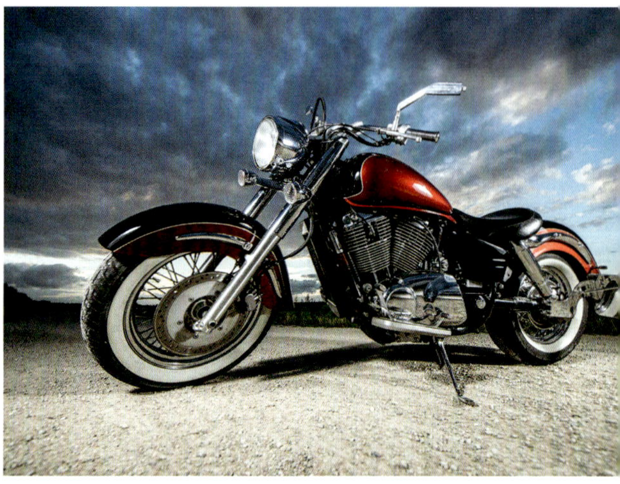

Abb. 4–14 Die gleiche Maschine, der gleiche Ort, nur sieben Minuten später (14 mm, 1/200 s, f/5.6, ISO 160)

Minuten. Beide Fotos sind am gleichen Ort und in die gleiche Himmelsrichtung zeigend entstanden. Während auf dem einen Bild der Himmel in einem goldenen Abendlicht erstrahlt (wie im vorherigen Abschnitt), ist die Maschine im darauffolgenden Bild schon vor einem tiefblauen Hintergrund zu sehen.

Die blaue Stunde dauert, entgegen ihres Namens, nur ca. 30–40 Minuten. Das Restlicht schwindet immer weiter, die Farbe des Himmels ändert sich langsam von Tiefblau zu Schwarz. Die intensive Farbe muss über die passende Belichtungszeit eingefangen werden. Zu Beginn der blauen Stunde ist noch recht viel Licht vorhanden, sodass eine relativ kurze Belichtungszeit realisierbar ist, zum Beispiel 1/3 s wie in Abbildung 4–15. Je weiter der Abend voranschreitet, desto länger muss belichtet werden, um einen tiefblauen Himmel zu erhalten.

Die blaue Stunde eignet sich hervorragend für Mischlichtfotos. Bike und Biker werden zum Beispiel von einem Blitz beleuchtet, der Himmel und die Umgebung vom Restlicht. Spektakuläre Aufnahmen mit einem satten, blauen Himmel sind das Ergebnis.

4.2.2 Kunstlicht

Mit »Kunstlicht« wird Licht von künstlichen Lichtquellen wie Laternen oder Lampen bezeichnet. Man könnte auch »verfügbares Kunstlicht« sagen. Blitzlicht ist in dem Sinne zwar auch eine künstliche Lichtquelle, jedoch hinsichtlich Intensität und Abbrenndauer völlig verschieden, was auch eine ganz andere Arbeitsweise nach sich zieht.

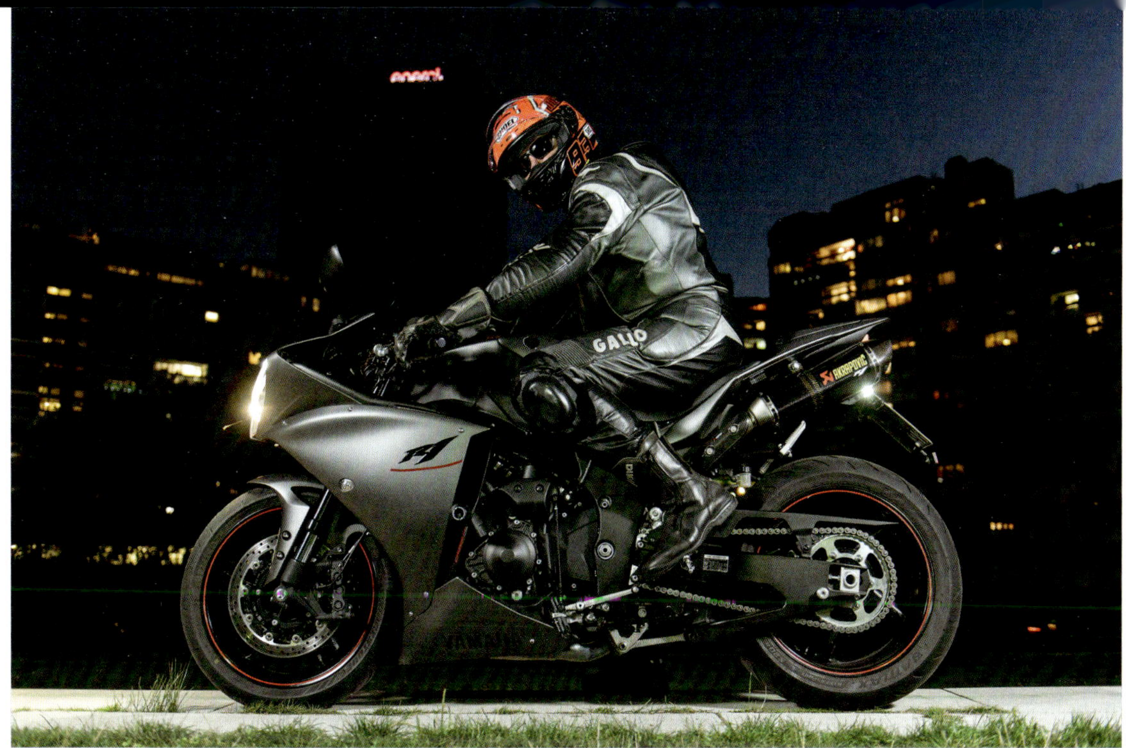

Sie haben in der Regel keinen Einfluss auf Intensität oder Richtung des verfügbaren Kunstlichts. Eine Straßenlaterne ist fest installiert und wirft einen definierten Lichtkegel. Das Motorrad muss so positioniert werden, dass das Licht die Flanke der Maschine ausleuchtet (siehe Abb. 4–16). Die zu fotografierende Seite der Maschine muss dem Licht zugewandt sein. Dies bedeutet wiederum, dass die Position der Lichtquelle auch bestimmt, aus welcher Perspektive Sie fotografieren können.

Abb. 4–15 Eine Yamaha YZF-R1 zur blauen Stunde, ausgeleuchtet mit zwei Blitzen (32 mm, 1/3 s, f/2.8, ISO 320)

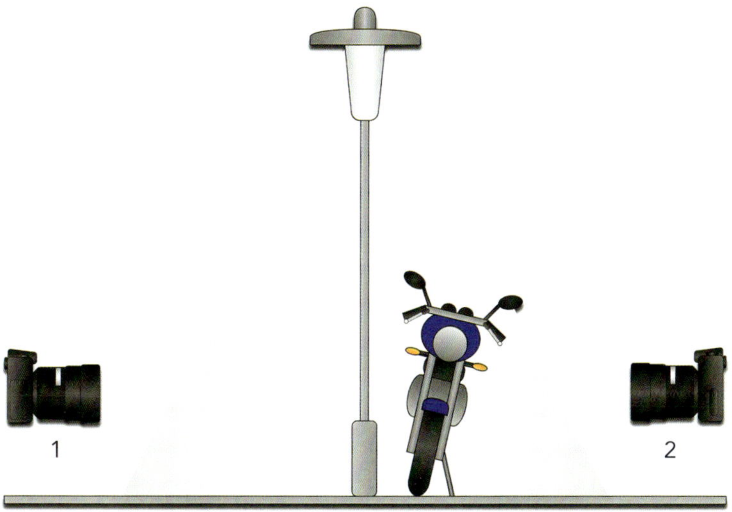

Abb. 4–16 Das Motorrad parkt im Lichtkegel einer Laterne. Wenn Sie von Position 1 aus fotografieren, neigt sich das Motorrad in das Licht hinein. Die Seite der Maschine wird gut beleuchtet. Wenn Sie hingegen von Position 2 aus fotografieren, neigt sich die Maschine zur Kamera hin und somit vom Licht weg. Die Seite der Maschine wird dunkel sein.

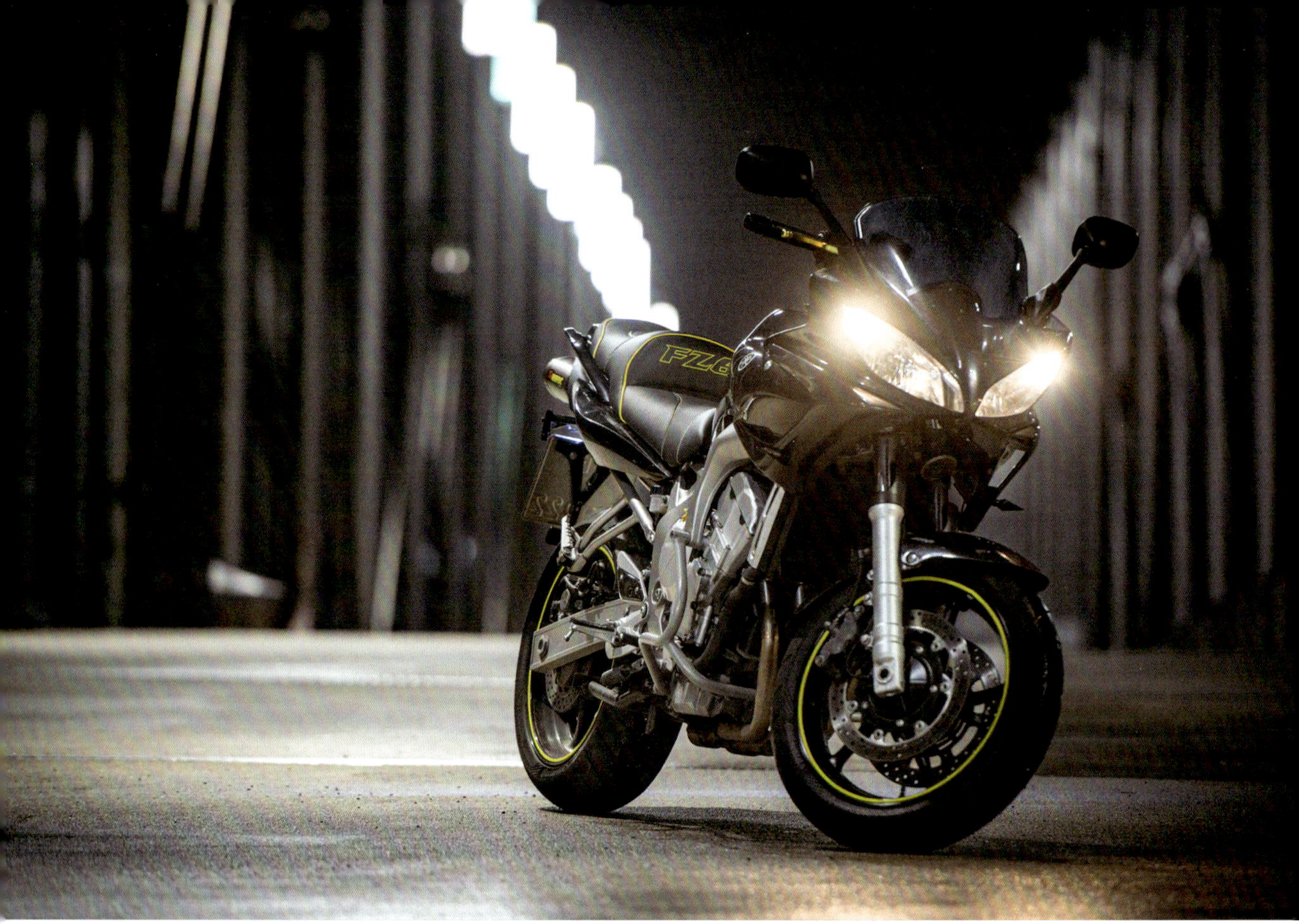

Abb. 4–17 Viertelprofil von vorne rechts: Yamaha FZ6 Fazer (200 mm, 2,5 s, f/2.8, ISO 100)

Da Kunstlicht meist nicht sehr stark ist, sind längere Belichtungszeiten notwendig. Es empfiehlt sich die Verwendung eines Stativs. Nach wie vor gilt die Faustformel, dass man ohne Stativ bis zu einer Belichtungszeit von 1/Brennweite einigermaßen scharfe Bilder produzieren kann. Bei 200 mm bedeutet dies also, dass man maximal 1/200 s belichten darf, nicht länger (siehe Abschnitt 3.1).

Bildbesprechung: Beleuchtung mit verfügbarem Laternenlicht

Diese Aufnahme (siehe Abb. 4–17) wurde abends ohne Tages- oder Blitzlicht gemacht. Das Motorrad stand auf einer Brücke, die Reihe der beleuchteten Pfosten im Hintergrund bietet ein interessantes und leicht futuristisches Ambiente. Ich habe lediglich mit dem verfügbaren Laternenlicht und den Scheinwerfern der Maschine gearbeitet. Das

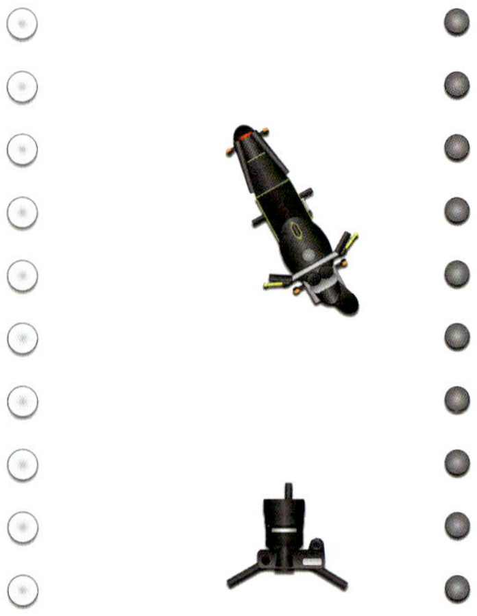

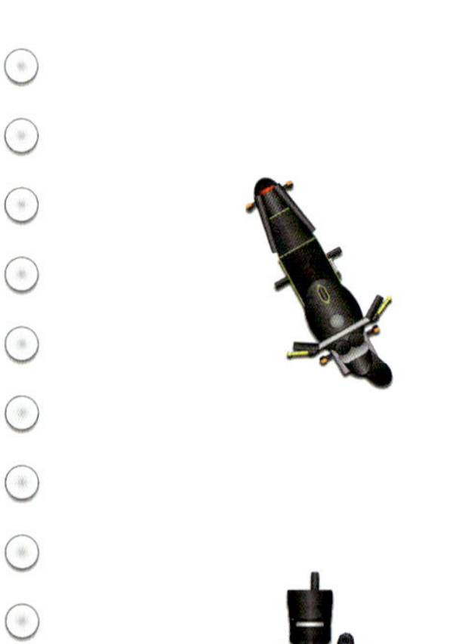

Abb. 4–18 Ein sehr einfaches Setup: Die Kamera stand auf einem Stativ, die Maschine wurde lediglich ins Licht gedreht. Ohne Blitze, Reflektoren oder sonstige Hilfsmittel konnte so ein ansprechendes Porträt der Maschine erstellt werden.

Motorrad wurde von mir im Viertelprofil auf der Brücke positioniert, sodass die Laternen die Seite der Maschine gut ausleuchteten. Die Kamera stand auf einem Stativ, die Belichtung dauerte 2,5 s. Um das Motorrad »lebendiger« erscheinen zu lassen, habe ich die Scheinwerfer eingeschaltet.

4.2.3 Blitzlicht

Blitzgeräte sind komfortabel einzusetzen, weil sie kompakt, leicht und wie schon erwähnt sehr leistungsstark sind. In vielen Situationen ist es erst der Blitz, welcher aus dem Foto etwas Besonderes macht, da er eine Lichtstimmung erzeugen kann, welche mit der vorhandenen Beleuchtung (zum Beispiel dem Tageslicht) nicht zu erreichen wäre (siehe Abb. 4–19 und 4–20).

Entscheidend für ein gutes Ergebnis beim Einsatz von Blitzlicht sind die richtig dosierte Menge an Lichtenergie sowie die Richtung und Platzierung des Lichts. Das sogenannte TTL-System (»Through the Lens«) sorgt dafür, dass ein Blitz immer so stark feuert, dass das Bild ausgewogen beleuchtet ist (siehe Abschnitt 2.6). Das Schöne am Blitzlicht ist, dass es einfach zu erzeugen (Aufsteckblitze sind weder groß noch schwer) und fast beliebig modellierbar ist. Sie können mit Blitzen die Richtung, Intensität, Form und Farbe des Lichts einfach manipulieren und so ein Motorrad effektvoll in Szene setzen. Um dies aber auch gezielt einsetzen zu können, müssen Sie die Eigenschaften des Lichts und die Möglichkeiten zur Beeinflussung verstanden haben.

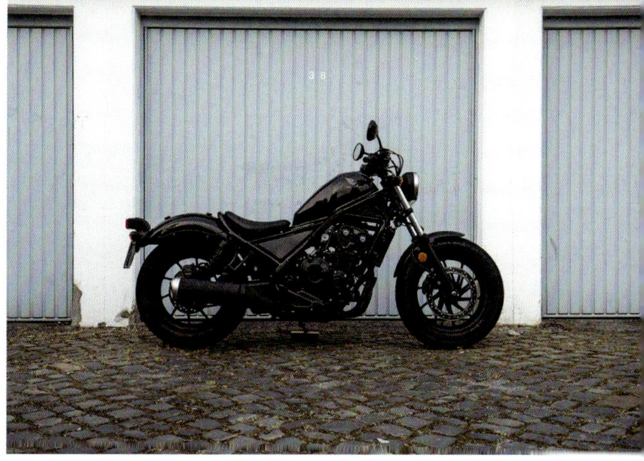

Abb. 4–19 Eine Honda CMX 500 Rebel bei Tageslicht (38 mm, 1/50 s, f/4, ISO 100)

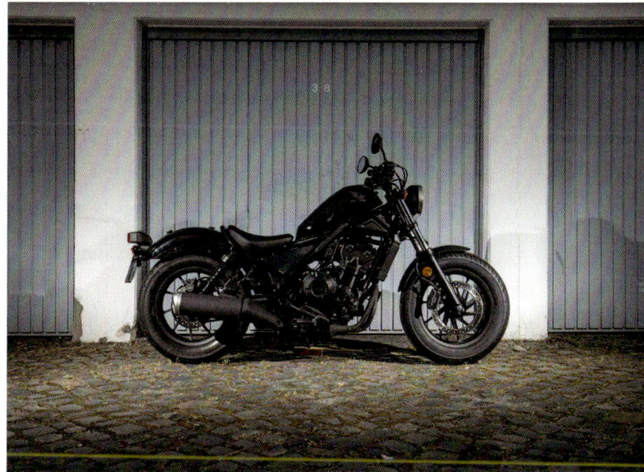

Abb. 4–20 Durch den Einsatz von zwei Blitzen wird das Motorrad in der Aufnahme hervorgehoben. Das Bild hat durch das Blitzlicht einen ganz anderen Charakter bekommen. Beachten Sie, dass Tank und hinterer Fender nun dunkler erscheinen, da das Tageslicht durch die kurze Belichtungszeit nun keinen nennenswerten Einfluss mehr auf die Belichtung nimmt (38 mm, 1/320 s, f/4, ISO 100).

Das inverse Quadratgesetz (Lichtintensität und Abstand)

Der etwas sperrige Name »Inverses Quadratgesetz« (oft auch »reziprokes Quadratgesetz«) ist das Herz der Blitzfotografie. Es beschreibt den Zusammenhang zwischen der Intensität des Lichts und seinem Abstand zur Lichtquelle:

> Mit zunehmendem Abstand zu einer Lichtquelle nimmt die Intensität des Lichts umgekehrt quadratisch ab.
>
> Ausgedrückt in einer Formel: Die Intensität I ist umgekehrt quadratisch proportional zum Abstand r:
>
> $I \sim 1/r^2$

Diese mathematisch präzise, aber immer noch sperrige Formulierung bedeutet nichts anderes, als dass die Intensität einer Lichtquelle mit steigender Entfernung rapide abnimmt. Wenn man die Intensität in 1 m Abstand zum Beispiel mit 100 % annimmt, so ist nach Verdoppelung des Abstands auf 2 m nur noch 1/4 der Lichtleistung vorhanden ($1/2^2 = 1/4$), was 25 % entspricht. Bei 3 m Abstand kommt nur noch 1/9 der Lichtenergie an, also knapp 11 %. Diese Gesetzmäßigkeit ist in Abbildung 4–21 dargestellt.

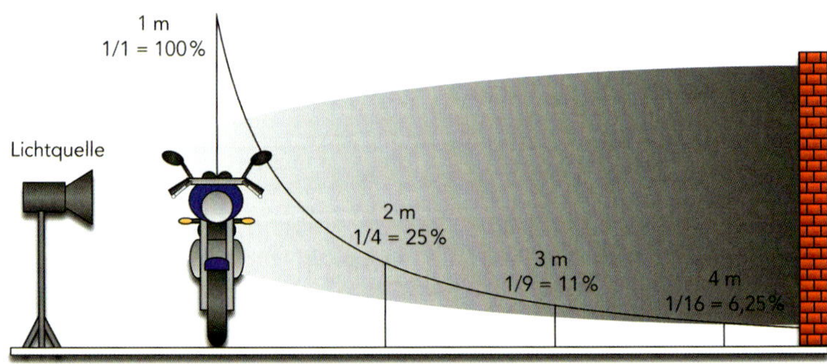

Abb. 4–21 Die Skizze illustriert den rapiden Lichtabfall mit zunehmender Entfernung. Während das Motorrad nah an der Lichtquelle noch gut beleuchtet wird, bekommt die Wand im Hintergrund nur noch knapp 5 % der Lichtenergie ab. Sie ist somit viel dunkler als die Maschine im Vordergrund.

Warum das Verständnis dieses Gesetzes so wichtig ist, hat mehrere Gründe. Möchten Sie ein Motorrad zum Beispiel optisch von seiner Umgebung isolieren, müssen Sie die Lichtquelle (den Blitz) nah an das Motorrad heranbringen und einen großen Abstand zwischen Motorrad und Hintergrund bringen. Der Blitz hellt das Motorrad auf, die weiter in die Umgebung strahlende Lichtenergie verliert rasch an Intensität und wird die Belichtung nicht nennenswert beeinflussen – der Hintergrund bleibt dunkel.

Wenn Sie jedoch Motorrad und Hintergrund gleichermaßen beleuchten möchten (zum Beispiel das Motorrad vor einer Mauer), so müssen Vorder- und Hintergrund näher zusammenrücken (siehe Abb. 4–22). Somit bekommen Motorrad und Mauer annähernd die gleiche Lichtenergie ab (wenig Abstand = wenig Intensitätsverlust zwischen den beiden Punkten).

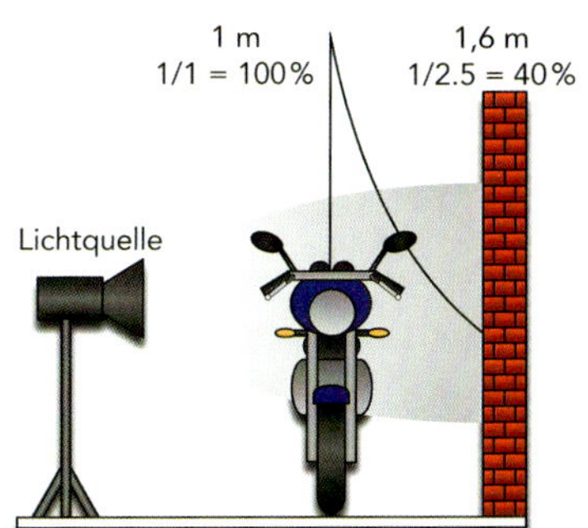

Abb. 4–22 Der Hintergrund ist nah am Motorrad. Der Lichtabfall zwischen Motorrad und dem Hintergrund ist nicht hoch, sodass sowohl Vorder- als auch Hintergrund gut belichtet werden.

Lichtformer

Licht kann verändert werden, indem man verschiedene Aufsätze für die Blitzgeräte verwendet. Doch beginnen wir zunächst mit dem *»nackten« Blitz*. Er strahlt einen breiten Lichtkegel ab, der harte Schatten erzeugt. Auf lackierten Oberflächen hinterlässt ein nackter Blitz eine punktförmige Spiegelung. Die Breite des Kegels kann über den Zoomreflektor im Blitz variiert werden. Wie bei Objektiven sind die Zoomstufen (Brennweiten) eines Blitzes in mm angegeben. Kurze Brennweiten entsprechen einem weitwinkligen Abstrahlverhalten, längere Brennweiten einem engeren Kegel.

Eine *Softbox* (siehe Abb. 4–23) ist eine meist trapezförmige Lichtwanne, die zu den Seiten hin kein Licht durchlässt. Das Licht tritt an der Vorderseite der Softbox durch einen Diffusorschirm aus. Softboxen schaffen ein flächiges, weiches Licht. Gleichzeitig erzeugt eine Softbox eine große, rechteckige Spiegelung auf lackierten Oberflächen, deren Ausmaße von der Größe der Softbox und dem Abstand zum Motorrad abhängen. Softboxen sind daher eine gute Wahl, um die Kontur des Motorrads durch einen Lichtstreifen zu betonen (später dazu mehr im Kapitel 5, Studiofotografie).

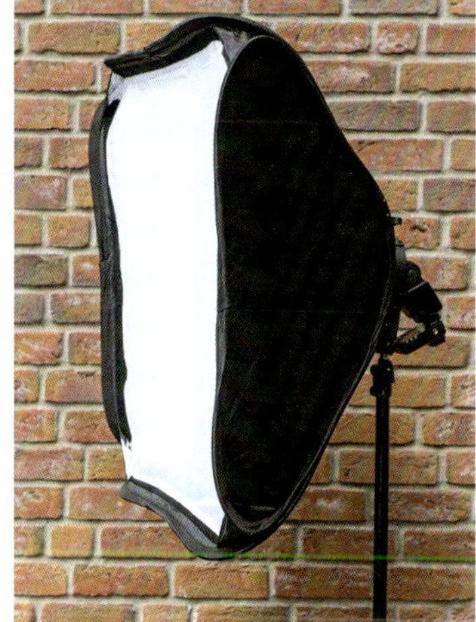

Abb. 4–23 Eine Softbox verteilt das Licht des Blitzes auf eine große Fläche und sorgt so für eine gleichmäßige Beleuchtung. Dieses 80 × 80 cm große Modell für Aufsteckblitze lässt sich dank einer Faltkonstruktion aus Stoff und integrierten Metallbändern auf ein sehr kompaktes Maß reduzieren, was den Transport und die Handhabung ungemein erleichtert.

Praxistipp

Wenn Sie bei schwarz lackierten Maschinen eine Softbox oder einen Durchlichtschirm einsetzen, treten Kratzer und Polierspuren nicht so schnell hervor. Polierspuren stellen eine linienförmige Imperfektion auf der Oberfläche dar, quasi mikroskopisch kleine Kanten bzw. Rillen. Das harte Licht eines nackten Blitzes wird an diesen feinen Strukturen eher reflektiert als das weiche Licht einer Softbox. Weitere Besonderheiten beim Fotografieren von schwarzen und verchromten Oberflächen finden Sie im Abschnitt »Schwarzer Lack und verchromte Oberflächen«, ab Seite 101.

Ein *Durchlichtschirm* erzeugt, ähnlich wie eine Softbox, ein flächiges Licht. Gleichzeitig wird ein Teil des Lichts auch in die Umgebung und durch Reflexion nach hinten gestreut, da der Schirm zu allen Seiten hin offen ist. Blitzschirme sind günstig, wiegen nicht viel und nehmen in der Kameratasche nicht viel Platz weg. Ein praktischer Nachteil von Blitzschirmen bei der Verwendung im Freien ist, dass sie den Wind sehr effektiv einfangen und das Stativ samt Blitz gerne zum Umkippen bringen, sobald eine sanfte Brise aufkommt. Sandsäcke oder ähnliche Gewichte zum Beschweren der Stative schaffen hier Abhilfe.

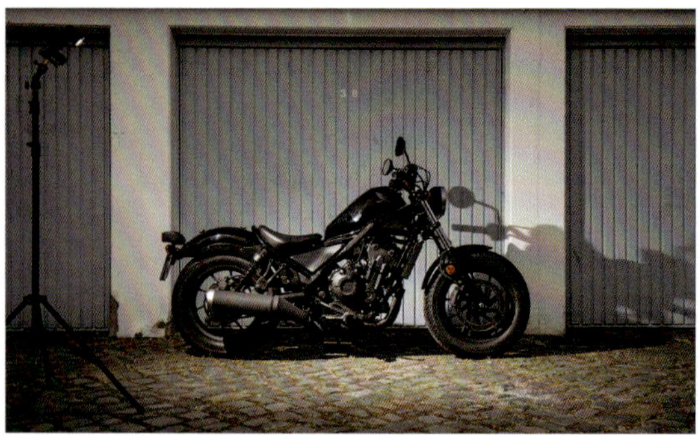

Abb. 4–24 Ein Blitz ohne Lichtformer produziert einen harten Lichtkegel. Die Konturen der Maschine werden deutlich hervorgehoben, aber es entstehen auch harte Schatten, wie man rechts vom Motorrad sehen kann (38 mm, 1/320 s, f/4, ISO 100).

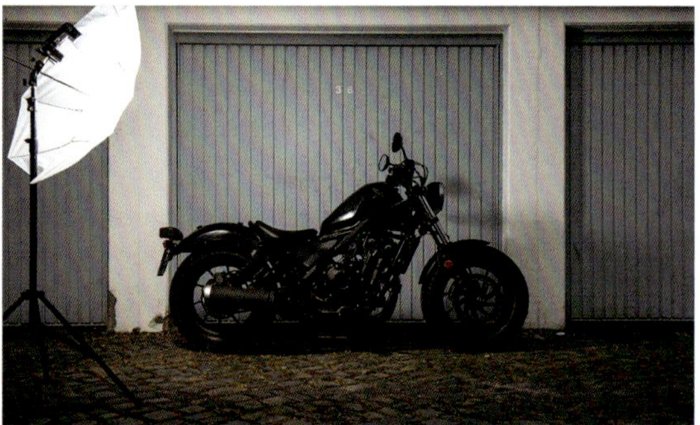

Abb. 4–25 Die gleiche Szene mit den gleichen Belichtungsparametern wie in Abbildung 4–24, diesmal allerdings mit einem Durchlichtschirm. Das Licht ist weicher, die Maschine ist weniger hart beleuchtet und auch der Schattenwurf auf der rechten Seite ist deutlich geringer. Gleichzeitig reflektiert und streut der Durchlichtschirm das Blitzlicht aber auch in die Umgebung.

Die Lichtrichtung in der Motorradfotografie

Fast noch wichtiger als die gezielte Dosierung von Licht ist die Platzierung und Richtung des Lichts. Wenn Sie den Blitz auf der Kamera belassen und er gerade nach vorne feuert, erhalten Sie meist eine unschöne Beleuchtung. Die Maschine bzw. Szene wird »plattgeblitzt« (siehe Abb. 4–26). Details haben keine Tiefe, da die Schatten nach hinten weggehen und die gesamte Fläche gleichmäßig beleuchtet wird. Erst, wenn das Licht aus einer anderen Richtung als der Richtung der Kamera kommt, kommt die Magie der Blitzfotografie zur Geltung (siehe Abb. 4–27).

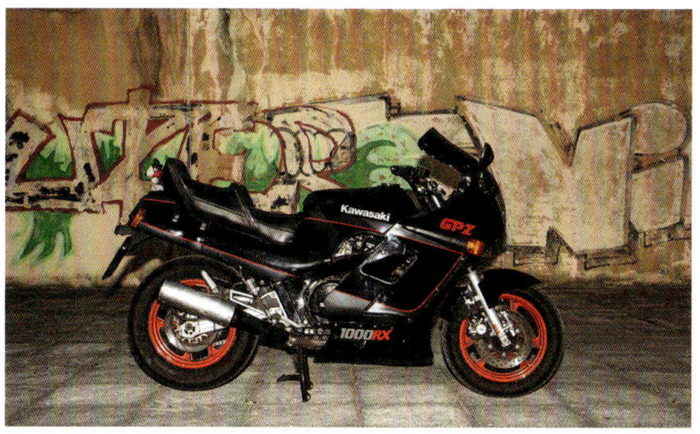

Abb. 4–26 Hier steckte der Blitz auf der Kamera. Das Motorrad ist »plattgeblitzt« worden: Die Konturen sind sehr flach, Vorder- und Hintergrund wurden gleichmäßig belichtet (50 mm, 1/250 s, f/14, ISO 250).

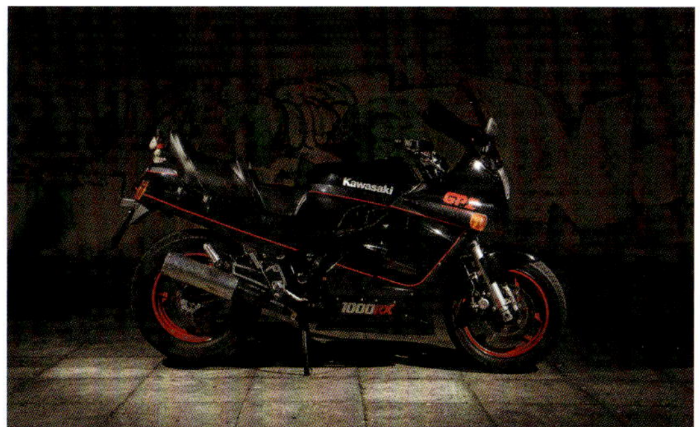

Abb. 4–27 Je ein Blitz steht links und rechts der Maschine. Das Licht trifft in spitzem Winkel auf das Motorrad. Dadurch werden nur das Motorrad und seine nähere Umgebung ausgeleuchtet (50 mm, 1/250 s, f/20, ISO 250).

Damit das Licht überhaupt aus einer anderen Richtung als der Kamera kommen kann, muss der Blitz von der Kamera heruntergenommen und frei im Raum platziert werden. Das magische Stichwort heißt hier »entfesseltes Blitzen«. Die Fernauslösung der Blitze erfolgt über Licht, Kabel oder Funk, vgl. Abschnitt 2.6. Idealerweise montieren Sie den Blitz dazu auf einem Stativ, um eine bessere Lichtverteilung in der Umgebung zu erreichen. Dadurch, dass der Blitz auf einer gewissen Höhe steht, kann sich der Lichtkegel besser und gleichmäßiger ausbreiten. Bewährt hat sich ein spitzer Winkel des Lichts relativ zum Bike. Dieser schmeichelt den Maschinen meistens und bringt alle Details, Ecken und Rundungen des Motorrads schön hervor.

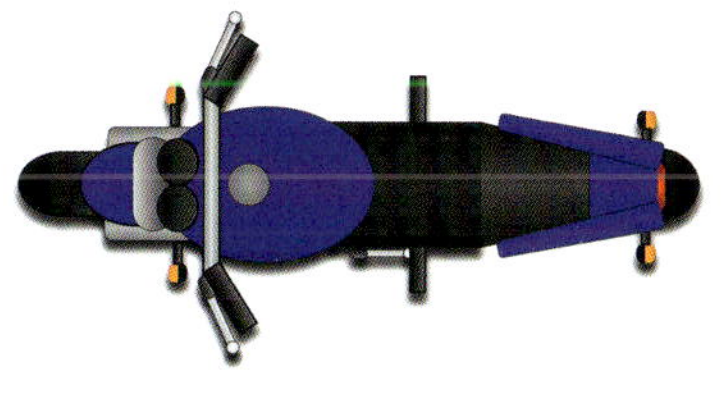
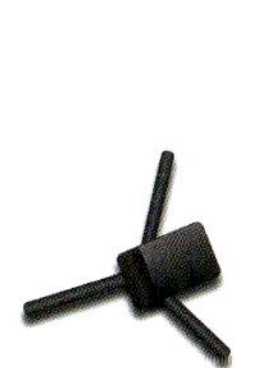
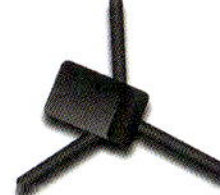
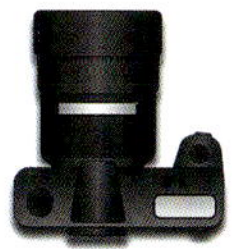

Abb. 4–28 Dieser Basisaufbau kommt bei fast jedem meiner Shootings zum Einsatz. Zwei Blitze werden links und rechts positioniert und beleuchten die Maschine im spitzen Winkel.

Wenn das Licht senkrecht von oben kommt, wird logischerweise auch nur die Maschine von oben beleuchtet. Die Seite des Motorrads bekommt nur wenig Licht ab bzw. bleibt unbeleuchtet (abhängig davon, ob die Maschine auf dem Seitenständer oder einem Haupt- oder Montageständer steht). Licht von oben ist zum Beispiel die Grundbeleuchtung für Studiofotos, welche durch seitliche Lichter ergänzt werden muss. Aber auch on Location lässt sich senkrechtes Licht einfach erzeugen, indem man den Blitz auf einem Stativ montiert und von einem Assistenten senkrecht über das Motorrad halten lässt. Damit lassen sich minimalistische Ausleuchtungen erzielen, welche das Motorrad reizvoll in Szene setzen (siehe Abb. 4–29).

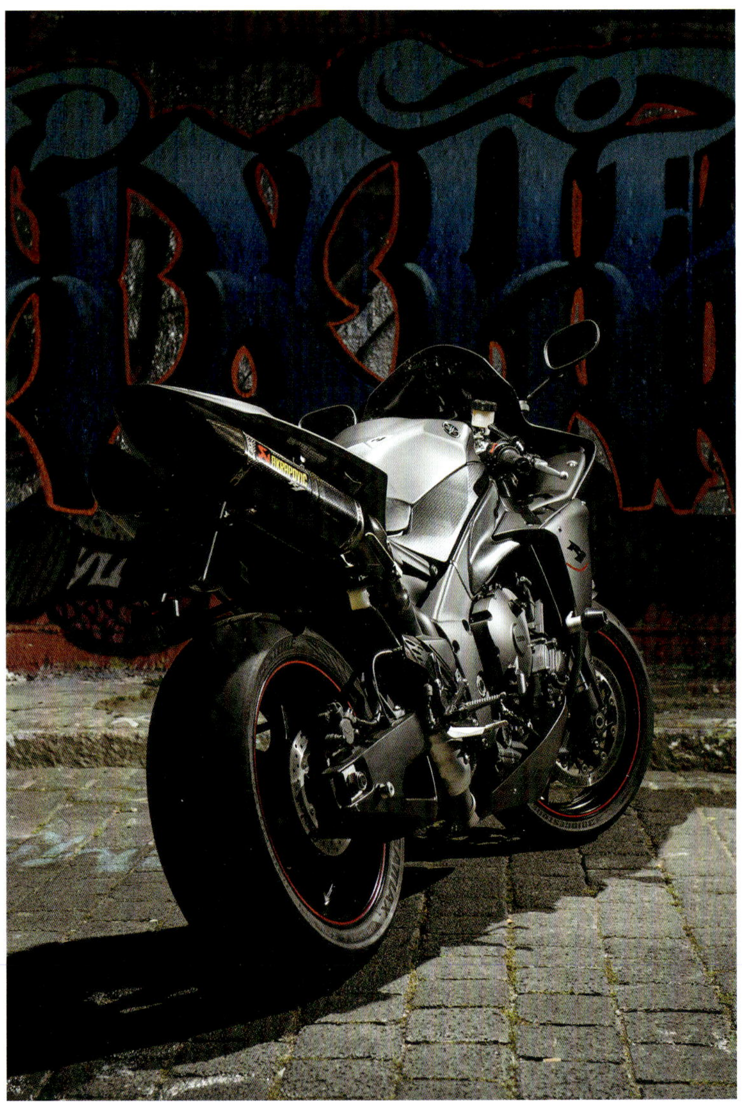

Abb. 4–29 Eine Yamaha YZF-R1, beleuchtet von einem einzelnen Blitz von oben (62 mm, 1/200 s, f/5.6, ISO 320)

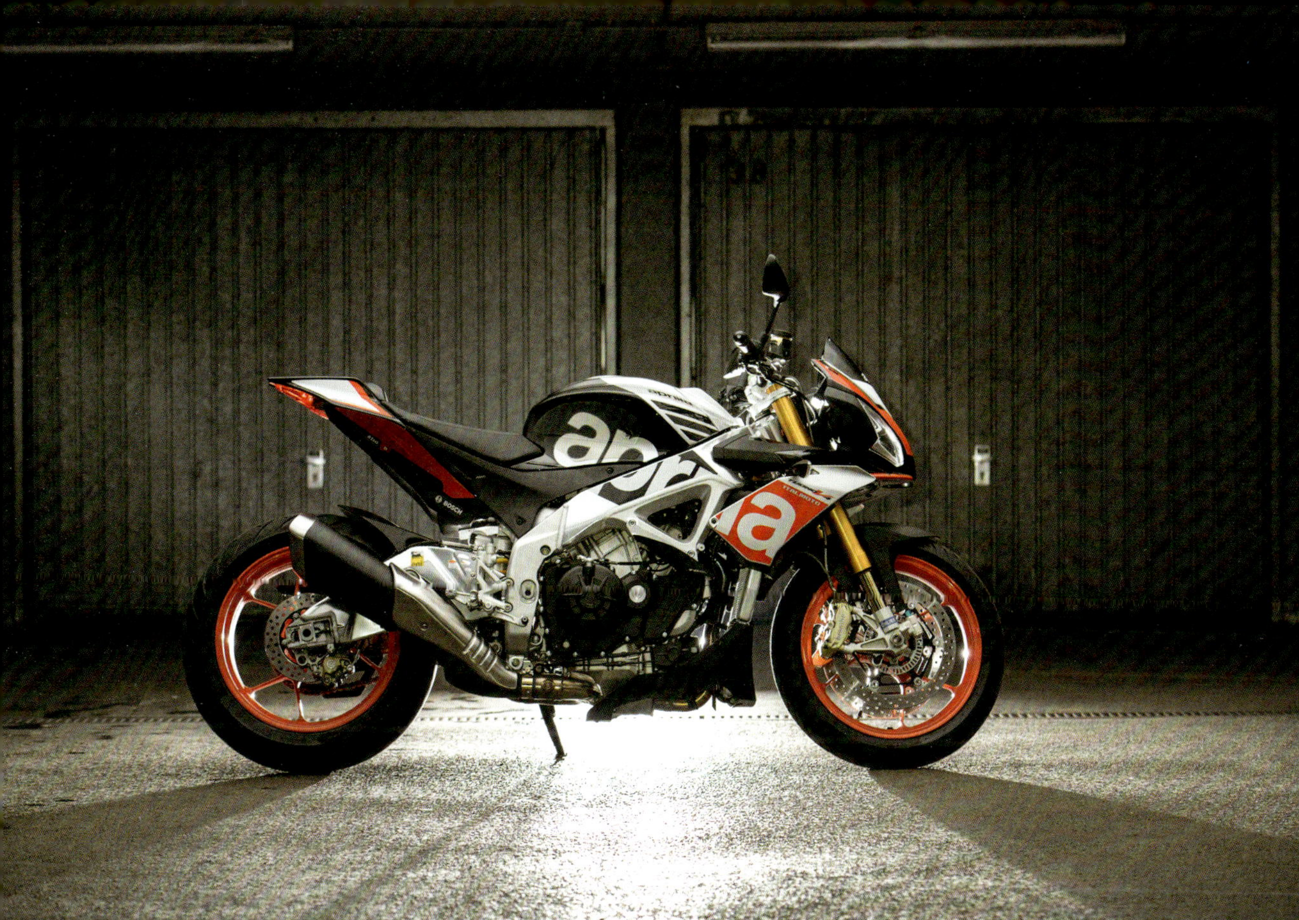

Abb. 4–30 Aprilia Tuono V4 1100 Factory (85 mm, 1/3 s, f/4, ISO 250)

Bildbesprechung: Das Gegenlicht, das keines ist

Das oben stehende Foto besticht durch seine ungewöhnliche Beleuchtung. Die Leuchtstoffröhren der Tiefgarage waren ausgeschaltet. Hinter dem Bike wurden zwei Blitze auf den Boden gestellt, die leicht schräg nach oben in Richtung Motorrad zeigten (also gerade nicht mehr parallel zum Fußboden, siehe Abb. 4–31). Dies waren die einzigen Lichtquellen. Die Blitze wurden im TTL-Modus betrieben und beide auf +3 LW gestellt, um ein Maximum an Licht zu erhalten. Durch die beengten räumlichen Verhältnisse der Tiefgarage (niedrige Decke, überall Garagentore) wurde das Licht der Blitze hin und her reflektiert. Die Umgebung fungierte also quasi als riesiger Reflektor und hellte so auch die der Kamera zugewandte Seite der Maschine auf, obwohl das Licht von der anderen Seite kam. Wäre der Raum weitläufiger oder die Decke höher gewesen, hätte die Belichtung so nicht funktioniert (Stichwort inverses Quadratgesetz). Der Schattenwurf der Räder unterbricht die Lichtkegel, wodurch ein gerichtetes Muster entsteht, das auf die Maschine zeigt.

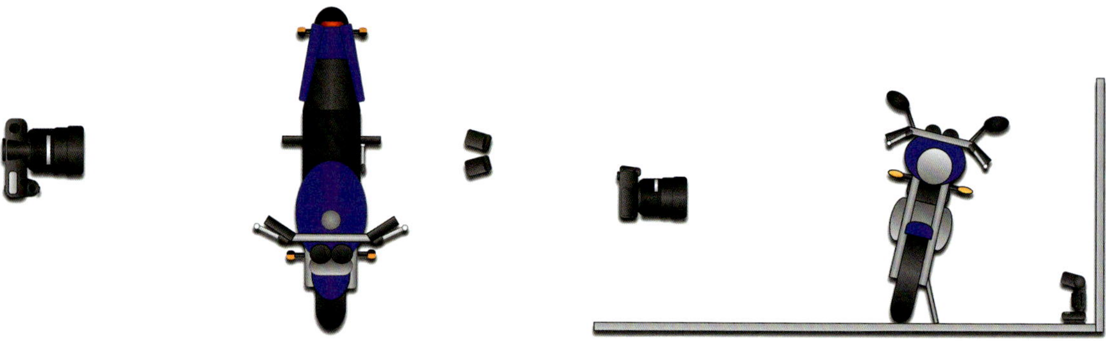

Abb. 4–31 Ein ungewöhnlicher Beleuchtungsaufbau ermöglichte die Aufnahme. Zwei Blitze standen auf den Boden und wurden von der Maschine verdeckt. Die Köpfe der Blitzgeräte waren ein wenig nach oben geneigt. Direktes Gegenlicht wurde von der Maschine abgeschirmt, durch die Nähe von Decke und Wänden in der Tiefgarage wurde genügend Licht reflektiert, um auch die Vorderseite der Maschine auszuleuchten.

4.2.4 Mischlicht

»Mischlicht« bezeichnet Situationen, in welchen zwei oder mehr Lichtquellen unterschiedlicher Farbtemperaturen vorhanden sind. Dies führt zu dem Problem, dass Bildteile unterschiedlich eingefärbt werden. Jeder, der schon einmal einen Raum im Licht einer Glühbirne fotografiert hat, kennt das Problem. Entweder ist der Raum in korrekten Farben dargestellt und das Tageslicht im dahinterliegenden Fenster ist blaustichig oder das Fenster ist farblich korrekt dargestellt und der Innenraum ist gelbstichig. Dies liegt daran, dass das Licht einer Glühlampe eine Farbtemperatur im gelben Bereich aufweist und Tageslicht zum blauen Bereich hin verschoben ist. Die Kamera kann im Bild aber nur einen Weißpunkt legen und so entstehen die Farbstiche in der Aufnahme.

Farbabweichungen

Je nachdem, auf welchen Bildteil Sie den Weißabgleich anwenden, erhalten Sie unterschiedliche Einfärbungen der Szene. Halogenlampen zum Beispiel haben eine orange-gelbliche Farbwirkung (3.000 K), Blitzlicht hat ungefähr die Farbtemperatur von Tageslicht (ca. 5.600 K). Mischt man die Lichtarten unterschiedlicher Farbtemperaturen, kommt es zu dem in Abbildung 4–32 gezeigten Phänomen.

Die Lösung des Problems ist die Benutzung eines Filters, welcher die Farbtemperatur des Blitzlichts an die der Umgebung angleicht (siehe Abb. 4–33). Somit ist auf dem Bild dann nur noch eine Lichtart vorhanden und die Farben der Szene können einheitlich wiedergegeben werden, wie in Abbildung 4–34 zu sehen ist. Bei Neonröhrenlicht verwendet man einen grünen Filter, bei Halogen- und Glühlampenlicht orangefarbene Filter für das Blitzgerät. Manche Hersteller von Blitzgeräten liefern entsprechende Folien oder Aufsätze direkt mit. Ansonsten können auch farbige Folien preisgünstig erworben und in der richtigen Größe entweder mit Klebeband oder einer Klemmvorrichtung am Blitz befestigt werden.

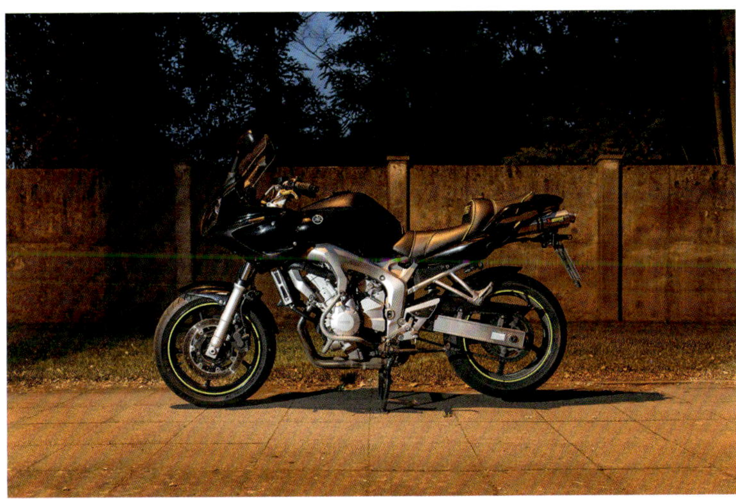

Abb. 4–32 Die Maschine stand im Licht einer Straßenlaterne, welche ein orangefarbenes Licht abstrahlte. Der Blitz (links von der Kamera außerhalb des Sichtfelds) wurde ohne Farbfilter verwendet, der Weißabgleich auf den Rahmen der Maschine gelegt. Das Ergebnis: Das Motorrad wird farbgetreu wiedergegeben, die Umgebung ist jedoch gelbstichig, da im Bild Lichtquellen unterschiedlicher Farbtemperatur auftreten (36 mm, 2,5 s, f/4, ISO 200).

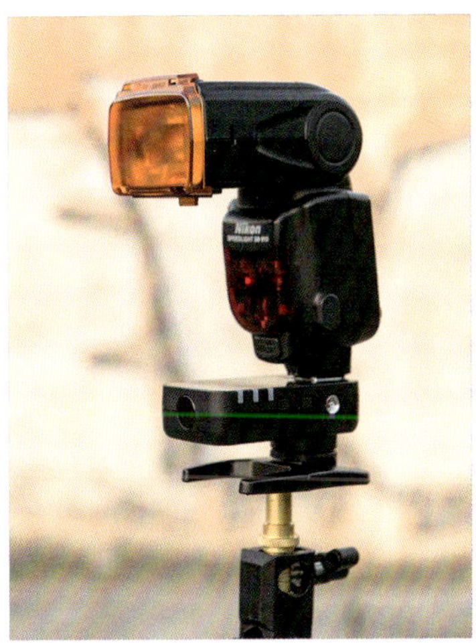

Abb. 4–33 Der orangefarbene Farbfilter gleicht die Farbtemperatur des Blitzlichts an die Farbtemperatur der Umgebung an. Dieser Filter ist zum Beispiel notwendig, wenn Sie die Maschine im Licht von Halogen- oder Glühlampen fotografieren.

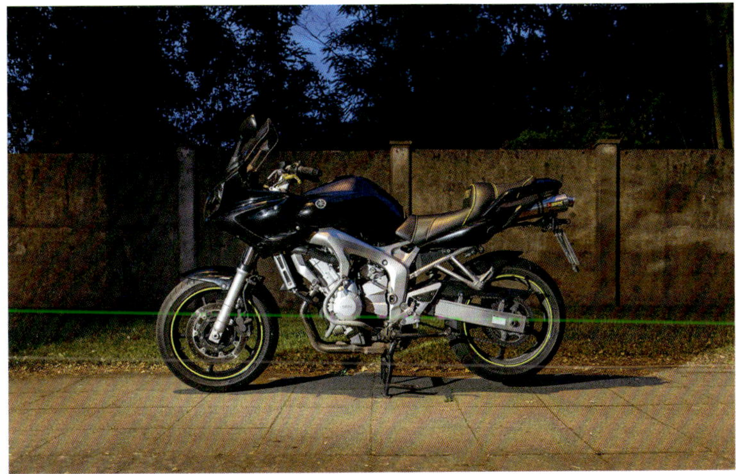

Abb. 4–34 Nun wurde ein orangefarbener Farbfilter wie in Abbildung 4–33 auf dem Blitz verwendet. Blitz- und Laternenlicht hatten nun annähernd die gleiche Farbtemperatur. Nach dem Weißabgleich auf den Rahmen der Maschine erscheint nun die gesamte Szene in natürlichen Farben (36 mm, 2,5 s, f/4, ISO 200).

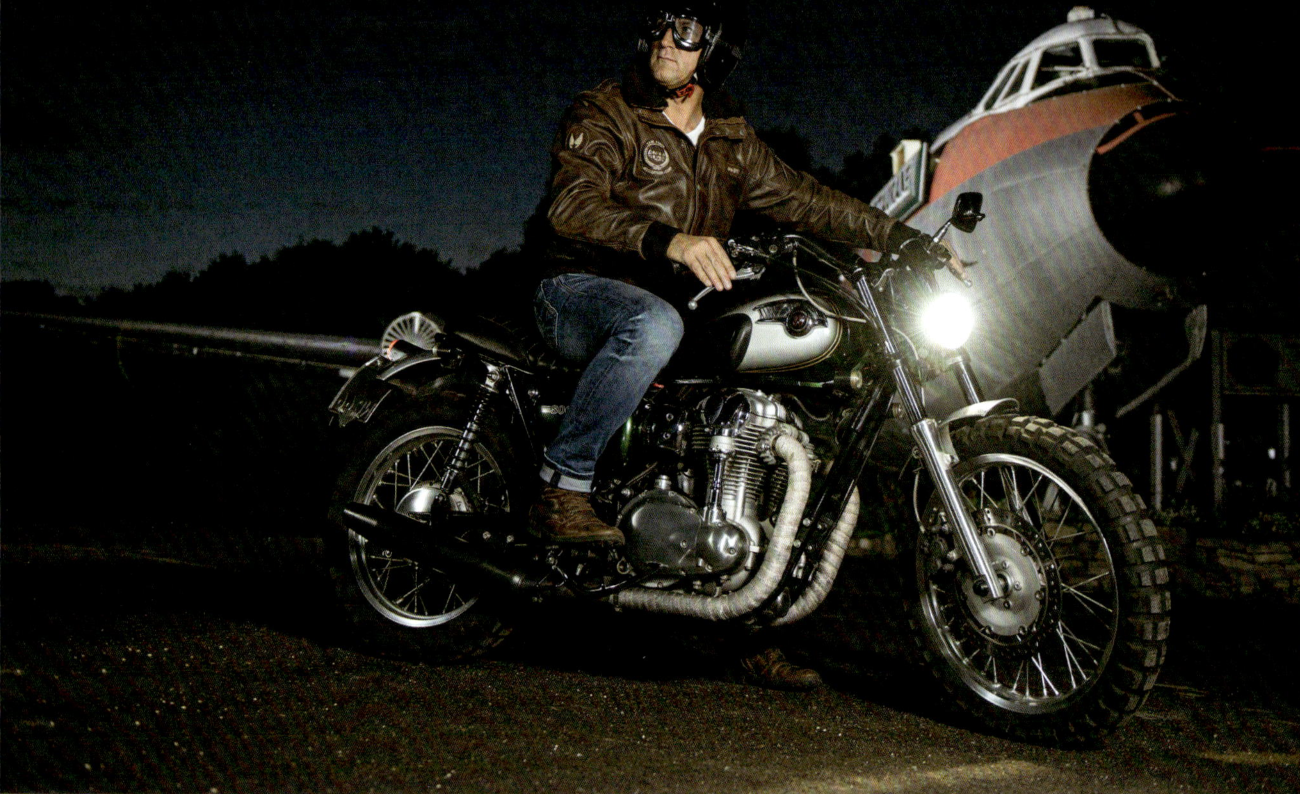

Abb. 4–35 Der Kawasaki W800 Retro Scrambler von Carsten steht hier auf dem Parkplatz eines Restaurants, welches in ein altes Flugzeug integriert wurde. Motorrad und Flugzeug werden von Blitzen angeleuchtet, während der Himmel zur blauen Stunde in einem fantastischen Abendlicht strahlt (36 mm, 1/100 s, f/2.8, ISO 1.250).

Tages- und Blitzlicht ausbalancieren

Eine in der Motorradfotografie oft auftretende Art des Mischlichts ist die Kombination von Tages- und Blitzlicht. Die Herausforderung bei so einer Aufnahme liegt in der Balance zwischen den beiden Lichtarten. Die Intensität des Tageslichts bestimmt die primäre Belichtung, der Blitz als Aufheller für das Motorrad wird entsprechend angepasst. Praktisch funktioniert das so: Zunächst wird das Bild komponiert und die Kamera eingerichtet. Die Kamera muss im M-Modus betrieben werden, die ISO-Automatik muss abgeschaltet sein. Dies bedeutet, dass jeder der drei Faktoren für die Belichtung individuell kontrolliert werden kann.

Schießen Sie zunächst ein paar Testfotos, um den Hintergrund (der vom restlichen Tageslicht beschienen wird) gut zu belichten. Ist eine gute Belichtung des Hintergrunds erreicht, schalten Sie die Blitze hinzu, um das Motorrad im Vordergrund zu beleuchten. Die Blitze müssen entweder manuell eingepegelt werden oder Sie lassen das TTL-System die Arbeit übernehmen. Das Endergebnis sollte eine eindrucksvolle Mischung von Tages- und Blitzlicht sein (siehe Abb. 4–35).

Wenn Sie bei schwindendem Tageslicht fotografieren, zum Beispiel während der blauen Stunde, muss die Belichtung laufend nachkorrigiert werden (je weniger Licht vorhanden ist, desto länger müssen Sie belichten, die Blende weiter öffnen und/oder die Empfindlichkeit erhöhen), um genügend Licht für die Belichtung einzufangen.

Praxistipp

Es kann vorkommen, dass Belichtungszeiten in der Dämmerung recht lang ausfallen (mehrere Sekunden). Der Blitz hellt das Motorrad für Sekundenbruchteile auf, die Belichtung läuft aber noch mehrere Sekunden, damit das Restlicht des Tages die Umgebung ausreichend belichten kann. Der Motorradfahrer (falls er mit im Bild ist) muss also auch nach der Auslösung des Blitzes unbewegt stehen bleiben, damit er durch das Restlicht nicht doch einen Abdruck auf dem Sensor hinterlässt und so eine leichte Unschärfe entsteht. Erklären Sie dies dem Biker vor der Aufnahme und zählen Sie die Belichtungszeit laut mit, damit der Fotografierte weiß, ab wann er wieder atmen darf.

Kurzzeitsynchronisation (das Tageslicht aussperren)

Der Einsatz von Blitzlicht ist bei Tageslicht eigentlich überflüssig, da ja genügend anderes Licht vorhanden ist. Wenn das Tageslicht allerdings nicht aus der gewünschten Richtung kommt oder die Beleuchtungsakzente individuell gesetzt werden sollen, können Sie mit Blitzen und einer sehr kurzen Verschlusszeit das Tageslicht quasi aus der Aufnahme aussperren. So erhalten Sie den besonderen Look eines Blitzlichtfotos, obwohl das Tageslicht im Grunde die Szene dominiert. Die Abbildungen 4–36 und 4–37 zeigen zwei solche Beispiele. Abbildung 4–36 ist mit Tageslicht bei einer Belichtungszeit von 1/800 s (f2.8, ISO 320) aufgenommen worden. Abbildung 4–37 wurde mit 1/2.500 s und gleicher Blende und ISO-Zahl aufgenommen.

Bei der ersten Aufnahme ist alles gleichmäßig belichtet, da das Tageslicht die gesamte Szene ebenmäßig beleuchtet. Bei der rechten Aufnahme habe ich drei Blitze eingesetzt: Zwei links und rechts in der klassischen, spitzwinkligen Anordnung (siehe Abb. 4–28), der dritte Blitz stand hinter den Models auf dem Fußboden und sorgte auf der Stahlplatte im Hintergrund für einen Lichtakzent. Auf dieser Aufnahme sind die Konturen des Bikes und der Gesichter deutlicher betont. Die Aufmerksamkeit liegt auf dem hellen Zentrum des Bilds, zum Bildrand hin wird das Bild dunkler. Die Blickführung ist eindeutiger und das Bild wirkt plastischer.

Diese Bildwirkung hätte ich nicht durch andere Belichtungsparameter erreichen können, denn dadurch werden weder die Lichtrichtung noch die Lichtverteilung beeinflusst. Das gesamte Bild würde lediglich heller oder dunker werden.

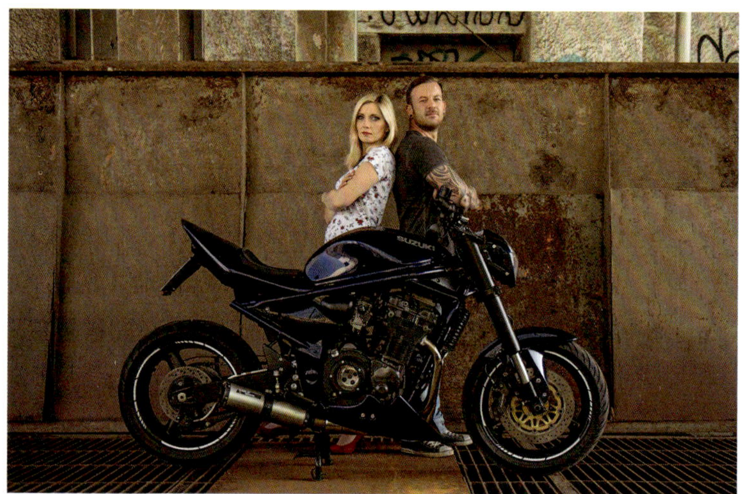

Abb. 4–36 Dieses Bild wurde ohne Blitze aufgenommen (35 mm, 1/800 s, f/2.8, ISO 320).

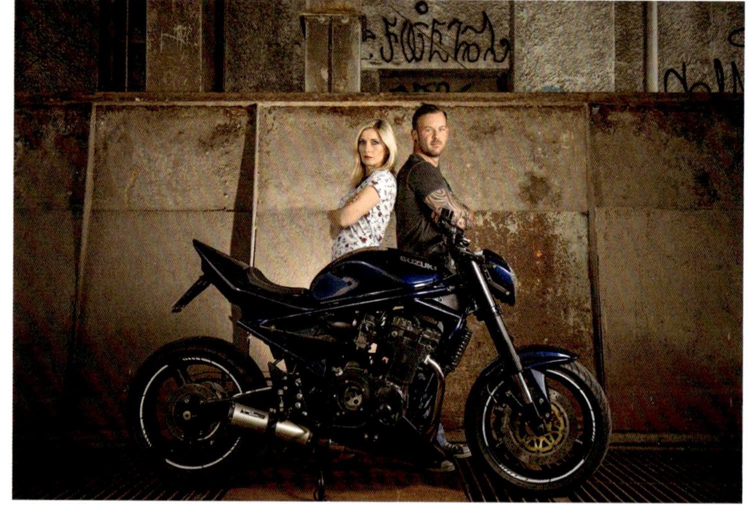

Abb. 4–37 Mit Blitzlicht kommen die Models auf diesem Bild deutlich besser zur Geltung. Das Tageslicht wurde mit einer kurzen Belichtungszeit unterdrückt, wodurch die Blitze maßgeblich die Belichtung bestimmen. Zwei Blitze wurden links und rechts des Motorrads positioniert, ein dritter stand hinter den Models auf dem Boden und beleuchtete den Hintergrund (35 mm, 1/2.500 s, f/2.8, ISO 320).

Exkurs: Blitzsynchronisationszeit und Kurzzeitsynchronisation

Die Blitzsynchronisationszeit gibt die kürzeste Verschlusszeit an, bei welcher Blitzlicht noch einsetzbar ist. Zum Verständnis dessen muss die Kameratechnik noch einmal näher erläutert werden. Vor dem Sensor befinden sich zwei sogenannte Vorhänge, welche bei einer Aufnahme den Sensor freigeben. Zum Start der Belichtung öffnet der erste Vorhang und gibt den Sensor frei, der zweite Vorhang läuft zum Ende der Belichtungszeit nach und verdeckt den Sensor wieder. Danach fahren beide Vorhänge wieder in die Ausgangsposition, um für die nächste Aufnahme bereit zu sein.

Der Blitz muss also in einem Moment abgefeuert werden, in welchem der gesamte Sensor frei ist, also kein Vorhang gerade in Bewegung ist. Je nach Kameramodell beträgt die Blitzsynchronisationszeit 1/200 s oder 1/320 s. Bei kürzeren Belichtungszeiten startet der zweite Vorhang jedoch schon, während der erste Vorhang noch in Bewegung ist. Je kürzer die Belichtungszeit, desto enger laufen die beiden Vorhänge während der Belichtung hintereinander her. Das bedeutet, zu keinem Zeitpunkt der Aufnahme ist der Sensor vollständig unbedeckt. Würde man nun blitzen, verdeckt der Vorhang einen Teil des Bilds und es kommt zu dunklen Streifen in der Aufnahme.

Um dieses Problem zu umgehen und Blitzlicht auch bei sehr kurzen Belichtungszeiten einsetzen zu können, wurde die Kurzzeitsynchronisation erfunden. Sie bewirkt, dass der Blitz nicht einmal feuert, sondern mehrmals kurz hintereinander. Das heißt, die Beleuchtung findet in einer Art Licht-Stakkato statt. Auf diese Weise erhält jeder Abschnitt des Sensors die gleiche Portion Blitzlicht, während die beiden Vorhänge in Bewegung sind.

Ob die Kamera zur Kurzzeitsynchronisation fähig ist und wie man diese einstellt, müssen Sie der Bedienungsanleitung der Kamera entnehmen.

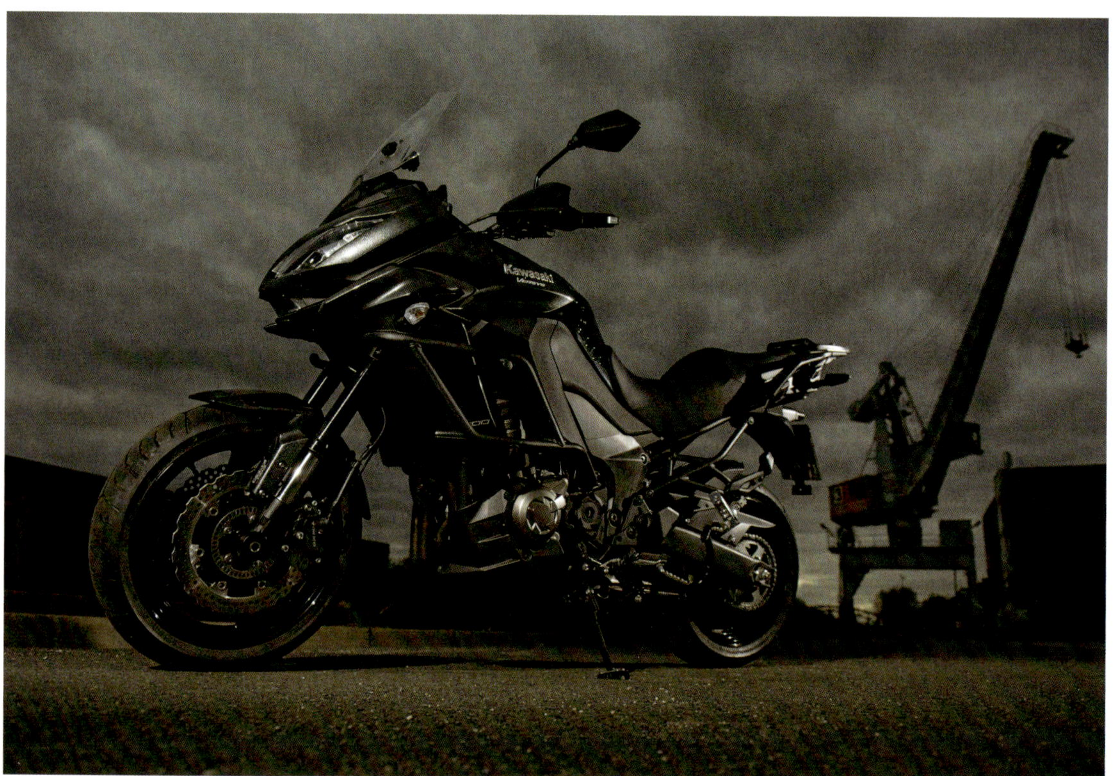

Abb. 4–38 Eine Kawasaki Versys 1000 in einer (durch kurze Belichtungszeit künstlich erzeugten) düsteren Atmosphäre (26 mm, 1/3.200 s, f/4, ISO 250).

Damit Sie Blitzlicht auch bei Tageslicht effektiv einsetzen können, müssen die Blitze zur sogenannten Kurzzeitsynchronisation fähig sein, das heißt, Kamera und Blitze müssen es ermöglichen, auch bei sehr kurzen Belichtungszeiten ein Bild auszuleuchten. Die detaillierte Beschreibung des technischen Hintergrunds ist in der Infobox zu lesen.

Mit einer kurzen Belichtungszeit (zum Beispiel 1/2.000 s oder schneller) sperrt man das Tageslicht aus bzw. dämpft es erheblich. Die Belichtungszeit ist viel zu kurz, als dass die Lichtmenge entscheidenden Einfluss auf die Belichtung nehmen könnte. Gleichzeitig erhellen die Blitze die Motorräder und sorgen dafür, dass sie auf der Aufnahme normal belichtet erscheinen. Mit dieser Technik kann man also die Umgebung künstlich abdunkeln und so dramatische Effekte erzielen.

Die in Abbildung 4–38 gezeigte Kawasaki Versys 1000 ist bei normalem Tageslicht und verhangenem Himmel entstanden. Durch die extrem kurze Belichtungszeit von 1/3.200 s wurden die Wolken stark abgedunkelt, sodass eine düstere Bildatmosphäre entstand. Es wirkt, als würde gleich ein schweres Gewitter niedergehen, tatsächlich handelte es sich lediglich um etwas dichtere Bewölkung ohne jegliche Niederschlagswahrscheinlichkeit.

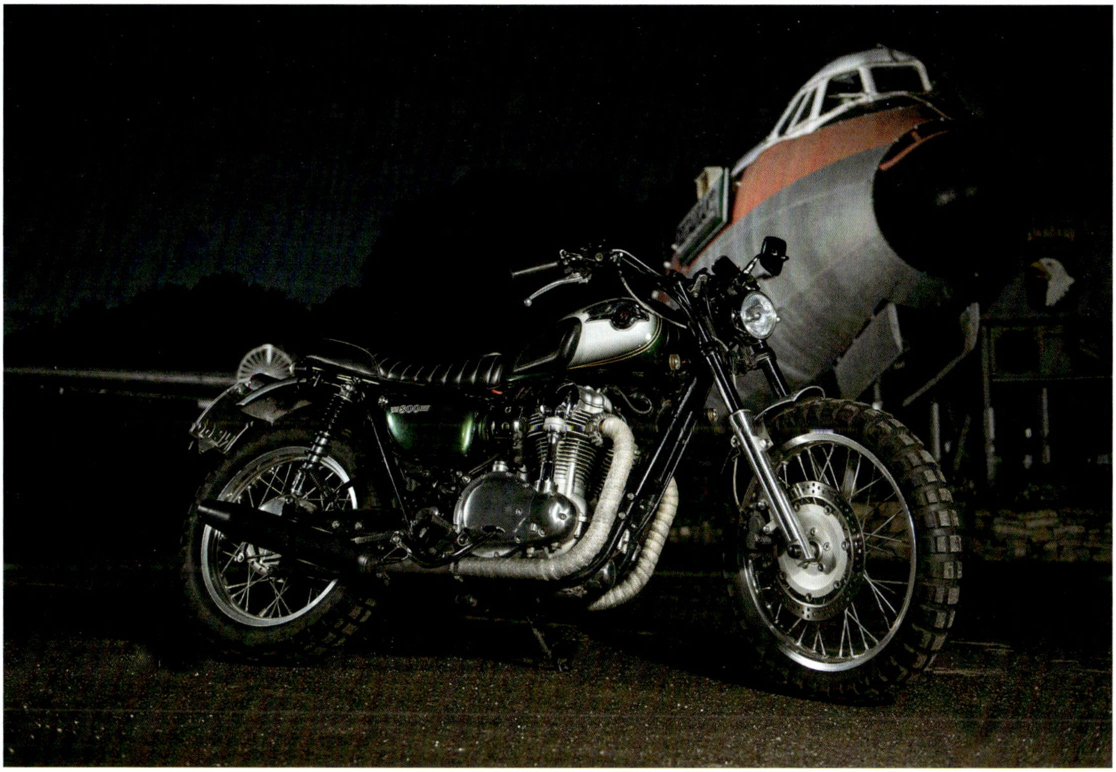

4.3 Bildbesprechung: Blaue Stunde und Blitzlicht

Abb. 4–39 Ein Kawasaki W800 Retro Scrambler zur blauen Stunde (38 mm, 1/100 s, f/2.8, ISO 640).

Dieser Kawasaki W800 Retro Scrambler ist ein Umbau. Als Location habe ich ein Restaurant gewählt, welches in ein altes Flugzeug integriert ist. Carsten, der Besitzer der Kawasaki, kannte den Besitzer und so konnten wir ungestört an einem Ruhetag dort fotografieren, ohne Autos oder andere Personen auf dem Gelände zu haben. Das Bild beinhaltet mehrere Lichtquellen: Das restliche Tageslicht, den Scheinwerfer der Maschine, zwei Blitze links und rechts vom Bike und ein Blitz hinter dem Bike, welcher die Seite des Flugzeugs erhellt (siehe Abb. 4–40). Die Belichtungszeit wurde so eingestellt, dass der Himmel

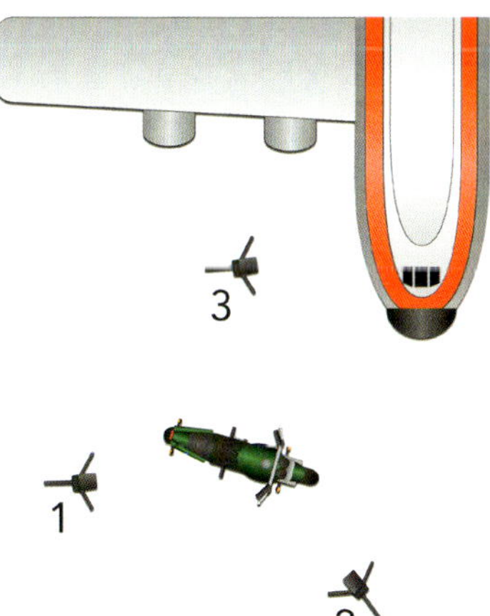

Abb. 4–40 Drei Blitze waren in dieser Belichtungssituation notwendig. Blitze 1 und 2 beleuchteten im üblichen spitzen Winkel die Maschine, Blitz 3 beleuchtete die Seite des Flugzeugs. Dabei wurde der dritte Blitz von mir so positioniert, dass die Maschine ihn verdeckte.

schön blau herauskam (detaillierte Beschreibung dieser Technik im Abschnitt »Tages- und Blitzlicht ausbalancieren«, ab Seite 70). Dazu war eine Belichtung über mehrere Sekunden notwendig. Die Blitze waren in zwei Gruppen eingeteilt. Gruppe A beinhaltete die beiden Blitze, welche Motorrad und Fahrer ausleuchten. Ein einzelner Blitz in Gruppe B beleuchtete die Seite des Flugzeugs. Die Blitze in Gruppe A standen in spitzem Winkel links und rechts neben dem Motorrad, der einzelne Blitz in Gruppe B befand sich hinter dem Motorrad und wurde von Maschine und Fahrer verdeckt. Die Intensität des Blitzes wurde ebenfalls über TTL geregelt und ein wenig nach oben korrigiert (ca. +1 LW), da mit der Seite des Flugzeugs eine größere Fläche ausgeleuchtet werden musste.

Da die Belichtung über mehrere Sekunden ging, bekam Carsten die Anweisung, nach dem Auslösen der Blitze bewegungslos stehen zu bleiben, damit evtl. vorhandenes Resttageslicht nicht zu verwischten Konturen führt.

4.4 Trainingsblock I: Licht und Beleuchtung

4.4.1 Training I: Motorrad unter einer Straßenbeleuchtung

Dieses Training dient zum Beispiel dazu, die Nutzung des vorhandenen Lichts einer Straßenbeleuchtung effektiv auszunutzen. Für diese Übung benötigst du ein Kamerastativ, da unter Umständen mehrere Sekunden belichtet werden muss. Das Motorrad kann dazu abends auf einem Gehweg oder Parkplatz abgestellt werden. Die Positionierung der Maschine muss so erfolgen, dass der Lichtkegel die der Kamera zugewandte Seite der Maschine beleuchtet. Montiere die Kamera auf dem Stativ und stelle die Belichtung ein. Da du mit der Kamera auf dem Stativ verwacklungsfrei über mehrere Sekunden belichten kannst, sollte die Belichtungszeit die variable Größe bei diesem Training sein. Verwende den manuellen Belichtungsmodus, um die volle Kontrolle über alle Belichtungsparameter zu erhalten. Stelle einen möglichst niedrigen ISO-Wert ein (zum Beispiel max. ISO 400) und eine Blende von 4 oder 5,6. Mache einige Belichtungen und prüfe

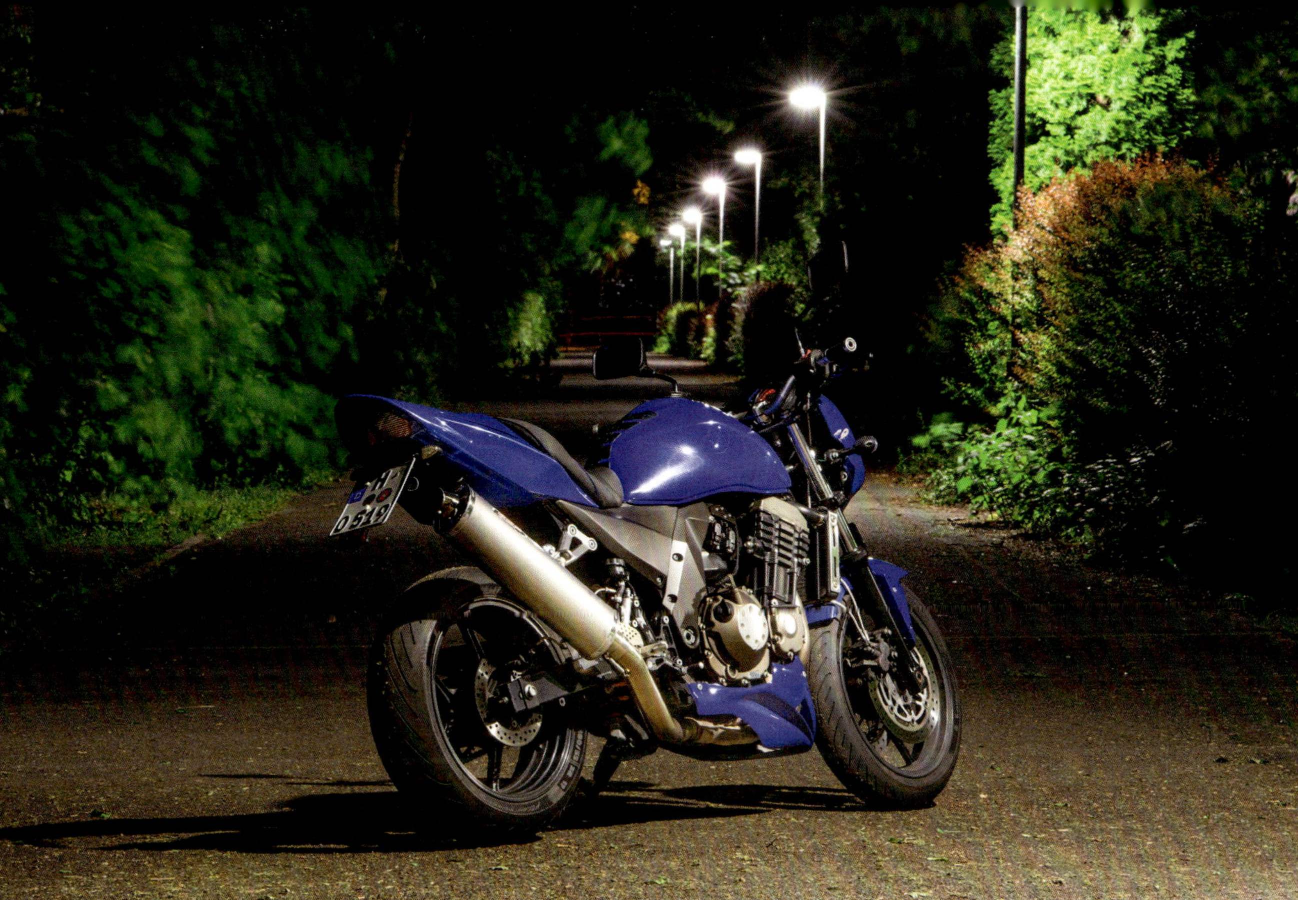

das Ergebnis. Wenn das Motorrad einen Hauptständer hat, nutze abwechselnd den Haupt- und Seitenständer, um die Auswirkung auf die Beleuchtung kennenzulernen. Bewege das Motorrad im Lichtkegel hin und her und experimentiere. Wie wirken sich Seiten- und Hauptständer auf die Beleuchtung aus? Was, wenn das Motorrad auf dem Seitenständer einmal von der linken Seite und einmal von der rechten Seite fotografiert wird? Wie weit scheint der Lichtkegel?

Wenn Lichtquellen direkt im Bild sind (zum Beispiel andere Laternen im Hintergrund), kannst du die Blende für einige Aufnahmen weit zumachen (zum Beispiel f/20), um eine Strahlenbildung um die Lichtquellen herum zu erzeugen. Variiere die Blendengröße. Welche Effekte kannst du mit sich öffnender Blende sehen? Wie verhalten sich Schärfentiefe und Strahlenkranzbildung um die Lichtquellen herum? Finde deine persönliche »Geschmacksgrenze«: Ab wann wirkt der Effekt überzogen?

Abb. 4–41 Kawasaki Z750 im Licht der Straßenlaternen. Es war ein windiger Abend, sodass die Büsche links im Bild während der Belichtung ständig in Bewegung waren. So entstand durch die Langzeitbelichtung eine interessante Unschärfe (155 mm, 30 s, f/22, ISO 400).

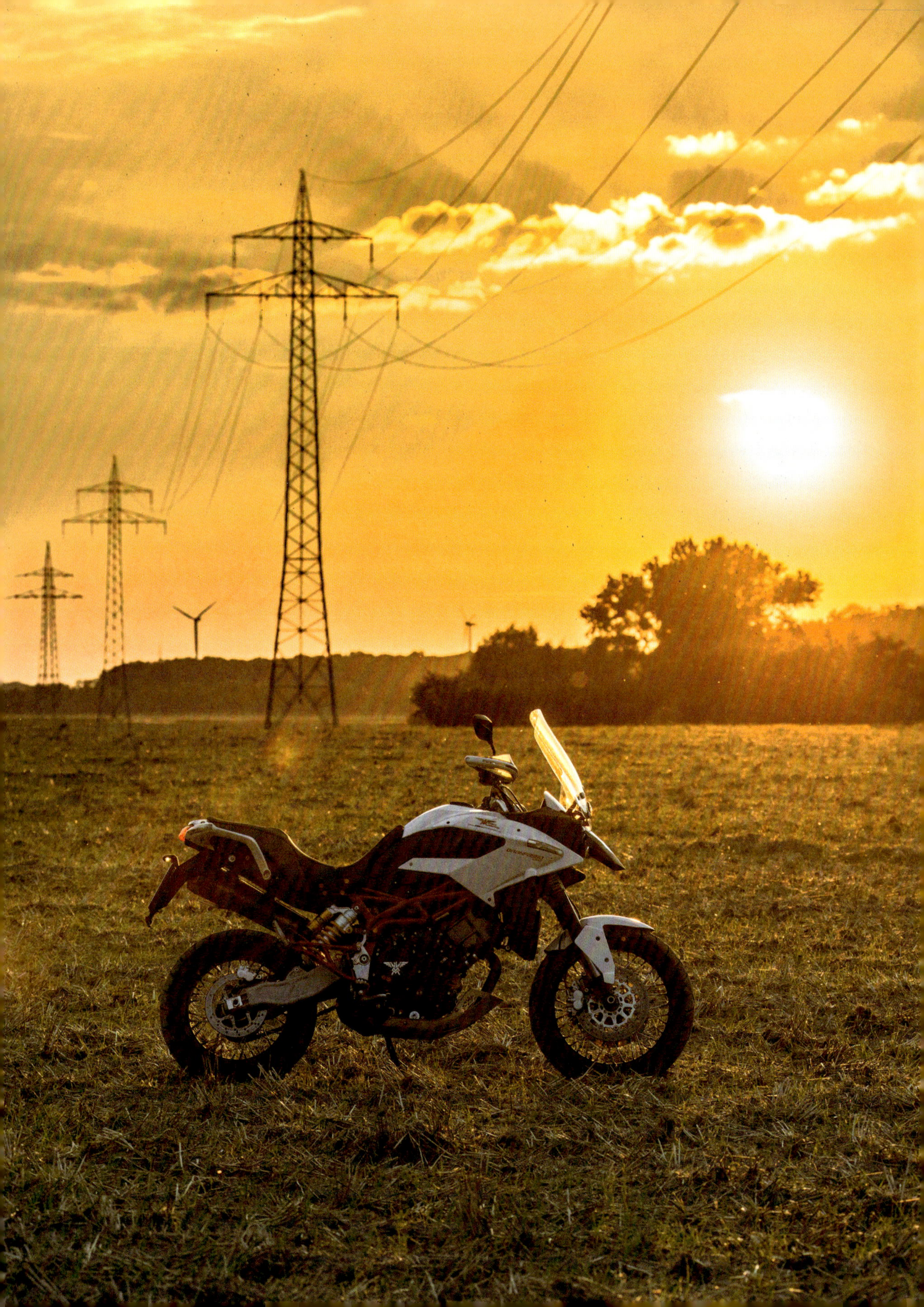

4.4.2 Training II: Tief stehendes Sonnenlicht

Gegenüberliegende Seite:
Abb. 4–42 Moto Morini Granpasso 1200
(150 mm, 1/1.000 s, f/8, ISO 1.250)

Diese Übung soll das Gespür für die Positionierung (und somit Ausleuchtung) der Maschine in tief stehendem Sonnenlicht (Morgen- oder Abendsonne) schärfen. Suche dir dafür wieder eine ruhige Location, an welcher man problemlos Morgen- oder Abendsonne abbekommt. Positioniere die Maschine so, dass die der Kamera zugewandte Seite der Maschine vom Sonnenlicht gestreift wird. Die Sonne darf dabei nicht im Bild sein, ebenso wenig dein eigener Schatten. Bewege dich und die Maschine, um zu lernen, wie du dich und die Maschine positionieren musst, um eine gute Ausleuchtung zu erreichen. Kontrolliere zwischendurch immer wieder die Bilder auf dem Kameradisplay, um ein direktes Feedback zu deinen Fotos zu erhalten. Bewege dich hin und her und positioniere die Maschine gegebenenfalls mehrfach um.

Wenn abends die Sonne knapp über dem Horizont steht, kannst du auch Gegenlichtaufnahmen versuchen. Fotografiere direkt gegen die Sonne (das Licht ist nun so schwach, dass es deine Kamera und die Augen nicht mehr schädigen kann; vermeide aber zur Sicherheit trotzdem, über längere Zeit direkt in die Sonne zu schauen). Positioniere dich dabei auch so, dass das Motorrad die Sonne verdeckt. Sei nicht entmutigt, wenn die Bilder am Kameramonitor nur eine Silhouette der Maschine zeigen. Die Tiefen in dem Bild können in der Nachbearbeitung noch angehoben werden. Idealerweise geschieht dies mit dem Regler »Tiefen« in Lightroom oder zum Beispiel über Gradationskurven in Photoshop.

4.4.3 Training III: Beidseitiges Blitzen

Dies ist die Kernübung für den Umgang mit Blitzlicht, welches ein zentrales Element in der Motorradfotografie darstellt. Du benötigst hierzu zwei Blitze mit Stativen und gegebenenfalls ein Stativ für die Kamera. Begib dich an eine Location des Typs »begrenzter Raum«, zum Beispiel vor eine Wand, und stelle das Motorrad dort ab. Schwarz lackierte Maschinen und Maschinen mit harten Kontrasten (gemischt schwarze und weiße Lackierungen zum Beispiel) sind schwieriger auszuleuchten. Verwende für diese Übung nach Möglichkeit eine farbige Maschine, also zum Beispiel eine rote, blaue, gelbe, grüne. Die farbigen Lacke sind einfacher auszuleuchten, da sie »von sich aus strahlen«, wenn sie angeblitzt werden. Positioniere die Blitze links und rechts von der Maschine und richte sie in spitzem Winkel auf das Motorrad, sodass das Licht die Maschine streift. Stelle die Belichtung an der Kamera so ein, dass das Bild dunkel ist, wenn kein Blitz eingesetzt wird. Idealerweise schaltest du hierzu in den manuellen Belichtungsmodus M und machst ein Testbild ohne Blitze. Wenn du Belichtungsparameter

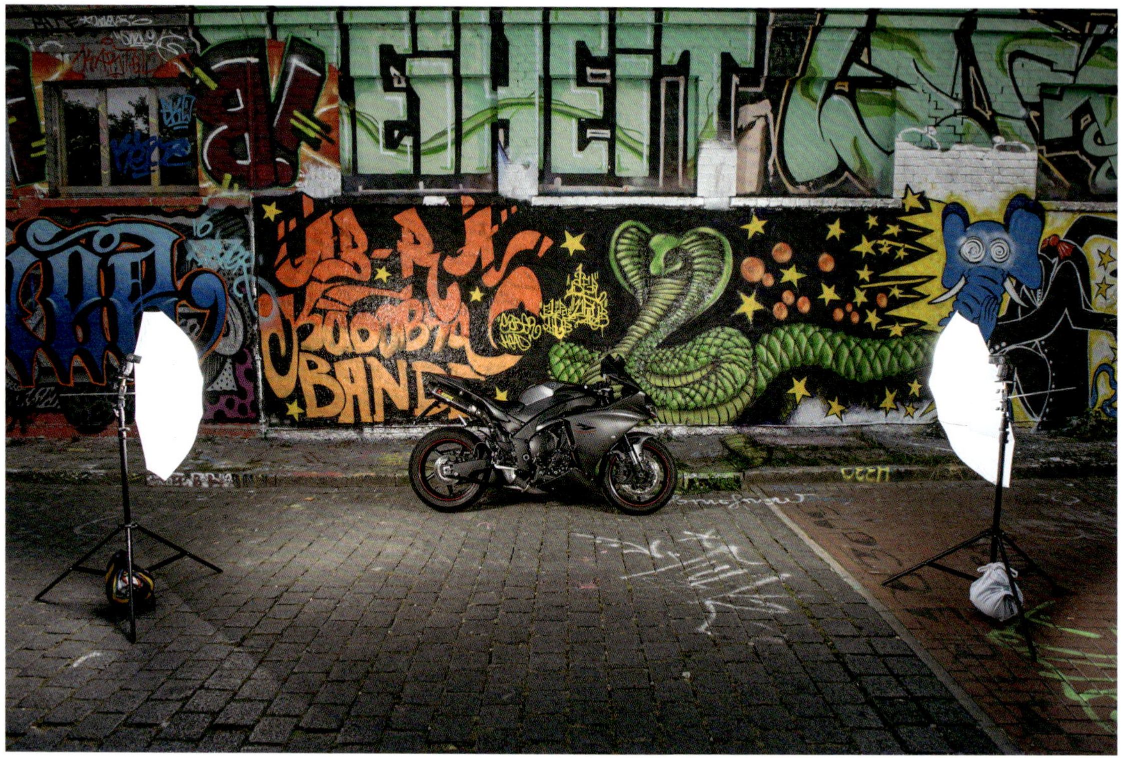

Abb. 4–43 Yamaha YZF-R1 (24 mm, 1/200 s, f/4.5, ISO 100)

gefunden hast, mit welchen die Umgebung abgedunkelt abgebildet wird, schalte die Blitze hinzu. Die Übung teilt sich ab hier in zwei Unterübungen:

Lichtrichtung

Das Ziel im ersten Schritt soll sein, die Maschine gut ausgeleuchtet und ohne hässlichen Schattenwurf auf der dahinterliegenden Wand abzubilden. Besonders die etwas höheren Aufbauten wie zum Beispiel Spiegel oder Windschild bzw. Frontscheibe können unschöne Schatten auf die dahinterliegende Wand projizieren. Ist dies der Fall, musst du den Blitz noch ein wenig spitzwinkliger zum Motorrad ausrichten und/oder ihn auf dem Stativ etwas höher stellen. Auf diese Weise befindet sich der Schatten außerhalb des Bildbereichs.

Variiere nun die Position der Blitze. Stelle sie mit dem Stativ höher oder tiefer. Verändere den Winkel, in welchem sie auf die Maschine treffen. Was beobachtest du? In welchen Positionen werden unschöne Schatten geworfen? Ab welchem Winkel wirkt die Maschine »plattgeblitzt«? Ab welchem Winkel wird die Maschine nicht mehr gut beleuchtet? Was passiert, wenn du das Licht der Blitze von hoch oben auf die Maschine treffen lässt? Was, wenn die Blitze auf dem Boden stehen?

Lichtintensität

Nachdem du mit der Lichtrichtung experimentiert hast, kannst du nun darangehen, die Intensität des Lichts zu variieren. Hierzu kannst du die Blitzleistung individuell herauf- oder herunterregeln. Wenn du im TTL-Modus arbeitest (siehe Abschnitte 2.6 und 4.2.3), kannst du die Blitzleistung über die Belichtungskorrektur beeinflussen. Wenn du ganz puristisch bist und die Blitze im manuellen Modus betreibst, musst du die Leistung individuell für jeden Blitz ändern.

TTL-Blitzautomatik und manuelles Blitzen

Noch einmal zur Erinnerung: Das TTL-System berechnet aufgrund eines Vorblitzes, wie viel Licht notwendig ist, um die Szene ausreichend zu beleuchten. Die Blitzbelichtungskorrektur teilt der Kamera nun mit: »Nimm den ermittelten Wert und reduziere zudem die Leistung um den Betrag X«, wobei X der Betrag der gewünschten Blitzbelichtungskorrektur ist. Manuelles Blitzen hingegen bedeutet, den Blitz auf einen festen Wert einzustellen. Die Lichtmenge wird also ohne jegliche Automatik vom Fotografen durch Schätzen bzw. Trial-and-Error ermittelt.

Variiere nun die Blitzleistung. Welche Bildwirkung ergibt sich, wenn du die Leistung erhöhst? Ab wann wird es »zu viel« Licht? Ab wann hat man den Eindruck, dass alles nur noch dunkel ist? Betrachte die Maschine genau. Meistens ist der Heckbereich etwas dunkler (Schwinge, Hinterrad) als der Frontbereich (oftmals verkleidet). Benötigt eine Seite der Maschine etwas mehr Licht? Hierzu müssen die Blitze in zwei verschiedene Gruppen (bei Verwendung von TTL) eingeteilt sein oder man regelt die Lichtmenge manuell. Versuche die Belichtung so auszutarieren, dass die Maschine gut ausgeleuchtet wird.

Praxistipp

Blitzstative mit Schirmen oder Softboxen neigen auch bei einer sanften Brise zum Umkippen, da die Lichtformer dem Wind viel Angriffsfläche bieten. Dies kann verhindert werden, indem die Stative mit Sandsäcken beschwert werden. In Abbildung 4–43 sind Sandsäcke »Marke Eigenbau« zu sehen: Sand in einer Plastiktüte, welche wiederum in einen Stoffbeutel gesteckt wurde (damit man den Stoffbeutel nach dem Shooting für andere Zwecke weiterverwenden kann).

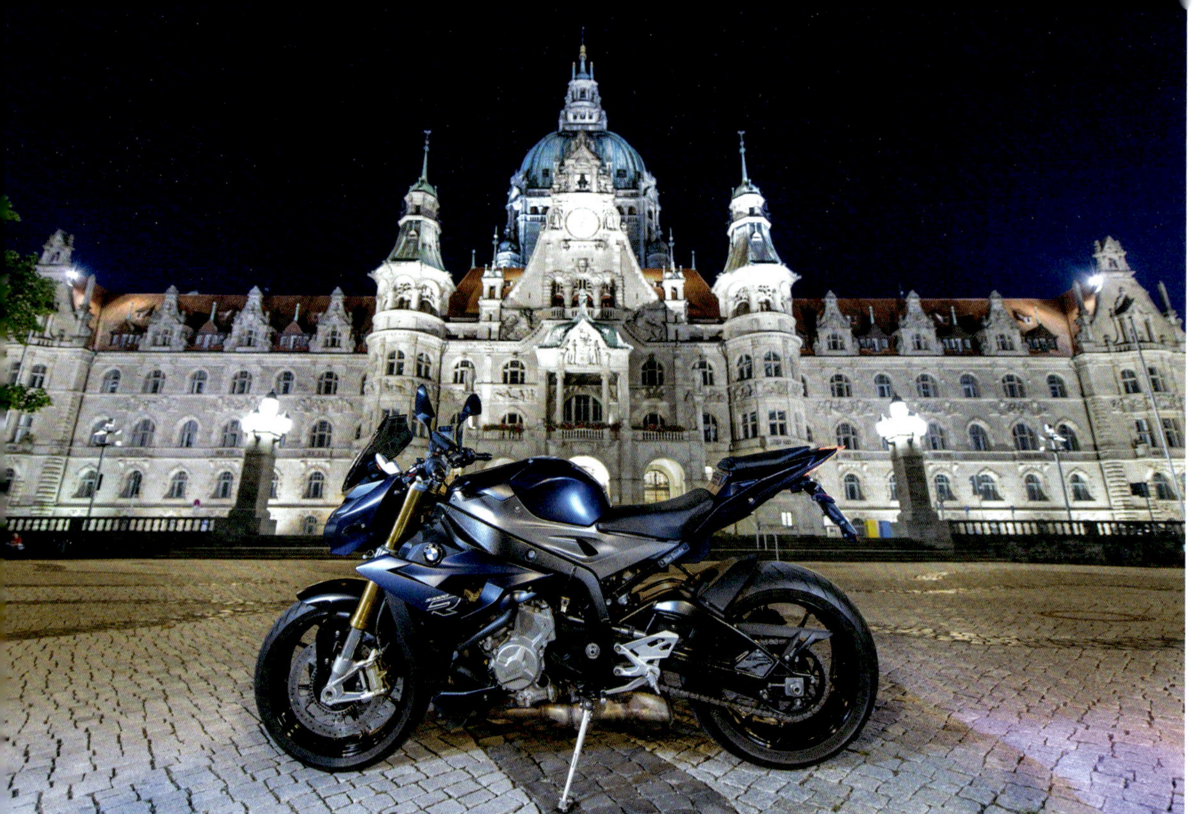

Abb. 4–44 BMW S 1000 R (16 mm, 1 s, f/2.8, ISO 800)

4.4.4 Training IV: Blitzlicht und die blaue Stunde

Dies ist eine fortgeschrittene Übung. Hier musst du die Tageszeit, den Ort und die Beleuchtung mit dem Blitzlicht genau koordinieren. Du benötigst ein Stativ sowie zwei Blitze. Wähle eine Location, bei der man etwas vom Himmel sieht. Die blaue Stunde beginnt nach Sonnenuntergang und dauert in der Regel ca. eine Dreiviertelstunde, bevor der Himmel ins Schwarz der Nacht hinübergleitet. Sei vor Sonnenuntergang an der Location und bereite Kamera und Blitze vor, sodass du bereit bist, wenn die blaue Stunde beginnt. Positioniere das Motorrad so, dass es vor dem Himmel gut abgebildet wird. Hierbei hilft eine tiefe Aufnahmeposition.

Arbeite zunächst ohne Blitze und stelle die Belichtung so ein, dass der Himmel gut belichtet wird. In der Dämmerung bedeutet dies, dass der Vordergrund inklusive Motorrad unterbelichtet sein wird. Fixiere die Belichtungseinstellungen (zum Beispiel über den manuellen Modus) und schalte nun die Blitze hinzu (sie sollten in der klassischen, spitzwinkligen Anordnung stehen). Wenn du im TTL-Modus arbeitest, sollte nun der Himmel in einem tiefen Blau erstrahlen (so, wie du es vorher eingestellt hast) und die Maschine wird von den Blitzen erhellt.

Vergiss nicht, dass der Himmel mit fortschreitender Zeit auch dunkler wird. Das bedeutet, dass du die Belichtungsparameter alle paar Minuten nachregeln musst, sonst wird der Himmel auf deinen Fotos immer dunkler abgebildet.

4.5 Die Bildgestaltung

Für den Bildaufbau bzw. die Komposition eines Bilds gibt es im Grunde keine Regeln in dem Sinne, dass etwas »richtig« oder »falsch« ist, denn das Brechen von Regeln ist seit jeher ein fester Bestandteil von Kunst und kreativem Schaffen. Jedoch haben sich in der fotografischen Praxis einige Prinzipien etabliert, welche bewährt und erprobt sind. Diese Prinzipien sollen in den folgenden Abschnitten erörtert werden. Die besprochenen gestalterischen Elemente sind als »Leitplanken« zu verstehen. Anders als beim Motorradfahren ist es hier jedoch ausdrücklich erlaubt und gewünscht, diese Leitplanken zu durchbrechen und dahinterliegende Bereiche zu erkunden.

4.5.1 Trennung von Vordergrund und Hintergrund

Was eine geeignete Location ist, wurde bereits in Abschnitt 4.1 erörtert. Um die Aufmerksamkeit des Betrachters auf das Hauptmotiv (das Motorrad) zu lenken, muss eine ausreichende Trennung von Vorder- und Hintergrund erfolgen. Die Maschine ist das Hauptmotiv, der Hintergrund unterstreicht die Atmosphäre und bettet das Motorrad in die Umgebung ein. Die Aufmerksamkeit, der Blick des Betrachters, soll auf den Star der Show gelenkt werden: das Motorrad. Es gibt mehrere Gestaltungsmöglichkeiten, wie dies erreicht werden kann.

Das einfachste Prinzip ist die Isolation durch Platzierung in einer reizarmen Umgebung. Es könnte eine Mauer sein oder ein großer, leerer Raum. Der Hintergrund der Szene sollte nicht zu unruhig sein und nicht zu sehr ablenken. Ein Beispiel ist in Abbildung 4–45 zu sehen. Vorder- und Hintergrund sind nah beieinander, das heißt, sowohl die Maschine als auch das Rolltor werden scharf abgebildet. Die Gleichmäßigkeit des Rolltors ist zwar durch die Grenzen zwischen den Lamellen von einem starken Muster durchzogen, jedoch lenkt es nicht ab, sondern unterstützt die Bildwirkung.

Ein weiteres Mittel ist die selektive Belichtung von Vorder- und Hintergrund. Indem Sie die Umgebung unterbelichten und das Motorrad mit Blitzlicht hervorheben, isolieren Sie die Maschine vom Hintergrund und stellen das Motorrad in den Fokus der Aufmerksamkeit (siehe

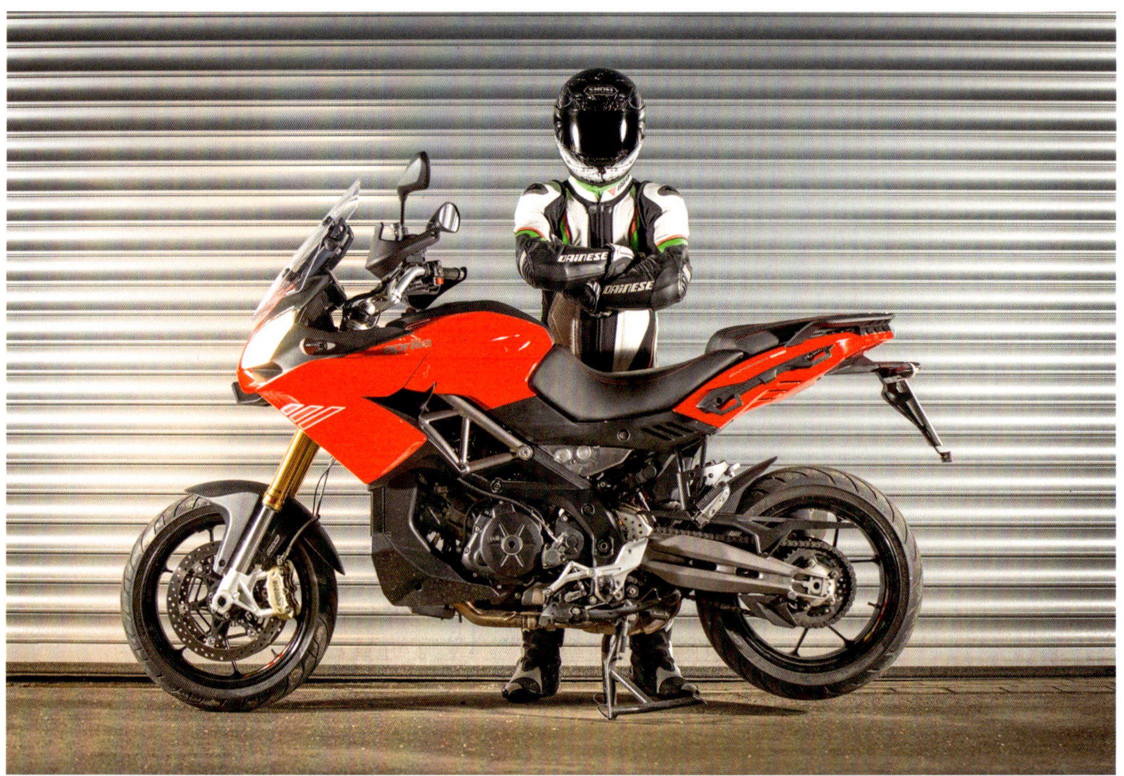

Abb. 4–45 Die Aprilia Caponord 1200 hebt sich gut von dem Rolltor ab (70 mm, 1/6 s, f/4, ISO 400).

Abb. 4–27 und 4–38). Sie können dies gut mit einer Kurzzeitsynchronisation erreichen, wie im Abschnitt »Kurzzeitsynchronisation«, ab Seite 71, erläutert.

Ein weiteres wichtiges Werkzeug zur Trennung von Vorder- und Hintergrund ist das Arbeiten mit dem Schärfebereich (vgl. auch Abschnitt 2.4). Wenn ausreichend Abstand zwischen Vorder- und Hintergrund besteht, können Sie das Motorrad scharf und den Hintergrund unscharf darstellen. Hierbei helfen eine offene Blende und eine hohe Brennweite, denn diese beiden Faktoren beeinflussen maßgeblich die Schärfentiefe. So konnte zum Beispiel die Honda Africa Twin in Abbildung 4–46 von den Bäumen im Hintergrund sauber abgehoben werden, indem ich eine Brennweite von 170 mm und eine offene Blende von f/3.5 gewählt habe.

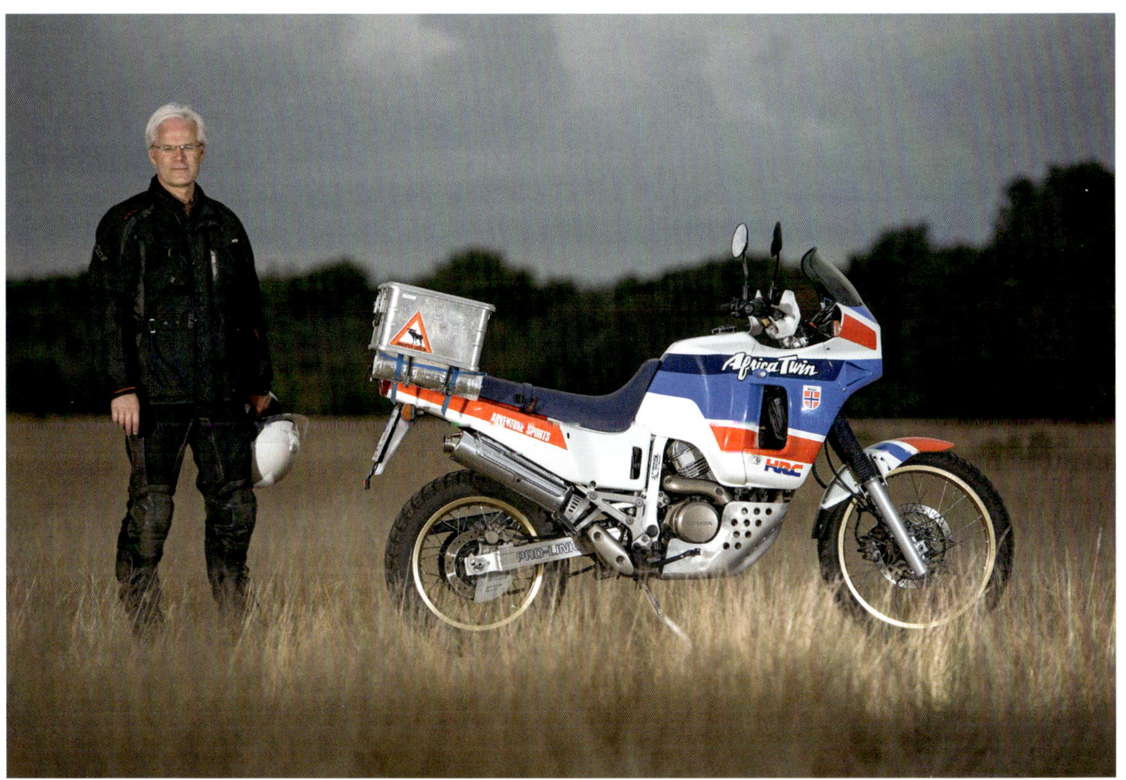

4.5.2 Der goldene Schnitt (die »Drittelregel«)

Abb. 4–46 Die saubere Trennung von Vorder- und Hintergrund erfolgt hier durch den Schärfeverlauf (Honda XRV 750 Africa Twin, 170 mm, 1/200 s, f/3.5, ISO 200).

Der goldene Schnitt ist ein wichtiges Gestaltungsprinzip in der Fotografie. Er beschreibt ein Aufteilungsverhältnis, welches von den meisten Menschen als ansprechend und ästhetisch empfunden wird. Wenn Sie zum Beispiel einen Menschen bitten, eine Vase mit Blumen so auf einem Tisch zu platzieren, dass es für ihn ansprechend wirkt, werden die meisten Menschen die Vase nicht in der Mitte des Tischs platzieren, sondern zu einer Seite hin. In den meisten Fällen steht die Vase dann circa 1/3 der Breite von der Tischkante entfernt.

Auf die Fotografie übertragen bedeutet dies, dass das Hauptmotiv der Aufnahme besonders gut wirkt, wenn es auf circa 1/3 der Bildbreite platziert wird (siehe Abb. 4–47). Dies macht das Bild interessanter als bei einem zentrierten Bildaufbau.

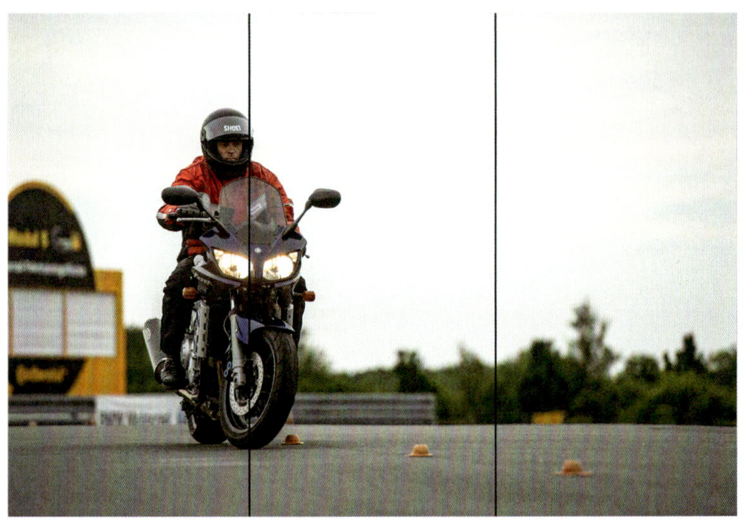

Abb. 4–47 Die Maschine ist genau auf der linken Drittellinie platziert (200 mm, 1/500 s, f/4, ISO 110).

Praxistipp

Um die Drittelregel in der Praxis anzuwenden, kann man bei vielen Kameras Hilfslinien im Sucher einblenden, welche das Sichtfeld in drei ungefähr gleich große Stücke aufteilen. Interessante Elemente, sprich Motorräder, können entlang dieser Linien platziert werden, um einen dynamischeren und spannenderen Bildeindruck zu vermitteln.

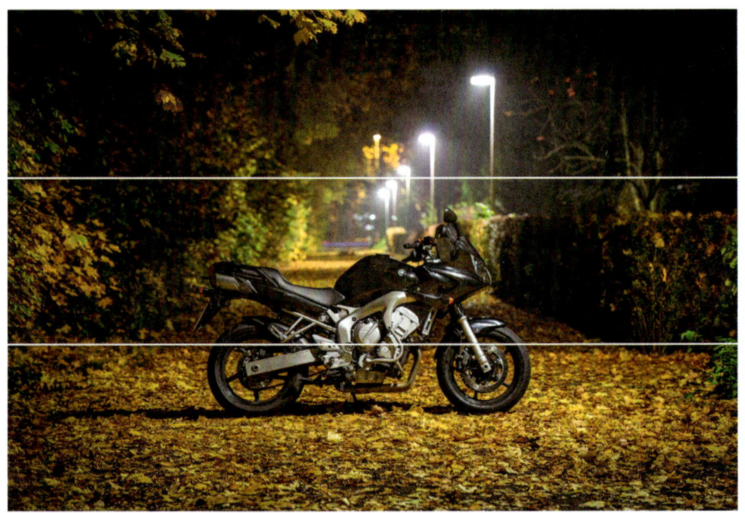

Abb. 4–48 Obwohl die Maschine horizontal zentriert angeordnet ist, ergibt die Platzierung um den Bereich der unteren Drittellinie herum eine ruhige und ansprechend aufgeteilte Bildwirkung (102 mm, 8 s, f/4, ISO 200).

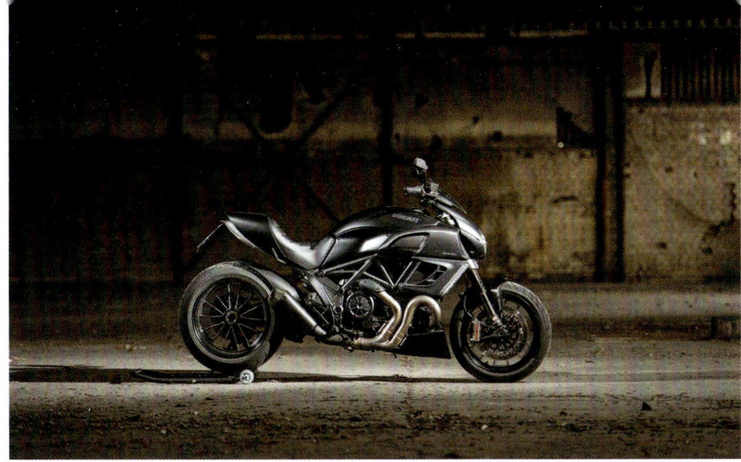

Abb. 4–49 Die Ducati Diavel benötigt etwas Platz, um gut zu wirken (122 mm, 1/160 s, f/2.8, ISO 320).

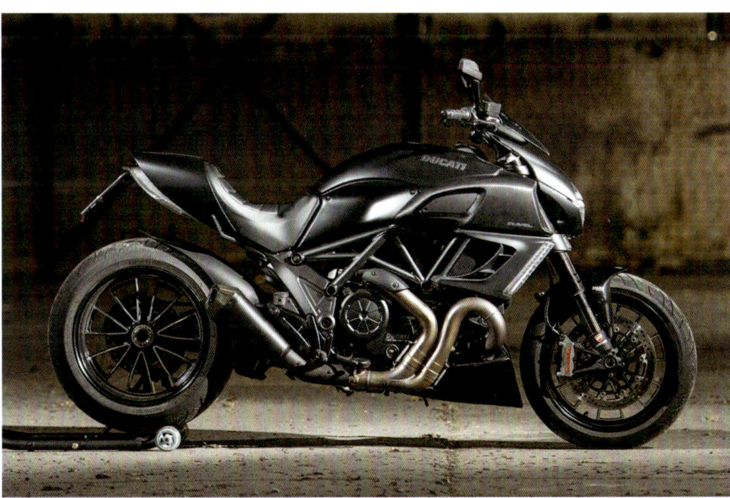

Abb. 4–50 Wenn Sie das Bild zu stark beschneiden, wird die Maschine »eingequetscht«. Man sieht zu wenig von der Umgebung, die Bildwirkung verpufft.

Wie zu Beginn dieses Kapitels erläutert, sind die dargelegten Gestaltungsregeln eher Leitplanken, denn feste Gesetze. Daher ist auch die (horizontal) zentrierte Platzierung eines Motorrads im Bild eine attraktive Bildgestaltung. Motorradporträts wirken einfach sehr gut, wenn sich das Bike in der Mitte des Bilds befindet. Das Bild ist dadurch sehr geordnet und aufgeräumt. Die Darstellung strahlt Ruhe aus und lädt zum Betrachten ein. Dennoch kann sich die Komposition der Drittelregel hier nicht komplett entziehen. Zwar ist das Motorrad horizontal zentriert (nach links und rechts zum Bildrand hin ist ungefähr gleich viel Platz vorhanden), in der vertikalen Ausrichtung jedoch ist es leicht nach unten hin versetzt. Meistens sieht es am besten aus, wenn die untere »Drittellinie« durch die Mitte des Motorrads geht (siehe Abb. 4–48). Es verbessert die Komposition und verhindert, dass das Bike nach oben hin »eingequetscht« wirkt. Eine indirekte Folge der Drittelregel ist, dass die Maschine im Bild immer etwas Platz zum Rand hin benötigt. Dieser »Raum zum Atmen« ist notwendig, um die Bildwirkung zu entspannen (siehe Abb. 4–49 und 4–50).

4.5.3 Die goldene Spirale

Die Erweiterung der Drittelregel ist die goldene Spirale, welche nach den Fibonacci-Zahlen aufgebaut ist. Die Fibonacci-Reihe startet mit 0 und 1, die jeweils nächste Zahl wird durch die Addition der beiden vorhergehenden Zahlen gebildet (0, 1, 1, 2, 3, 5, 8, 13 usw.). Die goldene Spirale ist aus Viertelkreisen zusammengesetzt, welche in einem Quadrat der Kantenlänge entsprechend der Fibonacci-Reihe liegen (siehe Abb. 4–51). Werden die bildbestimmenden Elemente eines Fotos in dieser Spirale platziert, ergibt sich ein stimmiges und ansprechendes Gesamtbild. In den Abbildungen 4–52 und 4–53 sind zwei Beispiele für die Bildaufteilung nach der goldenen Spirale zu sehen.

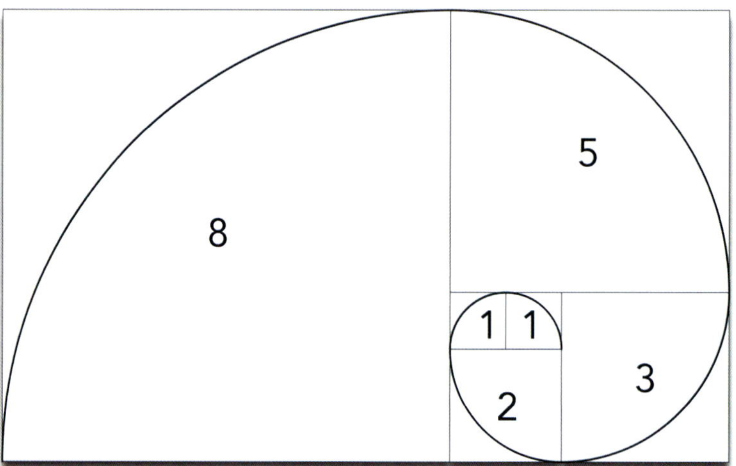

Abb. 4–51 Die goldene Spirale. Die Kantenlängen der Quadrate folgen der Fibonacci-Reihe: 1, 1, 2, 3, 5, 8.

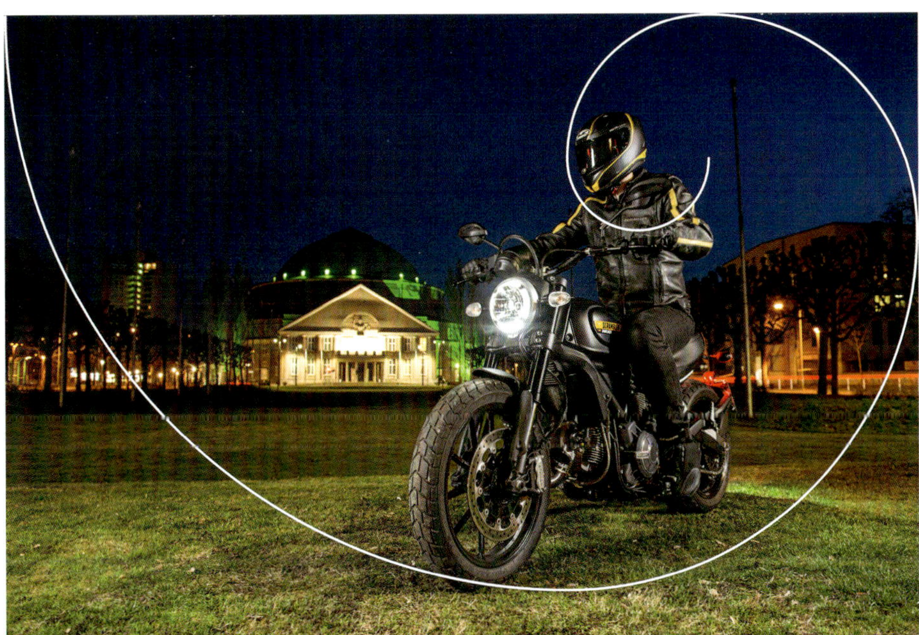

Abb. 4–52
Ducati Scrambler Full Throttle (26 mm, 3 s, f/4, ISO 100)

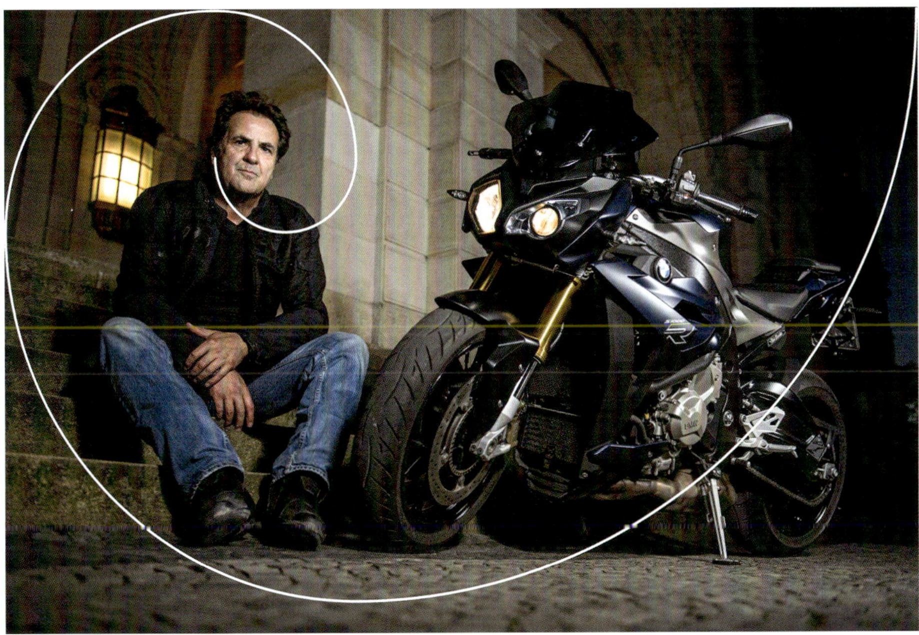

Abb. 4–53
BMW S 1000 R (32 mm, 1/160 s, f/2.8, ISO 400)

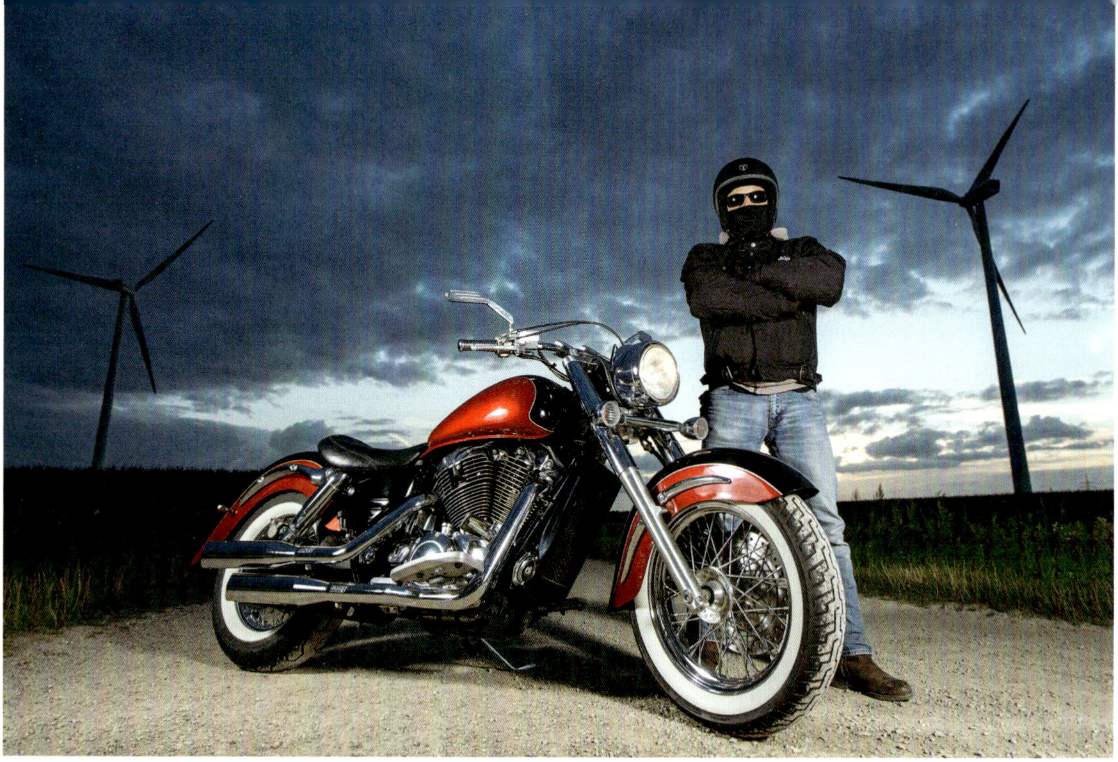

Abb. 4–54 Der Horizont bildet mit den beiden Windkrafträdern einen nach oben offenen Rahmen, in welchem die Honda Shadow und Biker Björn stehen (21 mm, 1/200 s, f/5.6, ISO 160).

4.5.4 Rahmen

Mit dem Gestaltungselement »Rahmen« ist nicht ein nachträglich eingefügter weißer oder schwarzer Rand um das Bild herum gemeint, sondern die Einbeziehung von Elementen aus der Umgebung, welche das Bike optisch einrahmen. Ein Rahmen gibt dem Motiv eine Begrenzung und führt den Blick des Betrachters. In Abbildung 4–55 wurde beispielsweise der Durchgang in der Tiefgarage als optischer Rahmen verwendet.

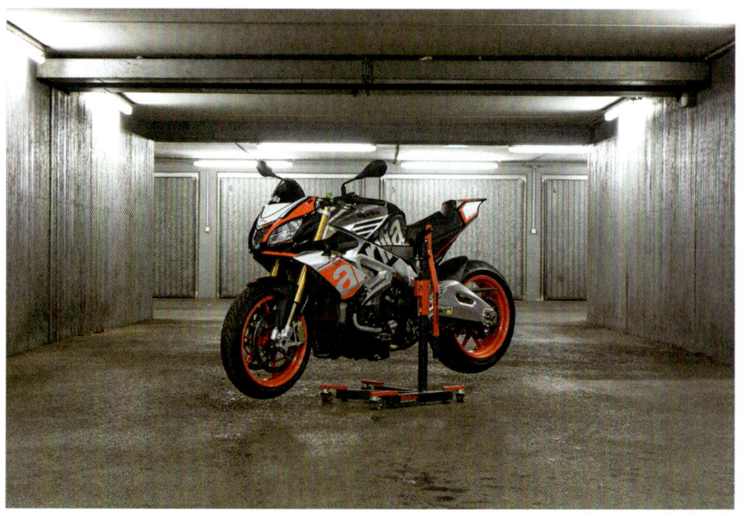

Abb. 4–55 Der Durchgang bildet einen optischen Rahmen für die Aprilia Tuono (70 mm, 1/3 s, f/8, ISO 250).

Ein Rahmen muss nicht zwangsweise zu allen vier Seiten hin geschlossen sein. Die beiden Windräder in Abbildung 4–54 umrahmen Maschine und Biker und agieren so als Begrenzung und attraktives Hintergrundelement für das Foto. Rahmen können aber auch künstlich erzeugt werden, indem Sie zum Beispiel durch ein Brückengeländer hindurch fotografieren oder den Ast eines Buschs nahe der Kamera ins Bild ragen lassen, sodass er unscharf abgebildet wird.

4.5.5 Führende Linien

Führende Linien leiten den Blick des Betrachters durch das Bild. Sie können eingesetzt werden, um den Blick auf das Bike hin oder vom Bike weg zu lenken. In Abbildung 4–56 wurden die führenden Linien verwendet, um den Blick auf die Aprilia zu lenken. In diesem Fall laufen alle Linien einem Fluchtpunkt entgegen, in welchem das Motorrad platziert wurde. Dadurch entfaltet das Foto eine gewisse Sogwirkung: Jedes Bildelement zeigt auf die Maschine.

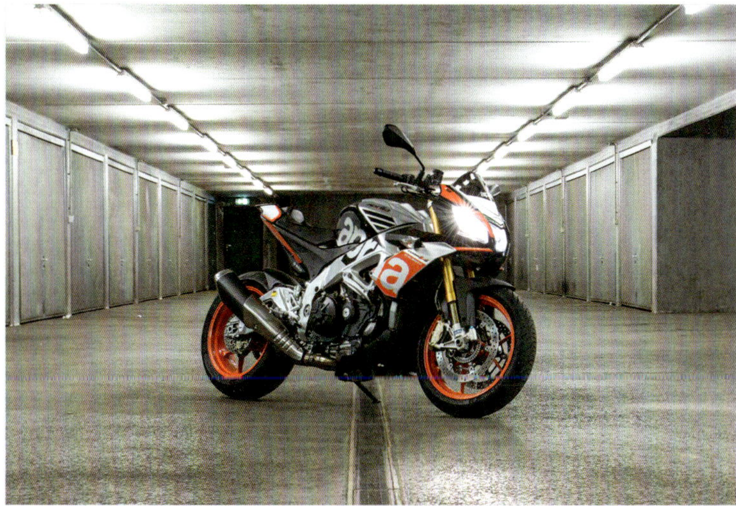

Abb. 4–56 Alle Linien zeigen auf die Bildmitte. Ein zugegebenermaßen extremes, aber wirkungsvolles Beispiel (70 mm, 2 s, f/16, ISO 250)

Führende Linien können aber auch den Blick in die Ferne lenken. Gerade in der Motorradfotografie bietet sich dieses Stilmittel an, da sie förmlich zu einer mentalen Reise mit der abgebildeten Maschine einzuladen (siehe Abb. 4–57).

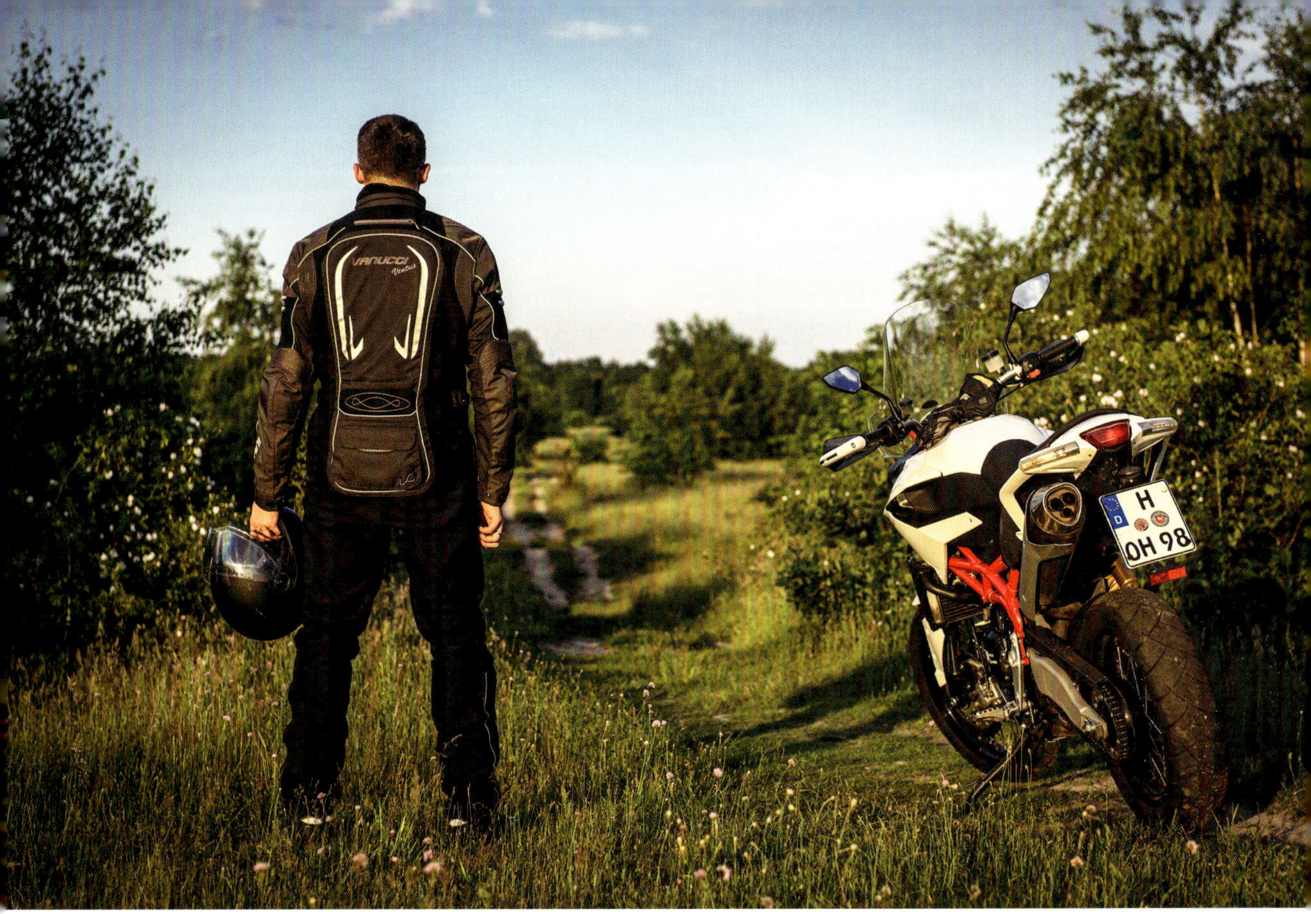

Abb. 4–57 Bike und Biker schauen in die gleiche Richtung, der Blick des Betrachters folgt. Wohin mag die Reise nur führen? (70 mm, 1/400 s, f/4, ISO 250)

4.5.6 Die Perspektive

Die Perspektive ist eines der wichtigsten Gestaltungselemente. Am effektvollsten kommt ein Motorrad zur Geltung, wenn Sie ihm »auf Augenhöhe« begegnen. Die Kamera sollte sich also ungefähr auf Höhe des Tanks oder etwas niedriger befinden, um die Proportionen der Maschine realitätsnah wiederzugeben (siehe Abb. 4–59).

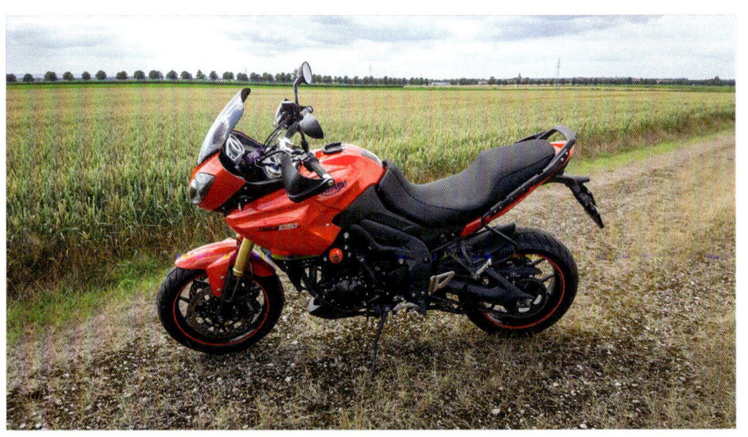

Abb. 4–58 Wenn Sie ein Motorrad fotografieren, während Sie stehen, ergibt sich eine sehr gewöhnliche und unspektakuläre Perspektive. Der Betrachter ist sich nicht sicher, ob der Fotograf die Triumph Tiger 1050 SE oder die schöne Landschaft zeigen wollte (Samsung Galaxy S7, 4,2 mm, 1/950 s, f/1.7, ISO 40).

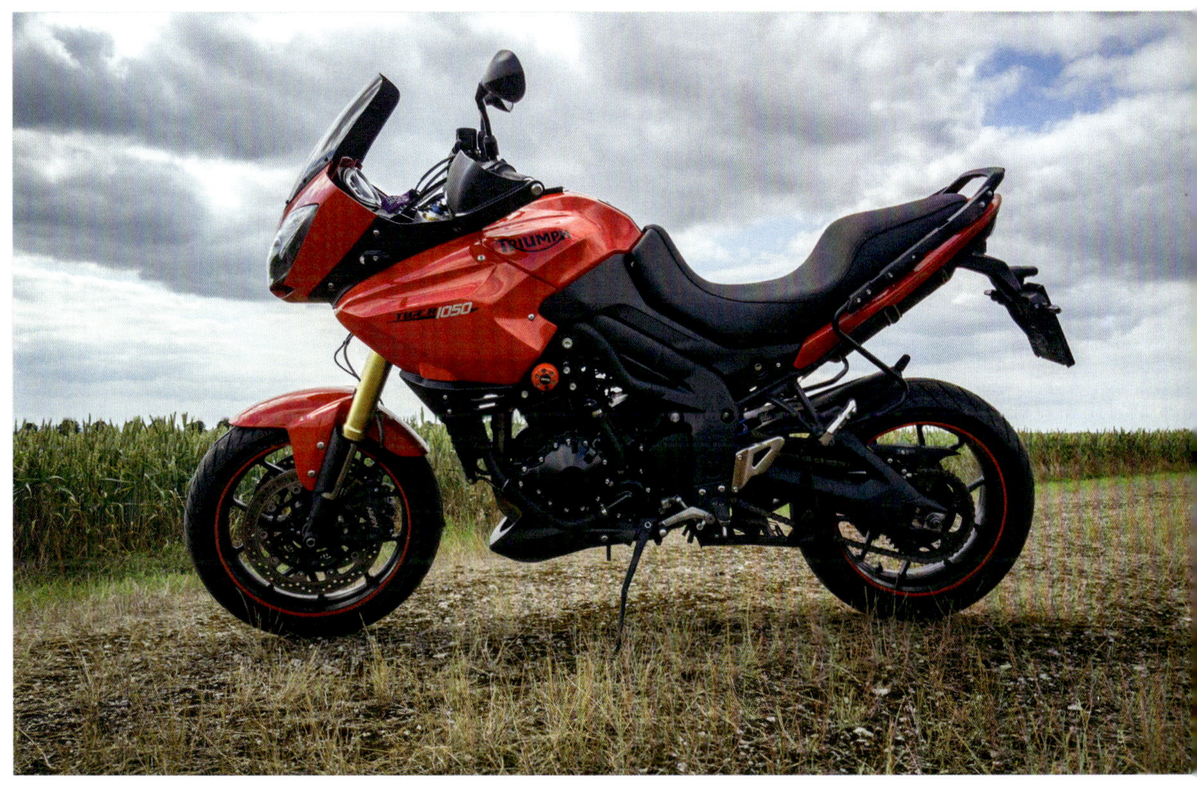

Wenn Sie mit der Kameraperspektive nach unten gehen, ergibt sich zudem ein weiterer Vorteil: Objekte im Hintergrund, zum Beispiel Häuser oder Bäume, wandern im Bild weiter nach unten und man sieht mehr vom Himmel. Eventuell werden Gebäude im Hintergrund sogar von der Maschine verdeckt, sodass sie als ablenkende Elemente aus der Komposition ausscheiden. Die Umgebung wird also künstlich reduziert und die Aufmerksamkeit so intensiver auf das Motorrad gelenkt. Eine tiefe Aufnahmeposition lässt sich gut einnehmen, indem Sie sich hinsetzen oder hinknien. Wer noch tiefer gehen möchte, hat drei Möglichkeiten: Hinlegen, einen Klappmonitor verwenden oder ein Stativ einsetzen. Hinlegen ist die einfachste Methode. Sie haben im Liegen eine stabile Position und können aus extrem tiefer Perspektive fotografieren. Nachteilig ist, dass es nicht auf jedem Untergrund besonders angenehm sein kann, sich hinzulegen. Glücklicherweise war es in Abbildung 4–60 auf dem warmen Asphalt vergleichsweise angenehm und sauber.

Etwas komfortabler (und schonender für die Garderobe) ist die Verwendung einer Kamera mit Klappbildschirm. Hier können Sie sich hinknien oder -setzen, den Klappbildschirm nach oben neigen und von

Abb. 4–59 Dieses Foto ist mit der gleichen Brennweite und (bis auf die Belichtungszeit) den gleichen Aufnahmeparametern wie Abbildung 4–58 aufgenommen worden. Einzig geändert hat sich die Aufnahmeposition: Ich ging in die Hocke und fotografierte von dieser tieferen Position aus. Durch diese kleine Änderung stellen sich zwei Effekte ein: Die Maschine wird nun ihren Proportionen entsprechend wiedergegeben, gleichzeitig sind der Horizont und Kornfeld nun ein ansprechender Rahmen für das Foto, der nicht von der Maschine ablenkt (Samsung Galaxy S7, 4,2 mm, 1/1.800 s, f/1.7, ISO 40).

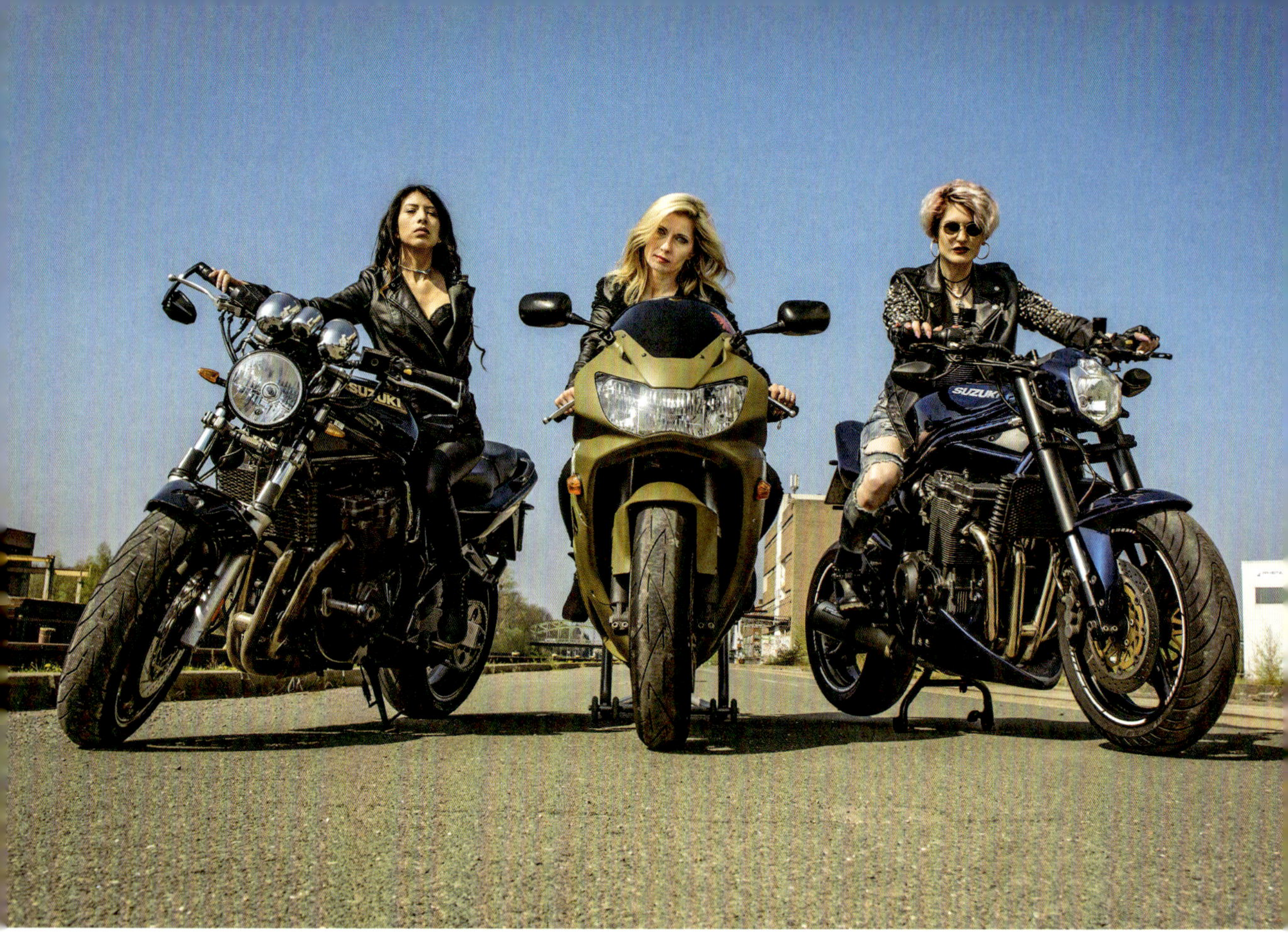

Abb. 4–60 Für dieses Foto der drei Models habe ich flach auf dem Bauch gelegen, um mit einer kurzen Brennweite noch schräg von unten fotografieren zu können (27 mm, 1/500 s, f/10, ISO 100).

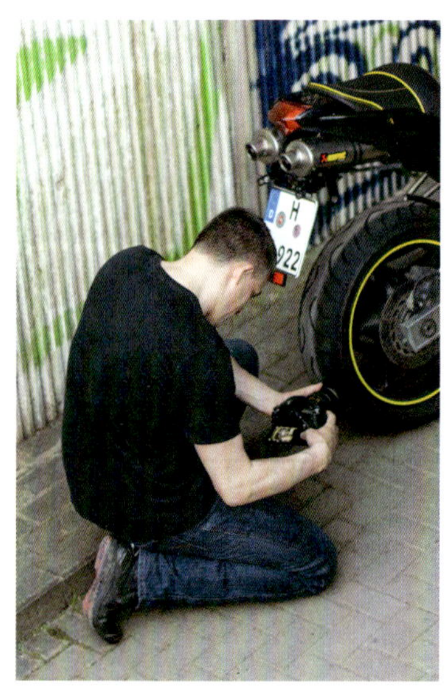

Abb. 4–61 Ein neigbares LCD Display ist praktisch, um aus tiefer Position heraus zu fotografieren. Knien Sie sich dafür am besten hin, um eine stabile Position einzunehmen. (Foto: Thorsten Karrer)

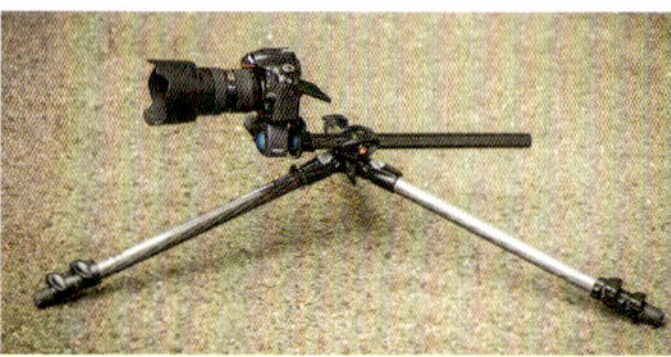

Abb. 4–62 Ein Aufbau für Aufnahmen aus einer niedrigen Position. Achten Sie beim Stativkauf darauf, dass die Beine im flachen Winkel abgeklappt werden können, um die Kamera möglichst niedrig positionieren zu können. Bei diesem Modell ist auch die Mittelsäule in die Horizontale schwenkbar, um extrem niedrige Aufnahmepositionen zu ermöglichen.

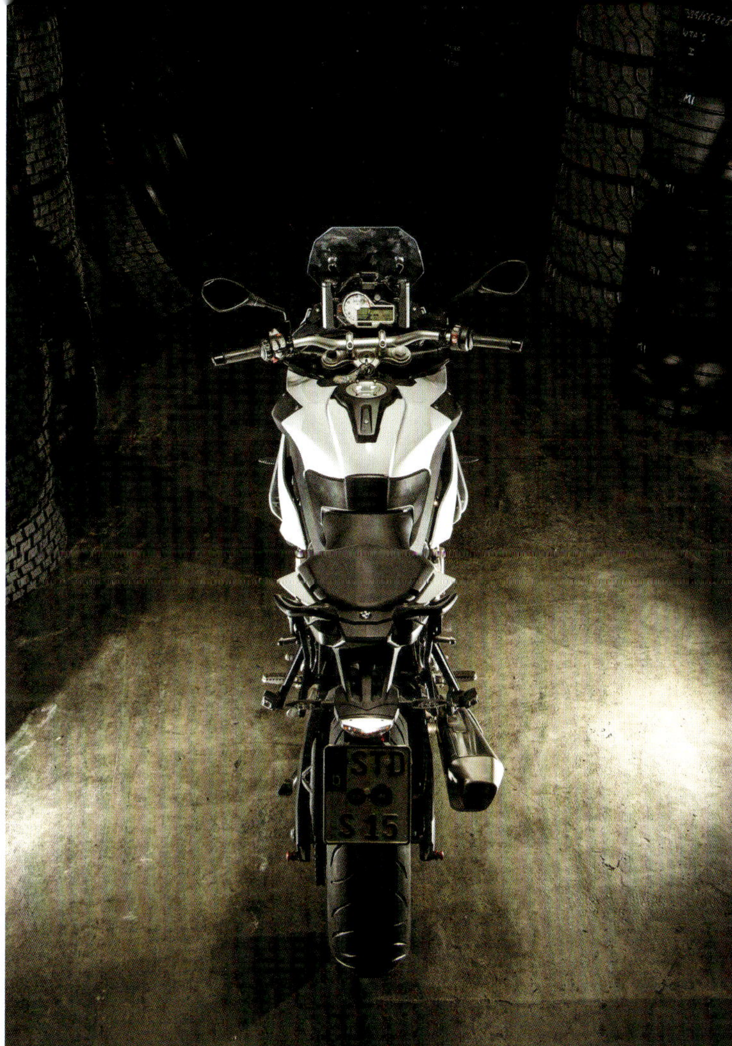

Abb. 4–63 Heckansicht einer BMW S 1000 XR (40 mm, 1/250 s, f/9, ISO 250).

oben das Bild komponieren, während sich die Kamera in Bodennähe befindet (siehe Abb. 4–61).

Für tiefe, verwacklungsfreie Aufnahmen mit längerer Belichtungszeit empfiehlt sich die Verwendung eines Stativs (siehe Abb. 4–62). Die Mittelsäule des Stativs muss in die Horizontale klappbar sein und der Stativkopf muss ein Arbeiten in dieser um 90° gedrehten Position zulassen. Zur Komposition des Bilds müssen Sie sich, wie oben beschrieben, entweder hinlegen oder das Klappdisplay der Kamera verwenden. Je nach Witterungslage und Untergrund können Sie eine Folie oder Plane als Unterlage zum Hinlegen verwenden, um Feuchtigkeit und Schmutz fernzuhalten.

Wie immer bestätigen Ausnahmen die Regel. Meist ist eine niedrige Aufnahmeperspektive interessanter, aber die Heckansicht einer Maschine zum Beispiel kann auch aus einer hohen Aufnahmeposition gemacht werden, wie zum Beispiel in Abbildung 4–63 zu sehen ist. Die

Kamera befindet sich weit über dem Motorrad, so werden die Konturen der Maschine besser abgebildet.

4.5.7 Brennweite vs. Bildwirkung

Ergänzend zu den grundlegenden Beschreibungen von Objektiven in Abschnitt 2.4 soll in diesem Abschnitt der Einfluss der Brennweite auf die Bildwirkung diskutiert werden. Die Brennweiten beziehen sich auf das Vollformat und müssen je nach Kamerasensor mit dem Crop-Faktor multipliziert werden.

Weitwinkelbrennweite

Brennweiten unter 50 mm werden als Weitwinkel bezeichnet. Je niedriger die Brennweite, desto größer ist der Öffnungswinkel eines Objektivs (der Winkel, den das Objektiv »sieht«). Das in Abbildung 4–64 gezeigte Beispiel einer Fisheye-Aufnahme ist ein Extremfall. Die Umgebung wird in eine nahezu kugelförmige Perspektive verzerrt, die Proportionen der Maschine sind daher ebenfalls stark verzerrt.

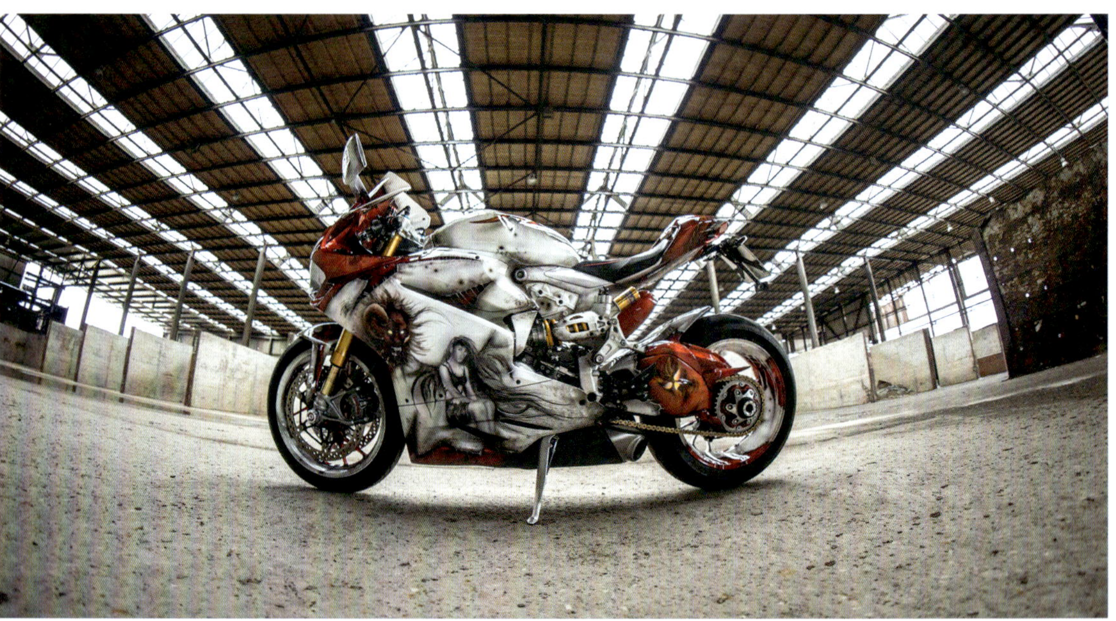

Abb. 4–64 Das 12-mm-Fisheye-Objektiv verzerrt diese Ducati 1299 Panigale S und die Umgebung (12 mm, 1/160 s, f/2.8, ISO 800).

Während Fisheye-Aufnahmen aufgrund der starken Verzerrung in der Motorradfotografie eher selten zur Anwendung kommen, können Sie weitwinklige Aufnahmen mit moderaten Brennweiten breit gefächert einsetzen. Besonders für Aufnahmen von schräg unten eignet sich eine weitwinklige Perspektive, da Sie aufgrund des weiten Öffnungs-

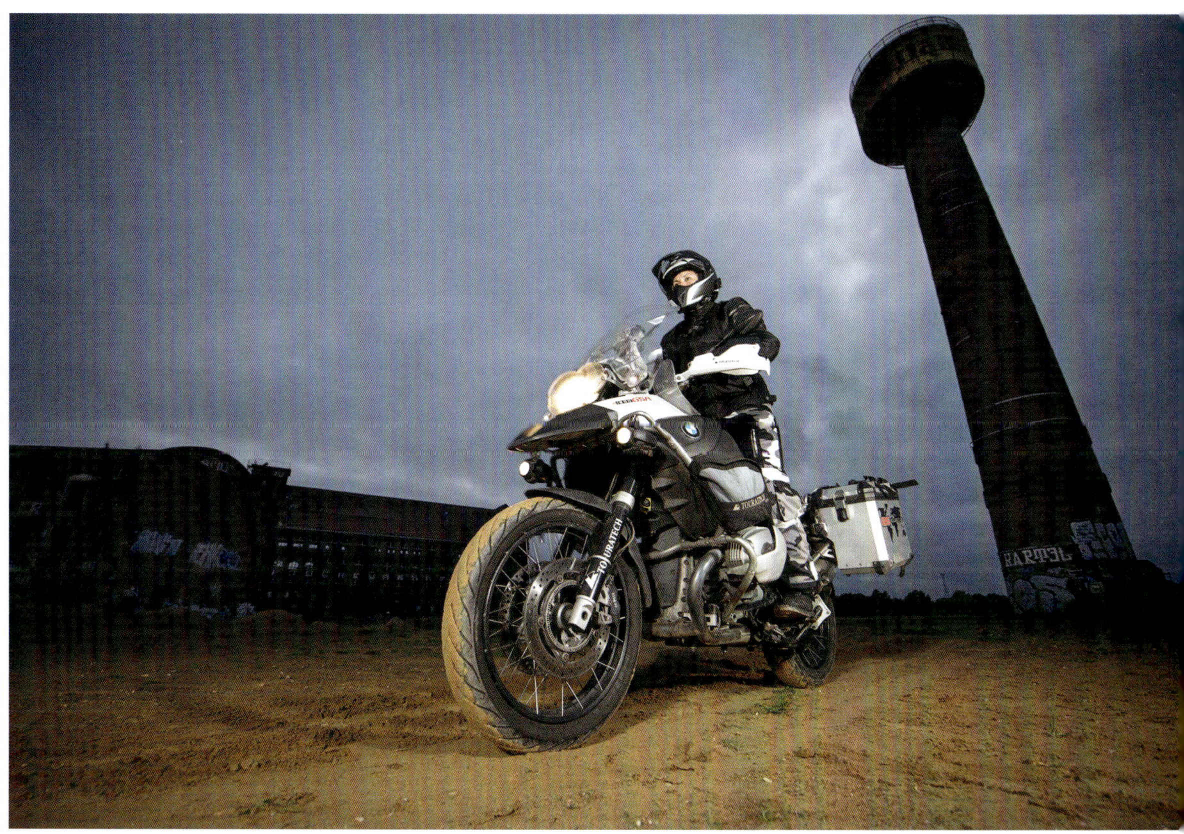

winkels nah an das Bike herangehen können und trotzdem noch genug von der Umgebung auf dem Foto haben. Die Nähe sowie die niedrige Perspektive erzeugen Spannung und Dynamik.

Je nachdem, wie nah sich die Maschine an der Kamera befindet, können auch extreme Weitwinkelaufnahmen gelingen (siehe Abb. 4–65). Als ich auf den Auslöser drückte, befand sich die BMW R 1200 GS Adventure ca. zwei bis drei Meter von der Kamera entfernt. Außerdem befindet sich die Maschine in der Bildmitte, wo die Verzerrung bei einem weitwinkligen Objektiv am geringsten ist. Sie erkennen insgesamt eine leichte Dehnung des Vorderreifens, insgesamt wirkt die Maschine aber natürlich. Die zum Rand hin zunehmende Krümmung der Umgebung wurde in dem Bild außerdem dazu benutzt, den Wasserturm als optische Begrenzung zu verwenden.

Je näher die Brennweite sich der Normalbrennweite von 50 mm nähert, desto moderater fallen die Krümmungen im Randbereich aus. Die Kawasaki Ninja in Abbildung 4–67 zum Beispiel wurde bei 34 mm aufgenommen. Sowohl Maschine als auch Umgebung wirken natürlich.

Abb. 4–65 Durch die weitwinklige Perspektive erhält das Motorrad etwas Platz im Foto. Der Wasserturm im Hintergrund neigt sich aufgrund der kurzen Brennweite ins Bild und so entsteht zusammen mit der dunklen Gebäudefront ein halboffener Rahmen für die Maschine (14 mm, 1/160 s, f/4, ISO 400).

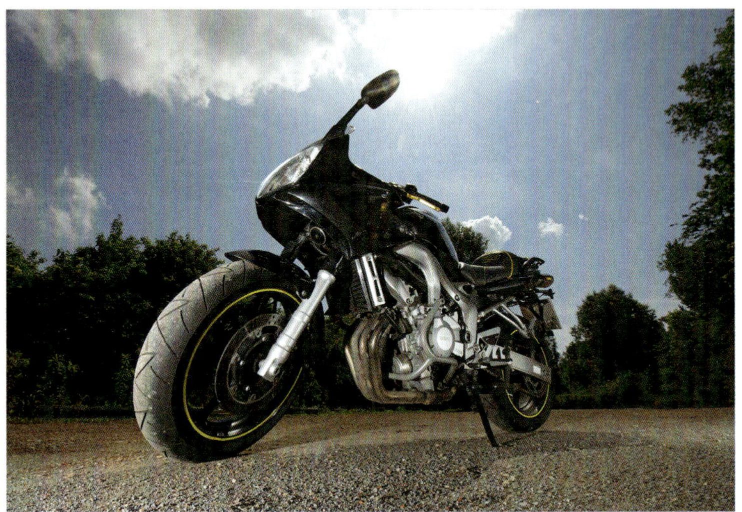

Abb. 4–66 Hier war ich etwas zu nah dran. Eigentlich wollte ich für einen Blogartikel demonstrieren, dass man mithilfe eines Blitzes auch direkt gegen die Sonne fotografieren und eine Maschine gut ausleuchten kann. Aufgrund des hohen Sonnenstands zur Mittagszeit musste ich mit der Kamera sehr nah an die Maschine heran und steil nach oben fotografieren. Dadurch wird die Front der Maschine unvorteilhaft abgebildet, außerdem treten Kühler und Motorblock in den Vordergrund. Ich als Biker empfinde diese Perspektive schon fast als unschicklich, da man dem Motorrad quasi »unter den Rock« schaut (14 mm, 1/200 s, f/20, ISO 100).

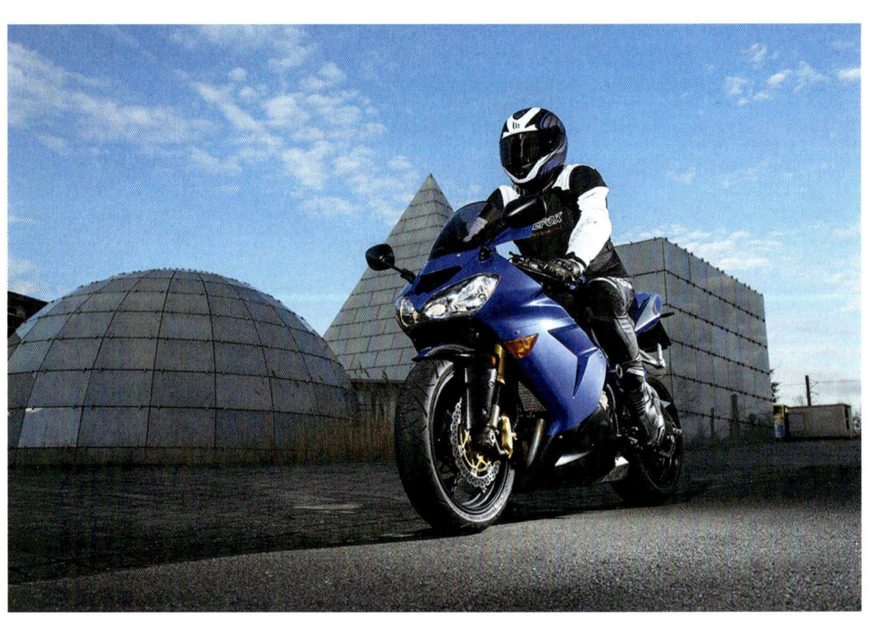

Abb. 4–67 Mit 34 mm Brennweite ist man eindeutig im Weitwinkel-Bereich, dennoch erscheinen die Proportionen der Kawasaki Ninja normal (34 mm, 1/200 s, f/6.3, ISO 100).

Normalbrennweite

Die sogenannte Normalbrennweite liegt bei circa 50 mm und wird so genannt, weil die Bildwirkung bei einer Brennweite von 50 mm ungefähr dem entspricht, was wir mit dem menschlichen Auge wahrnehmen.

Tipp

Sie können dies überprüfen, indem Sie durch den Sucher der Kamera schauen und beide Augen geöffnet lassen. Sie sehen nun die Überlagerung der Halbbilder beider Augen. Zoomen Sie nun vor und zurück und stellen Sie den Zoom so ein, dass beide Bilder sich so gut wie möglich decken. Prüfen Sie die Brennweite, welche Sie eingestellt haben: Sie wird bei ca. 50 mm liegen.

Ab der Normalbrennweite treten kaum noch Verzerrungen der Proportionen auf, das Motorrad kann so abgebildet werden, wie es sich in der Realität auch präsentiert.

Telebrennweite

Nach der Normalbrennweite beginnt der Tele-Bereich. Je größer die Brennweite, desto stärker ist der Effekt des »Heranholens« eines Objekts. Aber mit der Brennweite zoomen und »mit den Füßen« (näher an das Motorrad herangehen) haben nicht die gleiche Bildwirkung. Wenn man die Brennweite erhöht, wird nicht nur das Motorrad, sondern auch der Hintergrund näher herangeholt. Dies nennt man den »Kompressionseffekt«, da die Bildtiefe optisch zusammengestaucht wird. Dieser Effekt ist in der Bilderserie in Abbildung 4–66 illustriert. Die Maschine ist auf jedem Foto ungefähr gleich groß, mit steigender Brennweite rückt die Wand im Hintergrund aber optisch näher an das Motorrad heran. Man muss sich also über diese Bildwirkung bewusst sein, bevor man die Entscheidung trifft, zu zoomen oder näher an das Motorrad heranzugehen.

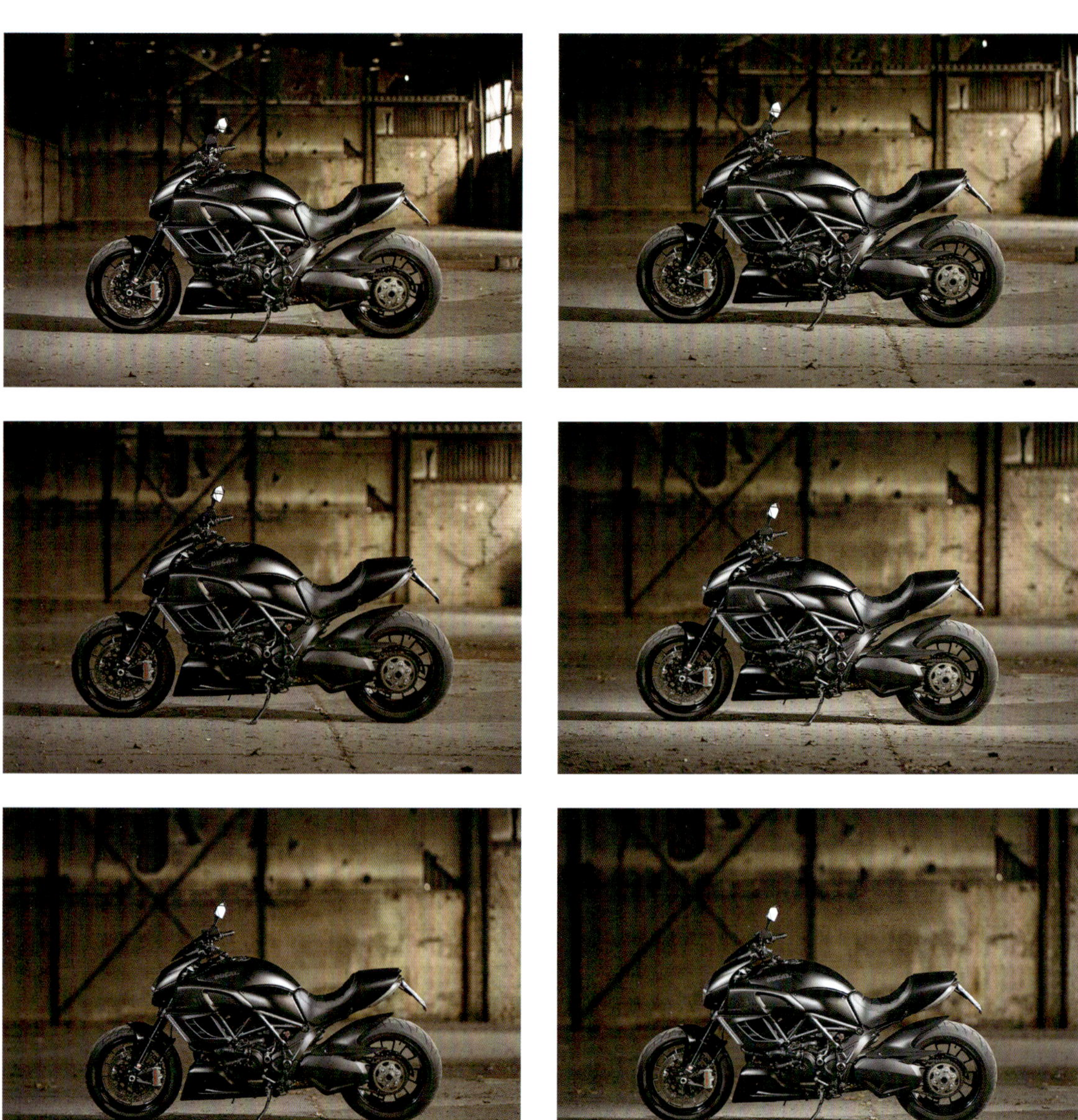

Abb. 4–68 Der Abstand zwischen Maschine und der dahinterliegenden Wand ist immer gleich groß (ca. 12–15 m). Mit zunehmender Brennweite rücken Wand und Maschine enger zusammen (die Kamera wurde für jedes Foto ein Stück vom Bike wegbewegt, damit das Motorrad auf jedem Foto ungefähr gleich groß abgebildet wird) (70 mm, 86 mm, 105 mm, 135 mm, 170 mm, 200 mm, jeweils 1/100 s, f/2.8, ISO 200).

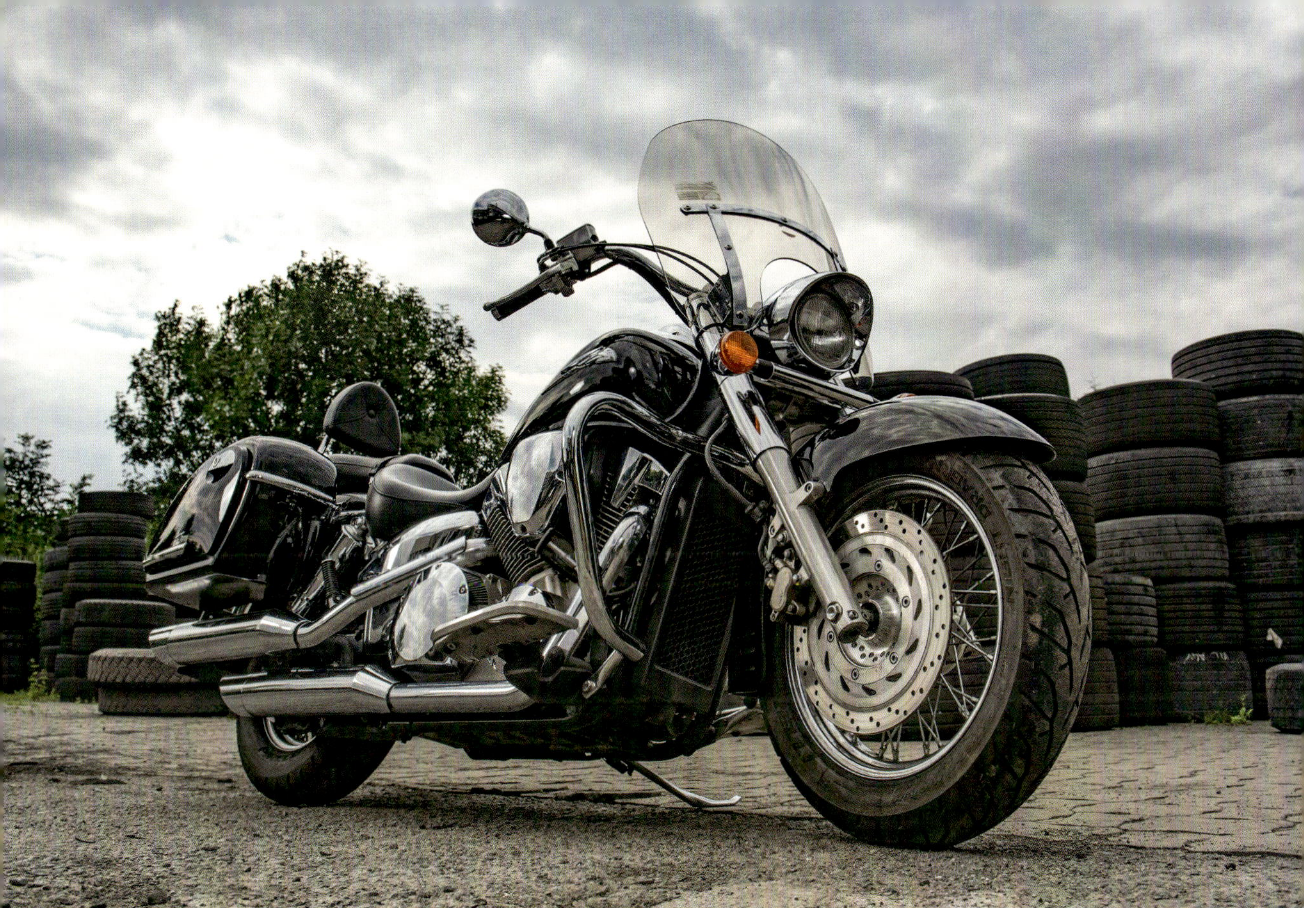

4.5.8 Spiegelungen

Spiegelungen in reflektierenden Oberflächen können reizvolle Elemente der Bildgestaltung sein, aber auch störende Elemente darstellen.

Schwarzer Lack und verchromte Oberflächen

Glänzend schwarz lackierte Oberflächen und verchromte Teile verhalten sich wie Spiegel. Sie werden bei Lichteinfall nicht flächig aufgehellt wie zum Beispiel ein rot oder gelb lackiertes Bauteil, sondern reflektieren stur die Lichtquelle. Dies ist in Abbildung 4–69 gut illustriert. Die Honda VTX 1300 stand im Freien, daher spiegeln sich in der Oberfläche nur der Himmel bzw. der Boden.

Wenn Sie eine schwarze Maschine jedoch mit Blitzlicht fotografieren möchten, ist es oft effektiver, die Umgebung anstatt der Maschine anzublitzen. Die aufgehellte Umgebung spiegelt sich dann in der Oberfläche der Maschine. Dieser Effekt ist in Abbildung 4–70 in einem extremen Beispiel zu sehen. In diesem Fall wurden Spiegelungen als verspieltes Element zum »Umlackieren« der Maschine verwendet. Das Motorrad steht in einem Lkw-Anhänger. Drei Blitze feuern bei dieser Aufnahme. Einer steht hinter der Maschine auf dem Boden, einer

Abb. 4–69 Die Honda VTX 1300 besteht fast nur aus glänzend schwarzen oder verchromten Oberflächen. In dieser (Tageslicht-) Aufnahme kann man gut erkennen, dass sich primär der Himmel in der Oberfläche spiegelt. Hier ist es nützlich, wenn die Maschine auf dem Seitenständer steht. Dadurch kippt sie leicht von der Kamera weg, der »Spiegel« zeigt Ihnen nun den Himmel und nicht die in der direkten Umgebung stehenden Objekte wie zum Beispiel ein parkendes Auto oder die Kamera selbst (29 mm, 1/1.000 s, f/8, ISO 100).

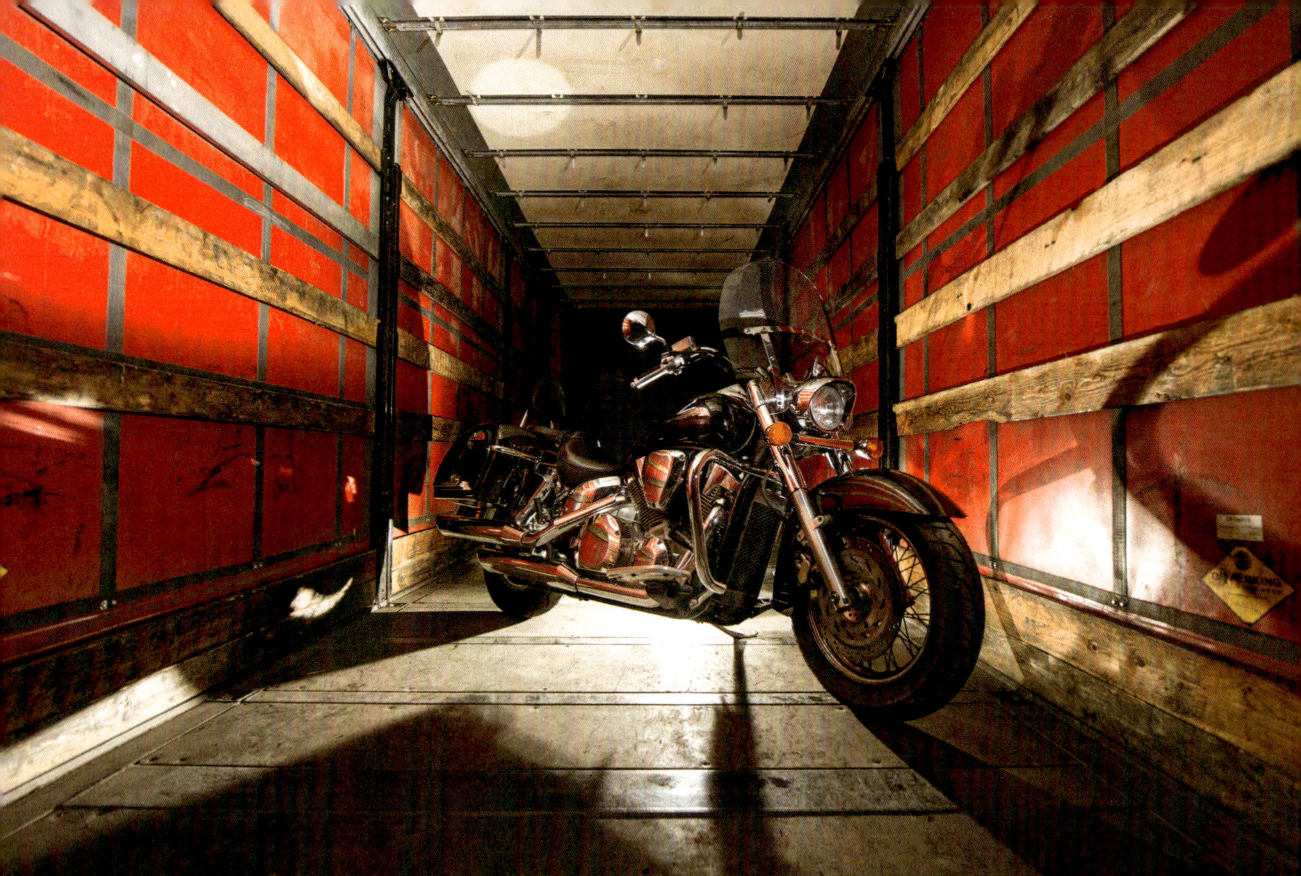

Abb. 4–70 Ein extremes Beispiel für Spiegelungen. Die Umgebung wird von drei Blitzen beleuchtet und spiegelt sich in den verchromten und schwarz lackierten Oberflächen. Die Maschine wird auf diese Weise mit Licht optisch umgestaltet (16 mm, 1/160 s, f/4, ISO 100).

rechts neben der Kamera und blitzt die linke Wand des Anhängers an, der dritte Blitz befindet ist gegen die Decke gerichtet. Die umgebenden Wände werden dadurch stark aufgehellt und spiegeln sich in der verchromten Oberfläche und den lackierten Teilen. Das Motorrad hat auf einmal ein rotes Streifenmuster.

Wenn Sie Maschinen mit derartig spiegelnden Oberflächen doch direkt anblitzen möchten, müssen Sie großflächige Lichtquellen (z. B. Blitz mit Softbox) verwenden. Eine großflächige Lichtquelle erzeugt eine schöne, gleichmäßige Spiegelung auf der Maschine und betont die Konturen. Die dazu gehörenden Blitztechniken werden in Kapitel 5 (Studiofotografie) besprochen.

Spiegelung im Wasser

Ein eindrucksvolles Beispiel für die Anwendung von Spiegelungen als gestalterisches Element sind Reflexionen auf der Wasseroberfläche. In Abbildung 4–71 sehen Sie eine Ducati Diavel in einer alten Industriehalle. Die Maschine spiegelt sich eindrucksvoll in einer Pfütze.

Ich habe dieses Foto in der Hocke aufgenommen. Durch den tiefen Aufnahmewinkel wird das Licht von der Wasseroberfläche reflektiert, sodass man nur die Spiegelung der Maschine sieht und nicht den Grund des Gewässers, obwohl dieses nur 2 cm tief ist. Abbildung 4–72 zeigt die Aufnahmesituation. Die Maschine stand direkt an der Wasserlinie, damit eine direkte Berührung zwischen der Maschine und ihrer Spiegelung entstehen. Zwei Blitze flankierten das Motorrad (sie standen auf Stativen im Wasser) und beleuchteten die Maschine im klassischen spitzen Winkel. Ich befand mich am anderen Ende der Pfütze und fotografierte aus der Hocke. Man kann auf der Aufnahme gut erkennen, dass die Pfütze a) weder besonders tief und b) noch wirklich ansehnlich ist. Auf dem Grund hatten sich schon Algen angesetzt und das Wasser war weit davon entfernt, als sauber zu gelten. Dieses Beispiel führt gut vor Augen, wie man aus einer zunächst unansehnlichen Situation ein eindrucksvolles Bild generieren kann.

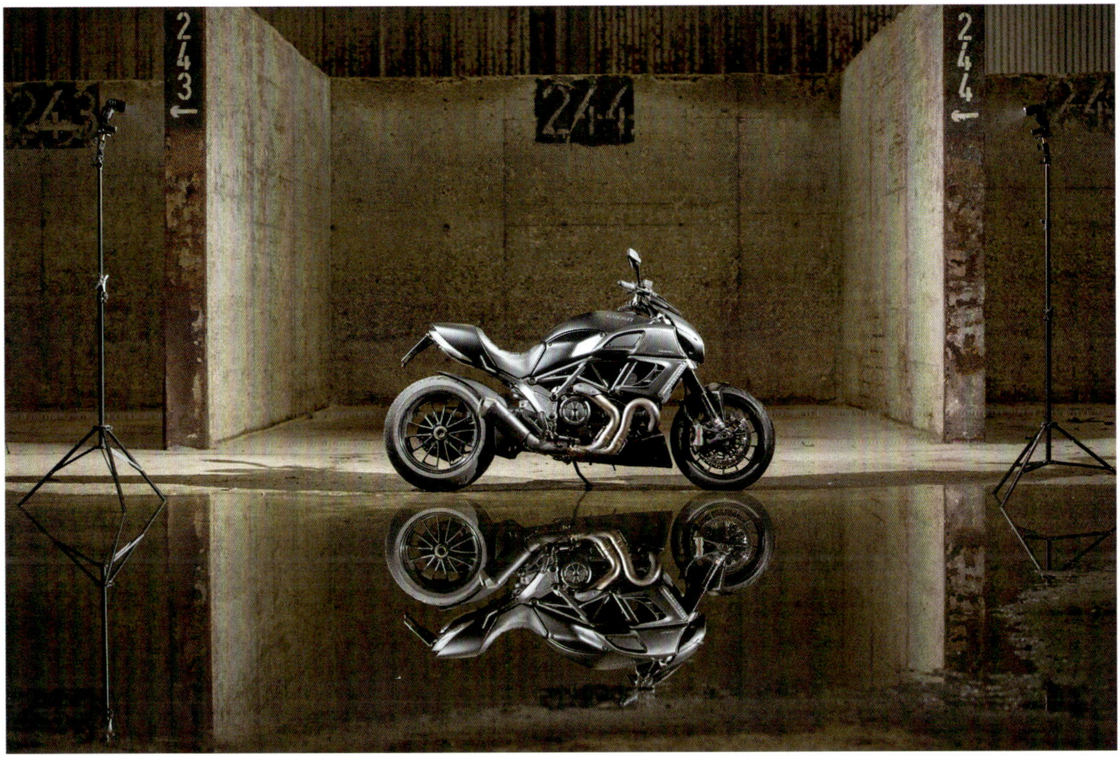

Abb. 4–71 Die Spiegelung dieser Ducati Diavel in der Wasseroberfläche wird durch eine niedrige Aufnahmeposition (mindestens in der Hocke) ermöglicht (70 mm, 1/200 s, f/4, ISO 200).

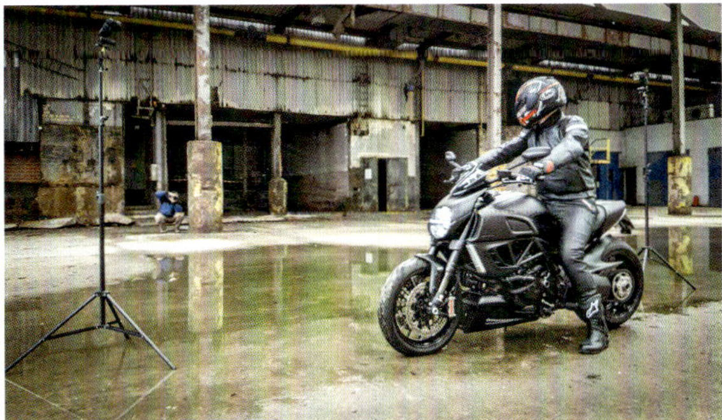

Abb. 4–72 Hinter den Kulissen. Man erkennt auf diesem Foto sehr gut, dass die Pfütze nur 1–2 cm tief ist.

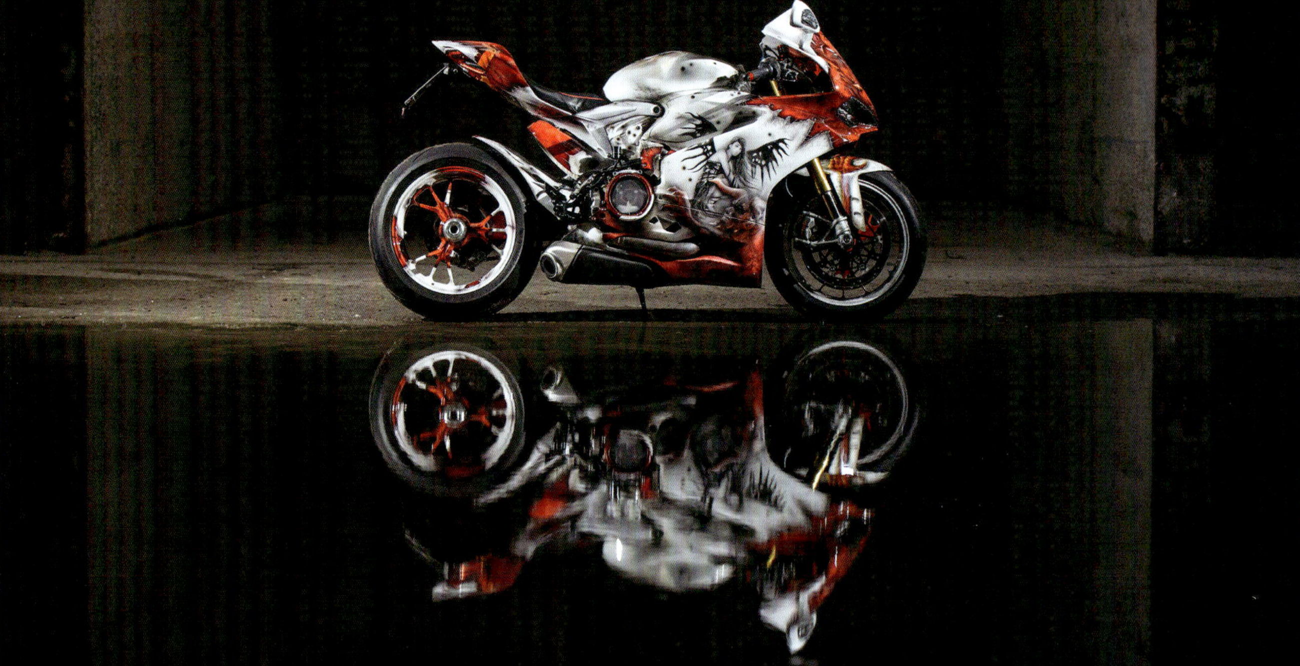

Abb. 4–73 Eine Ducati 1299 Panigale S, welche auch auf dem Cover dieses Buchs zu sehen ist. Beachten Sie, dass das Motorrad direkt am Rand der Pfütze stehen muss, um eine vollständige Spiegelung zu erreichen (70 mm, 1/200 s, f/2.8, ISO 200).

Bildbesprechung: Spiegelung in einer Pfütze

Die Ducati 1299 Panigale S, welche auch auf dem Cover dieses Buchs zu sehen ist, wurde vom Besitzer mit einer sehr extravaganten und aufwendigen Lackierung versehen. Grund genug, die Details in einer Spiegelung zu würdigen. Als Spiegel diente eine flache Pfütze in der Lagerhalle (flach bedeutet hier tatsächlich nur maximal 2 cm tief). Ich habe zwei Blitze links und rechts von der Maschine positioniert, um im spitzen Winkel auf das Motorrad zu feuern (die Blitzstative standen dafür übrigens im Wasser). Die Aufnahme erfolgt aus einer niedrigen Position, idealerweise im Hocken. Durch die tiefe Position der Kamera wird das vom Motorrad reflektierte Blitzlicht auch von der Wasseroberfläche zurückgeworfen. Man sieht also nicht mehr den Grund des »Gewässers«, sondern einzig und allein die Spiegelung. Würde man das Motorrad im Stehen fotografieren, würde dieser Effekt und damit das Foto nicht besonders eindrucksvoll erscheinen.

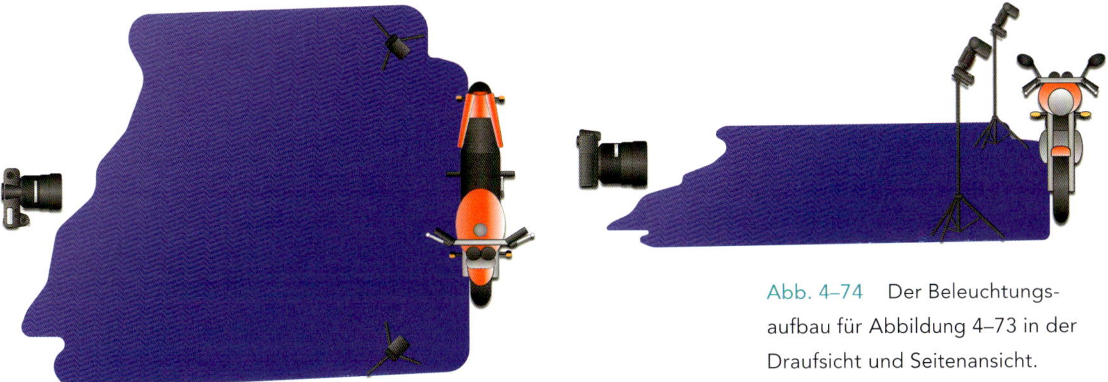

Abb. 4–74 Der Beleuchtungsaufbau für Abbildung 4–73 in der Draufsicht und Seitenansicht.

4.5.9 Trainingsblock II: Bildgestaltung

Dieses Training dient dazu, die Prinzipien der Bildgestaltung nachzuvollziehen. Da dies ein weites Themenfeld ist, ist das Training in mehrere Unterabschnitte gegliedert.

Training I: Die Drittelregel

Für diese Übung kann das Motorrad zum Beispiel vor einer neutralen, hohen Wand positioniert werden. Blende, falls noch nicht geschehen, die Hilfslinien im Sucher der Kamera ein und richte das Motorrad daran aus. Achte bei der Seitenansicht darauf, wie viel Raum sich im Bild über und unter der Maschine befindet. Analog ist bei der Front-/Heckansicht und beim Viertelprofil auf die horizontale Positionierung der Maschine zu achten (wie weit links oder rechts befindet sich das

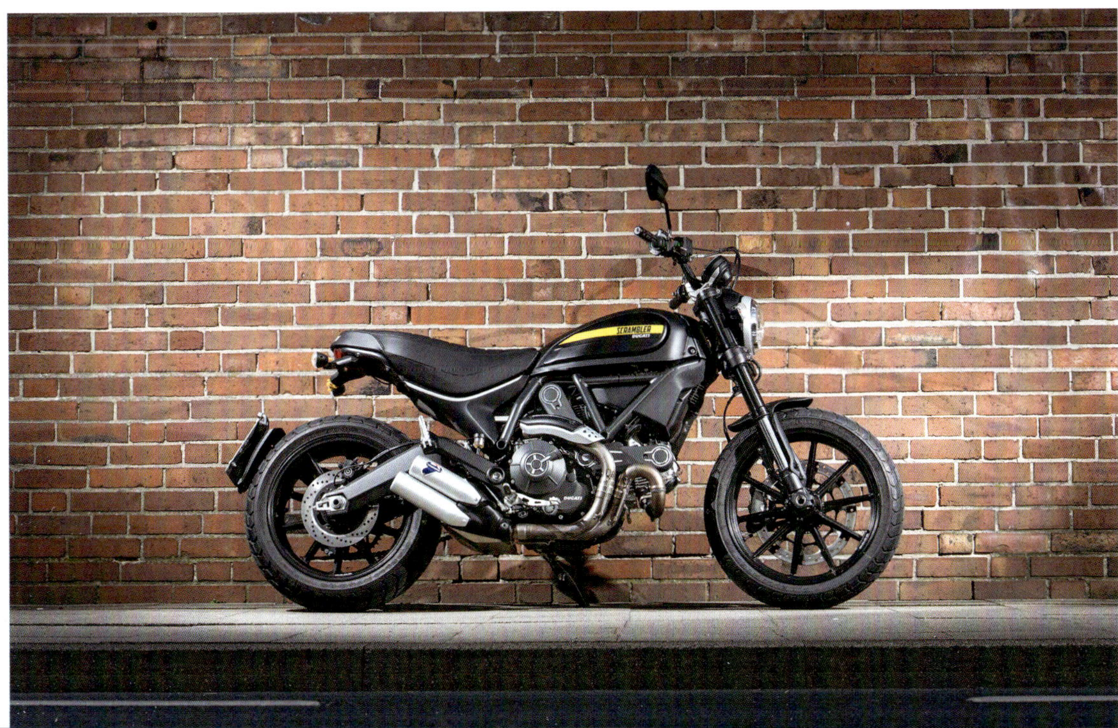

Abb. 4–75 Ducati Scrambler Full Throttle (85 mm, 1/200 s, f/14, ISO 100)

Motorrad im Bild). Wähle verschiedene Bildausschnitte und mache Fotos. Pausiere, um die Bilder zu betrachten. Wie wirkt die Positionierung der Maschine, wenn sie links im Bild ist, rechts im Bild, mittig? Nach einiger Zeit wirst du feststellen, dass gewisse Positionen der Maschine im Bild besser aussehen als andere. Experimentiere mit der Positionierung der Maschine. Dabei solltest du bewusst auch Aufnahmen machen, welche NICHT der Drittelregel entsprechen! Das bewusste Brechen einer Regel erweitert den Horizont, die fotografischen Fähigkeiten und schult das Auge.

Training II: Führende Linien

In diesem Training geht es darum, die Aufmerksamkeit des Betrachters mithilfe von führenden Linien entweder direkt auf das Motorrad zu lenken oder die Fantasie des Betrachters anzuregen, indem er mit den Augen den Weg entlangfährt, den das Motorrad gleich nehmen wird.

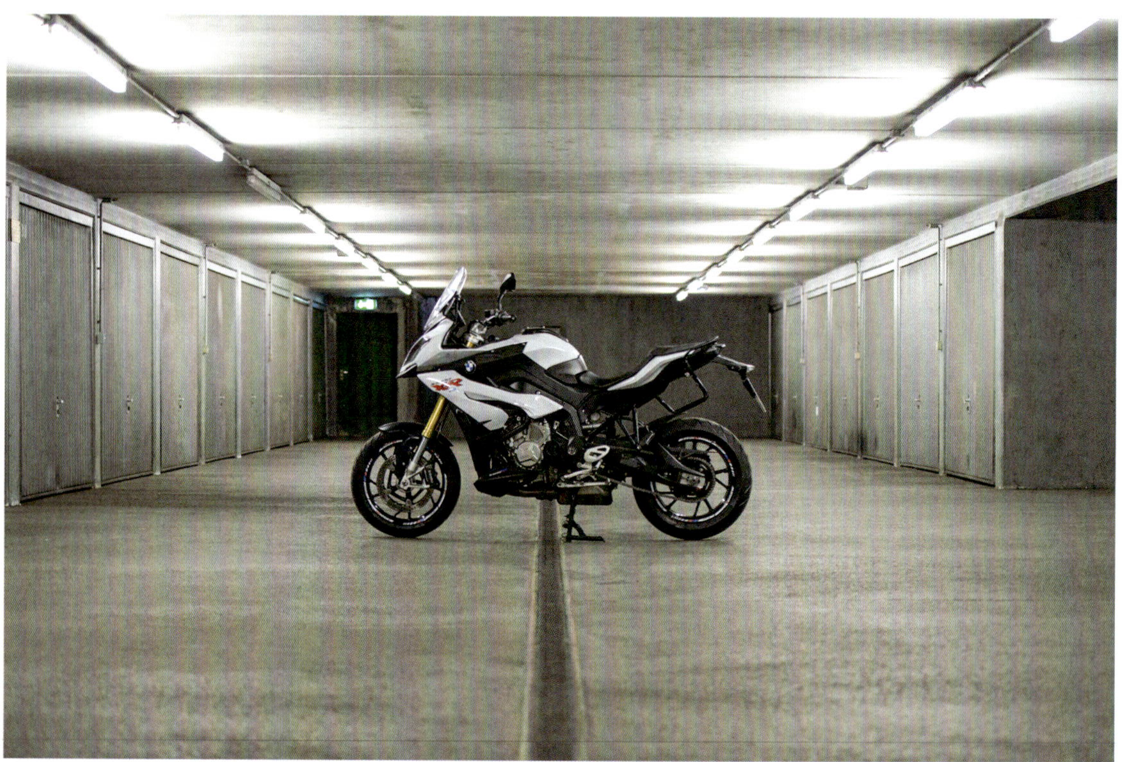

Abb. 4–76 BMW S 1000 XR (70 mm, 1/4 s, f/2.8, ISO 100)

Führende Linien können auf vielerlei Arten erzeugt werden. Fotografiert man die Straße entlang, ergeben sich führende Linien automatisch, sei es durch die Fahrbahn selbst, die Lichter der Straßenbeleuchtung, eine Mauer neben der Straße oder einen Zaun. Eine Viertelprofilaufnahme von hinten links oder rechts eignet sich gut, da in dieser Ansicht das Auge automatisch an der Maschine entlang gleitet. Führende Linien können aber auch künstlich herbeigeführt werden, indem man zum Beispiel an einem Geländer entlang fotografiert, um den Blick auf das Motorrad zu lenken.

Training III: Symmetrie

Um den Kopf nach lauter Drittelregel und goldener Spirale wieder freizubekommen, soll in diesem Training die Symmetrie im Vordergrund stehen. Suche dir einen möglichst gleichmäßigen oder sogar symmetrischen Hintergrund, zum Beispiel eine Mauer. Konzentriere dich auf die Seiten- und Front- oder Heckansicht. Platziere die Maschine mittig im Bild, spiele nur mit der vertikalen Positionierung (also wie hoch oder tief die Maschine im Bild platziert ist), um die Bildwirkung zu verstehen. Bei der Front- und Heckansicht musst du genau darauf achten,

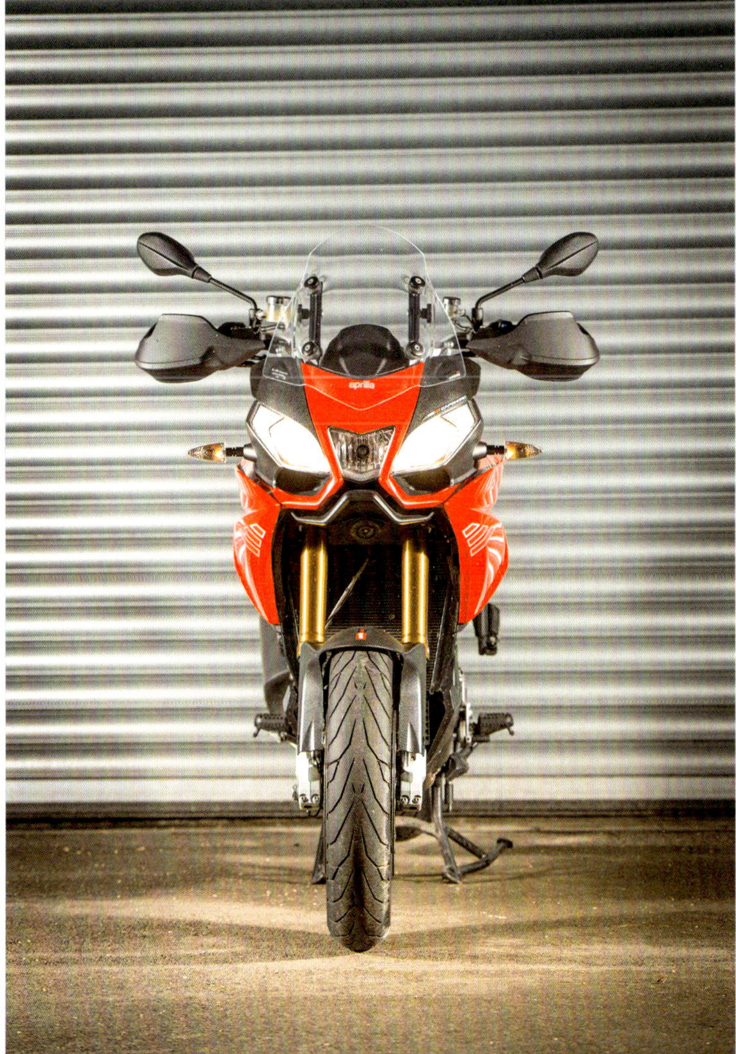

Abb. 4–77 Aprilia Caponord (100 mm, 1/250 s, f/4, ISO 400)

Gegenüberliegende Seite:
Abb. 4–78 Moto Morini Granpasso 1200 (45 mm, 1/250 s, f/2.8, ISO 2.500)

dass die optische Achse der Kamera exakt in Linie mit der Mittellinie übereinstimmt. Ähnlich wie bei einem schiefen Horizont ist das menschliche Auge hier sehr sensibel bei kleinsten Abweichungen. Blende daher die Hilfslinien im Sucher ein, zu denen meist auch zwei senkrechte Linien exakt in der Mitte des Bilds gehören. Diese Linien müssen optisch mit der senkrechten Achse des Motorrads übereinstimmen. Trainiere so, eine perfekt symmetrische Ansicht zu fotografieren.

Training IV: Rahmung

Dieses Training zielt darauf ab, das Gestaltungselement »Rahmen« mit in die Komposition einzubeziehen. Überlege vorher, an welcher Location und mit welchen Mitteln ein Rahmen fotografisch gestaltet werden kann. Ein Durchgang oder Torbogen ist ein klassisches Beispiel für einen Rahmen, da das Motorrad wortwörtlich in diesem Rahmen steht. Im Gegensatz dazu können optisch kreierte Rahmen auf jede erdenkliche Weise erzeugt werden. Gehe ein paar Meter von der Straße weg und fotografiere zwischen den Zweigen eines Baums oder Buschs hindurch (siehe Abb. 4–78). Ist ein Geländer o. Ä. am Straßenrand? Auch dieses kann als optischer Rahmen fungieren.

Training V: Zuschnitt

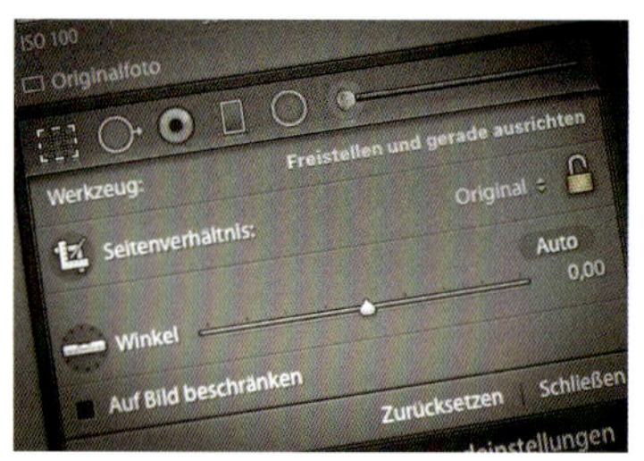

Abb. 4–79 Zuschnitt

Diese Übung kann ausnahmsweise zuhause am Rechner erfolgen. Wähle hierzu ein Foto, auf dem ein Motorrad und viel Umgebung zu sehen ist. Das heißt, die Maschine sollte nicht formatfüllend mit nur wenig Platz zum Rand hin dargestellt sein. Schneide dieses Bild nun auf alle nur erdenklichen Weisen zu. Wie verändert sich die Bildwirkung, wenn die Maschine weiter links, weiter rechts, oben oder unten auf dem Foto erscheint? Wie wirkt ein Bild, wenn es in einem anderen Format dargestellt ist? Die meisten Kameras machen Bilder im Format 3:2 oder 4:3. Durch den Zuschnitt der Fotos am Rechner sind auch andere Formate möglich. Erstelle also Versionen ein und desselben Fotos in den Formaten 1:1, 1:2, 3:1, 4:1, 16:9 (die meisten Bildbearbeitungsprogramme bieten eine individuelle Wahl des Seitenverhältnisses beim Beschneidewerkzeug an). Versuche aber auch »freihändige« Formate zu erstellen, indem du die Bildgrenzen nach eigenem Empfinden ziehst, bis das Bild für dich ansprechend erscheint.

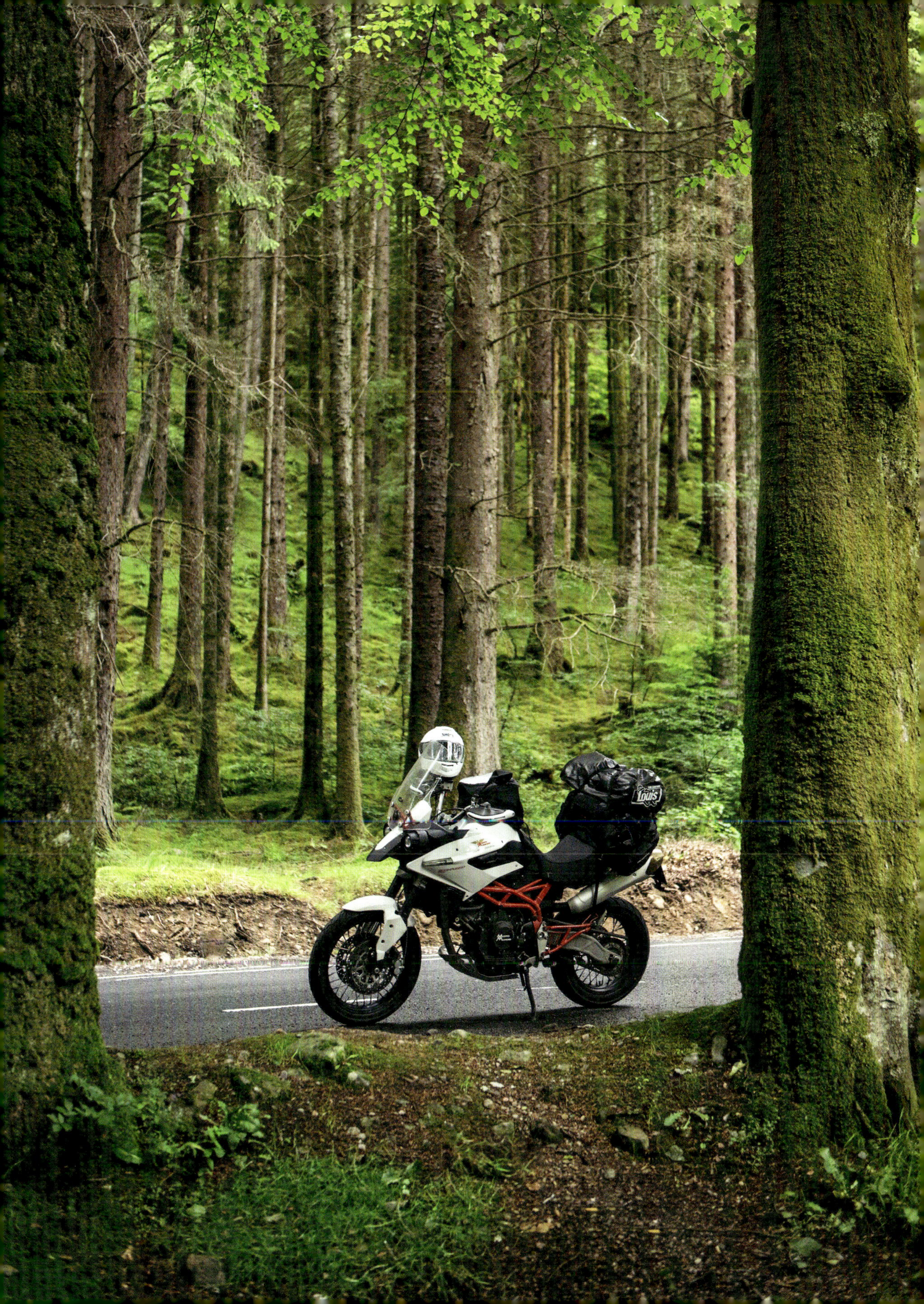
Louis

4.6 Posing von Maschine und Fahrer

Models posieren für die Kamera. Sie nehmen ständig andere Haltungen ein und positionieren sich fortlaufend neu. Beim Fotografieren von Motorrädern ist es ähnlich, nur dass das »Model« nicht selbstständig eine neue Pose einnehmen kann. Ein Motorrad ist aus allen Blickwinkeln schön, dem muss beim Fotografieren Rechnung getragen werden. In Abbildung 4–80 sind die wichtigsten Ansichten benannt.

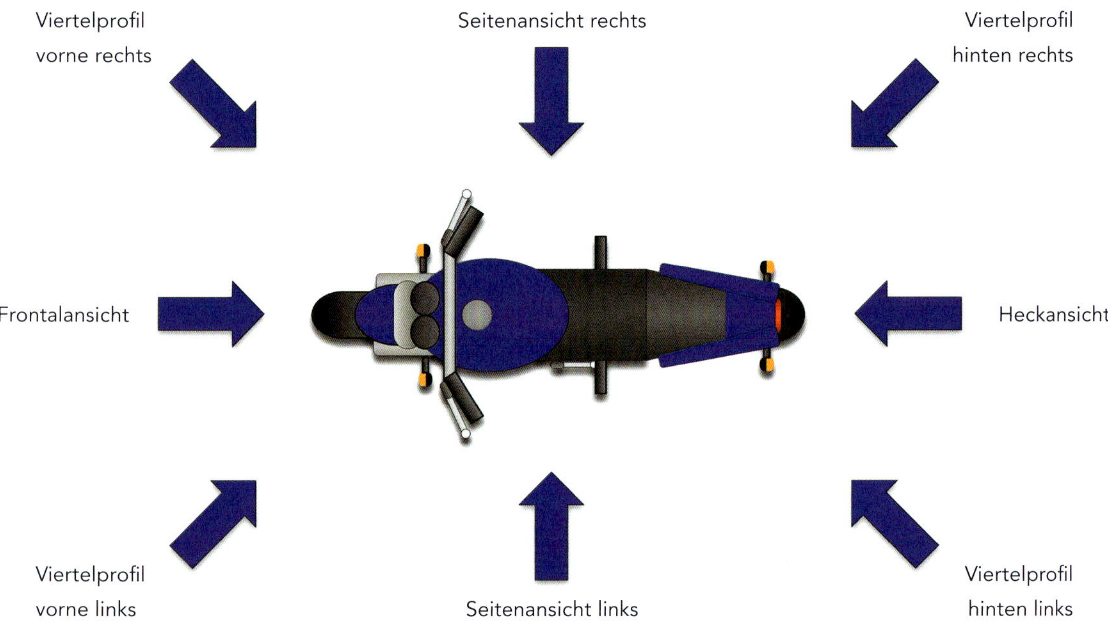

Abb. 4–80 Die acht Hauptansichten bei Motorradporträts. Während Frontal-, Heck- und Seitenansicht meist nur wirken, wenn sie winkelgenau ausgeführt werden (also 0° oder 90° zur Längsachse der Maschine), kann der Aufnahmewinkel bei Viertelprofilen in einem weiten Bereich variiert werden.

Grundsätzlich sollte das Bike vom Besitzer bewegt werden. Denn zum einen beziehen Sie so den Besitzer aktiv in das Shooting ein (nichts ist blöder als rumzustehen und zuzuschauen), außerdem bleibt das Risiko beim Rangieren so beim Besitzer (Stichwort Umfallen der Maschine).

In Abbildung 4–80 ist zu sehen, wie die einzelnen Ansichten definiert sind. Vom grundsätzlichen Typus her gibt es drei Hauptansichten: die Seitenansicht, die Heck-/Frontansicht und das Viertelprofil.

4.6.1 Frontal- und Heckansicht

Die Front ist das Gesicht der Maschine. Die Scheinwerfer imitieren bei einigen Herstellern zwei Augen, sodass der Eindruck entsteht, die Maschine schaue den Betrachter an. Oftmals werden die Leuchten leicht schräg angeordnet, um der Maschine den »bösen Blick« zu geben, wie zum Beispiel bei der Yamaha Fazer in Abbildung 4–81. Eine Anmerkung zu diesem Bild: Um die Symmetrie zu betonen, musste bei dieser Aufnahme gemogelt werden. Bei der Maschine sind Abblend- und Fernlicht in getrennten Scheinwerfergehäusen untergebracht. Die Birne für das Fernlicht ist größer als die für das Abblendlicht, sodass das »Gesicht« zwei unterschiedlich große Pupillen hat. Um dies auszugleichen, wurde eine Hälfte der Frontansicht gespiegelt, um perfekte Symmetrie zu erlangen.

Besonders wichtig beim Fotografieren einer Frontal- oder Heckansicht ist, die optische Achse der Kamera (die Mittellinie des Objektivs) mit der Achse der Maschine fluchtend auszurichten, so wie es in Abbildung 4–82 zu sehen ist. Selbst Abweichungen im Zentimeterbereich nach links oder rechts führen dazu, dass die Maschine nicht komplett symmetrisch dargestellt wird. Es ist ähnlich wie bei einem schiefen Horizont im Bild: Der Betrachter merkt sofort, dass da etwas nicht stimmt.

Abb. 4–81 Der »böse Blick« der Yamaha FZ6 Fazer (70 mm, 1/125 s, f/22, ISO 100)

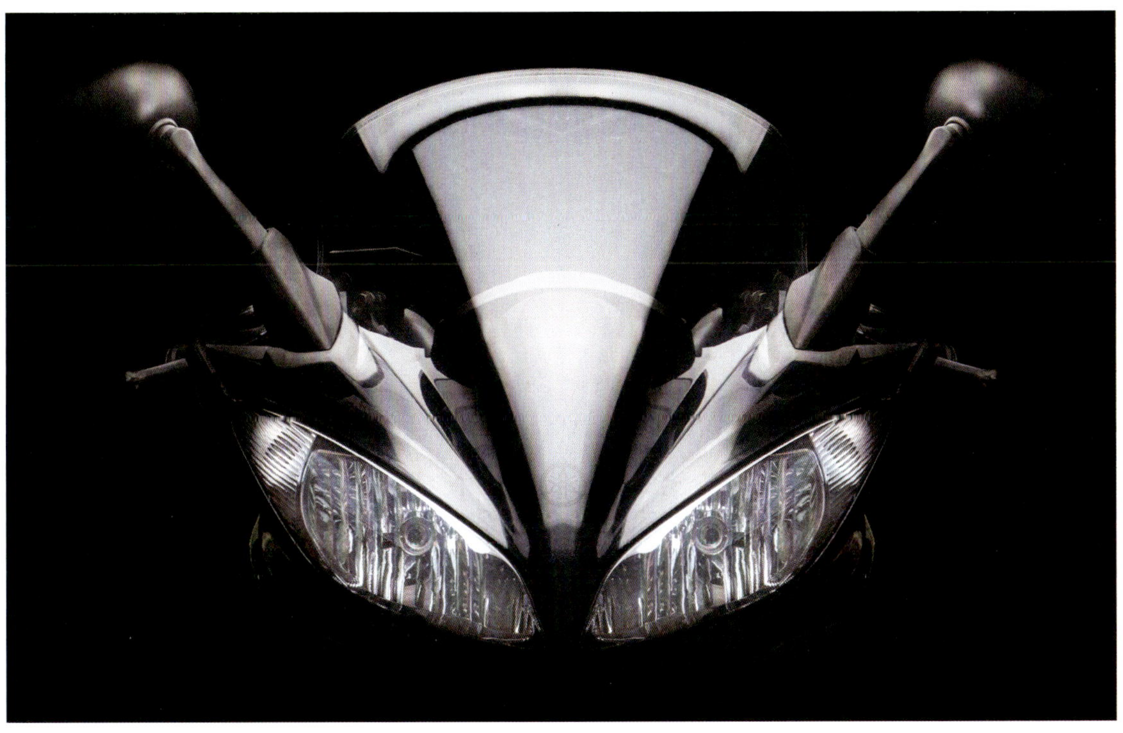

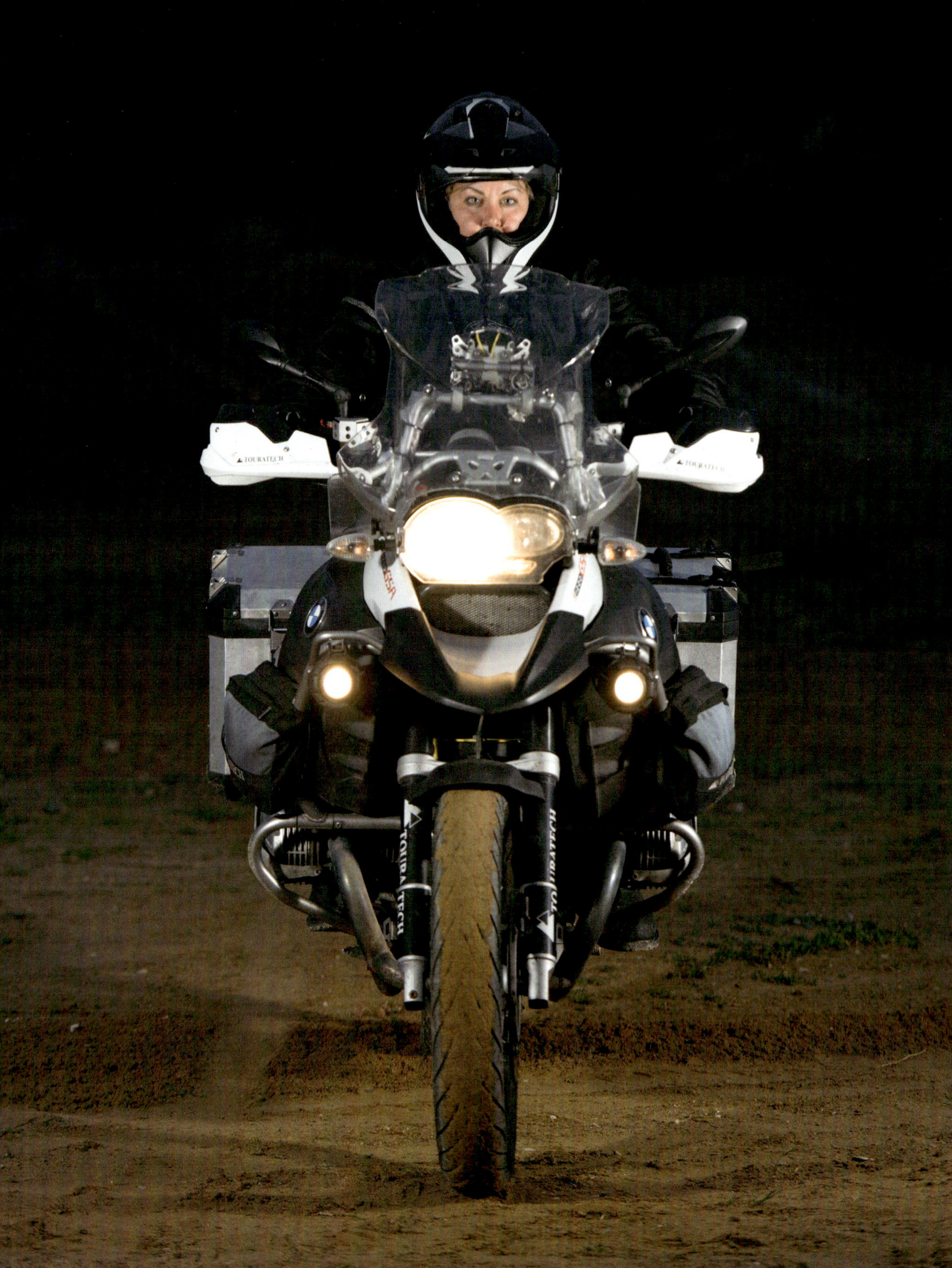
TOURATECH
TOURATECH
TOURATECH
TOURATECH

Wenn die Maschine steht, ist für die Frontal- und Heckansicht die Verwendung eines Hauptständers oder Montageständers vorteilhaft. So steht das Bike aufrecht, was einen »aufgeräumten« Bildeindruck vermittelt. Bei Frontalansichten sollten Sie die Kamera auf Höhe der Scheinwerfer halten, Kamera und Maschine sollen sich also »Auge in Auge« gegenüberstehen.

Heck- und Frontalansichten wirken oftmals auch gut, wenn sie nicht auf Augenhöhe, sondern von einer leicht erhöhten Position aufgenommen werden. Dadurch erhält man einen kompletten Blick über Heck, Sitzbank, Tank und Cockpit (siehe Abb. 4–83). Für Front- und Heckansichten bietet sich oft das Hochformat an, da die schmale Silhouette der Maschine besser in ein solches Bild passt. Ausnahmen bestätigen hier natürlich wieder die Regel.

Gegenüberliegende Seite:
Abb. 4–82 Eine BMW R 1200 GS Adventure rollt auf den Fotografen zu (145 mm, 1/160 s, f/4, ISO 400).

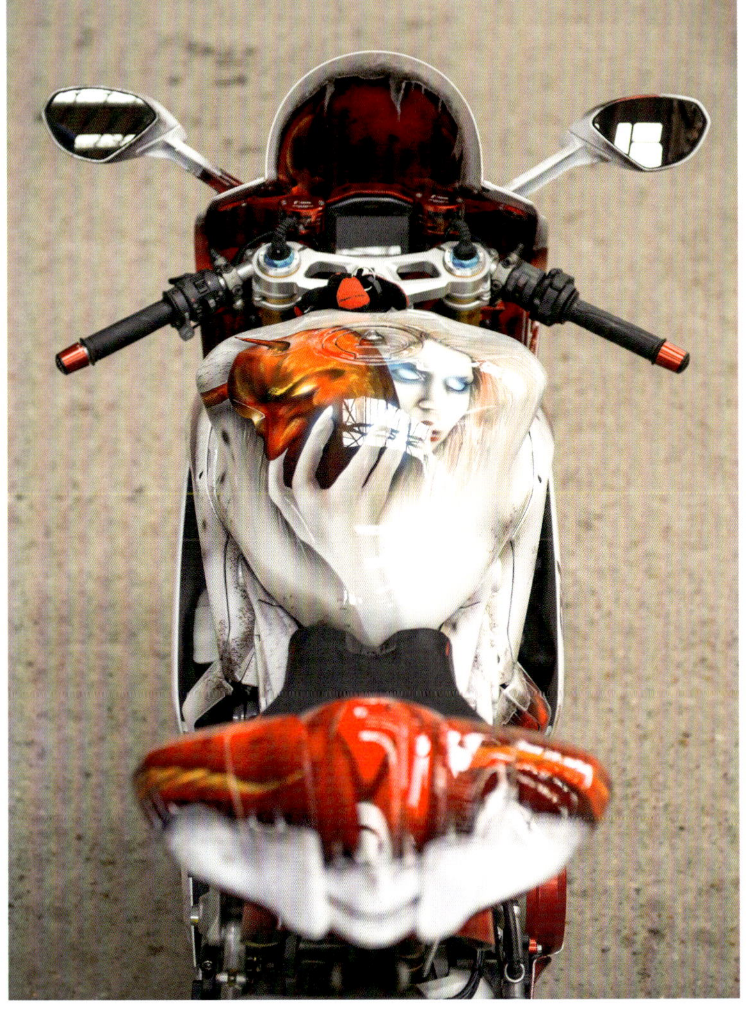

Abb. 4–83 Sicht über Heck, Sitzbank, Tank und Cockpit bei einer Ducati 1299 Panigale S. Ich stand für die Aufnahme auf einem kleinen Klapphocker (60 mm, 1/160 s, f/2.8, ISO 1.250).

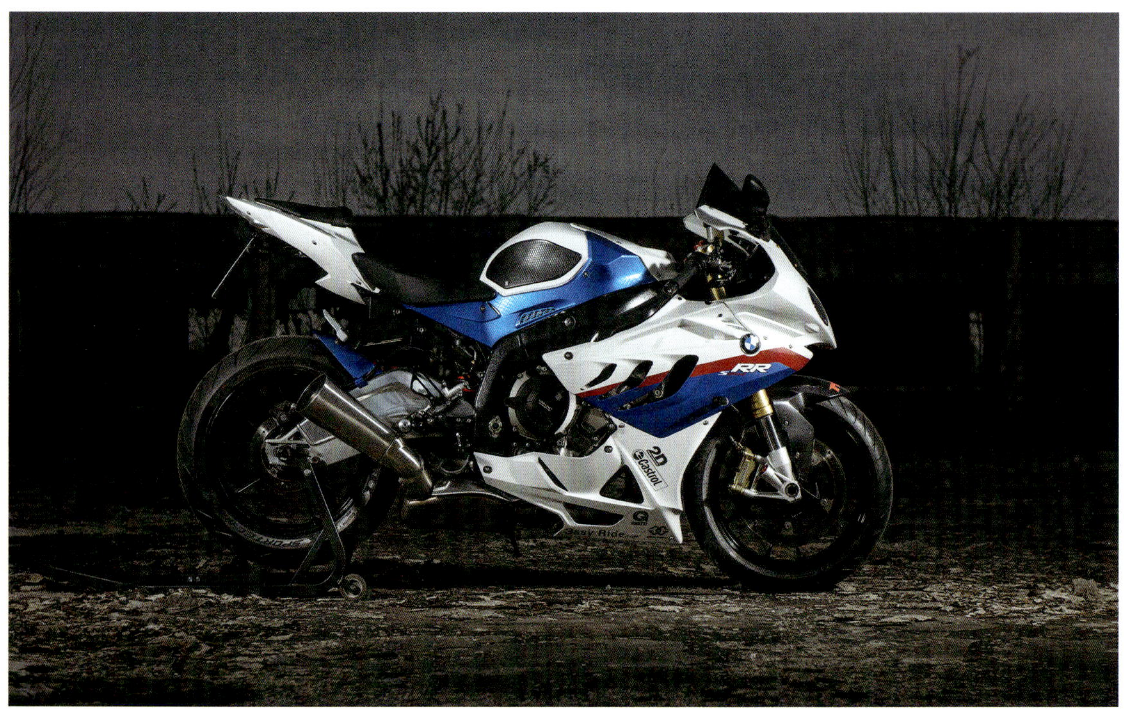

Abb. 4–84 Durch den Einsatz eines Montageständers steht die BMW S1000 RR aufrecht. Das Heck wird leicht angehoben und die Maschine neigt sich ein weiteres Stück nach unten, welches die sportliche Note des ohnehin schon aggressiv wirkenden Motorrads verstärkt (70 mm, 1/200 s, f/5.6, ISO 100).

4.6.2 Seitenansicht

Die Seitenansicht von links oder rechts stellt das klassische Motorradporträt dar. Das Bike wird im Profil präsentiert und der Betrachter erhält einen guten Blick auf alle Details der Maschine. Der Lenker ist dabei idealerweise gerade ausgerichtet.

Denken Sie daran, beide Seiten der Maschine zu fotografieren. Anders als Autos sehen Motorräder von links und rechts unterschiedlich aus: denken Sie zum Beispiel nur an Kette, Auspuff und Bedienelemente. Um dem Rechnung zu tragen, gestalten viele Hersteller oftmals auch die Verkleidung einer Maschine links und rechts unterschiedlich. Beide Seiten sind attraktiv und gehören zum Charakter einer Maschine.

Bei seitlichen Porträts ist es meistens vorteilhaft, wenn die Maschine aufrecht steht. Stellen Sie das Maschine entweder auf den Hauptständer (wenn vorhanden) oder auf einen Montageständer bzw. eine Montagewippe. Durch die aufrechte Position der Maschine werden die Proportionen des Bikes unverzerrt dargestellt. Kritiker bemängeln, dass durch die Verwendung des Montageständers das Foto unnötig gestellt wirkt. Ob dies für Sie ein Problem darstellt, hängt davon ab, was Sie zeigen möchten. Wenn das Foto aussehen soll, als sei es ein gekonnter Schnappschuss während einer Ausfahrt, wirkt ein Montageständer in der Tat unvorteilhaft.

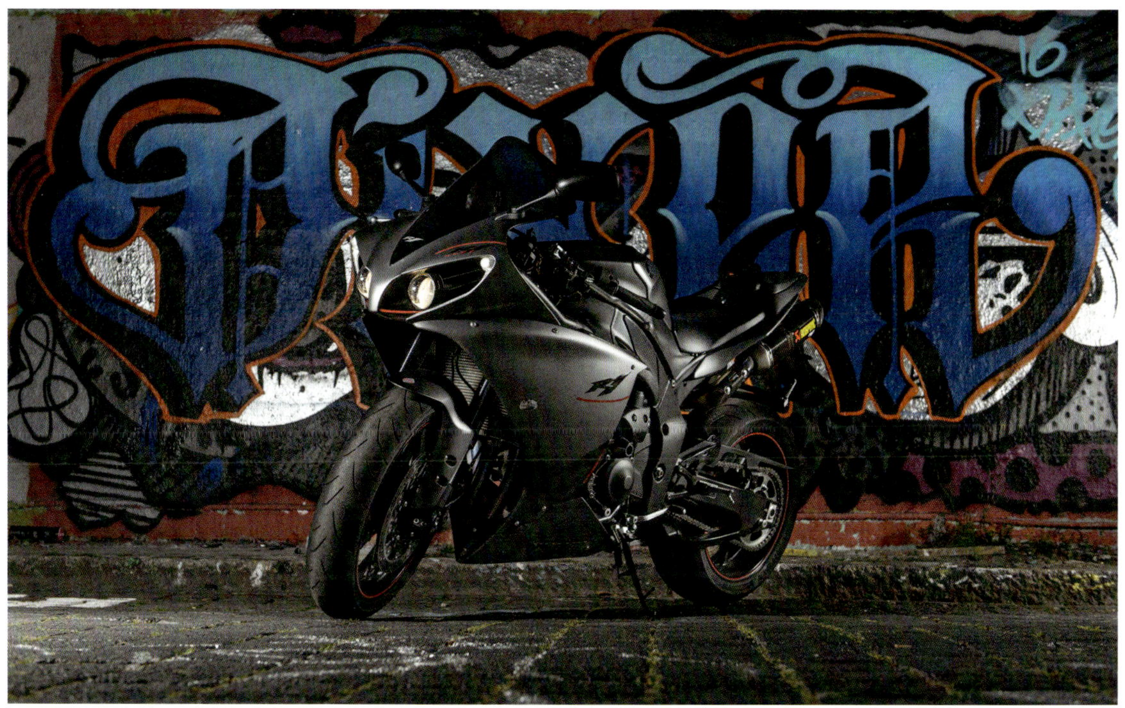

Abb. 4–85 Viertelprofil von vorne links einer Yamaha YZF-R1 (48 mm, 1/200 s, f/4.5, ISO 100)

4.6.3 Viertelprofil

Während Front- und Seitenansichten etwas strenger und geordneter wirken, eröffnet das Viertelprofil unzählige Möglichkeiten, ein Motorrad etwas »lockerer« zu positionieren. Die in Abbildung 4–80 gezeigten vier Pfeile für die Viertelprofilansichten sind exemplarisch zu verstehen – ein spitzerer oder stumpferer Winkel ist ebenfalls denkbar, teilweise sind die Übergänge zu einer Seiten- oder Heckansicht fließend.

Bei Viertelprofilansichten wirkt es meist lockerer, wenn der Lenker eingeschlagen ist (siehe Abb. 4–85). Ein Motorrad auf dem Seitenständer, mit dem Lenkereinschlag zur Kamera hin hat etwas Kokettes, im übertragenen Sinne, als ob sich jemand lässig gegen eine Mauer lehnt und die Beine überkreuzt. Im Viertelprofil wirkt eine tiefe Aufnahmeposition besonders eindrucksvoll. Das Motorrad baut sich vor dem Betrachter auf und zeigt sich in seiner ganzen Pracht (siehe Abschnitt »Weitwinkelbrennweite«, ab Seite 96).

Für eine tiefe Aufnahmeposition muss übrigens nicht immer ein Weitwinkelobjektiv herhalten! Die Aufnahme in Abbildung 4–86 ist mit einem Teleobjektiv fotografiert worden. Die Maschine stand auf einer Brücke, ich habe vom Fuß der Brücke aus die Fahrbahn hinauf fotografiert (die Brücke ist abends nicht befahren, da sie lediglich zu einem

Abb. 4–86 Eine Ducati 1299 Panigale S auf einer Brücke (150 mm, 1/200 s, f/4, ISO 100)

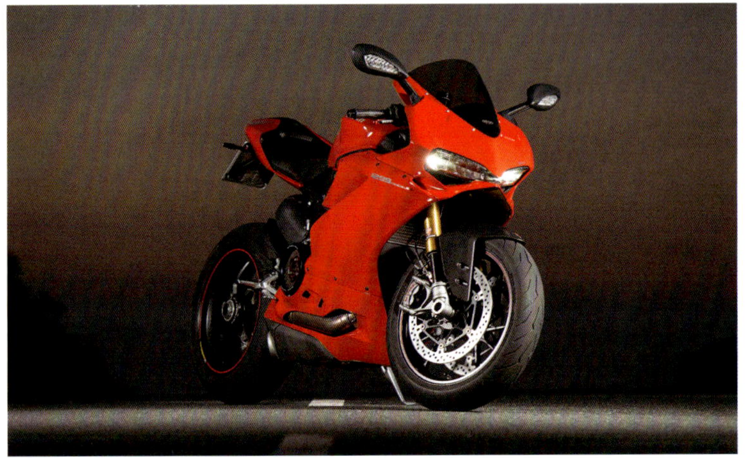

Verkehrsübungsplatz führt, der um die Zeit geschlossen ist). Dadurch, dass ich bergauf fotografiert habe, entstand eine vorteilhafte Perspektive.

4.6.4 Bike und Biker fotografieren

Ein Porträt wird interessanter, wenn der Fahrer mit in die Aufnahme einbezogen wird. Die meisten Biker haben keine Erfahrung mit Fotoshootings und müssen daher sanft angeleitet werden. Erklären Sie dem Biker, wie er sich neben oder auf der Maschine positionieren soll. Wichtig ist, dass Sie auch während des Fotografierens kontinuierlich mit ihm reden. Dies erfordert etwas Übung, beugt aber Situationen peinlicher Stille vor.

Praxistipp: »Ich sehe auf Fotos immer doof aus«

Sollte sich ein Motorradfahrer davor zieren, fotografiert zu werden, so kann er einfach seinen Helm oder eine Sonnenbrille aufsetzen. Die meisten Bedenken gegen Fotos von der eigenen Person wurzeln in der Angst, einen unvorteilhaften Gesichtsausdruck auf dem Foto zu haben. Mit aufgesetztem Helm (sofern es ein Integralhelm ist) und/oder einer Sonnenbrille kann sich der Biker dahinter »verstecken«. Ein weiterer Vorteil ist, dass die Augen der Person nicht sichtbar sind (sofern der Helm ein getöntes Visier hat). Das wirkt cool, außerdem ziehen die Augen nicht die Aufmerksamkeit des Betrachters auf sich. Der Mensch ist darauf programmiert, zuerst in die Augen zu schauen. Der Star der Aufnahme soll aber das Motorrad sein, weshalb das Verdecken der Augen sich hier als vorteilhaft erweist.

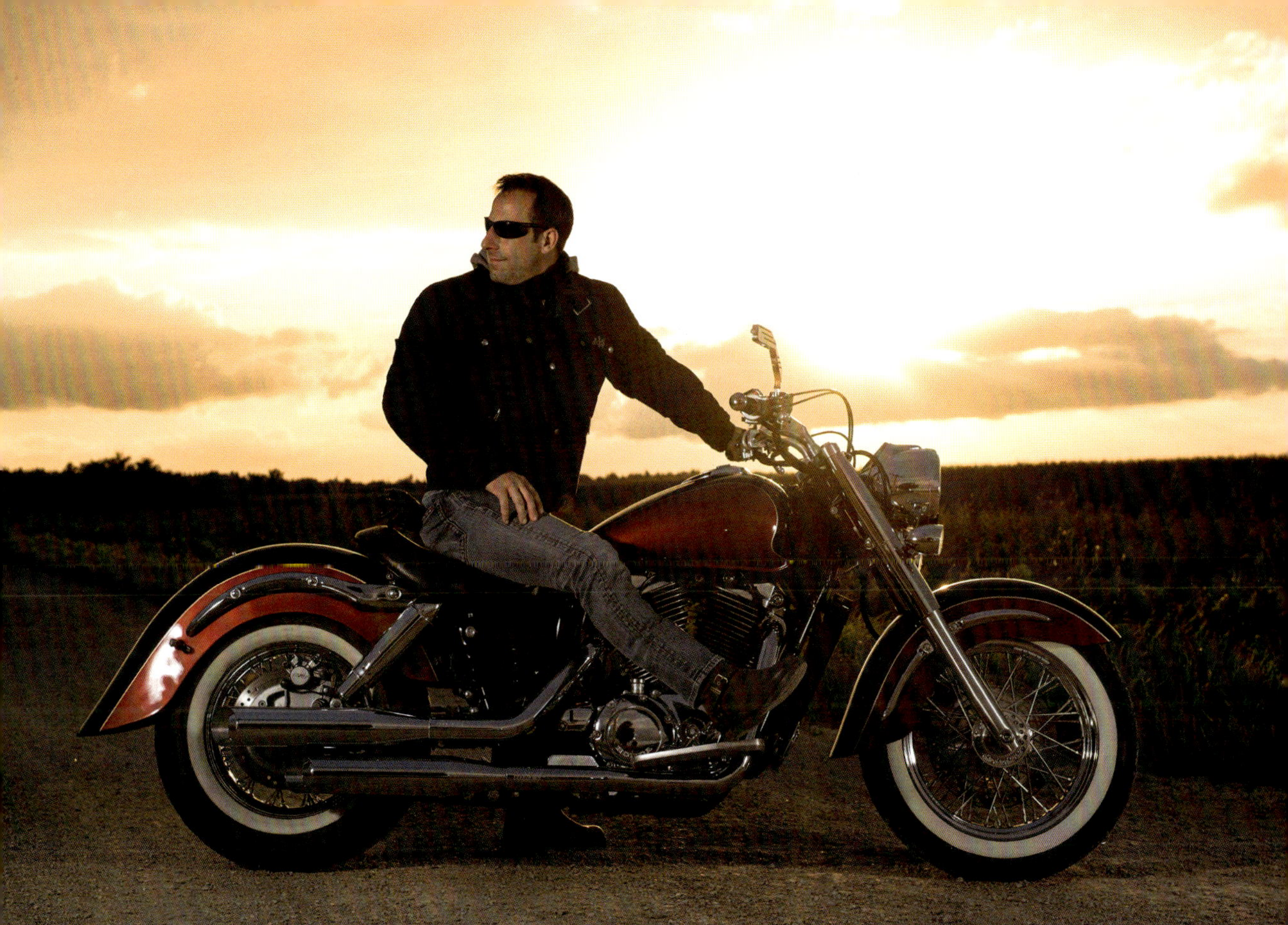

Wenn der Biker mit auf dem Bild ist, kann er neben der Maschine stehen oder auf ihr sitzen. Wenn er auf der Maschine sitzt, sollte diese nicht auf Haupt- oder Seitenständer stehen. Wenn ein Bein zum Abstützen auf der Erde steht, sieht es so aus, als mache der Biker gerade nur einen kurzen Stopp, was das Bild etwas lebendiger erscheinen lässt. Meist sieht es besser aus, wenn das der Kamera zugewandte Bein auf der Fußraste steht. Aufgrund des gebeugten Knies in dieser Position sieht es realistischer aus. Geben Sie dem Motorradfahrer Anweisungen, in welche Richtung er schauen soll (zum Beispiel zur Kamera, geradeaus, über die Schulter nach hinten). Experimentieren Sie mit der Haltung der Arme, insbesondere des Arms, welcher der Kamera zugewandt ist. Die Hand kann am Lenker sein, in die Hüfte gestützt oder locker abgelegt.

Abb. 4–87 Für diese Pose sagte ich dem Biker, er solle sich vorstellen, gerade angehalten zu haben, und im gleichen Moment ruft hinter ihm jemand »Hey, Björn!«. Wenn die Pose zu gestellt aussieht, können Sie es auch mit ein wenig Schauspielerei versuchen: Der Biker soll geradeaus schauen, Sie rufen ihn beim Namen und er wendet sich nach hinten zu der imaginären Person um. In dem Moment drücken Sie auf den Auslöser. Oftmals wirken solche Posen aus der Bewegung heraus natürlicher, weil die Person dann nicht drüber nachdenkt, welche Haltung sie vor der Kamera einnehmen soll (60 mm, 1/200 s, f/5.6, ISO 100).

4.6.5 Training: Posing und Perspektive

In diesem Training geht es darum, ein Gefühl für gute Aufnahmewinkel zu entwickeln. Fahre dazu mit einem Motorrad (zum Beispiel deiner eigenen Maschine) an einen ruhigen Ort. Such eine schöne Location aus, die einen guten Hintergrund für die Maschine bietet. Beschäftige dich ein bis zwei Stunden damit, das Motorrad aus den Hauptansichten Front-/Heckansicht, Seitenansicht und im Viertelprofil zu fotografieren. Stelle es auf den Seitenständer oder, wenn vorhanden, auf den Hauptständer. Probiere aus, wie ein Lenkereinschlag nach links oder rechts wirkt. Fotografiere aus Bodennähe, auf Tankhöhe, experimentiere mit einer Kameraposition über Kopf. Zwischendrin sollte das Motorrad gedreht werden, um immer wieder andere Winkel und Perspektiven auszuprobieren. Wenn möglich, wechsle die Location nach der Hälfte der Zeit, um einen anderen Hintergrund für die Maschine zu haben. Pausiere nach einer Weile und sichte die Bilder, die du gemacht hast. Reflektiere dabei: Was funktioniert gut, was sieht weniger gut aus? Bei den Bildern, welche weniger gut gefallen: Was hätte man anders machen können? Wenn die Perspektive nicht funktioniert, kann man versuchen, eine geringfügig andere Position einzunehmen und die Aufnahme so noch zu retten.

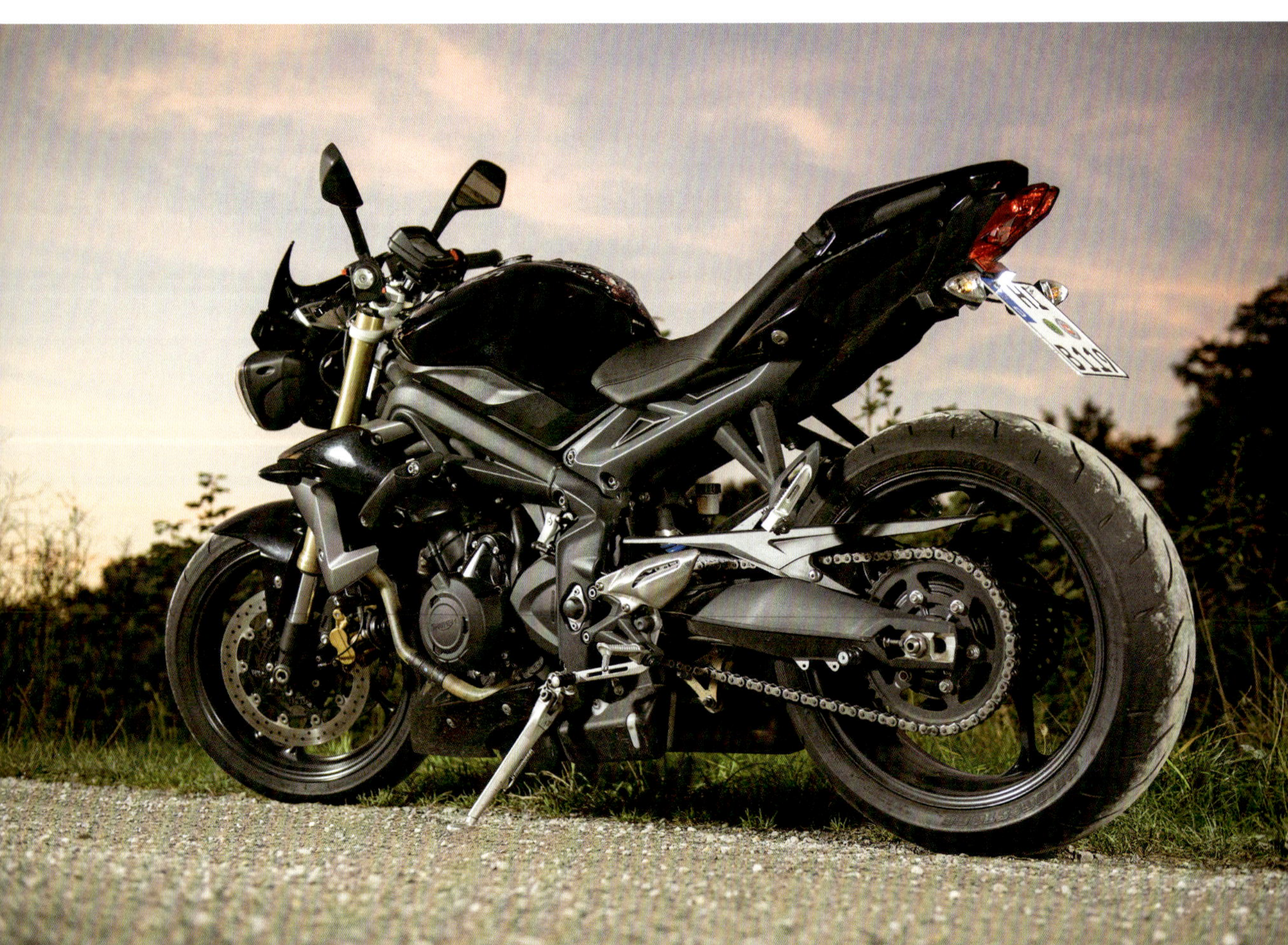

Abb. 4–88 Triumph Street Triple (40 mm, 1/160 s, f/2.8, ISO 640)

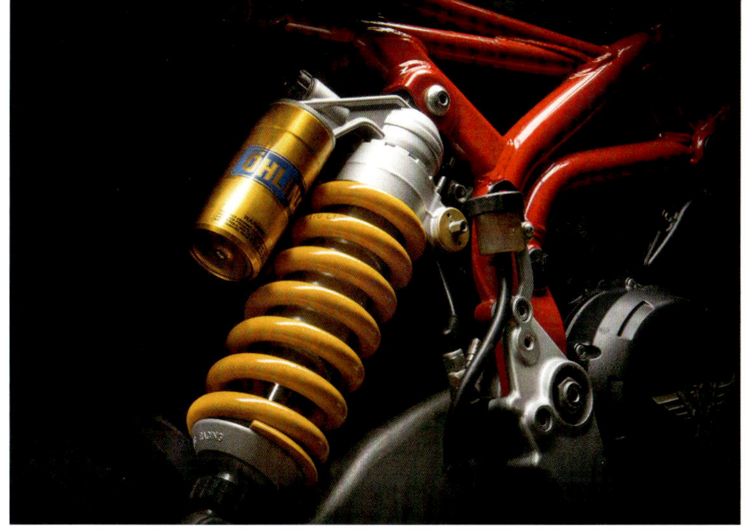

Abb. 4–89 Federbein einer Moto Morini Granpasso 1200. Die starken Farben im Bild heben das Element der Maschine intensiv hervor (60 mm, 1/125 s, f/22, ISO 100).

4.7 Die Details

Gäbe es in der Motorradfotografie die zehn Gebote, so hieße eines davon »Du sollst nicht die Details vergessen«. Neben all dem Ausleuchten, Positionieren und Fotografieren der Maschine mit und ohne Fahrer dürfen Sie nicht vergessen, dass ein Motorrad auch viele reizvolle Details besitzt. Es sind diese Details, die dem Bike den Charakter geben, weshalb sie besonders von Ihnen beachtet und gewürdigt werden sollten. Außerdem lockern Detailaufnahmen das Portfolio auf und bereichern so den fotografischen Fundus. Abbildung 4–89 zeigt die Studioaufnahme der hinteren Federung einer Moto Morini Granpasso 1200. Die Kontraste und die intensiv rot und gelb leuchtenden Bauteile geben ein ansprechendes Motiv ab.

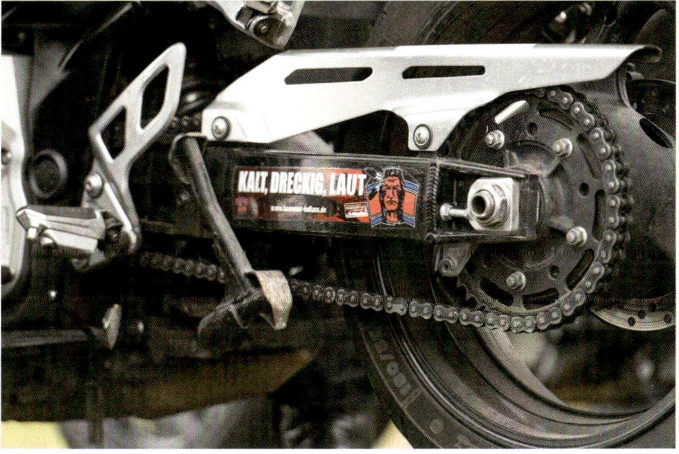

Abb. 4–90 Sympathisches Detail auf einer Hinterradschwinge – ein Aufkleber der Eishockeymannschaft Hannover Indians. Der Slogan passt zum Teil auch zu einem Motorrad ... (200 mm, 1/500 s, f/4).

Es empfiehlt sich ein systematisches Umkreisen der Maschine, um alle interessanten Details zu erfassen. Dabei können sowohl einzelne Bauteile von Interesse sein (zum Beispiel die Bremssättel, Verkleidungsteile, die Lenkerendgewichte) als auch Partien der Maschine (zum Beispiel Tank und Lenker, Schwinge und Kette). Oftmals entdeckt man dabei auch Unerwartetes, wie den Aufkleber auf der Hinterradschwinge in Abbildung 4–90.

Detailaufnahmen bedeuten meist auch Nahaufnahmen. Hier sind Staub und Schmutz selbst in kleinsten Mengen tödlich und zerstören die Bildwirkung. Es empfiehlt sich daher, vor einer Nahaufnahme die zu fotografierende Stelle noch einmal aktiv mit bloßem Auge zu betrachten (nicht durch die Kamera) und auf Verunreinigungen zu unter-

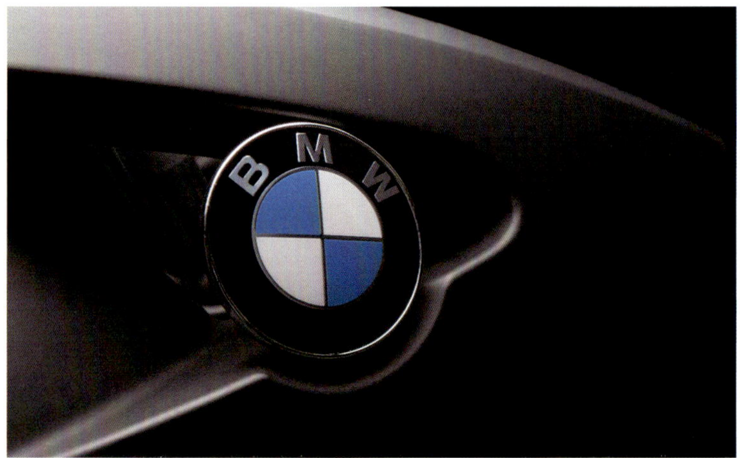

Abb. 4–91 Logo auf dem Tank einer BMW R 1200 GS. Um diese Aufnahme so makellos hinzubekommen, mussten mehrere Dutzend Staubkörnchen in der Nachbearbeitung entfernt werden (70 mm, 1/125 s, f/2.8, ISO 100).

suchen. Ein sauberer Lappen und ein Kamera-Blasebalg (mit dem sonst die Linse und der Spiegelschacht gereinigt werden) helfen hierbei, den meisten Staub fernzuhalten. Erfahrungsgemäß bekommt man allerdings leider keine völlig staubfreie Aufnahme hin, sodass hier in der Nachbearbeitung mit dem Kopierstempel etwas »geputzt« werden muss.

4.7.1 Training: Detailaufnahmen

Details machen ein Motorrad zu etwas Besonderem und nicht selten fließen viel Mühe und Geld in die Individualisierung der Maschine. Aber auch schon ab Werk hat ein Motorrad viele liebevoll gestaltete Details, welche die Aufmerksamkeit des Fotografen erregen. Daher ist es nur rechtens, wenn den Details eine eigene Übung gewidmet wird. Um sich nicht im Dschungel der Motorrad-Porträtaufnahmen zu verlieren, dient diese Übung dazu, die Aufmerksamkeit auf die Details der Maschine zu richten.

Die Maschine sollte dazu vor einem neutralen Hintergrund stehen. Gehe nun systematisch um das Motorrad herum und suche interessante Details, welche ein gutes Motiv abgeben könnten. Dies können zum Beispiel Lenkerendgewichte sein, die Form des Tanks, die Schwinge der Maschine, das Federbein. Bewege die Kamera viel um das Detail herum. Manchmal entstehen interessante Perspektiven erst, wenn man ganz andere Blickwinkel einnimmt. Scheue dich also nicht davor, auf dem Bauch oder Rücken liegend die Details der Maschine von unten zu erkunden. Nimm nach einiger Zeit wortwörtlich ein paar Meter Abstand und bewege dich wieder um die Maschine. Vielleicht hast du etwas übersehen, das sich mit einem frischen Blick neu entdecken lässt.

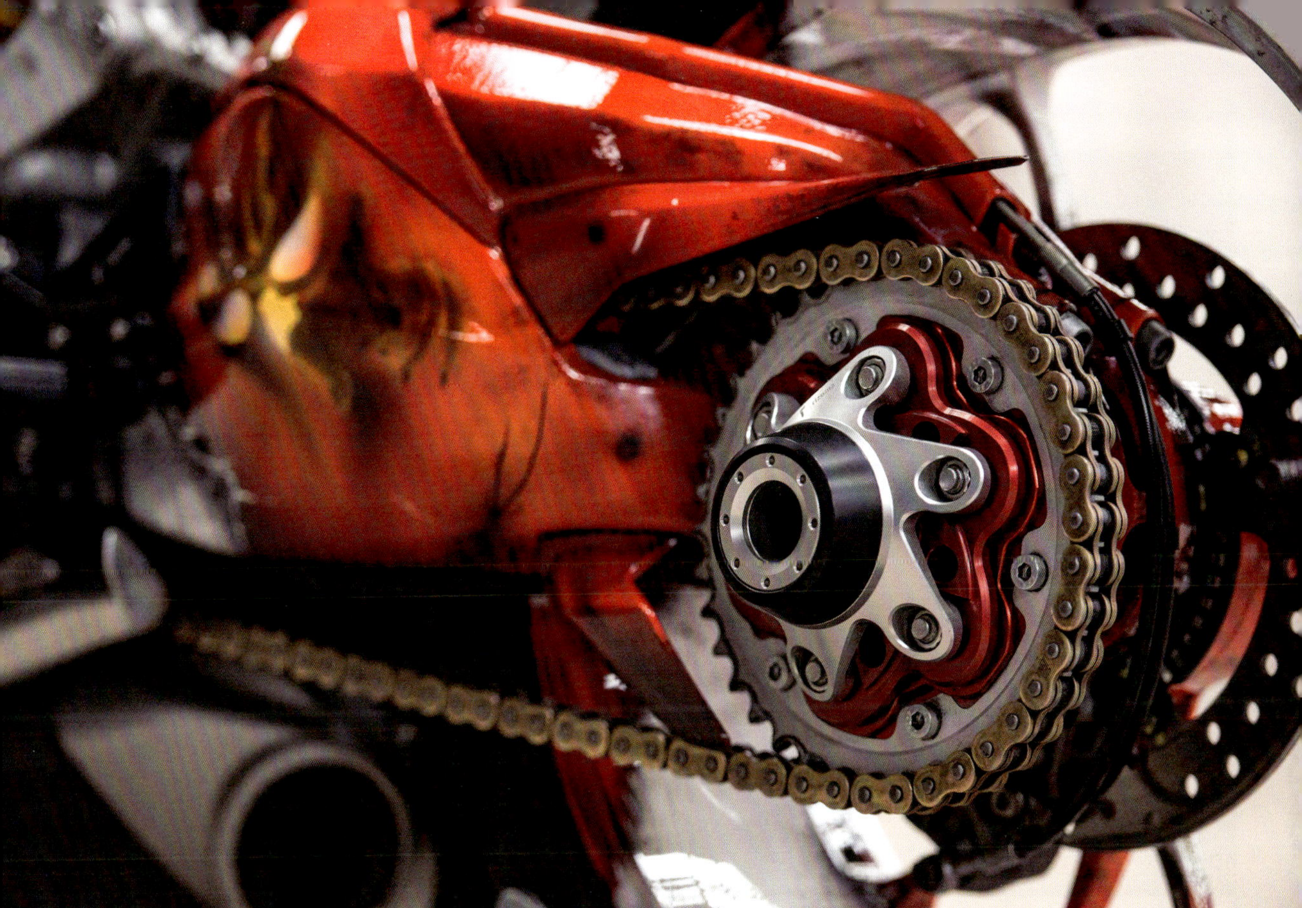

Abb. 4–92 Ducati 1299 Panigale S (130 mm, 1/200 s, f/2.8, ISO 4.000)

4.8 Lichtmalerei

Wörtlich übersetzt bedeutet »Fotografieren« so viel wie »Zeichnen mit Licht«. In der Lichtmalerei wird diese Technik wörtlich genommen und es werden Lichtquellen verwendet, um Farben und Formen in die leere Luft zu malen.

4.8.1 Figuren und Formen malen

Das Grundprinzip der Lichtmalerei lautet »Langzeitbelichtung«. Die Kamera muss (auf einem Stativ stehend) auf eine Belichtungszeit von mehreren Sekunden eingestellt werden. Während der Belichtungszeit bewegt sich der Fotograf dann durch das Bild und malt mit einer Lichtquelle (zum Beispiel einer Taschenlampe oder einem Leuchtstab) ein Muster in die Luft. Die Lichtquelle hinterlässt eine Spur auf dem Sensor, genau so, wie ein Stift auf einem Papier eine Linie hinterlässt.

Eine oft gestellte Frage lautet »Wieso sehe ich niemanden auf dem Foto«? Hier spielt dem Fotografen die »Trägheit« einer Langzeitbelichtung in die Hand. Eine Langzeitbelichtung bedeutet, dass pro Zeiteinheit nur wenig Umgebungslicht auf den Sensor fällt (sonst wäre das

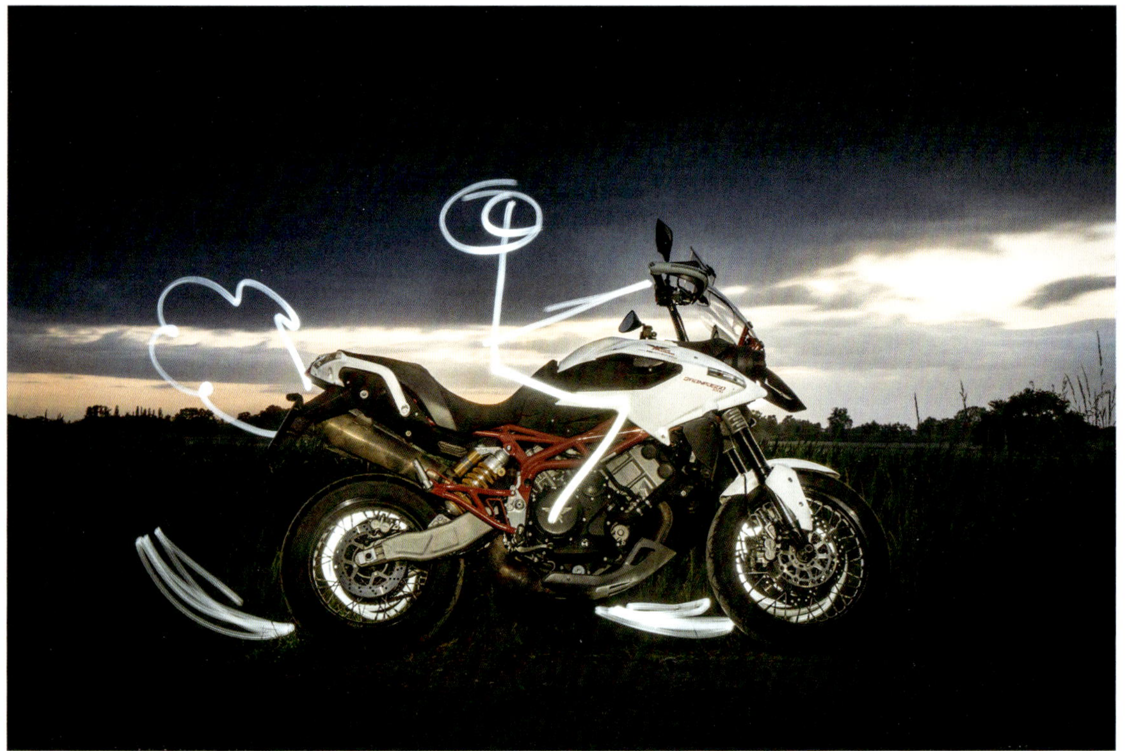

Abb. 4–93 Ein mit Licht gemalter Biker auf einer Moto Morini Granpasso 1200. Die extreme Blende und der niedrige ISO-Wert wurden gewählt, um bei dem vorherrschenden Licht eine möglichst lange Belichtungszeit erreichen zu können (48 mm, 30 s, f/22, ISO 50).

Bild schnell überbelichtet). Wenn der Fotograf sich nun mit der Lichtquelle in der Hand durch das Bild bewegt und während der Belichtungszeit ständig die Position wechselt, so hinterlässt er zu jedem Zeitpunkt nur einen minimalen »Abdruck« auf dem Bildsensor (Voraussetzung ist, dass der Fotograf nur vom Umgebungslicht angeleuchtet wird). Einfacher ausgedrückt: Sie als Fotograf stehen nicht lange genug an einer Stelle im Bild, um überhaupt sichtbar abgebildet zu werden. Sie hinterlassen höchstens einen Schatten. Die von Hand geführte Lichtquelle allerdings ist, im Vergleich zum Fotografen selbst, eine ungleich stärkere Lichtquelle. Sie hinterlässt sehr wohl einen Abdruck auf dem Sensor.

Zur Veranschaulichung sei Abbildung 4–93 diskutiert. Das Motorrad stand an einem Feldrand in der Dämmerung. Die Belichtungszeit wurde auf 30 s gesetzt. Nach dem Auslösen der Kamera feuerten zwei Blitze, um das Motorrad zu beleuchten. Ich bin dann mit einer starken LED-Taschenlampe hinter das Motorrad getreten, habe mich hingekniet, die Taschenlampe eingeschaltet und den wegspritzenden Dreck hinter dem Hinterreifen gemalt, indem ich die Taschenlampe hin- und herbewegte. Danach wurde die Taschenlampe ausgeschaltet, zum Hinterrad bewegt, eingeschaltet und mehrere Kreise vollführt.

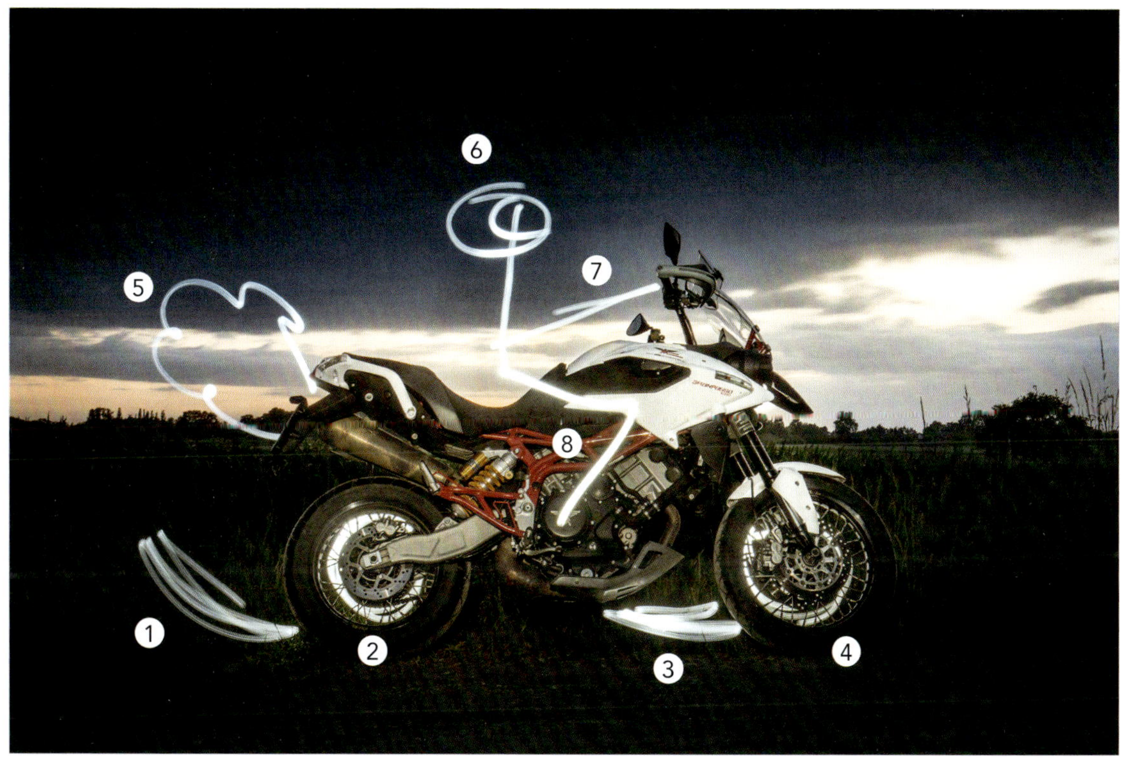

Abb. 4–94 In dieser Reihenfolge wurde die Figur gemalt:
(1) Spritzer Hinterreifen
(2) Hinterreifen
(3) Spritzer Vorderreifen
(4) Vorderreifen
(5) Wolke am Auspuff
(6) Helm und Visier
(7) Arme
(8) Körper und Beine

Nach diesem Schema (Taschenlampe aus, zum neuen Ort bewegt, Taschenlampe ein, malen, Taschenlampe aus) habe ich die in Abbildung 4-94 gezeigten Punkte abgearbeitet und Stück für Stück die Figur gemalt.

Das Ausschalten der Taschenlampe ist das Äquivalent des Absetzens eines Stifts. Wenn die Taschenlampe an bliebe, würde man zusätzliche Linien auf dem Foto ziehen, welche das geplante Muster zerstören. Wenn Sie zu lange an einer Stelle verweilen, werden auch Sie im Bild einen Abdruck hinterlassen. Wenn Sie den Bildbereich hinter dem Strichmännchen beobachten, so erkennt man einen leichten Schatten. Dieser rührt daher, dass ich zum Malen des Fahrers länger als an anderen Stellen stehen bleiben musste.

Die Möglichkeit zur Lichtmalerei ist, wie schon erwähnt, immer daran gekoppelt, auch eine Langzeitbelichtung durchführen zu können, was wiederum wenig Umgebungslicht, eine starke Abdunkelung durch das Schließen der Blende oder einen Filter voraussetzt. Die beste Zeit für Langzeitbelichtungen ist naturgemäß die fortgeschrittene Dämmerung oder nachts.

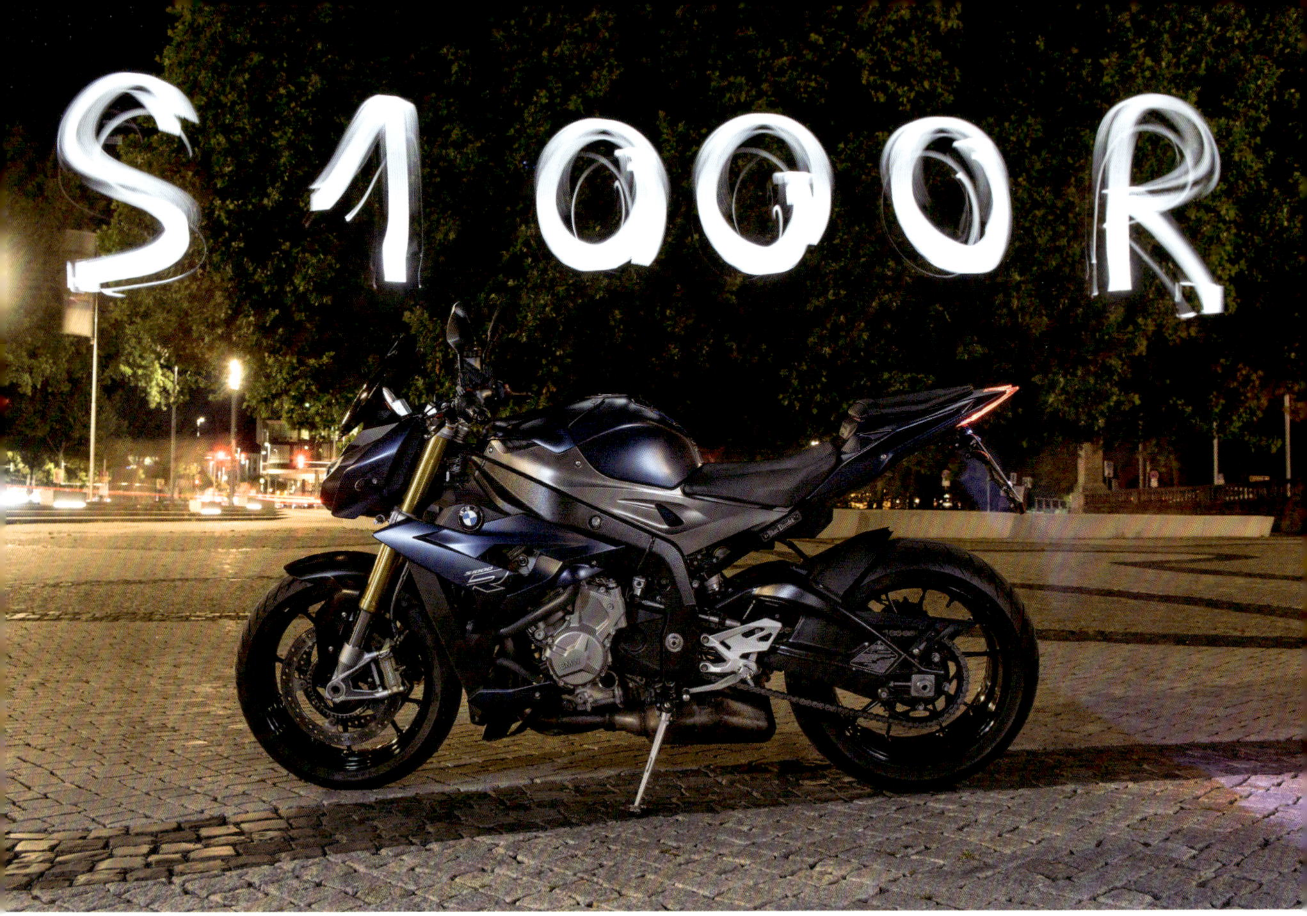

Abb. 4–95 Ein mit einer Videoleuchte in die Luft gemalter Schriftzug einer BMW S 1000 R (32 mm, 20 s, f/8, ISO 100).

Zum Schreiben des Schriftzugs in Abbildung 4–95 wurde ein batteriebetriebener LED-Scheinwerfer (siehe Abb. 4–96) verwendet, welcher eigentlich als Lichtquelle für Videoaufnahmen gedacht ist.

Der Modellname dieser BMW-Maschine wurde ebenfalls durch An- und Ausschalten der Beleuchtung in die Luft gemalt. Beim Schreiben von Buchstaben und Wörtern müssen Sie bedenken, dass Sie die Buchstaben spiegelverkehrt und von rechts nach links in die Luft malen, da Sie »hinter« der Schrift stehen. Dies erfordert ein gewisses Umdenken und etwas Übung, bis man das gewünschte Ergebnis erzielt hat.

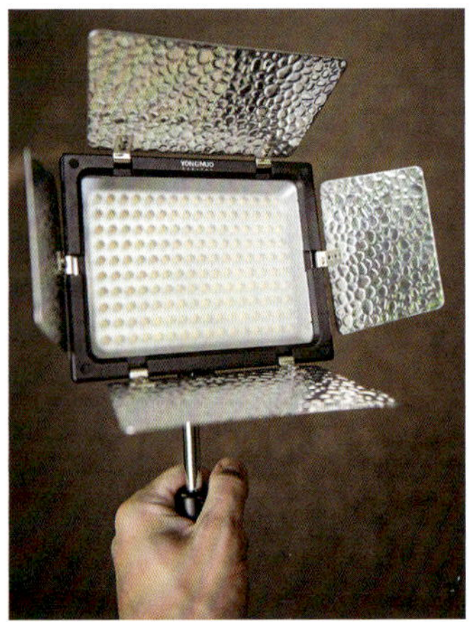

Abb. 4–96 Eine batteriebetriebene LED-Videoleuchte, welche für großflächige bzw. breite Lichtmalerei verwendet werden kann.

Aber nicht nur handgeführte Lichtquellen können für Langzeitbelichtungen genutzt werden. Vorbeifahrende Autos und Fahrräder können ebenso zur Lichtmalerei verwendet werden. Für Abbildung 4–98 wur-

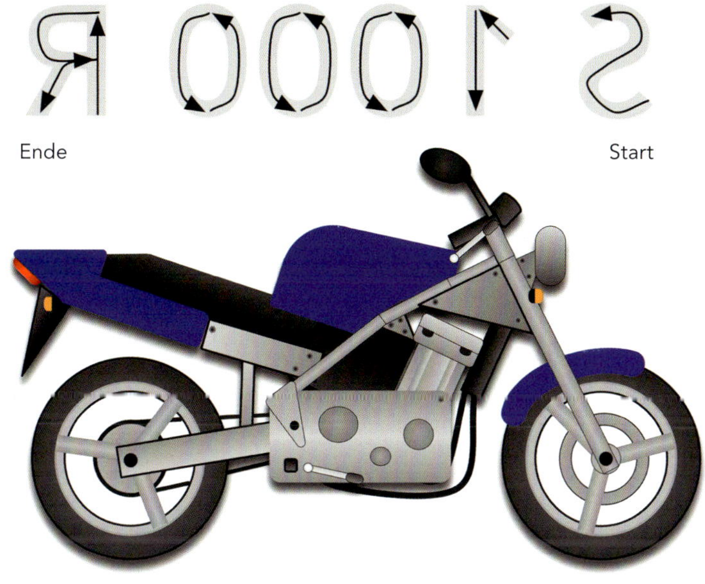

Abb. 4–97 Buchstaben müssen spiegelverkehrt in die Luft geschrieben werden, um auf dem Foto richtig herum angezeigt zu werden. Sie stehen bei so einer Lichtmalerei quasi hinter der Schrift. Vergessen Sie nicht, nach jedem Buchstaben die Lichtquelle auszuschalten, sonst ziehen Sie eine Lichtspur zwischen dem Ende des einen und dem Anfang des nächsten Buchstabens. Tipp: Wenn Sie Probleme haben, das »S« im Kopf zu drehen, malen Sie einfach ein Fragezeichen in die Luft.

den die Lichter des Straßenverkehrs genutzt. Die Kamera stand auf einem Stativ hinter der Maschine und das Bild wurde so komponiert, dass noch genug von der Straße sichtbar war. Bei der Aufnahme müssen Sie dann im Grunde nur noch die richtige Ampelphase abwarten, um während der Belichtungszeit möglichst viele Autos durch das Bild fahren zu lassen. Um die Intensität des Bilds zu erhöhen, wurden mehrere Belichtungen mit verschiedenen Leuchtspuren in der Nachbearbeitung übereinandergelegt und zusammenmontiert. Das Ergebnis ist eine spannende Kombination aus Ruhe (stehendes Motorrad) und Dynamik.

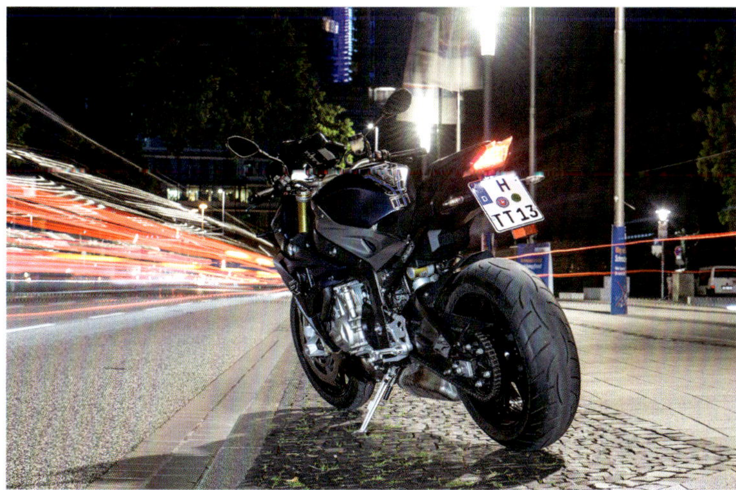

Abb. 4–98 Die Leuchtspuren des Straßenverkehrs ziehen an der BMW S 1000 R vorbei (66 mm, 6 s, f/8, ISO 100).

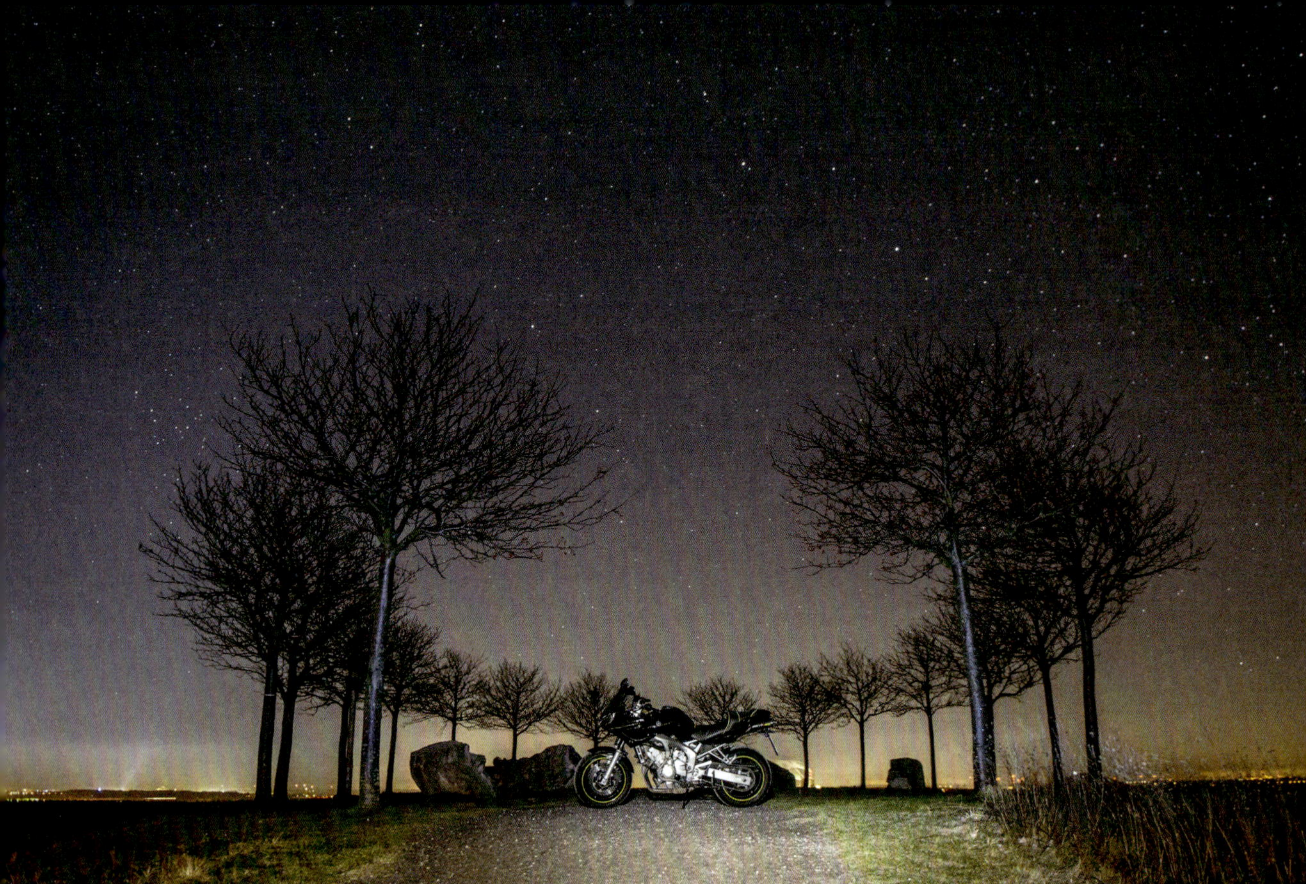

Abb. 4–99 Der Sternenhimmel vor den Toren der Stadt (Yamaha FZ6 Fazer, 26 mm, 10 s, f/2.8, ISO 1.600).

4.8.2 Mit nur einer Lichtquelle beleuchten

Lichtmalerei kann nicht nur dafür eingesetzt werden, Formen und Linien zu zeichnen. Sie kann auch dazu verwendet werden, ein Motorrad komplett auszuleuchten.

Der Vordergrund und die Yamaha in Abbildung 4–99 wurden lediglich mit einer Taschenlampe beleuchtet. Um den Sternenhimmel abbilden zu können, war eine Belichtungszeit von 10 s notwendig. Um möglichst viele Sterne zu sehen, stand die Maschine auf einem Hügel außerhalb der Stadt, ohne jegliche zusätzliche Beleuchtung.

Praxistipp

Bei der Fotografie von Sternen führen längere Belichtungszeiten dazu, dass die Sterne unscharf abgebildet werden: Aufgrund der Erdrotation dreht sich die Kamera unter dem Sternenzelt weg. Dieser Effekt ist schon ab ca. 20 s Belichtungszeit sichtbar – die Sterne beginnen, Streifen zu ziehen. Man könnte dies mit einem Augenzwinkern auch als kosmische Lichtmalerei bezeichnen.

Mit der Kamera auf einem Stativ habe ich zunächst das Bild komponiert. Dann habe ich das Motorrad mit einer Taschenlampe angeleuchtet, um auf die Maschine scharf stellen zu können (der Autofokus benötigt etwas Licht, um arbeiten zu können). Anschließend deaktivierte ich den Autofokus. So habe ich sichergestellt, dass der Schärfepunkt auf der Maschine blieb. Nach dem Start der Aufnahme habe ich die Taschenlampe eingeschaltet und einige Sekunden mit kreisenden Bewegungen das Motorrad und seine unmittelbare Umgebung angeleuchtet. Die kreisenden Bewegungen helfen dabei, eine ausgewogene und gleichmäßige Beleuchtung zu erreichen. Dann habe ich die Taschenlampe ausgeschaltet. Die Belichtung lief aber weiter, da das Sternenlicht nicht besonders stark ist und einige Zeit braucht, um den Sensor zu belichten. Die Länge der Ausleuchtung mit der Taschenlampe muss experimentell ermittelt werden. Nach mehreren Testaufnahmen werden Sie schnell herausfinden, wie viele Sekunden Sie mit der Taschenlampe wedeln müssen.

4.8.3 Flächige Muster mit Lichtmalerei erstellen

Taschenlampen stellen punktförmige Lichtquellen dar. Durch die zeitliche Dimension (Bewegung der punktförmigen Lichtquelle während der Belichtung) entsteht so eine Linie. Der nächste logische Schritt hin zu komplexeren Lichtmalereien ist die Verwendung einer stabförmigen Lichtquelle. Diese verwandelt sich bei Bewegung während der Belichtung in eine Fläche. Es wird zunächst eine kostengünstige Lösung, dann eine »Edelvariante« präsentiert.

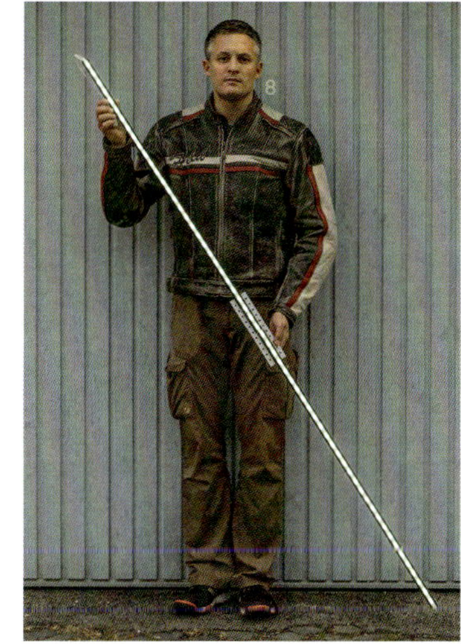

Abb. 4–100 Dieser Lichtstab ist ein Eigenbauprojekt mit einem Materialwert von nur ca. 40 €. Er besteht aus einer batteriebetriebenen LED-Lichterkette, die in zwei Aluminiumschienen eingelegt wird. Die Metallplatte in der Mitte verbindet die beiden je 1 m langen Schienen.

Bastelprojekt: Selbst gebauter LED-Lichtstab

Für dieses Bastelprojekt benötigen Sie Materialien im Wert von ca. 40 €. Die Idee ist, eine batteriebetriebene LED-Kette in einer Aluminiumschiene zu befestigen, um so eine linienförmige Lichtquelle zu erzeugen. Die benötigten Bauteile sind in Abbildung 4–101 zu sehen.

Benötigt werden für eine 2 m lange Lichtleiste:

- Zwei Aluminiumleisten mit je 1 m Länge inkl. passender Abdeckung aus weißem Kunststoff.
- Ein batteriebetriebener LED-Streifen (je mehr LEDs pro Meter, desto besser). Achten Sie darauf, dass das Lichtband mit RGB-LEDs ausgestattet ist, um verschiedene Farben zur Verfügung zu haben.
- Schrauben und Verbindungselemente.

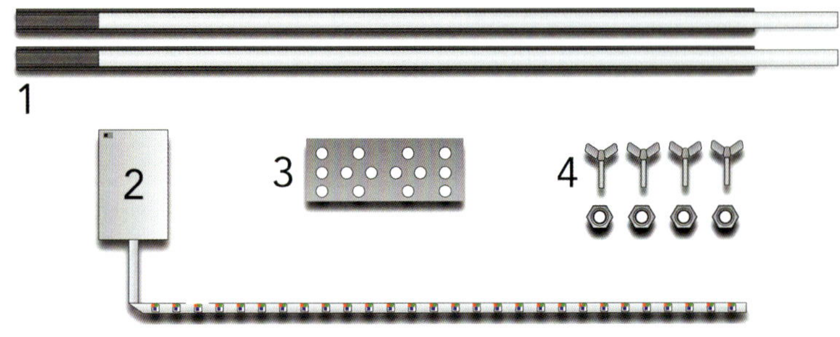

Abb. 4–101 Diese Einzelbauteile benötigen Sie, um den Lichtstab zu bauen: (1) zwei jeweils 1 m lange Aluminiumschienen mit einer diffusen Kunststoffabdeckung, (2) ein batteriebetriebenes, 2 m langes LED-Lichtband mit RGB-LEDs, (3) eine Metallplatte mit Bohrungen zum Verbinden der Komponenten und (4) einige Schrauben und Muttern.

Wer möchte, kann auch nur eine 1 m lange Lichtleiste bauen, was die gesamte Konstruktion etwas handlicher macht. Alle Artikel können entweder in einem gut sortierten Baumarkt oder bei den gängigen Internet-Versandhändlern kostengünstig erworben werden.

Die Montage ist einfach. Bohren Sie mit einer Bohrmaschine in den Endbereich jeder Schiene ein paar Löcher. Diese können dann mit ein paar Schrauben, Flügelmuttern und einer gelochten Platte als Verbindungslasche zusammengefügt werden. Legen Sie in die so entstandene 2 m lange Stange das LED-Leuchtband ein und decken Sie die Schiene mit der Kunststoffleiste ab. Mit etwas Gewebeklebeband muss nun nur noch das Batteriefach an der Stange fixiert werden.

Mit einem solchen Lichtstab lassen sich farbige Muster und Lichtbänder in die leere Luft malen, wie in Abbildung 4–103 zu sehen ist. Die breit auseinander platzierten LEDs des Lichtbands führen dazu, dass das Band aus mehreren diskreten Linien besteht. Stünden die LEDs

Abb. 4–102 Testshooting mit dem selbst gebauten Leuchtstab (58 mm, 15 s, f/2.8, ISO 100)

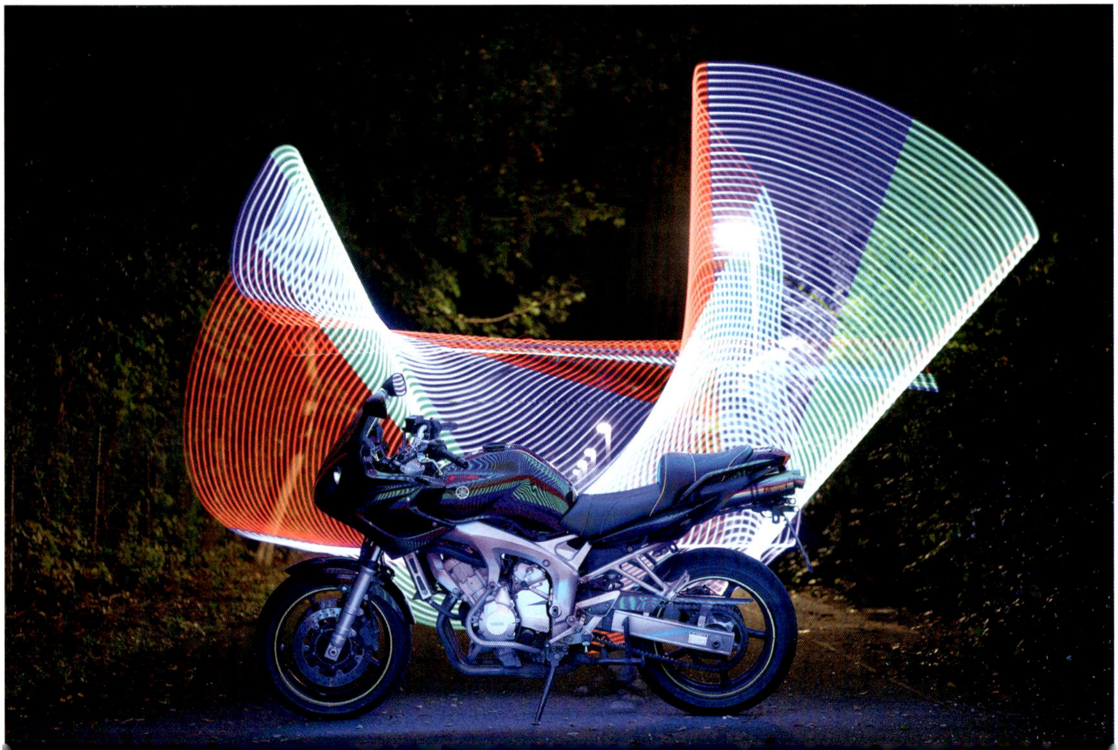

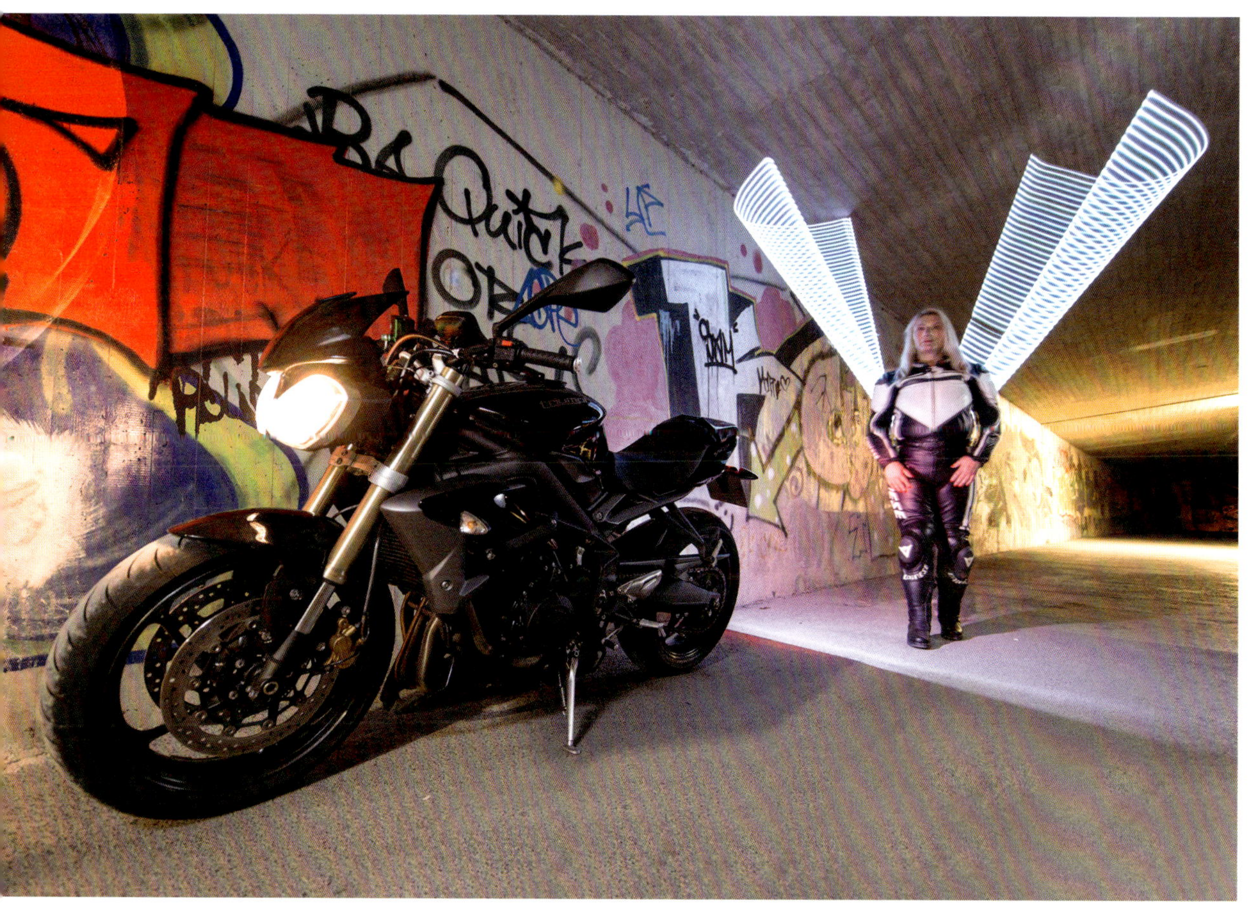

Abb. 4–103 Die Triumph Street Triple und Bikerin Bea mit Engelsflügeln. Die Flügel habe ich während einer Langzeitbelichtung mit dem LED-Stick hinter Bea gemalt (Triumph Street Triple, 16 mm, 10 s, f/2.8, ISO 100).

enger beieinander, würden sie, bedingt durch die milchige Kunststoff-Diffusorschiene, zu einer homogenen Fläche verschmelzen.

Experimentieren Sie mit verschiedenen Bewegungen der LED-Leuchtstange: Wedeln Sie die Stange auf und ab, lassen Sie sie rotieren. Jede Bewegung erzeugt einen anderen Effekt. Die meisten LED-Lichtbänder verfügen über einen Controller, welcher die Farbe bzw. einen Farbwechsel der RGB-LEDs steuern kann. Mit etwas Kreativität lassen sich auch konkrete Lichtideen umsetzen. So ist in Abbildung 4–103, Kraft des Lichts, Bikerin Bea kurzerhand zu einem Schutzengel mutiert. Die Engelsflügel habe ich mit dem LED-Leuchtstab gemalt, indem ich nach dem Auslösen der Kamera schnell hinter Bea getreten bin, den Lichtstab einschaltete, den ersten Flügel malte, den Lichtstab ausschaltete und ihn zur anderen Schulter bewegte, wieder einschaltete und den zweiten Flügel malte. Bea musste in dieser Zeit regungslos stehen bleiben, um mit möglichst geringer Bewegungsunschärfe abgebildet zu werden.

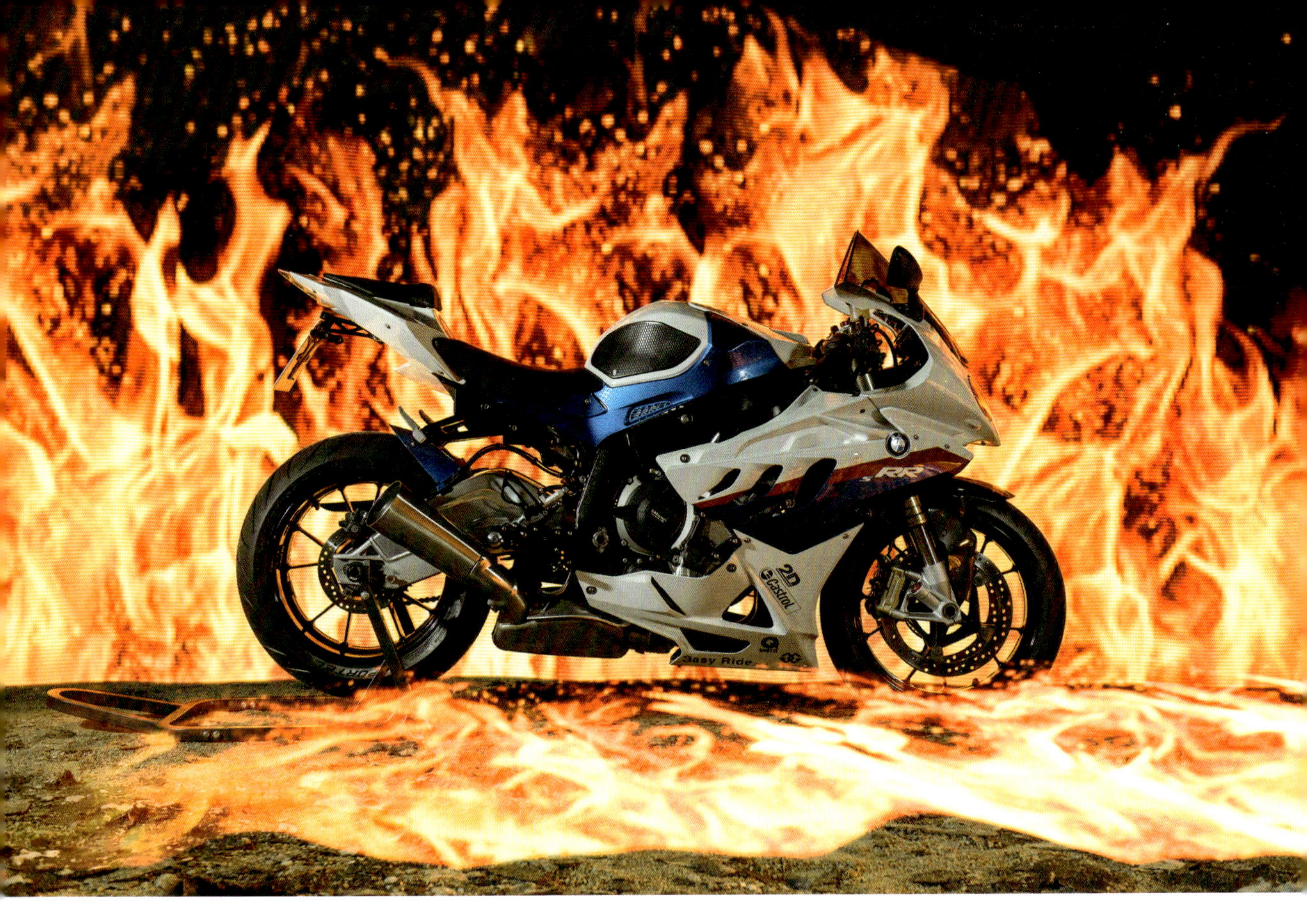

Abb. 4–104 Keine echten Flammen, sondern eine mit dem PixelStick gemalte Flammenwand (BMW S 1000 RR, 48 mm, 15 s, f/4, ISO 125).

Die Edellösung: Programmierbare LED-Leuchten

Die im vorigen Abschnitt genannte Lösung ist kostengünstig und vielseitig einsetzbar. Sie unterliegt allerdings einigen Einschränkungen. Die Farbe des Lichts ist nur entsprechend der im Controller der Lichtleiste hinterlegten Programmierung wählbar, sodass man sich auf das beschränken muss, was der Hersteller der Lichtleiste einem mit auf den Weg gibt.

Eine besondere Lösung stellen hier programmierbare LED-Lichtleisten dar. Diese Leuchten können im gut sortierten Foto-Zubehörhandel erworben werden. Der Vorreiter bei dieser Art von Werkzeugen für die Lichtmalerei ist der PixelStick.

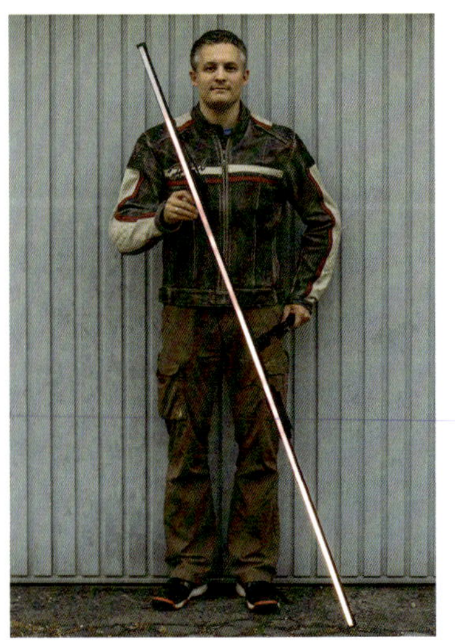

Abb. 4–105 Der PixelStick ist eine 2 m lange Schiene mit 200 RGB-LEDs. Der PixelStick kann 200 Pixel hohe Grafiken »abspielen«, indem das Bild Zeile für Zeile angezeigt wird. Bewegt sich der Fotograf mit diesem Leuchtstab während einer Langzeitbelichtung durch das Bild, wird die abgespielte Grafik in die leere Luft gemalt.

Bei diesem Modell sind auf der 2 m langen Aluminiumschiene 200 RGB-LEDs verteilt. Jede LED kann die Grundfarben Rot, Grün, Blau oder eine beliebige Mischung daraus darstellen. Über ein Kontrollgerät können per SD-Karte 200 Pixel hohe Grafiken eingelesen und über den Lichtstab »abgespielt« werden. Der Stab stellt nacheinander jede Spalte der Grafik dar und zeichnet so das eingelesene Bild nach. Bewegt man den Lichtstab während einer Langzeitbelichtung durch das Bild, kann ein beliebiges Muster und sogar ein Foto in das gerade entstehende Foto gemalt werden. Der Kreativität sind hierbei keine Grenzen gesetzt.

In Abbildung 4–104 wurde das Bild einer Flammenwand abgespielt. Dazu habe ich den Lichtstab zunächst hinter dem Motorrad entlanggeführt. Danach habe ich ihn umgedreht (sodass das Licht von der Kamera weg scheint) und bin (noch während der gleichen Belichtung) langsam vor dem Motorrad vorbeigegangen und habe den Stab dabei über die Oberfläche der Maschine geführt. Da der Lichtstab weiterhin das eingespeicherte Bild abspielt, entstehen realistische Spiegelungen in den lackierten Teilen, welche dem Foto einen gewissen Pepp geben.

4.8.4 Motorradscheinwerfer

Ein wichtiges Detail sind die Scheinwerfer der Maschine selbst. Meistens wirkt die Maschine lebendiger, wenn die Scheinwerfer eingeschaltet sind, denn dann leuchten die »Augen« im wahrsten Sinne des Wortes (siehe Abb. 4–106). Besonders im Dämmerlicht wirken eingeschaltete Scheinwerfer besser und verleihen der Maschine etwas

Abb. 4–106 Das Einschalten der Scheinwerfer bringt Leben ins Bild. Die Maschine ist fahrbereit und kommuniziert, dass sie nur noch auf den Fahrer wartet.

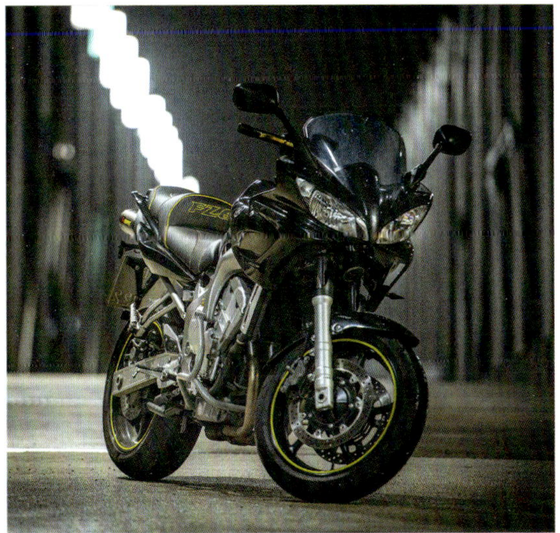

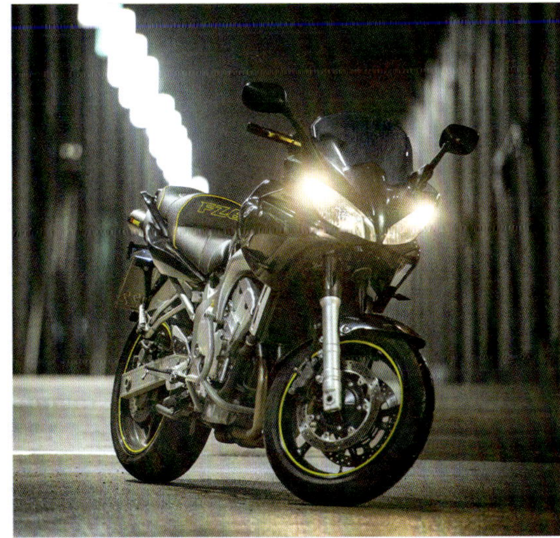

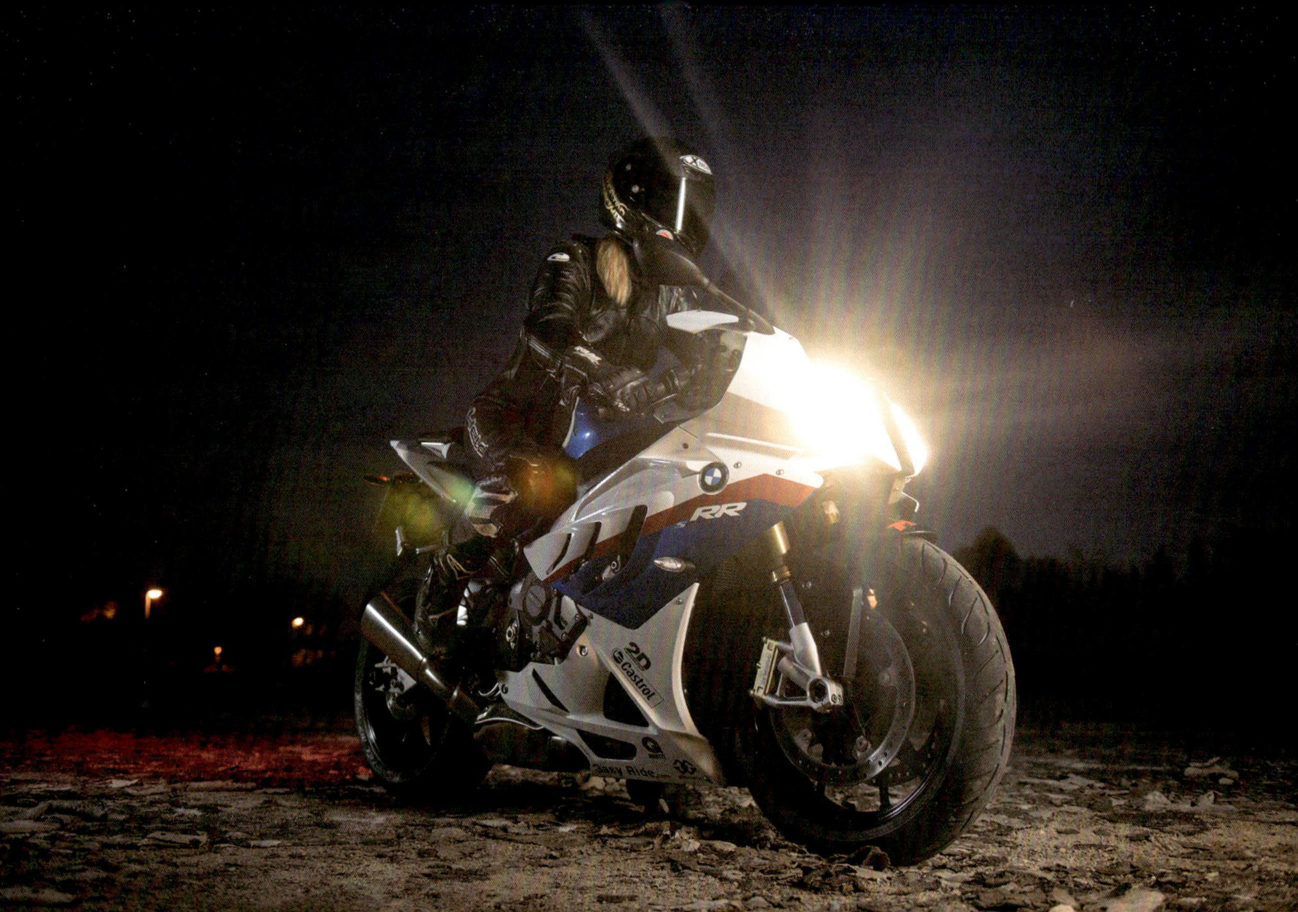

Abb. 4–107 Strahlenbildung und Blendenflecke im Gegenlicht der Scheinwerfer einer BMW S 1000 RR. Durch die weit offene Blende fallen die Strahlen sehr weich aus (31 mm, 2,5 s, f/2.8, ISO 100).

Besonderes. Da bei vielen Motorrädern Abblend- und Fernlicht in zwei verschiedenen Scheinwerferhöhlen beheimatet sind, sollten aus Gründen der Symmetrie beide eingeschaltet werden. Dosieren Sie dies allerdings mit Augenmaß, da es ansonsten beim nächsten Startversuch der Maschine zu bösen Überraschungen kommen kann, wenn die Batterie schlappmacht. Wenn Sie also mit Abblend- und Fernlicht arbeiten, schadet es nicht, die Maschine ab und zu für ein paar Minuten im Leerlauf drehen zu lassen.

Wenn Sie die Maschine im Viertelprofil von vorne links oder rechts oder in der Frontalansicht fotografieren (siehe Abb. 4–80), können Sie im Gegenlicht der Scheinwerfer Blendenflecke (engl. Lens Flares) erzeugen, wie zum Beispiel bei der BMW S1000RR in Abbildung 4–107. Ein gewisses »Überstrahlen« des Bilds wird hierbei in Kauf genommen. Je direkter die Kamera in die Scheinwerfer blickt, desto stärker ist der Effekt der Blendenflecke. Über die Ästhetik von Blendenflecken wird in der Fotografie gestritten. Sie können darin entweder einen Abbildungsfehler sehen, den es zu vermeiden gilt, oder ein gestalterisches Element. In beiden Fällen ist es wichtig zu verstehen, wie Blendenflecke in einer Aufnahme entstehen.

Praxistipp: Bremslicht

Nicht nur die Scheinwerfer, sondern auch das Rücklicht können in die Bildgestaltung eingebunden werden. Wenn das Rücklicht bei einer Aufnahme zu schwach ist, um während der Belichtungszeit hervorgehoben zu werden, können Sie ein starkes Gummiband um Lenker und Bremshebel schlingen. Je nachdem, in wie viele Schlaufen Sie das Gummiband legen, wird mehr oder weniger Druck auf den Bremshebel ausgeübt. Mit dieser Methode können Sie das Bremslicht für das Foto dauerhaft aktivieren. Sollte das Gummiband auf der Aufnahme zu sehen sein, kann es in der Nachbearbeitung einfach retuschiert werden.

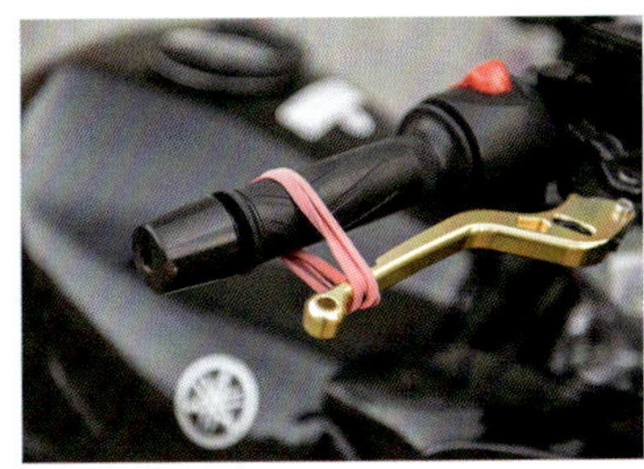

Abb. 4–108 Das Gummiband am Bremshebel aktiviert das Bremslicht. Hierdurch können Sie bei einer Langzeitbelichtung das Bremslicht hervorheben.

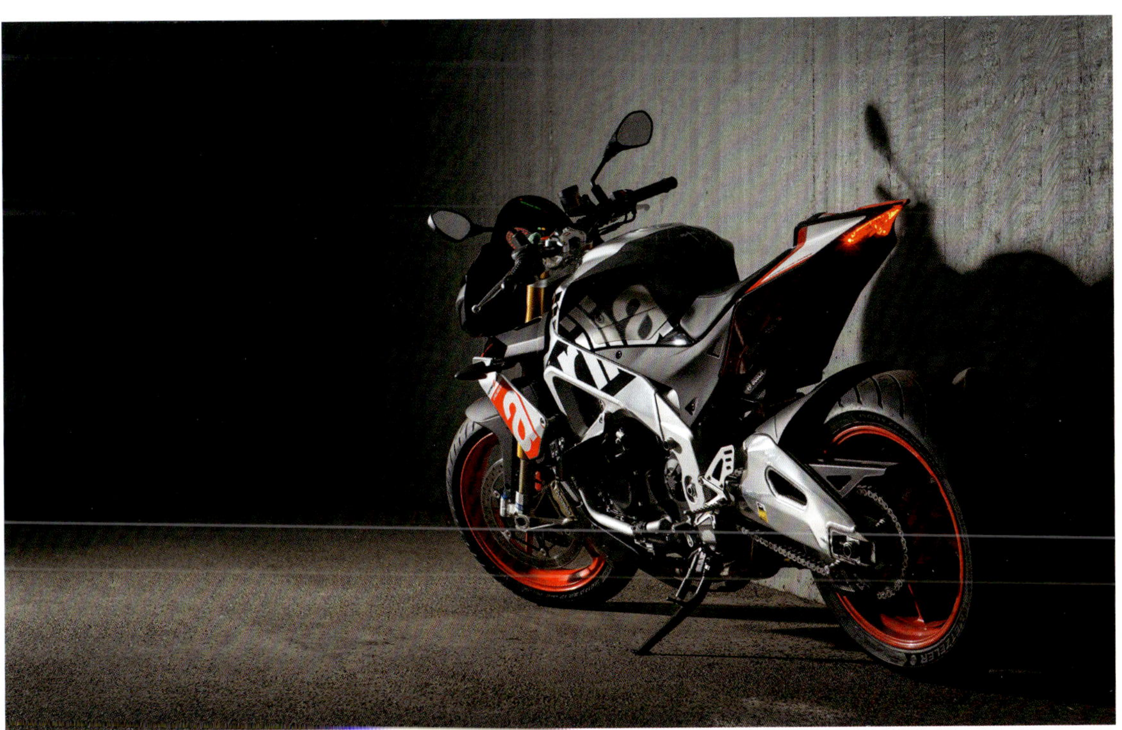

Abb. 4–109 Um das Bremslicht dieser Aprilia Tuono V4 1100 Factory während der Belichtungszeit hervorzuheben, wurde der Bremshebel mit einem Gummiband aktiviert. In der Nachbearbeitung habe ich das Gummiband wieder entfernt (70 mm, 1/10 s, f/5.6, ISO 250).

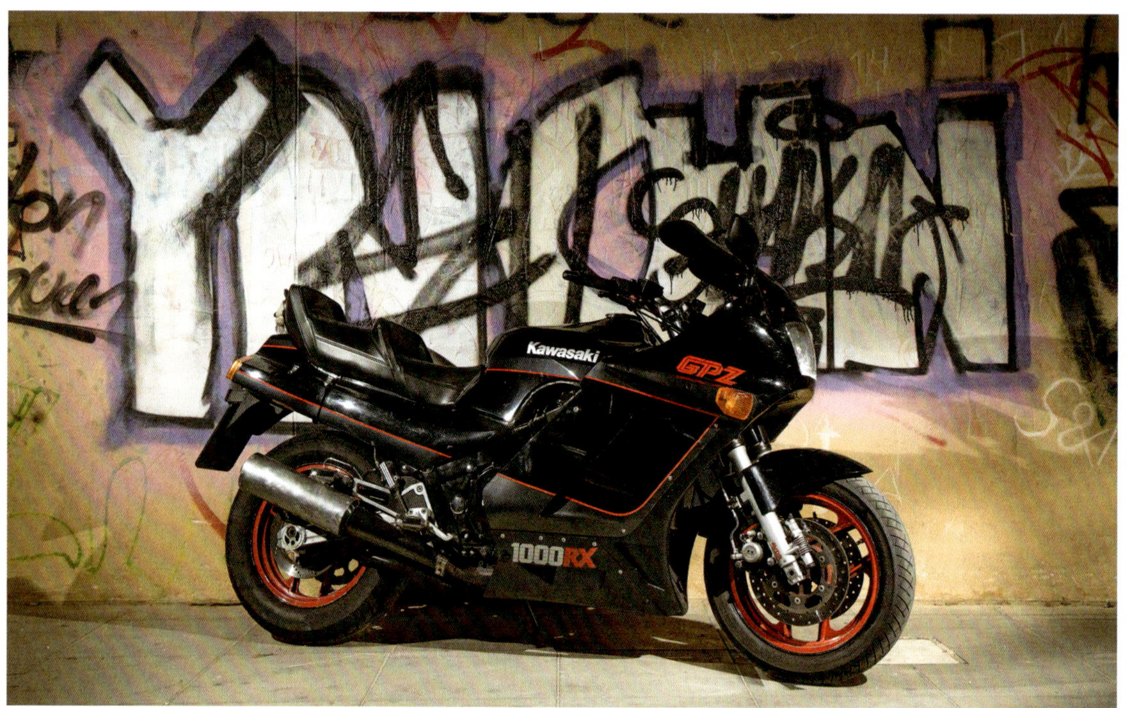

Abb. 4–110 Kawasaki GPZ 1000 RX, beleuchtet nur von einer kleinen Taschenlampe (38 mm, 1/250 s, f/7.1, ISO 200)

4.8.5 Training Lichtmalerei I: Mit einer Taschenlampe ausleuchten

Du benötigst eine Kamera mit Stativ und eine helle Taschenlampe, zum Beispiel eine LED-Taschenlampe. Für diese Übung muss es mindestens dämmrig sein, ideal wäre ein Zeitpunkt im Bereich der blauen Stunde (siehe Abschnitt »Die blaue Stunde«, ab Seite 57). Du kannst aber auch das Motorrad vor eine Wand stellen – wichtig ist nur, dass es dämmrig genug ist, um eine mehrere Sekunden dauernde Belichtung zu ermöglichen. Montiere die Kamera auf dem Stativ und wähle eine Belichtungszeit von mehreren Sekunden. Wenn die Kamera aufgrund mangelnder Helligkeit nicht fokussieren kann, leuchte die Maschine zum Scharfstellen kurz an.

Wenn die Belichtung gestartet ist, schalte die Taschenlampe ein und beleuchte damit die Maschine mit kreisenden Bewegungen. Zähle die Sekunden, in denen die Taschenlampe eingeschaltet ist. Nach dem Ende der Belichtung begutachte das entstandene Foto. Ist die Maschine gut beleuchtet? Welche Teile hätten etwas besser ausgeleuchtet werden können? Mache mehrere Aufnahmen und taste dich so an die optimale Ausleuchtung der Maschine heran. Es ist nicht so schwer, wie es klingen mag. Nach einigen Versuchen solltest du eine gute Ausleuchtung gefunden haben.

Du kannst die Übung intensivieren, indem du nicht nur die Maschine mit der Taschenlampe beleuchtest, sondern auch Teile der Umgebung. Vielleicht ist ein Baum im Hintergrund, der durch eine selektive Beleuchtung hervorgehoben werden kann. Durch das Einbeziehen des Hintergrunds in die Beleuchtung mit der Taschenlampe kannst du die Komposition beeinflussen und das Bild interessanter gestalten.

4.8.6 Training Lichtmalerei II: Figuren und Formen zeichnen

Etwas komplexer als die vorherige Übung ist das Malen von Figuren und Formen in die leere Luft. Der Aufbau ist hier der gleiche wie in der Übung Lichtmalerei I. Die Kamera muss auf einem Stativ montiert sein, das Bike in dämmrigem Licht stehen. Stelle die Kamera auf eine lange Belichtungszeit ein, mindestens 15 s. Mache ein Testbild, um zu prüfen, ob das Restlicht des Tages genügt, um die Maschine über den Belichtungszeitraum ausreichend zu beleuchten. Wenn nicht, musst du zu Beginn der Aufnahme ein paar Sekunden die Maschine entweder mit der Taschenlampe beleuchten oder du blitzt das Motorrad an.

Abb. 4–111 Kawasaki Z750 (135 mm, 30 s, f/22, ISO 400)

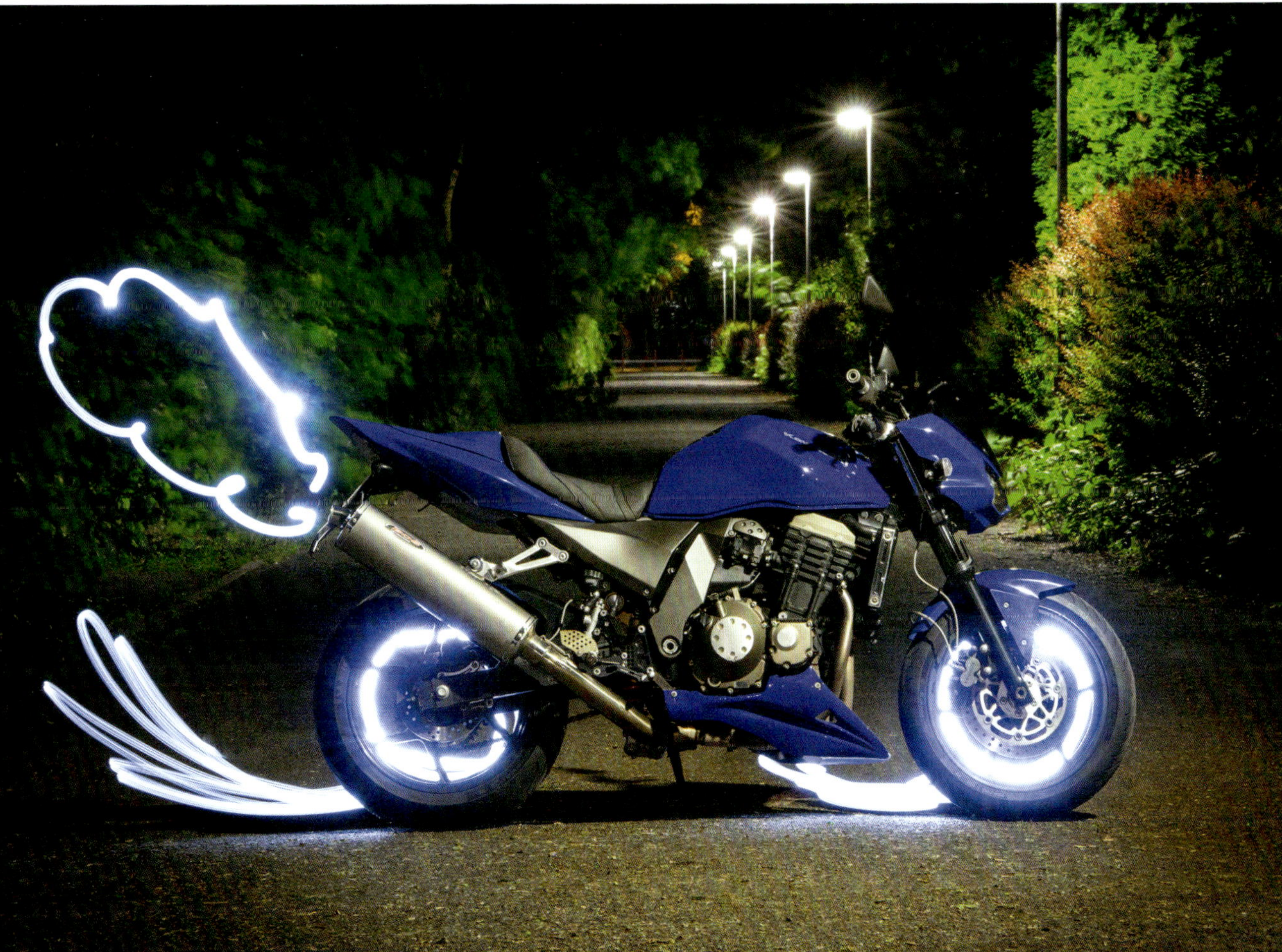

Bewege dich nach dem Start der Aufnahme ins Bildfeld und male mit der eingeschalteten Taschenlampe Formen in die Luft (die Taschenlampe muss natürlich in Richtung der Kamera zeigen). Wichtig dabei ist, dass du ständig in Bewegung bleibst, um nicht selbst auf der Aufnahme gesehen zu werden. Beginne mit einfachen Formen wie Kreisen und Linien, später kannst du auch Buchstaben in die Luft malen (zum Beispiel den Modellnamen der Maschine). Bedenke dabei, dass du spiegelverkehrt und von rechts nach links schreiben musst. Der Kreativität sind bei dieser Übung keine Grenzen gesetzt. Du kannst Buchstaben und Zahlen malen, Figuren zeichnen oder die Kontur der Maschine mit der Taschenlampe nachfahren.

4.8.7 Training Scheinwerfer, Strahlenkränze, Blendenflecke

In diesem Training zeigt der eingeschaltete Scheinwerfer der Maschine auf die Kamera. Du kannst üben, das Bild gezielt zu überstrahlen und Strahlenkränze oder Blendenflecke um die Lichtquelle herum zu generieren. Du musst für diese Übung im Dämmerlicht arbeiten, sodass die Scheinwerfer der Maschine einen guten Kontrast zum Umgebungslicht bilden. Beginne mit einer relativ offenen Blende, zum Beispiel f/4. Montiere die Kamera auf einem Stativ. Die Scheinwerfer der Maschine müssen eingeschaltet sein, idealerweise aktivierst du auch das Fernlicht. Positioniere die Maschine so, dass du sie im Viertelprofil von vorne links oder rechts im Sucher hast. Mache ein paar Aufnahmen und bewege Kamera und Stativ um die Maschine herum. Beobachte dabei, wie das Licht der Scheinwerfer die Bildwirkung beeinflusst und wann Blendenflecke auftreten (falls überhaupt, da hochwertige Objektive weniger zur Bildung von Blendenflecken neigen).

Lass den Motor der Maschine ab und zu für ein paar Minuten laufen, sodass die Batterie nicht zu stark beeinträchtigt wird. Schnell zu arbeiten, ist hier von Vorteil. Daher solltest du bei dieser Übung besonders darauf achten, die Wirkung der Scheinwerfer in Abhängigkeit vom Winkel zur Kamera gut zu durchdringen. Erstelle nun eine weitere Bilderserie, in welcher du die Blende weiter schließt. Beginne zum Beispiel mit f/8 und bewege dich wieder halbkreisförmig um die Front der Maschine herum. Vergleiche die Bilder der ersten und zweiten Serie. Wie verändert sich die Bildwirkung?

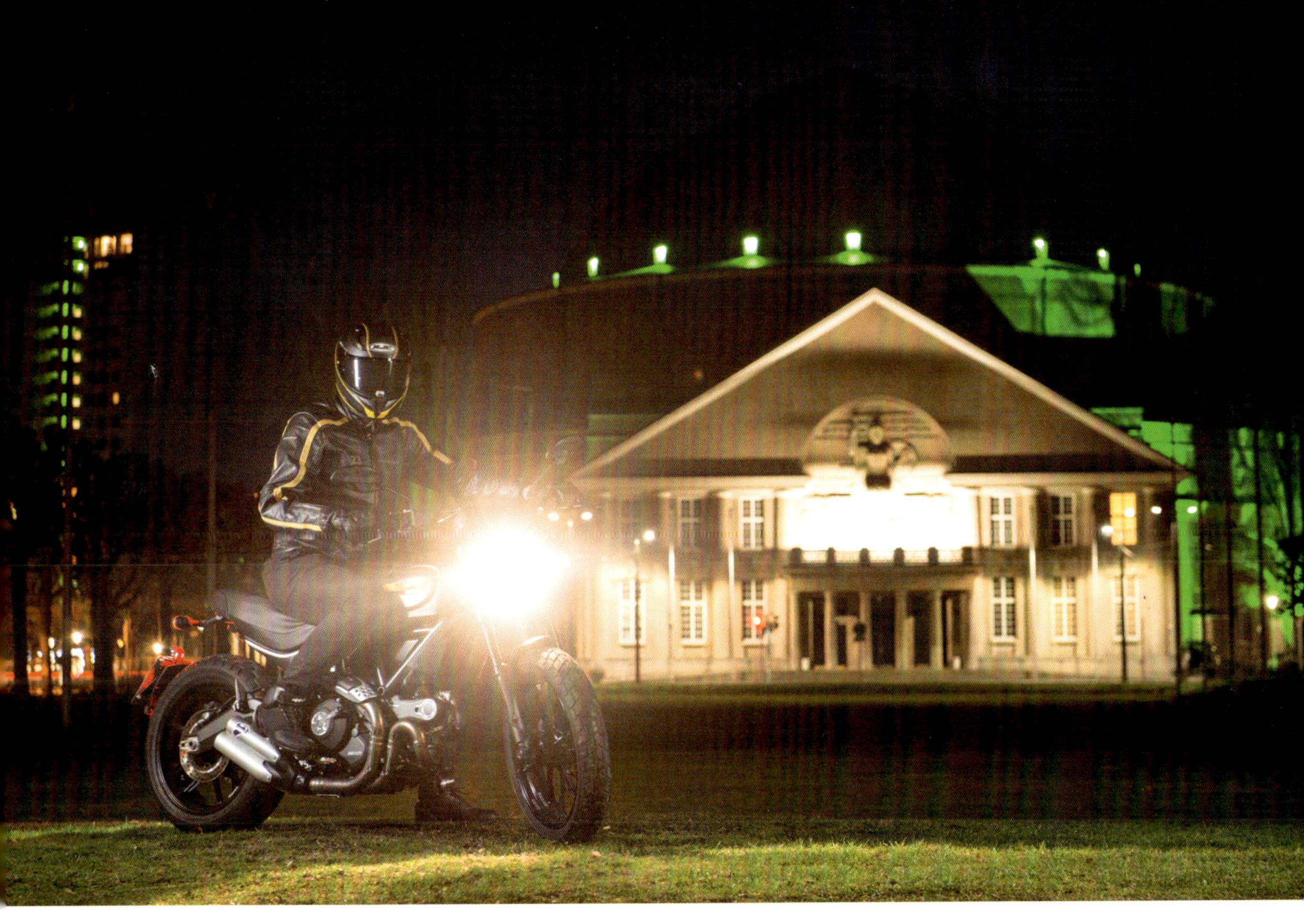

Abb. 4–112 Ducati Scrambler Full Throttle
(70 mm, 3 s, f/4, ISO 100)

Wenn du noch Zeit hast, kannst du einen dritten Durchlauf mit maximal geschlossener Blende durchführen. Dies wird zu recht langen Belichtungszeiten führen, jedoch kannst du danach anhand des Vergleichs der offenen und der maximal geschlossenen Blende für dich persönlich ermitteln, welche Ausprägung nach deinem Geschmack ansprechend und nicht übetrieben wirkt.

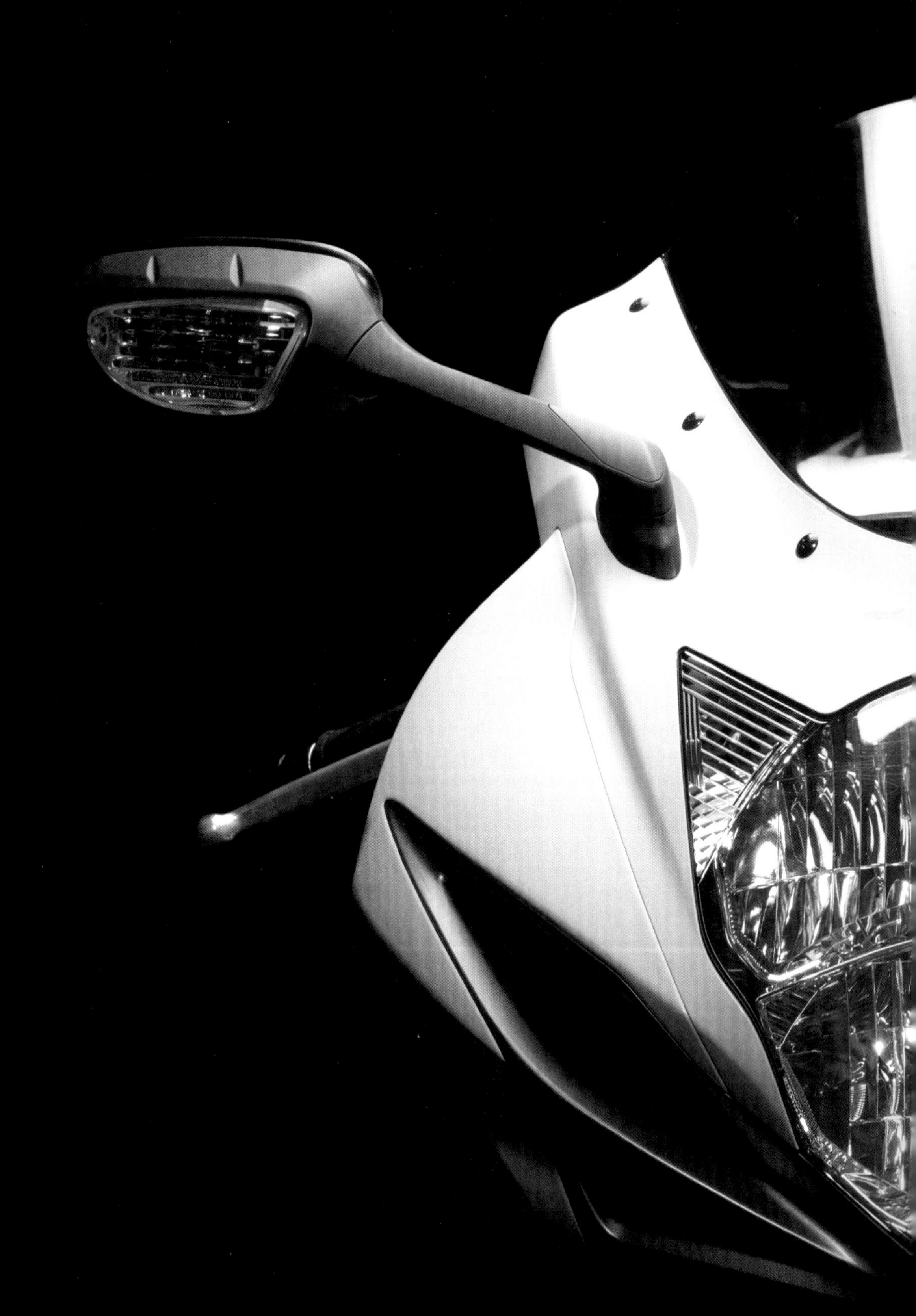

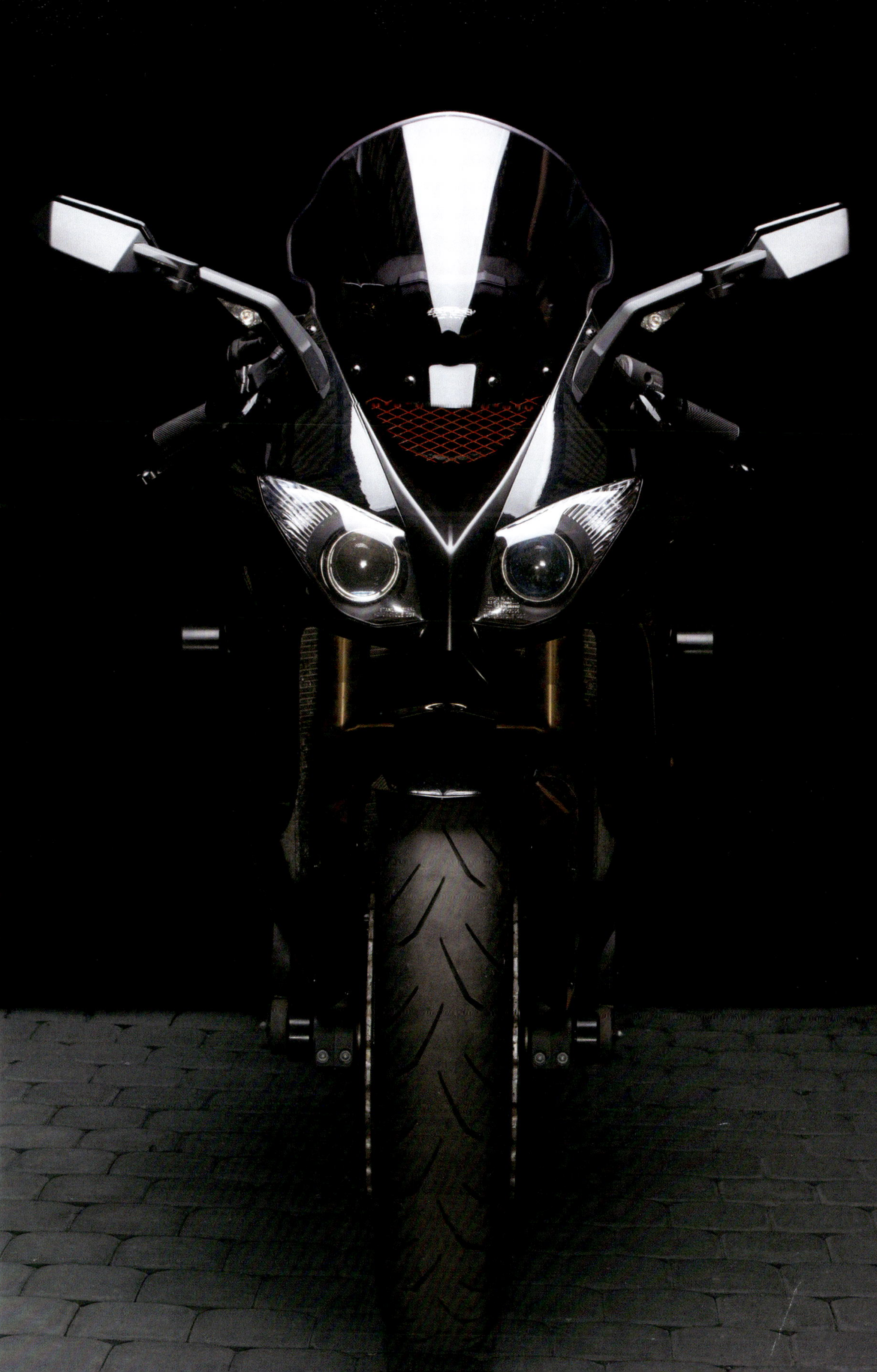

Gehen Sie systematisch vor bei der Wahl der Ansichten. Beginnen Sie zum Beispiel mit einer Seitenansicht und gehen Sie danach zu den Details in dieser Ansicht über. Jede Maschine hat viele reizvolle Details: Kettenblatt, Federbein, Lenker, Verkleidungsteile, Krümmer, Auspuff zum Beispiel. Durch die Neutralität des Hintergrunds können Details besonders betont werden, da sich hinter der Maschine ein gleichmäßiger Hintergrund befindet, welcher keine Aufmerksamkeit von den Details abziehen könnte.

Wenn Sie eine Seite abgeschlossen haben, können Sie das Motorrad in die nächste Position rangieren und das Licht neu ausrichten. Vergessen Sie nicht, dass auch der Biker mit fotografiert werden möchte. Doch dieser kann die sorgfältig ausgetüftelte Beleuchtung wieder durcheinanderbringen. Wenn der Biker zum Beispiel vor der Maschine steht, könnte er Licht von den seitlichen Blitzen abschirmen und Schatten werfen. Gegebenenfalls müssen die Blitze in so einer Situation in einem etwas stumpferen Winkel zur Maschine aufgestellt werden.

Abb. 5–8 Cockpit einer BMW R 1200 GS (66 mm, 1/125 s, f/18, ISO 100)

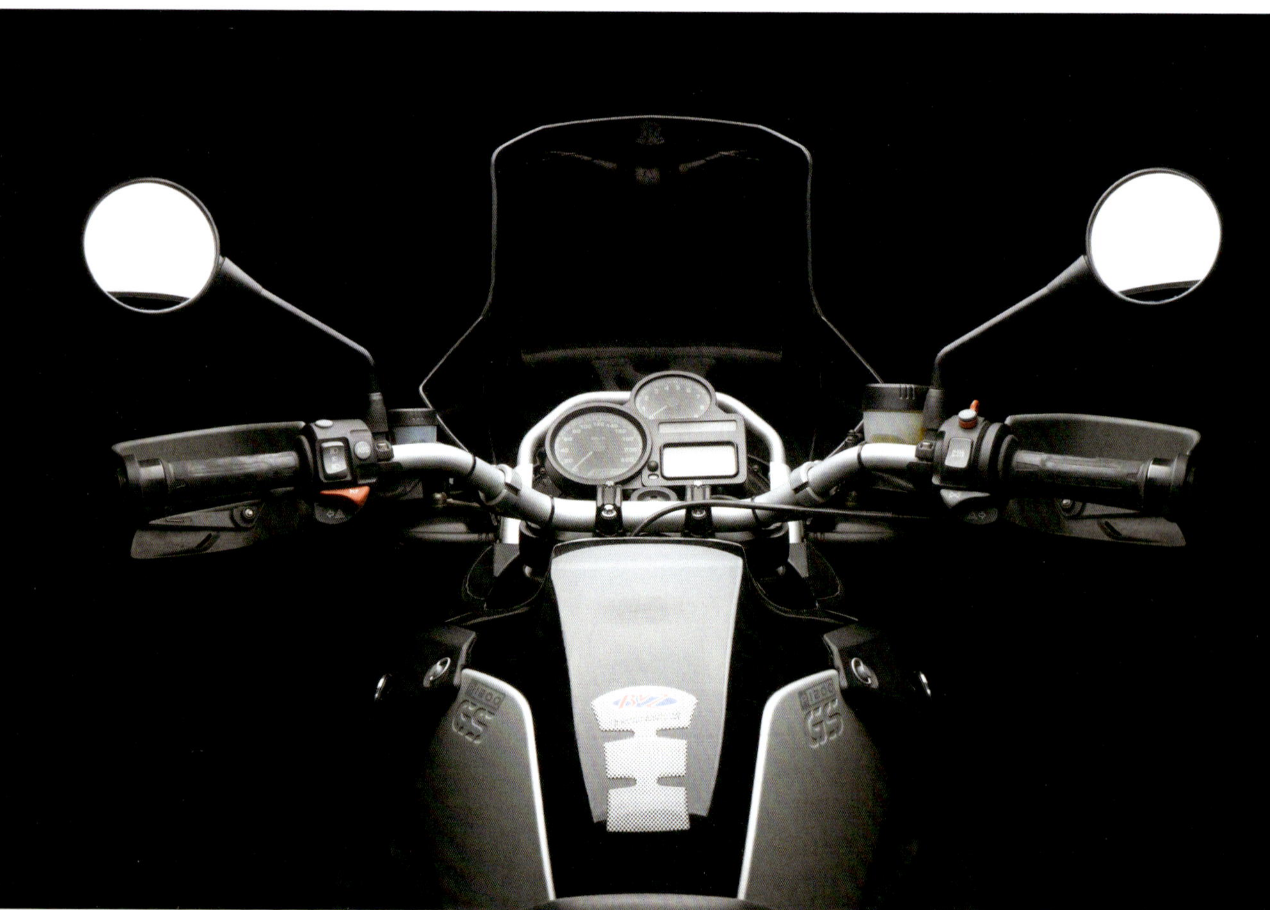

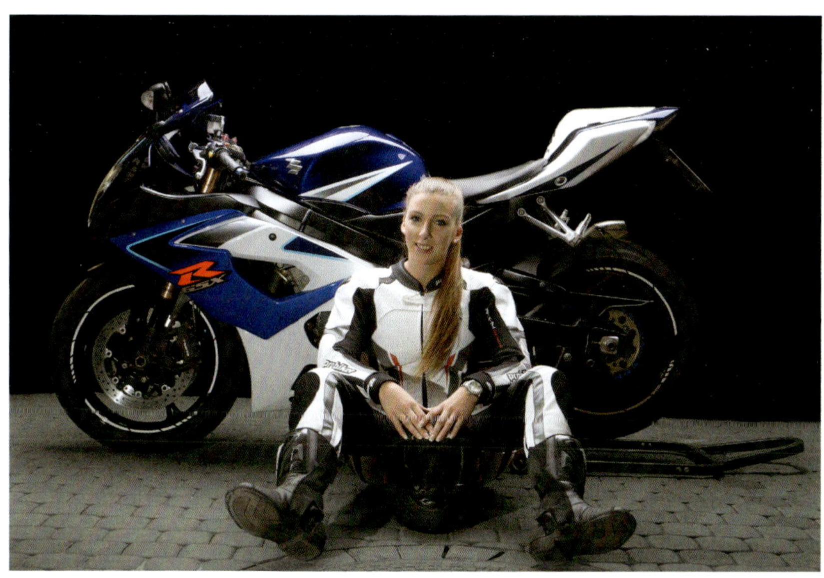

Abb. 5–9 Suzuki GSX-R 1000 und Bikerin Dana (56 mm, 1/160 s, f/16, ISO 100)

Abb. 5–10 Die Front einer Suzuki GSX-R 600 in einer Studioaufnahme (70 mm, 1/160 s, f/16, ISO 100)

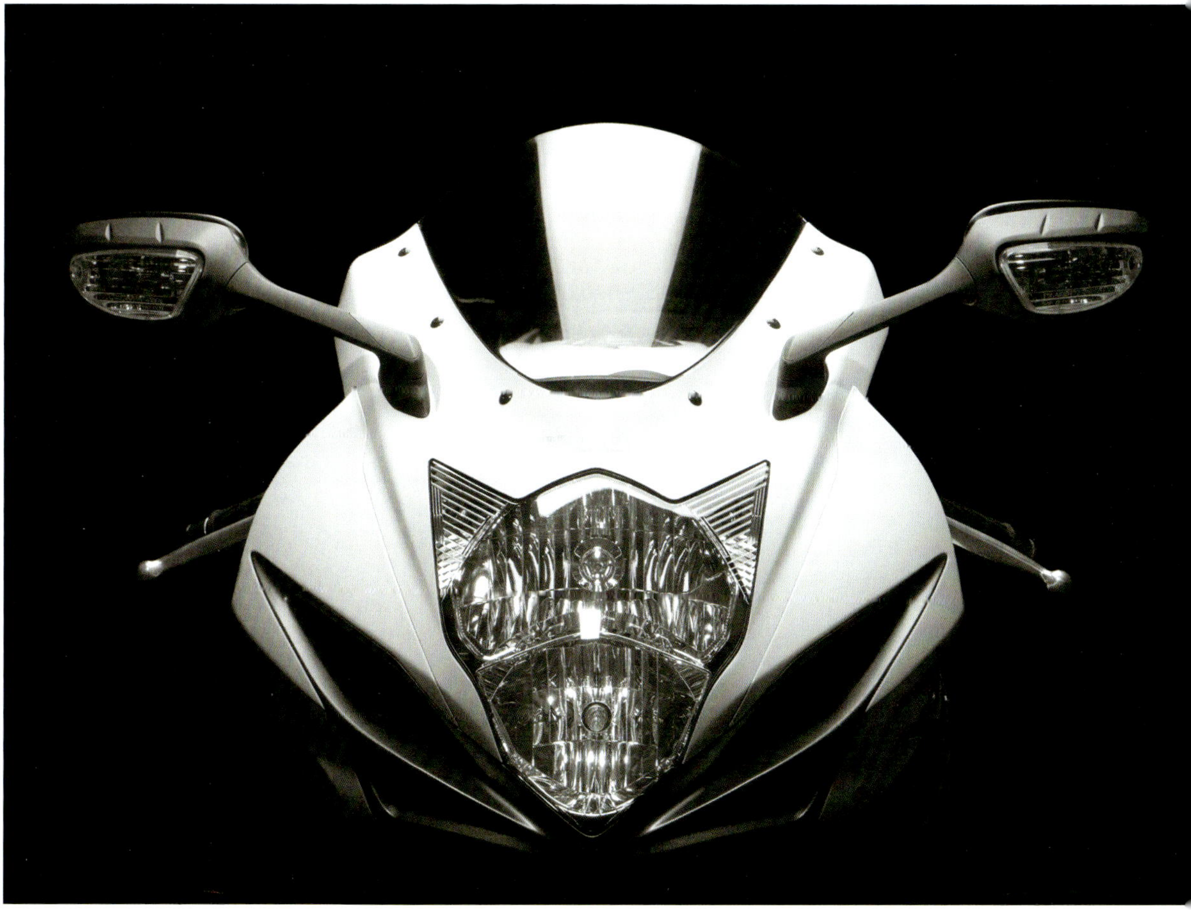

5.3 Spiegelungen

Spiegelungen auf lackierten oder verchromten Flächen wurden bereits in Abschnitt 4.5.8 besprochen. In der Studiofotografie können Spiegelungen Fluch und Segen zugleich sein. Die Spiegelung des Lichts von oben zum Beispiel erzeugt ein ansprechendes Lichtband, welches die Tankoberfläche betont. Allerdings spiegelt sich nicht nur das Licht der Blitze in lackierten Oberflächen, sondern alles, was sich in der Umgebung befindet. Gerade bei Studiofotos, die eine eher sterile und künstliche Anmutung aufweisen sollen, können unerwünschte Spiegelungen schnell zum Problem werden. Zum Glück ist das Problem bei Motorrädern nicht so dominant wie beim Fotografieren eines Autos. Bei einem Motorrad sind die lackierten (also reflektierenden) Flächen deutlich kleiner und zerklüfteter. Dennoch können sich Objekte im Motorradlack spiegeln, wenn sie entweder nah genug an der Maschine stehen oder von den Blitzen genügend Licht abbekommen und erhellt werden. Je nachdem, was sich in der Oberfläche spiegelt, kann die Bildwirkung beeinträchtigt werden. Ein Chopper sieht nur noch halb so cool aus, wenn sich eine Mülltonne im Chrom spiegelt. Störende Spiegelungen können reduziert werden, indem Sie kleinere Objekte aus der unmittelbaren Umgebung entfernen. Spiegelt sich bei der Nahaufnahme zum Beispiel die Kameratasche im Tank, müssen Sie die Tasche woanders hinstellen.

Ein kurzes Wort zur Kleidung des Fotografen während eines Shootings sei erwähnt, denn Fotograf und Kamera können sich ebenfalls in der Maschine spiegeln. Dies ist nicht immer zu vermeiden, aber Sie können die Spiegelung reduzieren. Tragen Sie keine Kleidung, welche sich grell von der Umgebung abhebt. Eine knallrote Jacke zum Beispiel kann auf der verchromten Oberfläche eines Choppers einen Farbtupfer hinterlassen, der sofort ins Auge fällt. Wenn Sie unauffälligere Kleidung tragen, reduziert sich auch die Auffälligkeit der Spiegelung. Wenn Sie sich zusätzlich beim Fotografieren hinsetzen oder hinknien, verringern Sie Ihre Größe und somit auch die Ihrer Spiegelung. Manchmal bringt es auch etwas, das Motorrad ein kleines Stückchen zu drehen (sofern dies mit Ihrer Bildidee kompatibel ist). Durch einen leicht versetzten Aufnahmewinkel können Sie die Spiegelung weniger auffällig gestalten oder eliminieren.

5.4 Pseudo-Studiofotografie mit nur einem Blitz

Ein Studio einzurichten – und sei es nur ein temporäres – ist aufwendig und erfordert einiges an Ausrüstung. Sie können jedoch auch mit nur einem Blitz einen Studiolook erreichen. Die Honda Shadow in Abbildung 5–11 wurde auf einem leeren, unbeleuchteten Parkplatz aufgenommen und erforderte nur einen einzelnen Blitz.

Ich nenne diese Technik »Pseudo-Studiofotografie«, weil das Resultat dem entspricht, was man bei einem Studiobild erwarten würde: ein Motorrad vor schwarzem Hintergrund, also in einer neutralen Umgebung. Für diese Technik benötigt man lediglich eine freie Fläche ohne weitere Lichtquellen in der Nähe (also zum Beispiel keine Straßenlaternen o. Ä.). Das Licht kommt von einem einzelnen Blitz, der an einer Teleskopstange von einem Assistenten über dem Motorrad gehalten wird. Der Blitz feuert senkrecht nach unten und leuchtet die Maschine aus.

Abb. 5–11 VT 1100 Honda Shadow C3 (62 mm, 1/100 s, f/5, ISO 400)

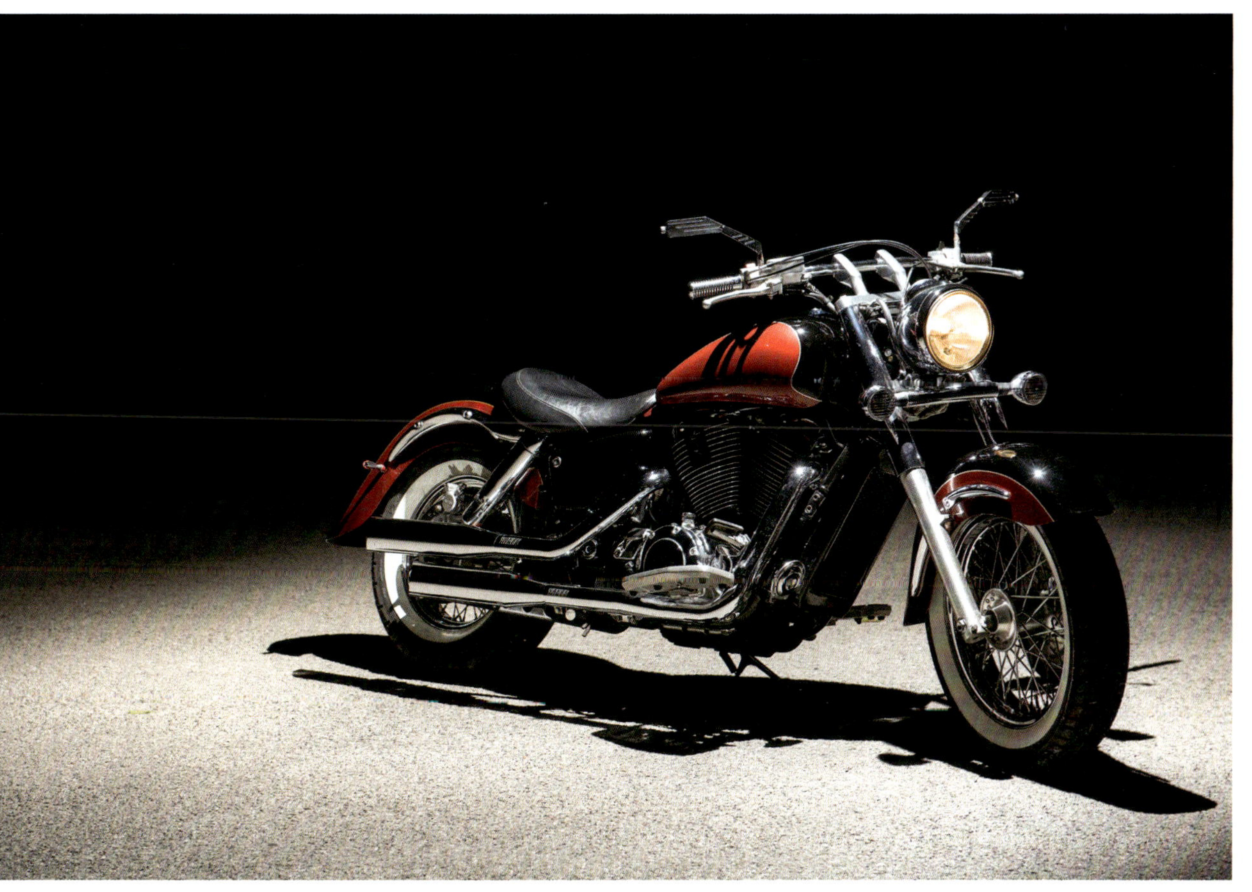

Dass von der Umgebung nichts sichtbar ist, liegt wieder am inversen Quadratgesetz (Abschnitt »Das inverse Quadratgesetz«, ab Seite 62). Die Maschine ist gut ausgeleuchtet, da der Blitz in kurzem Abstand über ihr schwebt. Jegliches Licht, welches von der Maschine oder dem Boden in die Umgebung reflektiert wird, verliert schnell an Intensität. Einfach gesprochen: Alle Objekte um das Motorrad herum bekommen nur noch sehr wenig Licht ab und hinterlassen so auf dem Sensor keinen Abdruck mehr. Diese Bildbereiche bleiben schwarz oder sind zumindest sehr viel dunkler als das Motorrad, welches Zentrum der Aufmerksamkeit des Bilds sein soll. Wenn im Hintergrund ein Objekt doch sichtbar sein sollte, kann man diesen Bereich per Software schnell dunkler »pinseln«.

5.5 Studiofotos mit mehreren »virtuellen« Blitzen

Die Technik des »virtuellen« Blitzens ähnelt der im vorigen Abschnitt beschriebenen Methode der Pseudo-Studiofotografie. Der Grundgedanke bei dieser Technik ist, immer nur einen kleinen Bereich des Motorrads zu beleuchten und die Teilbilder später am Rechner per Software zusammenzusetzen (und dies geht viel einfacher, als es sich anhört), wie zum Beispiel die Honda CBF 600 in Abbildung 5–12. Der Blitz ist selbstverständlich nicht virtuell, sondern feuert auf jeder Aufnahme höchst reales Licht auf die Maschine ab. Das resultierende Foto allerdings wird aussehen, als hätten mehrere Blitze die Maschine beleuchtet, weshalb der Begriff »virtuelles Blitzen« von mir gewählt wurde.

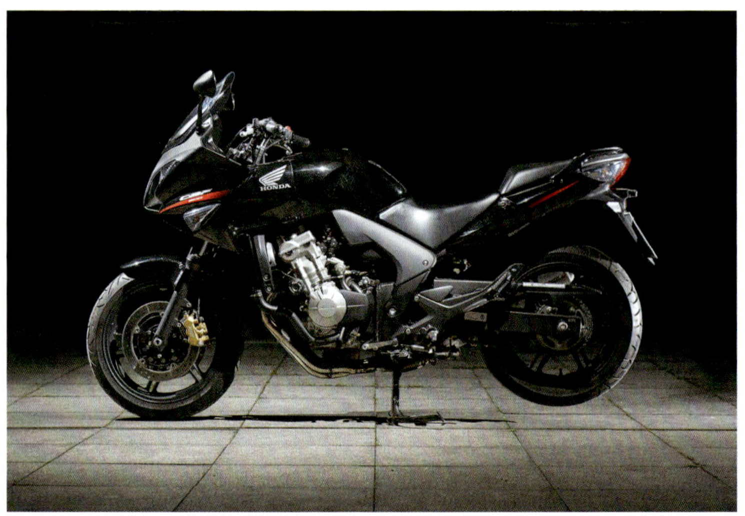

Abb. 5–12 Die Honda CBF 600 stand auf einem weiten großflächigen Platz und wurde von einem einzelnen Blitz an einer Teleskopstange aus mehreren Richtungen hintereinander angeblitzt. Die Einzelaufnahmen wurden anschließend am Rechner kombiniert. Dieses Foto besteht aus fünf Einzelaufnahmen (70 mm, 1/200 s, f/5, ISO 100).

Die »Startbedingungen« sind die gleichen wie bei der Pseudo-Studiofotografie. Benötigt werden ein einzelner Blitz auf einer Teleskopstange und eine Freifläche. Die Kamera muss sich auf einem Stativ befinden, um auf jedem Foto den gleichen Bildausschnitt zu haben.

Stellen Sie zu Beginn auf das Motorrad scharf und deaktivieren Sie den Autofokus. Kamera und Motorrad dürfen danach nicht mehr bewegt werden. Dies stellt sicher, dass der Schärfepunkt auf jedem Foto der gleiche ist und alle einzelnen Fotos deckungsgleich übereinanderliegen. Ein Assistent hält wieder den Blitz mit der Teleskopstange über dem Motorrad. Machen Sie mehrere Aufnahmen und bewegen Sie den Blitz nach jeder Aufnahme ein Stück. Achten Sie peinlichst darauf, beim Drücken des Auslösers nicht an das Stativ zu stoßen oder durch die Berührung der Kamera den Bildausschnitt zu verschieben.

In der Praxis hat sich eine systematische Herangehensweise bewährt. Beim ersten Bild hält der Assistent den Blitz über die Vorderradpartie. Er arbeitet sich dann auf Ihr Kommando hin Stück für Stück nach hinten. Die Anzahl der benötigten Bilder kann je nach Maschine variieren. Bewährt hat sich ein Satz von ca. acht bis elf Bildern gemäß den Aufnahmepositionen in Abbildung 5–13:

- Sechs Aufnahmen, bei welchen der Blitz senkrecht von oben auf eine Partie der Maschine zeigt (Front, Lenker, Tank, Sitz, Soziussitz, Heck).
- Je eine Aufnahme, bei welcher der Blitz frontal Vorder- und Hinterrad beleuchtet.
- Ein bis zwei Aufnahmen von schräg oben (Blitz etwas vor dem Bike und schräg nach unten gerichtet), um die Seite der Maschine zu beleuchten.

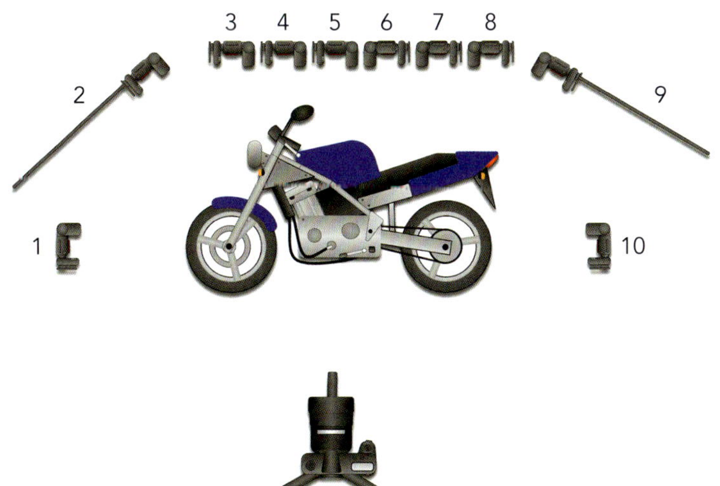

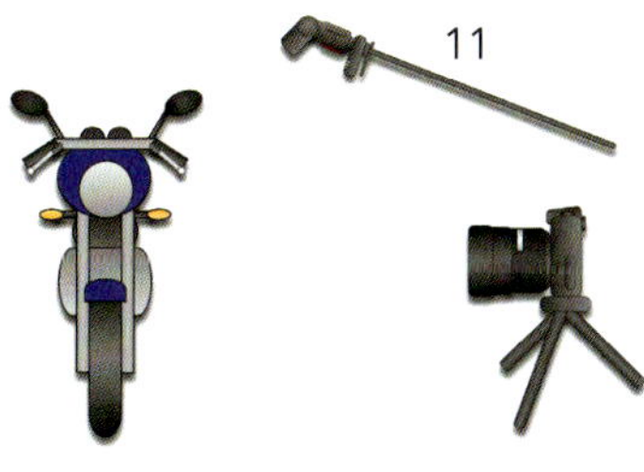

Abb. 5–13 Richten Sie bei Foto 1 und 10 den Blitz auf den Vorder- bzw. Hinterreifen, um die Kontur zu betonen. In den Fotos 2 und 9 beleuchten Sie jeweils schräg von oben die Front bzw. das Heck der Maschine. Für die Aufnahmen 3 bis 8 halten Sie den Blitz an dem Stativ möglichst senkrecht über das Motorrad und blitzen senkrecht nach unten, um Stück für Stück die Maschine zu beleuchten. Abschließend können Sie mit einem schräg zur Motorradseite gehaltenen Blitz (11) die Seite der Maschine aufhellen. In der Grafik sind die Blitze ohne Lichtformer dargestellt, weil dies die platzsparendste Darstellung auf einer Skizze ist. Sie können aber auch zum Beispiel eine Softbox einsetzen, um das Licht des Blitzes weicher zu gestalten.

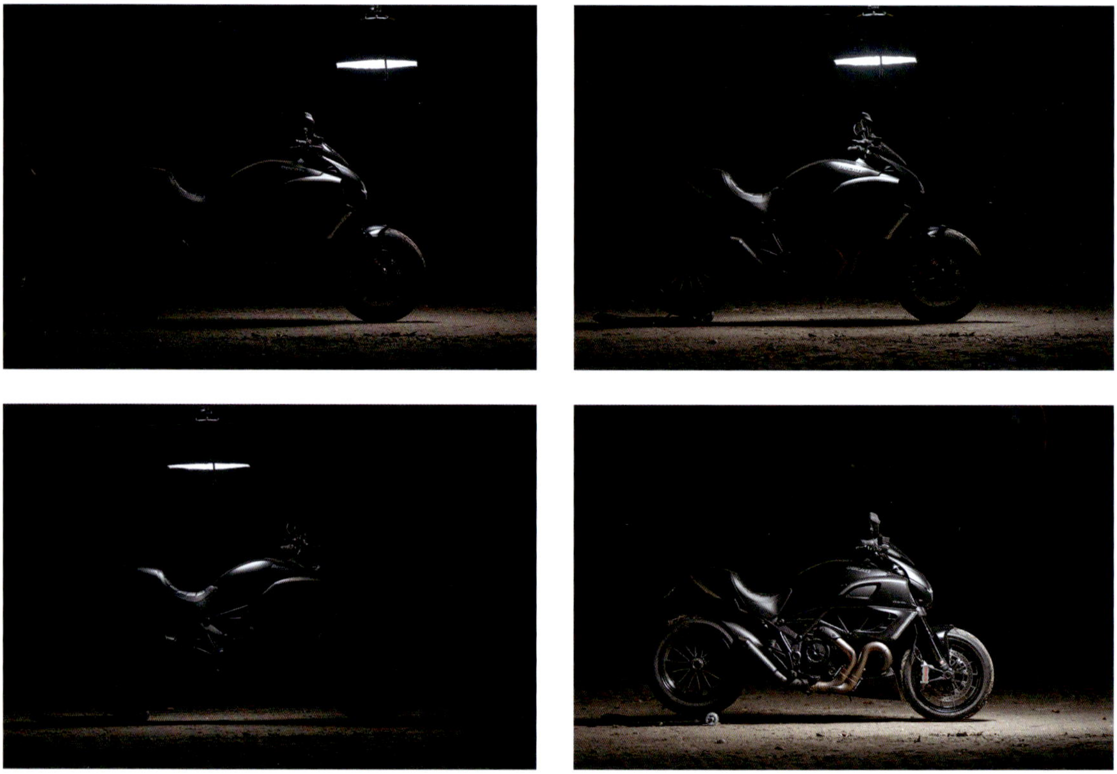

Abb. 5–14 Teilbelichtungen einer Ducati Diavel (jeweils 135 mm, 1/200 s, f/3.2, ISO 100)

Abb. 5–15 Das finale Foto, bestehend aus mehreren Einzelbildern (135 mm, 1/200 s, f/3.2, ISO 100)

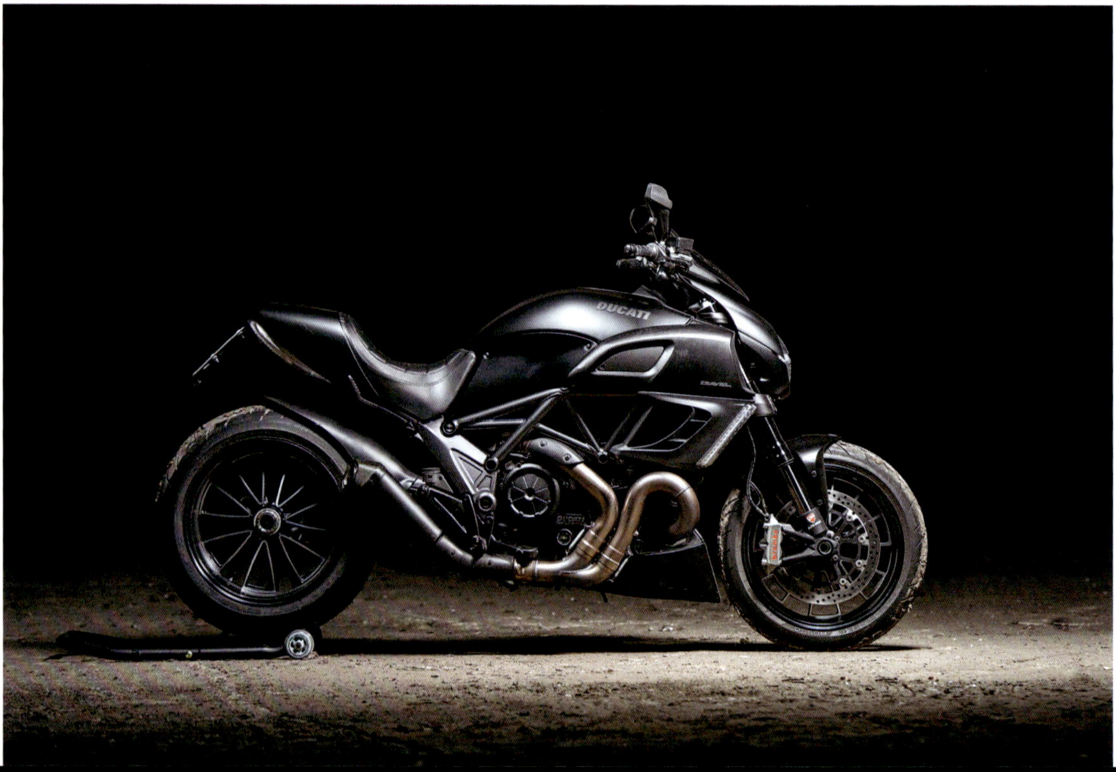

Nachdem Sie alle Aufnahmen erstellt haben, prüfen Sie die Ergebnisse am Kameramonitor, bevor Sie Motorrad oder Kamera bewegen. Prüfen Sie, ob alle Teile der Maschine ausreichend beleuchtet wurden. Solange der Aufbau nicht angetastet wurde, können Sie immer noch zusätzliche Belichtungen nachschießen. Meistens zeigt sich in der Nachbearbeitung, dass man nur fünf bis sechs der Bilder benötigt, um ein ansprechendes Ergebnis zu erzielen. Dennoch sollten Sie lieber ein Bild mehr als eines zu wenig machen, um eine breite Basis an Bildern für die spätere Zusammenstellung des finalen Fotos zu erhalten.

In der Nachbearbeitungssoftware (zum Beispiel Adobe Photoshop) stapeln Sie alle Bilder übereinander, indem Sie über den Befehl <Datei> => <Skripten> => <Dateien in Stapel laden...> die Bilder automatisch in eine Gesamtbilddatei zusammenführen. Jedes einzelne Bild wird dann in einer eigenen Ebene eingefügt. Wenn Sie alle Fotos erfolgreich gestapelt haben, sehen Sie zunächst nur das oberste Foto. Nun kommt der große Trick: Photoshop bietet verschiedene Modi, um übereinanderliegende Ebenen miteinander zu verrechnen. Markieren Sie zuerst alle Ebenen und wählen Sie dann den Modus »Aufhellen« (siehe Abb. 5–16).

Abb. 5–16 Alle Teilbelichtungen sind in eine Datei geladen worden und liegen als einzelne Ebenen übereinander. Um von jeder Ebene das jeweils hellste Pixel anzuzeigen, müssen alle Ebenen markiert werden und dann aus dem Dropdown-Menü der Ebenenmischmodus »Aufhellen« ausgewählt werden.

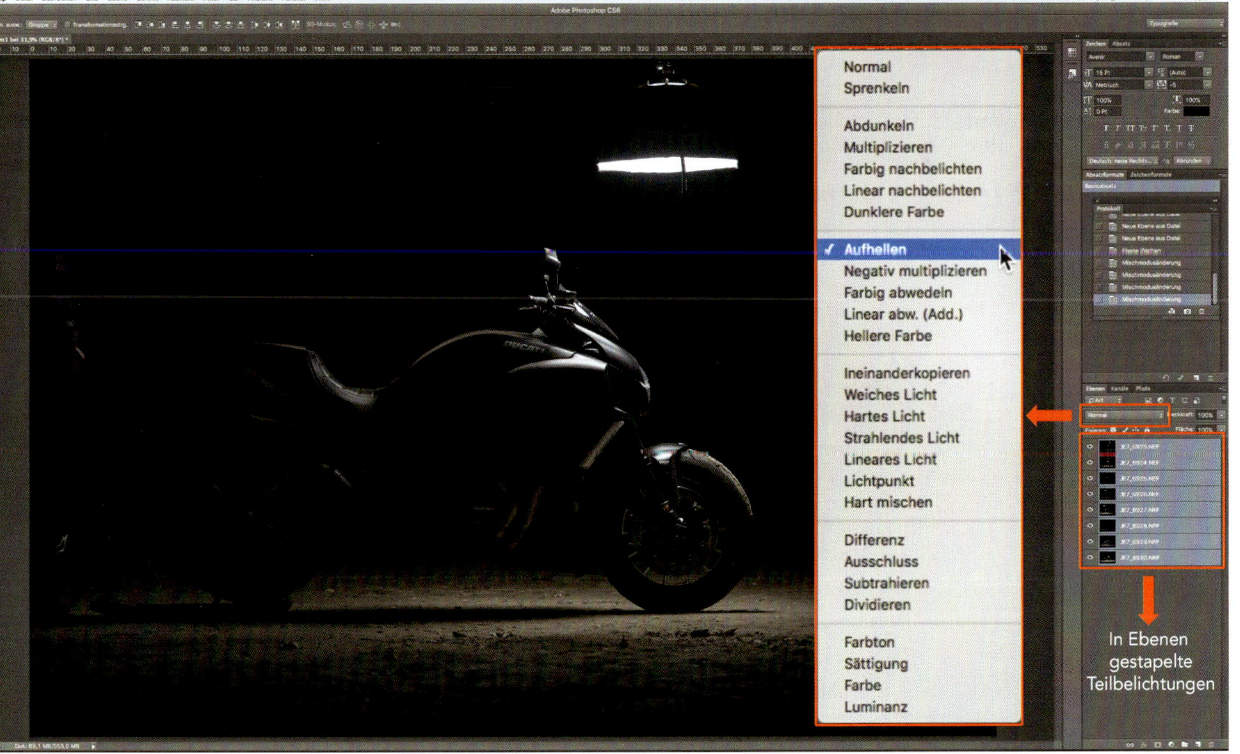

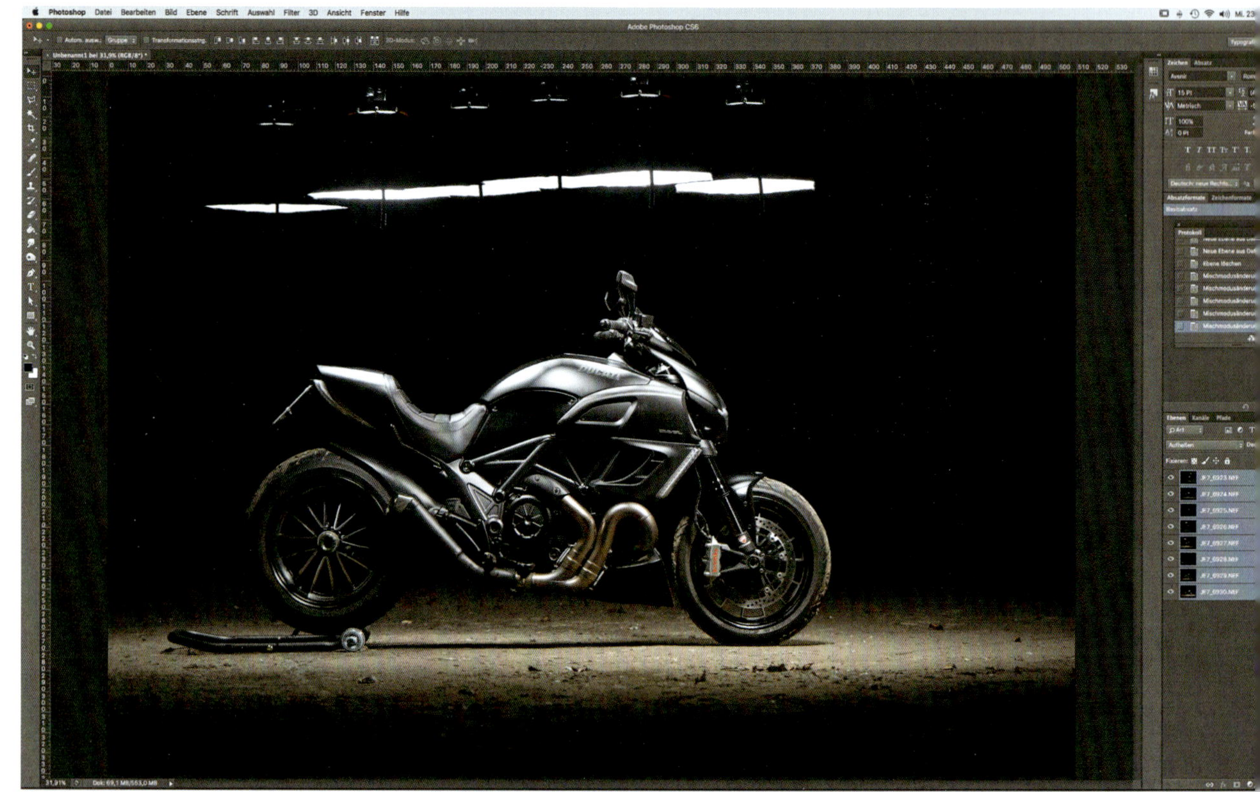

Abb. 5–17 Das gesamte Motorrad ist nun sichtbar, so als ob es von einem riesigen Blitz beleuchtet wurde. In diesem Beispiel wurde eine Softbox verwendet, um ein weicheres Licht zu produzieren. Das Bild muss nun noch »aufgeräumt« werden, indem die Softboxen aus den jeweiligen Ebenen herausgelöscht werden.

Dieser bewirkt, dass von den übereinanderliegenden Bildern immer nur die hellsten Pixel einer jeden Ebene sichtbar sind. Photoshop geht das Bild also Bildpunkt für Bildpunkt durch und vergleicht, auf welcher Ebene das hellste Pixel vorhanden ist. Nur dieses wird dargestellt (siehe Abb. 5–17).

Somit werden effektiv immer nur die partiell beleuchteten Partien des Motorrads angezeigt. Das Motorrad wird quasi aus einzelnen Puzzlestücken zusammengesetzt. Das beleuchtete Vorderrad kommt zum Beispiel aus Bild 1, der beleuchtete Tank aus Bild 2, der Sitz aus Bild 3 usw. Leider sind auf jeder Aufnahme auch kleine Details belichtet worden, die eigentlich nicht sichtbar sein sollten. Evtl. war der Blitz mit im Bild, eine Hand ragte ins Sichtfeld oder ein Objekt im Hintergrund hat etwas Licht abbekommen. Gewünscht ist aber ein Bild, auf dem das Motorrad isoliert in einer dunklen Umgebung steht. Doch der Ebenenmischmodus zeigt gnadenlos immer das hellste Pixel, auch wenn das vielleicht gar nicht zum Motorrad gehört. Diese unerwünschten Lichtflecke verschwinden zu lassen, ist nun die Aufgabe für den Feinschliff.

Hier hat sich für mich folgende Herangehensweise bewährt: Schalten Sie eine einzelne Ebene abwechselnd sichtbar und unsichtbar. Dadurch werden die hellsten Stellen, welche diese Ebene zum Gesamtbild beiträgt, ebenfalls ein- und ausgeblendet. Nach ein paarmal Hin- und Herschalten können Sie feststellen, ob unerwünschte Lichtbereiche in dieser Ebene vorhanden sind. Ist dies der Fall, kann der entsprechende Bereich einfach mit dem Radiergummi-Werkzeug gelöscht werden. (Achtung, stellen Sie sicher, dass Sie auch die korrekte Ebene ausgewählt haben.)

Wird der Lichtfleck gelöscht, sucht der Algorithmus des Ebenenmischmodus an dieser Stelle wieder das hellste Pixel, findet aber nur dunkle, da die Stelle mit dem hellen Lichtfleck gelöscht wurde. Die betroffene Stelle erscheint also nun dunkel.

Arbeiten Sie sich nach dieser Methode durch alle Ebenen, bis Sie mit dem Endergebnis zufrieden sind. Sie werden zum Beispiel auch feststellen, dass man bestimmte Ebenen überhaupt nicht benötigt, weil die Stellen des Motorrads auf anderen Ebenen bereits beleuchtet wurden. Oder die Konturen der Maschine treten durch das Wegnehmen einer Ebene besser hervor, da etwas Licht genommen und somit Details besser betont werden. Probieren Sie es ein wenig aus und spielen Sie mit den verschiedenen Ebenen, bis Sie ein zufriedenstellendes Ergebnis erreicht haben.

5.6 Training Studiofotografie

Studiofotografie ist aufwendig, daher ist dies ein umfangreiches Training, für welches du Zeit und Hilfe durch Assistenten einplanen solltest. Du könntest das Training zum Beispiel auch als Gruppenarbeit gestalten, indem du mit anderen Fotografen eine Studiosession durchführst. Wenn mehrere Fotografen zusammenarbeiten, ist es auch einfacher, die benötigte Anzahl an Blitzen und Softboxen zusammenzubekommen.

Nimm dir Zeit für den Aufbau des Studios. Wenn du einen Stoffhintergrund verwendest, solltest du dir die Zeit nehmen, ihn so falten- und knitterfrei wie möglich aufzuhängen. Wenn das Motorrad auf dem nackten Fußboden und nicht dem Hintergrundstoff steht, musst du darauf achten, dass der Übergang zwischen Boden und Hintergrundstoff eine gerade Kante bildet. Eine saubere Vorbereitung reduziert den späteren Bearbeitungsaufwand enorm.

Nimm dir Zeit zum Einrichten der Beleuchtung. Stelle zuerst die Blitzleistung des Hauptlichts von oben ein und prüfe die Ergebnisse am Kamerabildschirm. Entsteht eine schöne, durchgängige Spiegelung auf dem Lack der Maschine? Schalte dann schrittweise die seitlichen Blitze hinzu, um die Maschine auszuleuchten. Eventuell kann es not-

Abb. 5–18 Honda CB1 400 (80 mm, 1/160 s, f/10, ISO 100)

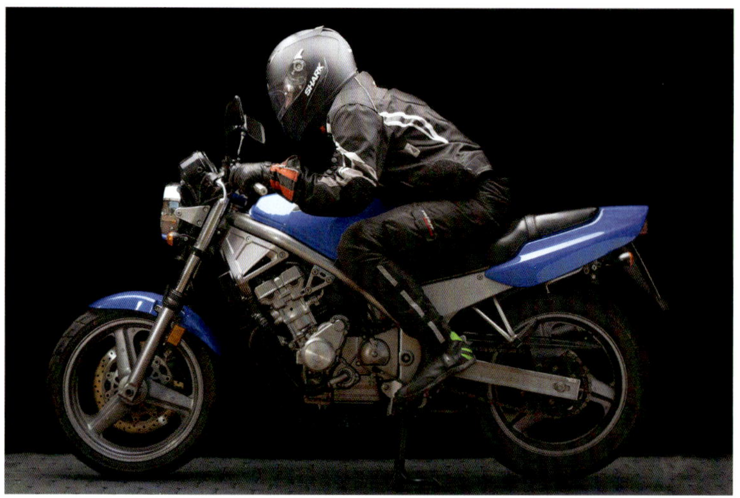

wendig sein, das Licht der seitlichen Blitze etwas zu lenken, indem man mit Pappe und Gewebeklebeband zum Beispiel Abschirmungen improvisiert, um den Lichtkegel der Blitze zu beschneiden. Dies kann notwendig sein, wenn man nur eine bestimmte Sektion der Maschine beleuchten will.

Beobachte, wie sich die Bildwirkung verändert, wenn verschiedene Blitze hinzukommen oder weggeschaltet werden. Manche Ergebnisse sehen vielleicht unvollständig aus (wenn zum Beispiel Vorder- und Hinterrad nicht gleichmäßig beleuchtet sind), auf anderen Bildern kann dies gemäß dem Motto »Weniger ist mehr« auch vorteilhaft sein.

5.7 Training Beleuchtung: Einzelner Blitz

Für dieses Training benötigst du einen einzelnen Blitz und ein Stativ bzw. eine Teleskopstange sowie einen Assistenten (zum Beispiel den Biker). Wenn du keinen Assistenten hast, kannst du auch die Kamera auf ein Stativ stellen und per Zeit- oder Funkauslöser die Kamera bedienen. Die Location muss dunkel sein, um das Bike herum brauchst du mindestens vier bis fünf Meter freien Raum. Der Assistent hält nun den Blitz an der Teleskopstange über das Bike. Der Blitz sollte möglichst weitwinklig eingestellt sein, um einen breiten Lichtkegel zu erzeugen. Idealerweise steht die Maschine aufrecht, also auf ihrem Hauptständer oder einem Montageständer. Ist dies nicht möglich, kannst du die Maschine auch auf dem Seitenständer und zunächst von der rechten Seite fotografieren (so neigt sich die Maschine von der Kamera weg und exponiert ihre Seite zum Licht hin).

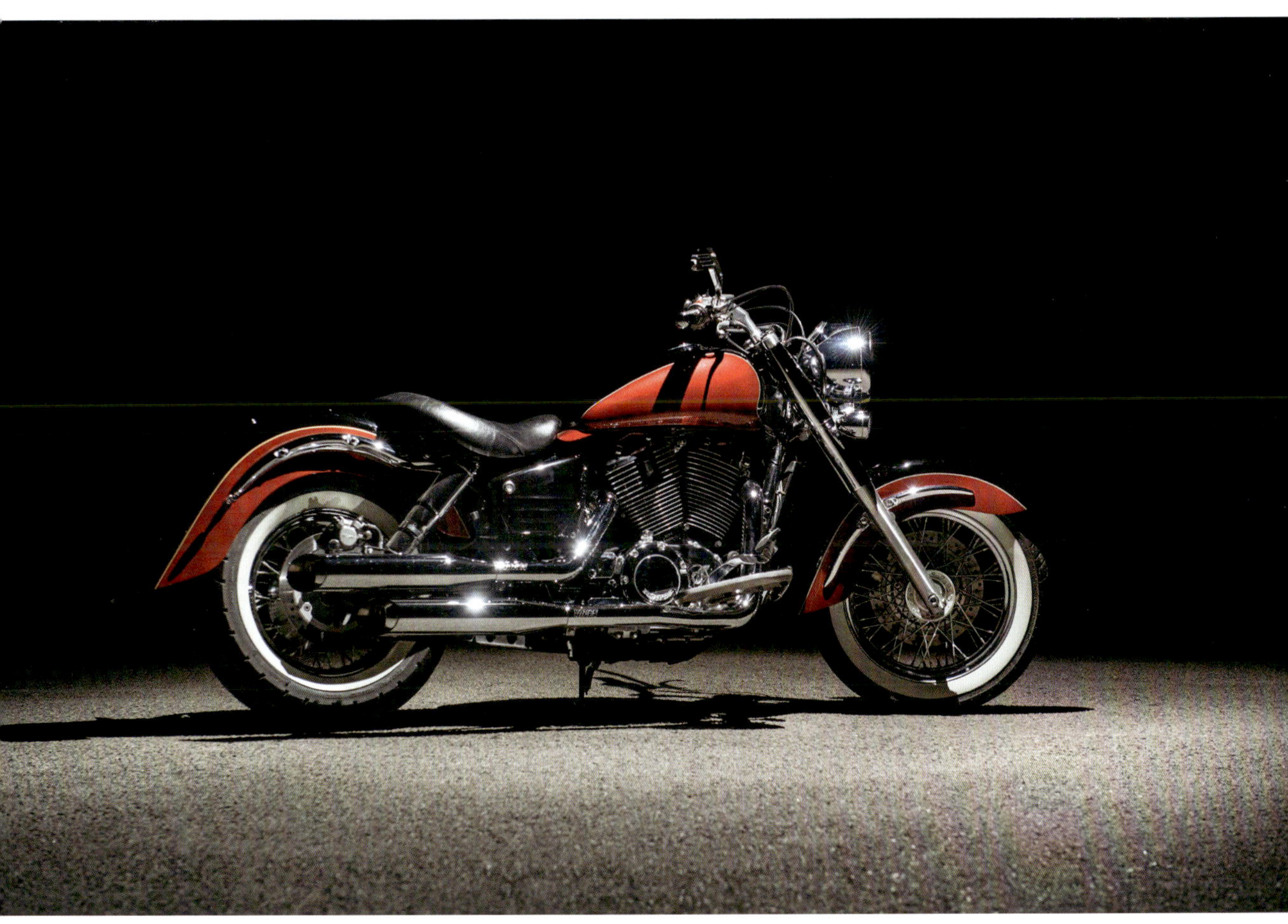

Abb. 5–19 VT 1100 Honda Shadow C3 (66 mm, 1/100 s, f/5, ISO 400)

Variiere die Höhe des Blitzes und seine Position entlang der Maschine (über dem Tank, Sitz, Heck etc.). In welcher Position ergibt sich das beste Ergebnis? Was passiert, wenn der Blitz sehr niedrig bzw. sehr hoch über der Maschine hängt? Bedenke hierbei das inverse Quadratgesetz (siehe Abschnitt »Das inverse Quadratgesetz«, ab Seite 62). Variiere auch die Blitzintensität und beobachte das Ergebnis.

Versuche anschließend, den Blitz etwas außerhalb der Achse des Motorrads zu positionieren. Bewege den Blitz etwas nach links oder rechts aus der Motorradmitte und kippe ihn ein wenig zum Motorrad hin, damit der Lichtkegel auch die Seite der Maschine ausleuchtet. Wie stark kannst du den Blitz kippen, um noch eine gute Beleuchtung zu erlangen?

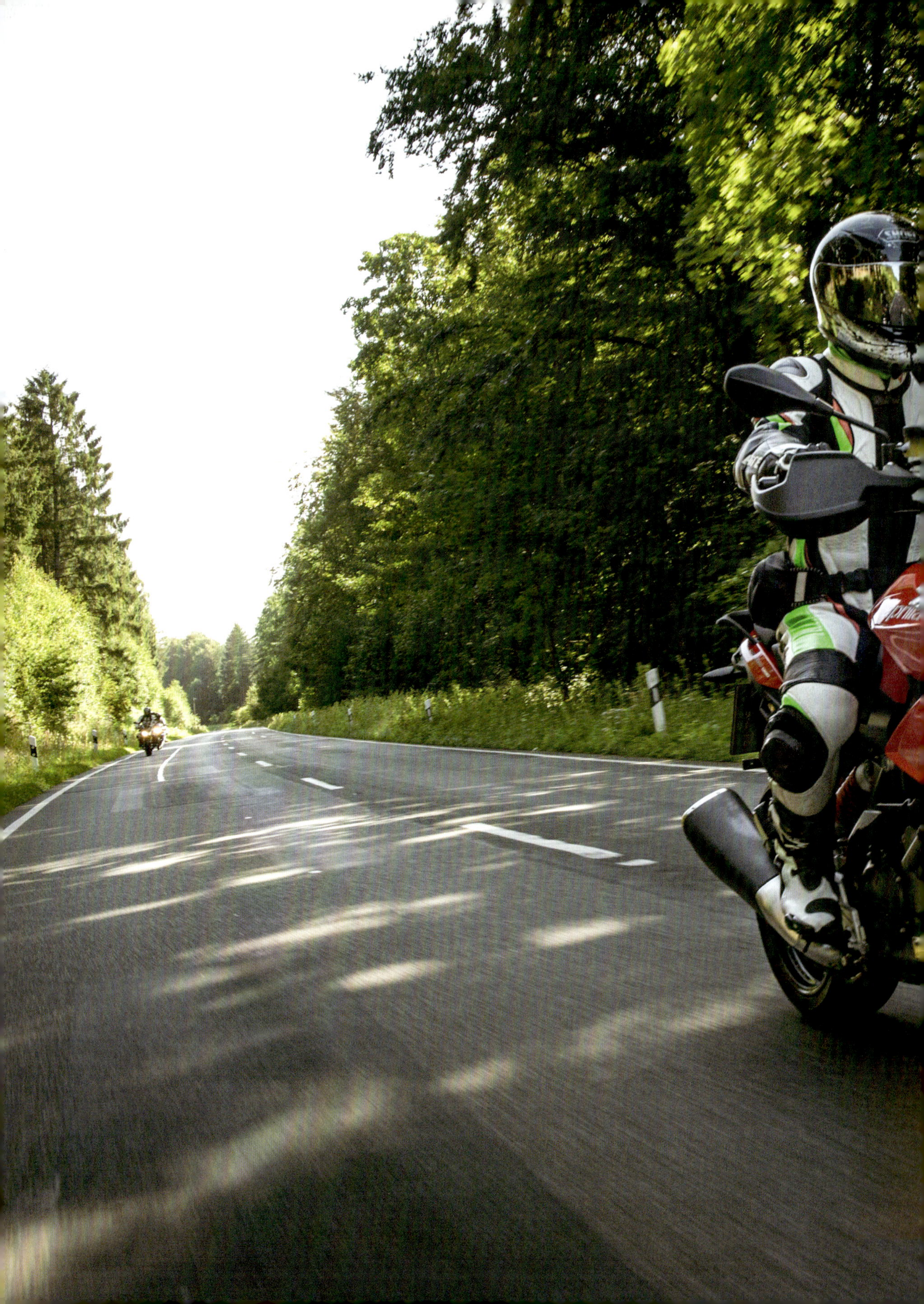

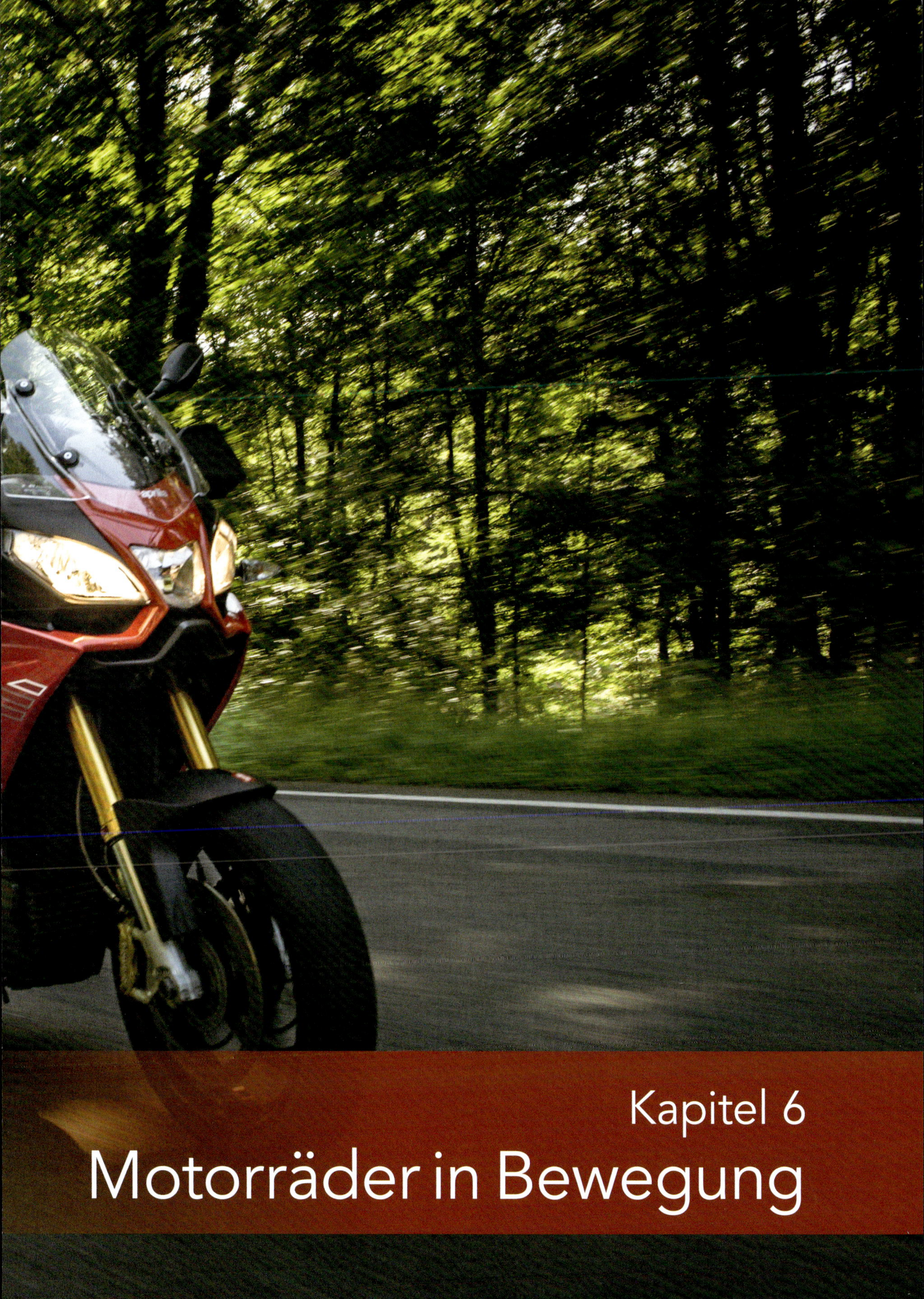

Kapitel 6

Motorräder in Bewegung

Vorherige Doppelseite:
Abb. 6–1 Aprilia Caponord 1200 (31 mm, 1/100 s, f/8, ISO 450)

Motorräder werden gebaut, damit sie gefahren werden. Somit bilden Sie in der Motorradfotografie nur einen Teil der Wahrheit ab, wenn die Maschinen immer nur im Stand fotografiert werden. Da Fotografien unbewegt sind, muss Geschwindigkeit in eine entsprechende Bildsprache übersetzt werden. Hierzu stehen dem Fotografen grundsätzlich zwei Möglichkeiten zur Verfügung:

- Das Spiel mit der Belichtungszeit (längere Belichtungszeiten erzeugen Bewegungsunschärfe).
- Die Bildkomposition (ein gekippter Horizont lässt die Aufnahme dynamischer erscheinen).

6.1 Der Einfluss der Belichtungszeit

Wie in Abschnitt 3.1 bereits erläutert, frieren kurze Belichtungszeiten eine Bewegung ein, während längere Belichtungszeiten Bewegungsunschärfe erzeugen. Ab welcher Belichtungszeit ein bewegtes Motorrad eingefroren, das heißt scharf abgebildet wird, hängt von der Geschwindigkeit der Maschine relativ zum Fotografen ab. Als Faustregel kann gesagt werden, dass ab 1/200 s scharfe Bilder erzeugt werden können. Je kürzer die Belichtungszeit, desto stärker der Einfriereffekt. Die Belichtungszeit sollte so gewählt werden, dass die Maschine und der Fahrer scharf abgebildet werden, die Reifen aber immer noch eine gewisse Bewegungsunschärfe aufweisen.

Wenn Sie eine längere Belichtungszeit wählen (zum Beispiel 1/40 s oder noch länger), so entsteht Bewegungsunschärfe. Hierbei kann zwischen »Mitziehern« und »Feststehern« unterschieden werden.

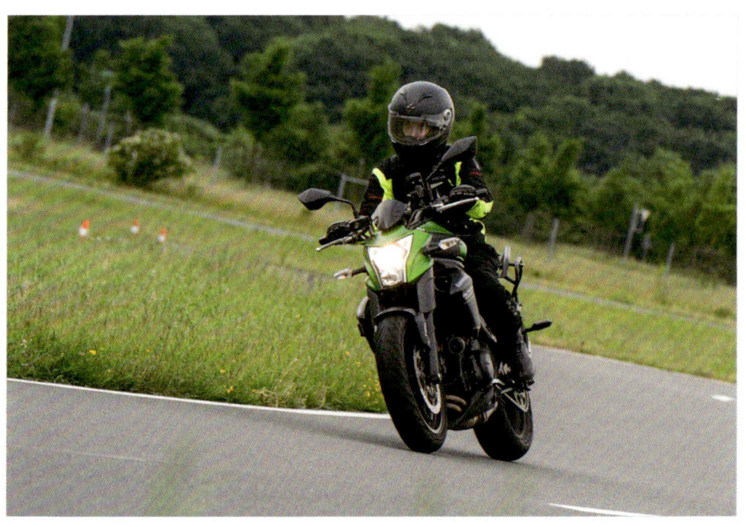

Abb. 6–2 Jana fährt auf ihrer Kawasaki ER-6N flott an mir vorbei. Sie selbst und die Maschine sind bei einer Belichtungszeit von 1/800 s scharf abgebildet, die Reifen weisen jedoch Bewegungsunschärfe auf (200 mm, 1/800 s, f/9, ISO 2.200).

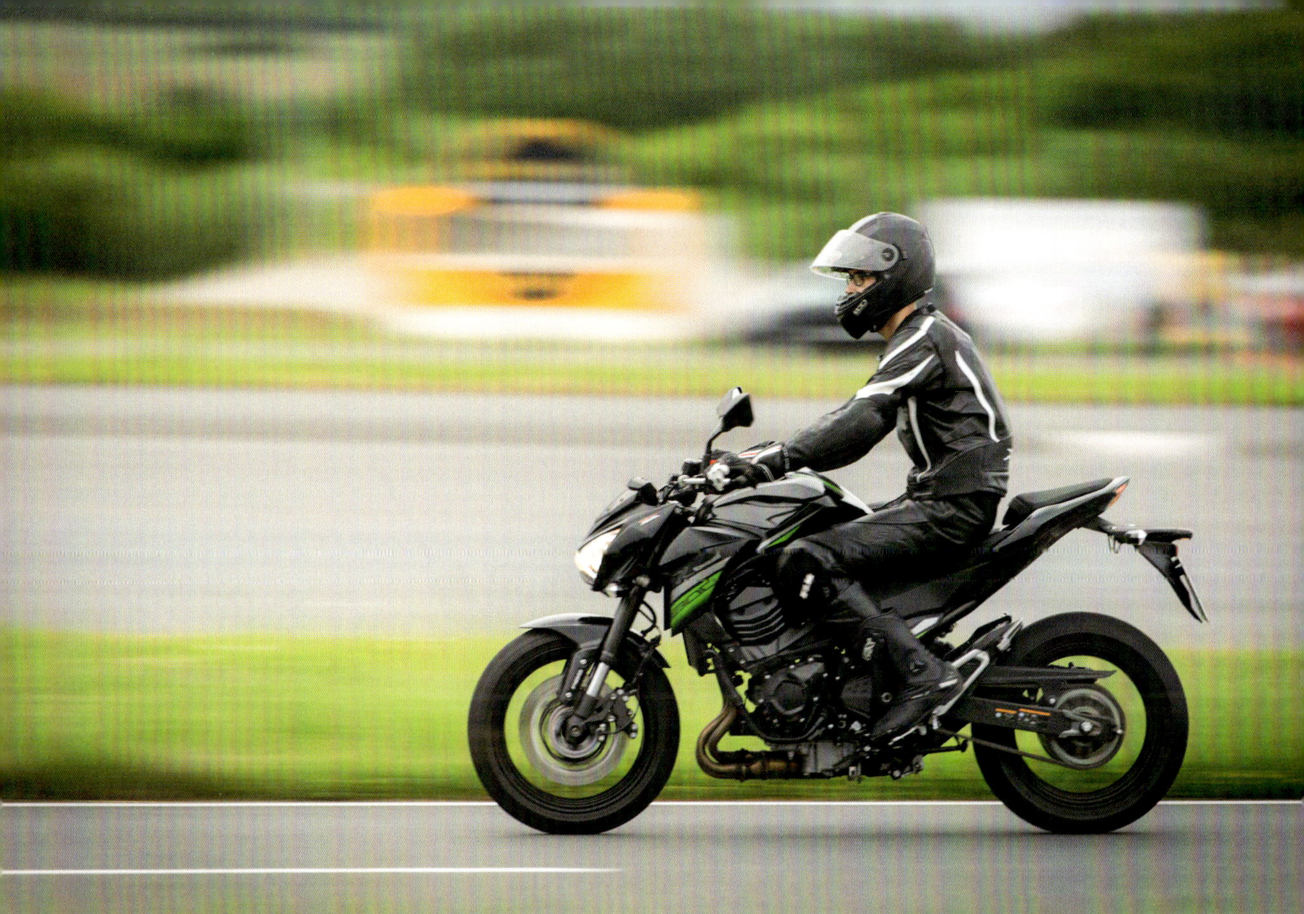

Abb. 6–3 Die Kawasaki Z800 fuhr auf einem geraden Teilstück an mir vorbei. Mit einer Belichtungszeit von 1/80 s und einer gleichmäßigen, horizontalen Bewegung der Kamera konnte ich diesen schönen Mitzieher fotografieren. Da die Maschine während der Belichtungszeit immer an der gleichen Position im Sucher war, ist sie scharf abgebildet, während die Umgebung Bewegungsunschärfe aufweist (200 mm, 1/80 s, f/3.5, ISO 100).

6.1.1 Mitzieher

»Mitziehen« ist eine Technik, bei der die Kamera während der Belichtung gleichmäßig horizontal bewegt wird, sodass das Motorrad immer an der gleichen Stelle im Sucher erscheint. Dies führt mit ein wenig Übung dazu, dass das Motorrad scharf abgebildet wird und die Umgebung verwischt. Als Startgröße können Sie eine Belichtungszeit (Faustregel) von 1/40 s wählen. Je nachdem, wie gut Sie mit dieser Belichtungszeit zurechtkommen, variieren Sie danach den Wert nach oben oder unten. Es mag zunächst ungewohnt anmuten, die Kamera während der Auslösung zu bewegen, ist man doch in der Regel darauf trainiert, die Kamera möglichst ruhig zu halten. Aber nach ein paar Probeschüssen ist die Technik sehr einfach zu beherrschen.

Damit ein Mitzieher gut funktioniert, muss das Motorrad gleichmäßig horizontal durch das Bild fahren. Als Fotograf sollten Sie sich an einem geraden Teilstück der Strecke positionieren, am besten einige Meter vom Straßenrand entfernt. So können Sie mit einem Teleobjektiv ein vorbeifahrendes Motorrad erfassen und im Sucher verfolgen. Während der Belichtungszeit von ca. 1/40 s ändert sich der Winkel des Bikes zur Kamera nicht dramatisch. Gute Ergebnisse erzielt man, wenn

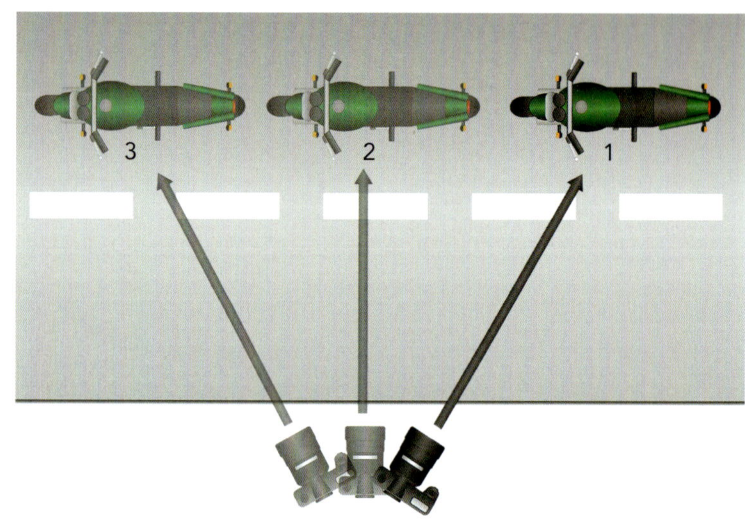

Abb. 6–4 Mitzieher an einem geraden Streckenabschnitt. Das Motorrad fährt in diesem Beispiel von rechts nach links. Visieren Sie die Maschine an und führen Sie eine leichte Schwenkbewegung mit der Kamera aus, sodass sich die Maschine immer an der gleichen Stelle im Sucher befindet. Der Schwenkwinkel der Kamera ist übertrieben dargestellt. Verwenden Sie am besten ein Teleobjektiv und bleiben Sie in einigem Abstand zu dem vorbeifahrenden Motorrad. So können Sie mit einem kleinen Schwenkwinkel die Maschine problemlos verfolgen.

die Kamera auf Serienaufnahme gestellt wird. So kann man jede Vorbeifahrt kontinuierlich mitziehen und dabei mehrere Aufnahmen machen. Dies erhöht die Chance auf ein scharfes Bild.

Je länger die Belichtungszeit, desto stärker ist der Effekt der Bewegungsunschärfe. Jedoch sinkt gleichzeitig die Wahrscheinlichkeit, das Motorrad scharf abzubilden. Hier hilft eine möglichst ruhige Hand und/oder ein Bildstabilisator (welcher auf »Bewegung« eingestellt ist, manche Objektive bieten so einen Stabilisierungsmodus).

6.1.2 Feststeher

Es gibt keinen festen Begriff für das Gegenteil eines Mitziehers, daher habe ich diese Technik einen »Feststeher« genannt. Bei einem Feststeher wird auch mit längerer Belichtungszeit gearbeitet, nur steht hier, wie der Name vermuten lässt, die Kamera fest, während das Motorrad durch das Bild fährt, wie es die Moto Morini Granpasso 1200 in Abbildung 6–5 vormacht.

Das Ergebnis ist eine scharf abgebildete Landschaft, während das Bike mit Bewegungsunschärfe im Bild erscheint. Bei dieser Technik empfehle ich, dass Sie mit einem Stativ arbeiten, da die Kamera ja möglichst ruhig stehen soll. Aber es geht auch ohne Stativ.

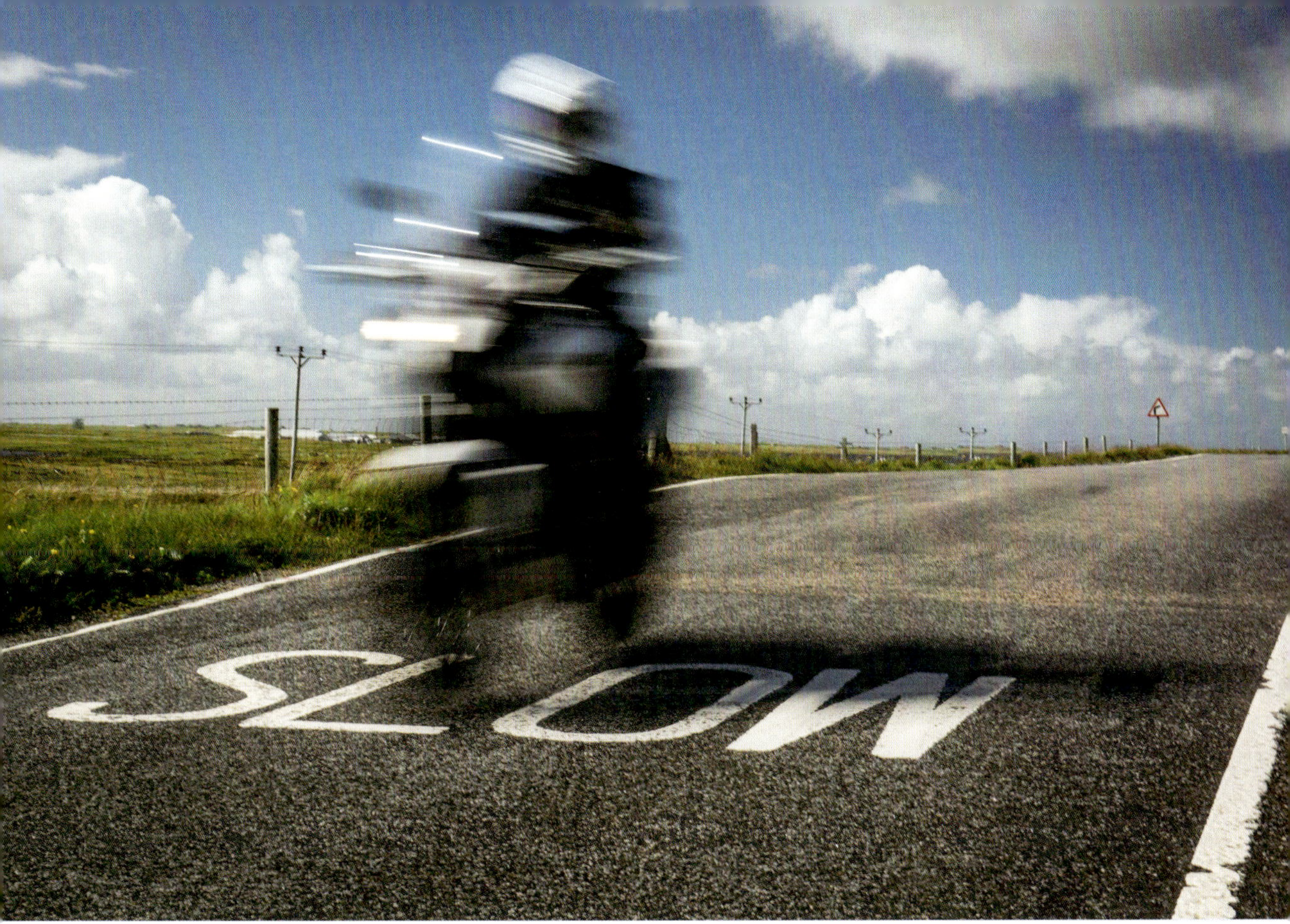

In Abbildung 6–5 habe ich mit dem inhaltlichen Kontrast zwischen dem Wort »Slow« (langsam) auf der Straße und der Bewegungsunschärfe der Maschine gespielt. Mit einer Belichtungszeit von 1/20 s ging ich am Straßenrand in die Hocke und nahm von der Durchfahrt des Motorrads mit der Serienbildfunktion einige Fotos auf. Der Problematik langer Belichtungszeiten aus der Hand entsprechend war die Umgebung nicht auf allen Fotos scharf, da es nicht möglich ist, ohne Auflage vollkommen regungslos zu verharren. Auf einigen Aufnahmen allerdings war der Effekt so wie geplant: das Motorrad unscharf, der Hintergrund scharf. Nun war es nur noch eine Frage von drei bis vier Vorbeifahrten, bis ein scharfes Bild mit dem Motorrad an der richtigen Position vor dem Slow-Schriftzug dabei war. Bedenken Sie, dass keine waghalsigen Geschwindigkeiten notwendig sind, um diesen Effekt zu erzielen. Die Granpasso fuhr mit vielleicht 30 km/h an der Kamera vorbei. Die relativ lange Belichtungszeit sorgt schon dafür, dass genügend Bewegungsunschärfe auftritt. Es ist im Gegenteil sogar eher hilfreich, wenn der Fahrer nicht zu schnell an der Kamera vorbeifährt. Denn so können Sie mit der Serienbildfunktion mehr Bilder machen und erhöhen so die Chance auf einen Treffer.

Abb. 6–5 Bei einer Belichtungszeit von 1/20 s und einer ruhig gehaltenen Kamera konnte ich die Moto Morini Granpasso 1200 schön verwischt einfangen, während die Umgebung scharf abgebildet ist. Der optische Gegensatz zum Wort »SLOW« auf dieser schottischen Straße verleiht dem Bild einen zusätzlichen Reiz (58 mm, 1/20 s, f/22, ISO 125).

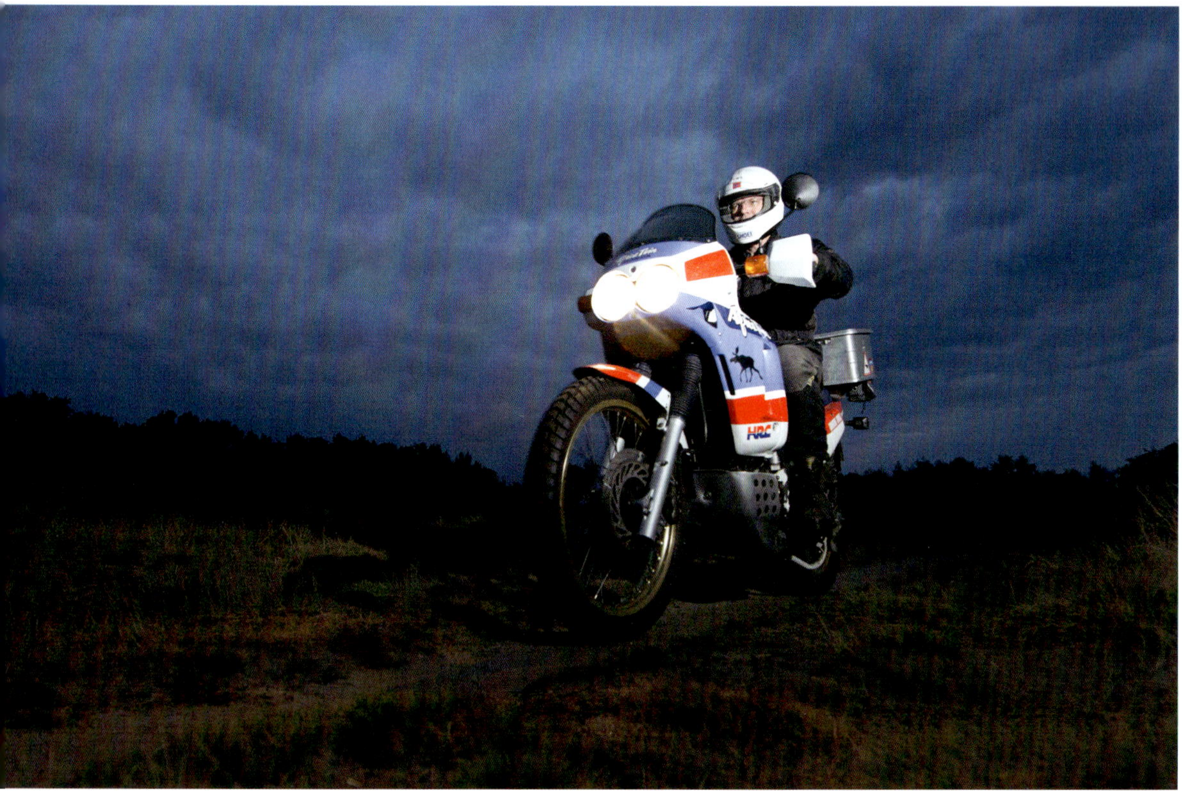

Abb. 6–6 Für das Foto von der Vorbeifahrt dieser 1989er Honda Africa Twin habe ich mich auf die Erde gelegt (14 mm, 1/160 s, f/5, ISO 800).

6.2 Fotografieren vom Straßenrand aus

Wenn Sie vom Straßenrand aus fotografieren, müssen Sie vor allen Dingen auf Ihre eigene Sicherheit achten. Fahrer können stürzen und von der Fahrbahn abkommen. Sie sollten deshalb nicht im Sturzbereich stehen. Achtung, in Anwesenheit einer Kamera will es so mancher Fahrer besonders gut machen! Bleiben Sie daher möglichst unauffällig, zum Beispiel ein paar Meter von der Straße entfernt oder halb verdeckt hinter einem Baum oder einer Leitplanke. Das Fotografieren auf der Straße selbst verbietet sich aus Gründen des gesunden Menschenverstands (sofern nicht auf einer abgesperrten Strecke gearbeitet wird). Ein Teleobjektiv sollte Pflicht sein beim Fotografieren vom Straßenrand aus. Wenn Sie sich als Fotograf dezent im Hintergrund halten und wenig Aufmerksamkeit auf sich ziehen möchten, werden die Fahrer auch

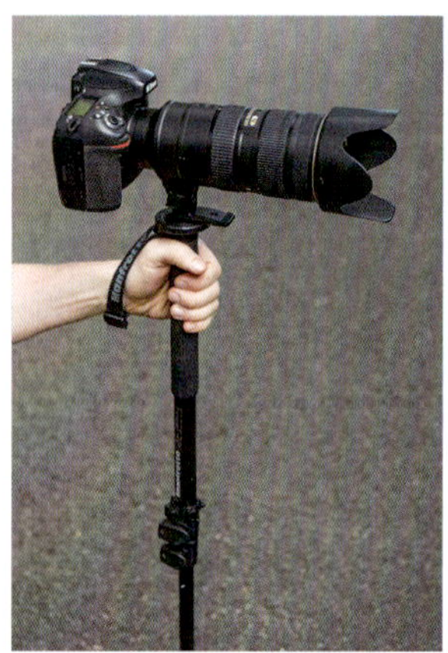

Abb. 6–7 Einbeinstative sind praktisch, wenn Sie längere Zeit an der gleichen Stelle fotografieren und zudem beweglich bleiben wollen. Sie haben die Bewegungsfreiheit, vorbeifahrende Motorräder mit der Kamera zu verfolgen, und gleichzeitig den Komfort sowie die zusätzliche Stabilität eines Stativs.

nicht zu riskanten Manövern hingerissen. Wenn Sie längere Zeit an einer Stelle fotografieren, ist die Verwendung eines Einbeinstativs (Monopod) eine Erleichterung. Sie können das Gewicht der Kamera mit dem Stativ abfangen, sind aber immer noch so beweglich, dass Kamerabewegungen und schnelle Ortswechsel möglich bleiben.

In Abbildung 6–6 fährt Wolfgang mit seiner Honda Africa Twin nah an der Kamera vorbei. Es ist streng genommen keine Straße, sondern ein Feldweg. Da es sich hier nicht um eine öffentliche Straße handelt, kann man von kontrollierten Bedingungen sprechen, welche es erlauben, dass man nah am Fahrzeug fotografiert. Durch die weitwinklige Aufnahme kommt noch viel vom Himmel mit auf die Aufnahme, welcher die Maschine schön einfasst. Für dieses Foto lag ich übrigens in (getrockneten) Hasenkötteln, aber was macht man nicht alles für die Kunst ...

6.3 Schräglage

Nichts ist für einen Motorradfahrer schöner als eine ordentliche Schräglage in der Kurve. Und genau das sollen Bilder auch erfassen. Abbildung 6–8 zeigt eine Maschine in der Kurve. Der Betrachter benötigt keine weiteren Hinweise: Das Gehirn sieht die Schrägstellung der Maschine und steckt das Bild sofort in die Schublade »Bewegung«.

Abb. 6–8 Ist die Maschine in Schräglage, können Sie auch kurz belichten, sodass alles scharf abgebildet wird. Die Schrägstellung der Maschine signalisiert automatisch Bewegung (70 mm, 1/400 s, f/5, ISO 450).

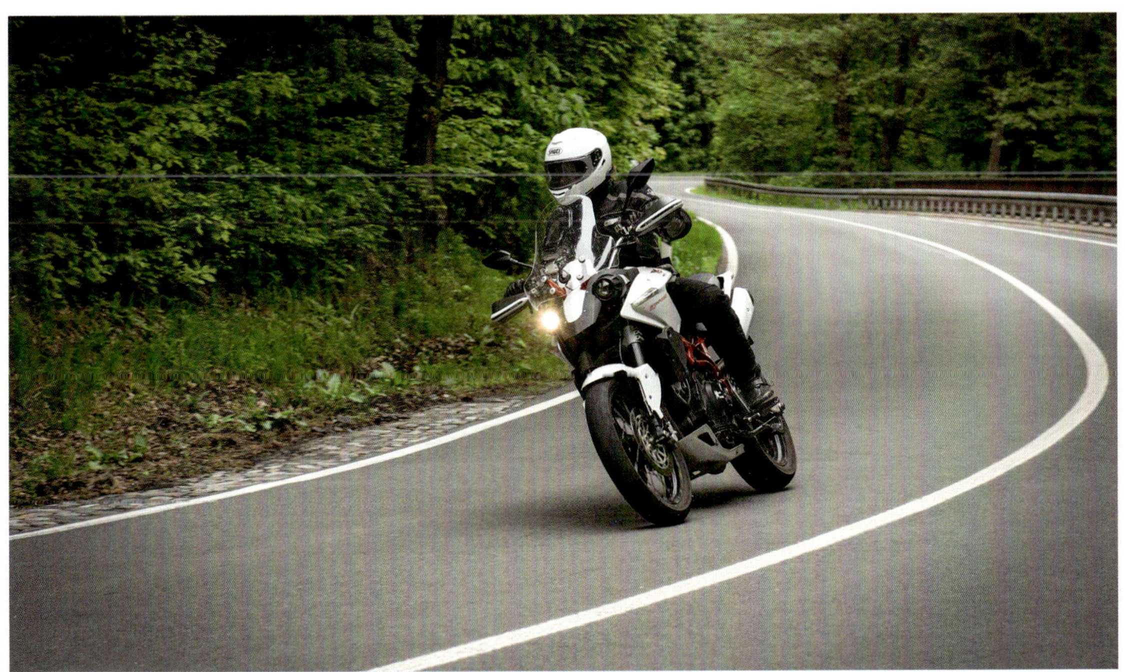

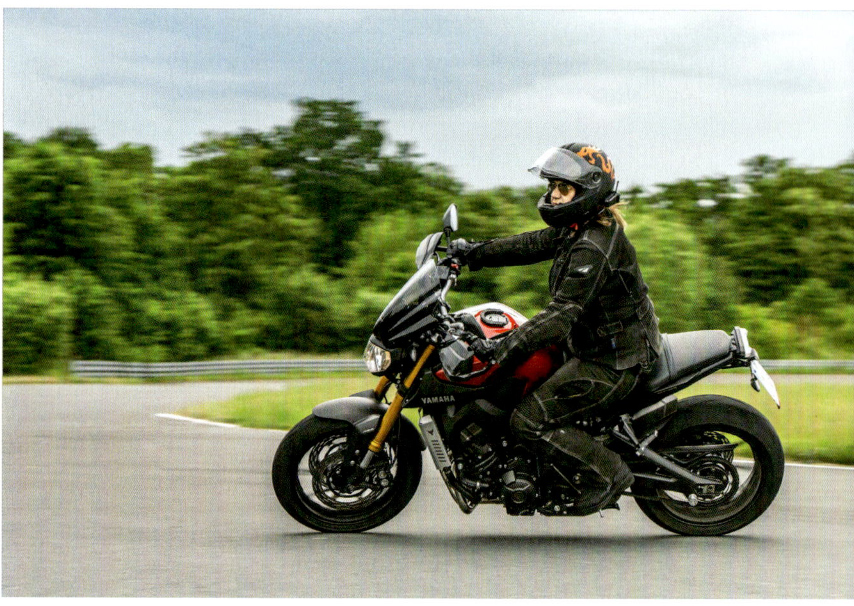

Abb. 6–9 Eine Yamaha MT-09 in Schräglage und Seitenansicht. In dieser Aufnahme sind mehrere Elemente kombiniert, die Bewegung kommunizieren: ein unscharfer Hintergrund (Mitzieher), die Schräglage, die Bewegungsunschärfe von Rädern und Kette (102 mm, 1/125 s, f/10, ISO 1.000).

Postieren Sie sich am Streckenverlauf so, dass Sie das vorbeifahrende Motorrad im Viertelprofil oder von vorne fotografieren können. Vom Scheitelpunkt der Kurve aus zu fotografieren, ist sinnvoll, wenn sich die Maschine zum Fotografen hin neigt.

Wenn Sie auf der anderen Seite der Kurve stehen, neigt sich die Maschine von Ihnen weg. Dies sieht meist unvorteilhaft aus, da Sie wenig vom Fahrer sehen und die Maschine ihre Unterseite zur Kamera hin exponiert, was nicht bei allen Modellen ein Hingucker ist.

6.4 Gekippter Horizont

Neben Bewegungsunschärfe ist ein gekippter Horizont die zweite Möglichkeit, Dynamik und Geschwindigkeit visuell zu kommunizieren. Dies erfordert eine gewisse geistige Umstellung bzw. Überwindung, da man als Fotograf doch darauf trainiert ist, den Horizont gerade zu halten. Daher wird Ihnen das absichtliche Kippen des Horizonts erst einmal unnatürlich erscheinen.

In der Actionfotografie jedoch kommuniziert ein gekippter Horizont Dynamik und verstärkt bei Kurvenbildern die Schräglage, in welcher sich das Motorrad befindet. Der Einsatz von langen Belichtungszeiten zur Schaffung von Bewegungsunschärfe ist hier von untergeordneter Bedeutung. Das Bild »funktioniert« auch ohne sie. Beachten Sie jedoch zum Beispiel in Abbildung 6–10, dass die Räder trotz einer kurzen Belichtungszeit von 1/400 s Bewegungsunschärfe aufzeigen.

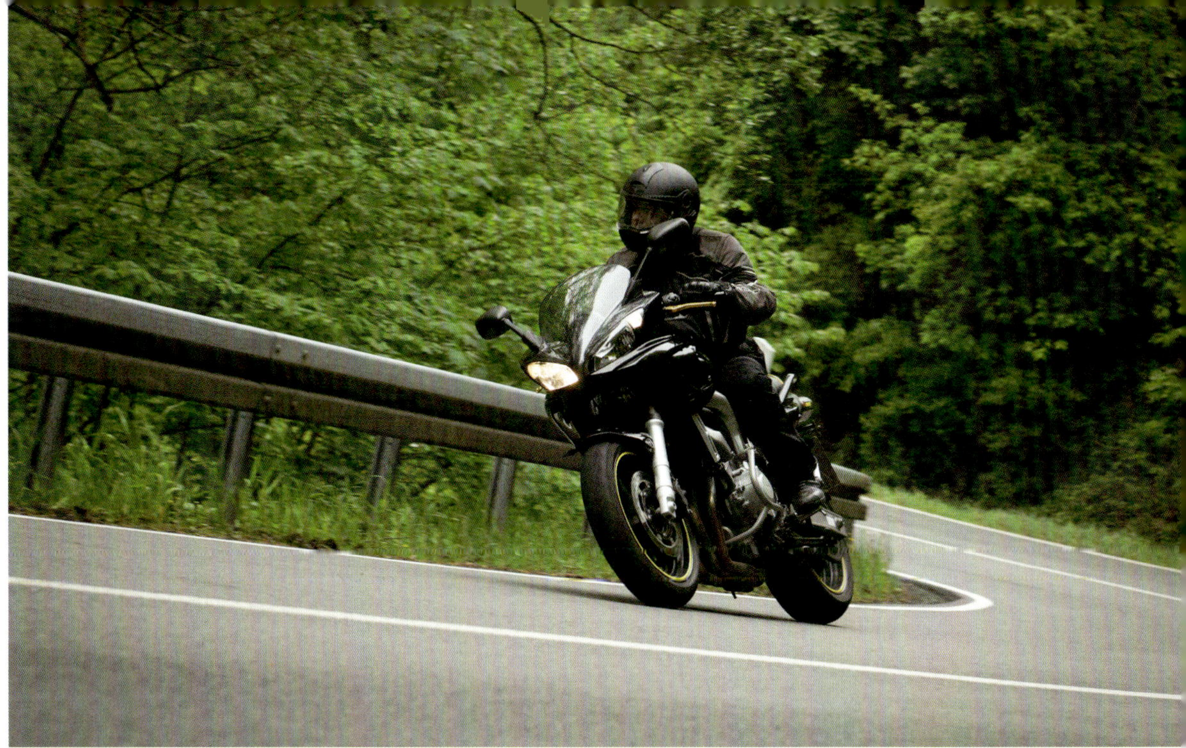

Abb. 6–10 Kurvenhatz im Harz. Bei einer moderaten Schräglage der Maschine wirkt das Bild deutlich dynamischer, wenn der Horizont nach rechts gekippt ist. Das Motorrad fährt optisch bergauf (Foto: Dominik Spitz; 70 mm, 1/400 s, f/5, ISO 720).

Das Schöne an diesem Stilelement ist, dass man es auch noch nachträglich einfügen kann, indem man das Bild per Software einige Grad neigt.

6.5 Bike-to-Bike-Fotografie

Von einem fahrenden Motorrad aus andere Motorräder zu fotografieren, mag etwas artistisch anmuten, ist aber eine durchaus praktikable Lösung. Als Sozius können Sie sich voll und ganz auf das Fotografieren konzentrieren und dynamische Bilder von bewegten Motorrädern einfangen. Zudem ist die Bildausbeute deutlich besser als beim Fotografieren vom Straßenrand aus, da Sie sich mit den Motorrädern mitbewegen und nicht auf eine Vorbeifahrt warten müssen.

Wenn Sie vom Soziussitz aus fotografieren, muss der Fahrer einen eher moderaten und gemütlichen Fahrstil pflegen. Hohe Geschwindigkeiten oder starke Schräglagen verbieten sich aus Gründen der Sicherheit. Es wäre nicht nur riskant, Sie würden schlicht und ergreifend von der Maschine fallen, da Sie zum Fotografieren beide Hände benötigen. Die in diesem Kapitel gezeigten Bilder sind bei einer Geschwindigkeit von max. 60 km/h (auf geraden Streckenabschnitten) entstanden.

Eine Bike-to-Bike-Fotosession ist keine normale Ausfahrt, bei der als »nettes Abfallprodukt« ein paar Bilder entstehen. Wenn Sie hochqualitative Fotos produzieren möchten, orientiert sich die Fahrgeschwin-

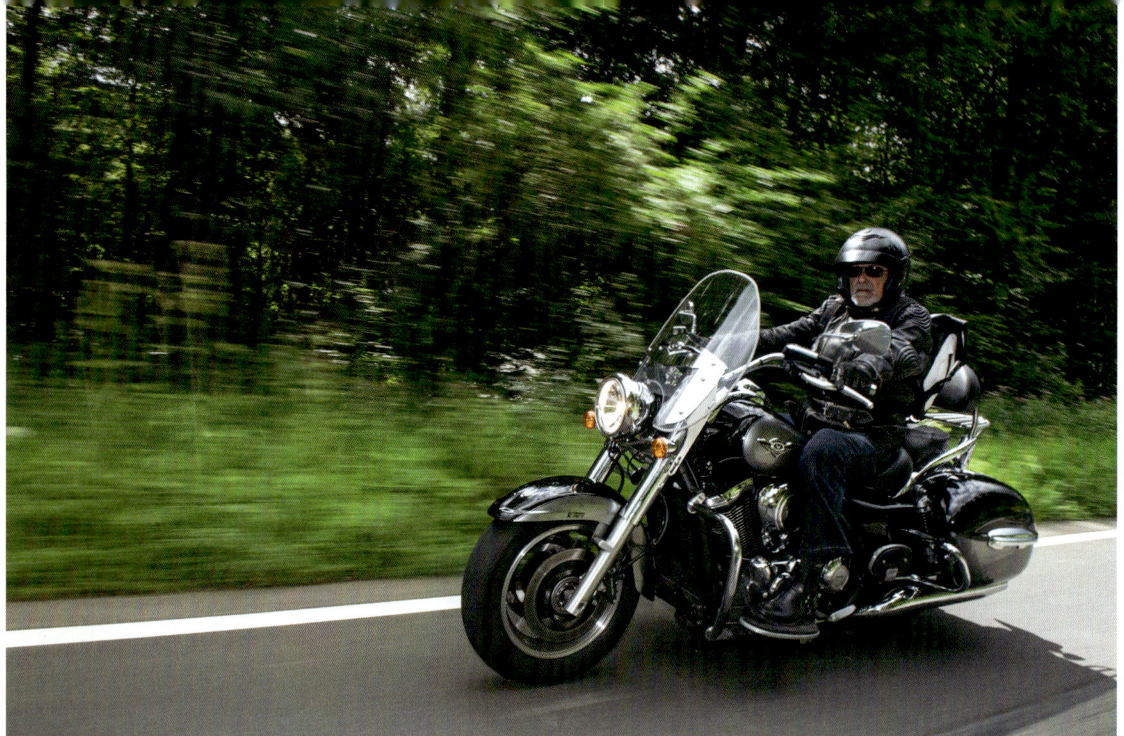

Abb. 6–11 Der gut gepolsterte Soziussitz der Kawasaki VN 1700 hat eine Rückenlehne und großzügige Fußrasten. Das ist ideal, um von dort aus andere Maschinen während der Fahrt zu fotografieren (24 mm, 1/60 s, f/18, ISO 560).

digkeit am Fotografen, der Fahrspaß und das Kurvenräubern stehen nur an zweiter Stelle. Weisen Sie die Teilnehmer des Shootings daher schon früh während der Planungsphase darauf hin, damit alle Teilnehmer mit der richtigen Erwartungshaltung in das Shooting gehen bzw. fahren.

Besonders luxuriös fotografiert es sich von üppig gepolsterten Choppern, die sogar über eine Rückenlehne und breite Trittbretter für die Füße verfügen. Dies wäre die bequemste Variante, aber auch von weniger komfortablen Soziussitzen aus können Sie fotografieren. Abbildung 6–12 zeigt, wie diese Sitzhaltung aussehen könnte. Sie müssen sich ein wenig verdrehen, um die Kamera nach hinten oder schräg hinten ausrichten zu können. Für solche Shootings empfiehlt sich eine Kamera mit klappbarem Display. Halten Sie die Kamera auf Hüfthöhe nach hinten. Das Bild wird am besten auf dem ausgeklappten Bildschirm der Kamera komponiert, sofern Sie nicht blind aus der Hüfte fotografieren möchten. Aber auch vom winzigen Sozius-Sitzpolster eines Superbikes aus kann man fotografieren, wenn auch deutlich ungemütlicher.

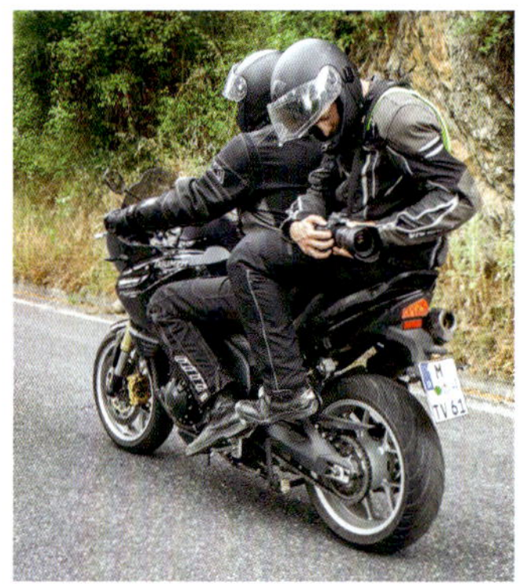

Abb. 6–12 So können Sie vom Soziussitz aus ein anderes Motorrad fotografieren. Verwenden Sie einen langen Gurt, um die Kamera um den Hals zu tragen. Das Bild wird idealerweise über den hochgeklappten LCD-Bildschirm der Kamera komponiert. Wenn Ihre Kamera einen solchen nicht besitzt, müssen Sie »blind« fotografieren (Foto: Dominik Spitz).

Es empfiehlt sich unbedingt, einen Kameragurt zu verwenden, um die

Kamera nicht zu verlieren. Ein zusätzlicher Akku und weitere Speicherkarten müssen griffbereit in einer Tasche der eigenen Motorradbekleidung verstaut sein (den Wechsel von Akku oder Speicherkarte sollten Sie aber nur im Stillstand durchführen!).

Sicherheit im Straßenverkehr sollte immer die höchtste Priorität haben!

Der Autor sowie der Verlag können nicht für Unfälle oder entstandene Schäden im Rahmen eines solchen Shootings verantwortlich gemacht werden.

Von einem fahrenden Motorrad aus zu fotografieren, bedeutet, ein gewisses Maß an Kontrolle über die Aufnahme abzugeben. Das Motorrad wackelt und ruckelt, man kann die Fotos nur grob komponieren und muss dann auf das Beste hoffen. Daher sollte die Kamera im Serienbildmodus verwendet werden. So kann man von jeder Situation eine Reihe von Bildern machen und mit Glück wird ein scharfes und gut komponiertes Bild dabei sein. Die Methode wird im englischsprachigen Raum »spray'n'pray« (draufhalten und beten) genannt und ist eigentlich unter Fotografen etwas verpönt, basiert sie doch eher auf Glückstreffern denn auf echtem fotografischen Geschick. Die Umstände eines Bike-to-Bike-Shootings sind jedoch ganz andere als bei einem Shooting »am Boden«, weshalb diese Methode durchaus legitim ist.

Beim Fotografieren von Motorrad zu Motorrad ist es sinnvoll, in einer kleinen Gruppe zu fahren. So haben Sie mehrere Maschinen zur Auswahl und können auch ansprechende Gruppenfotos während der Fahrt erstellen (siehe Abb. 6–13).

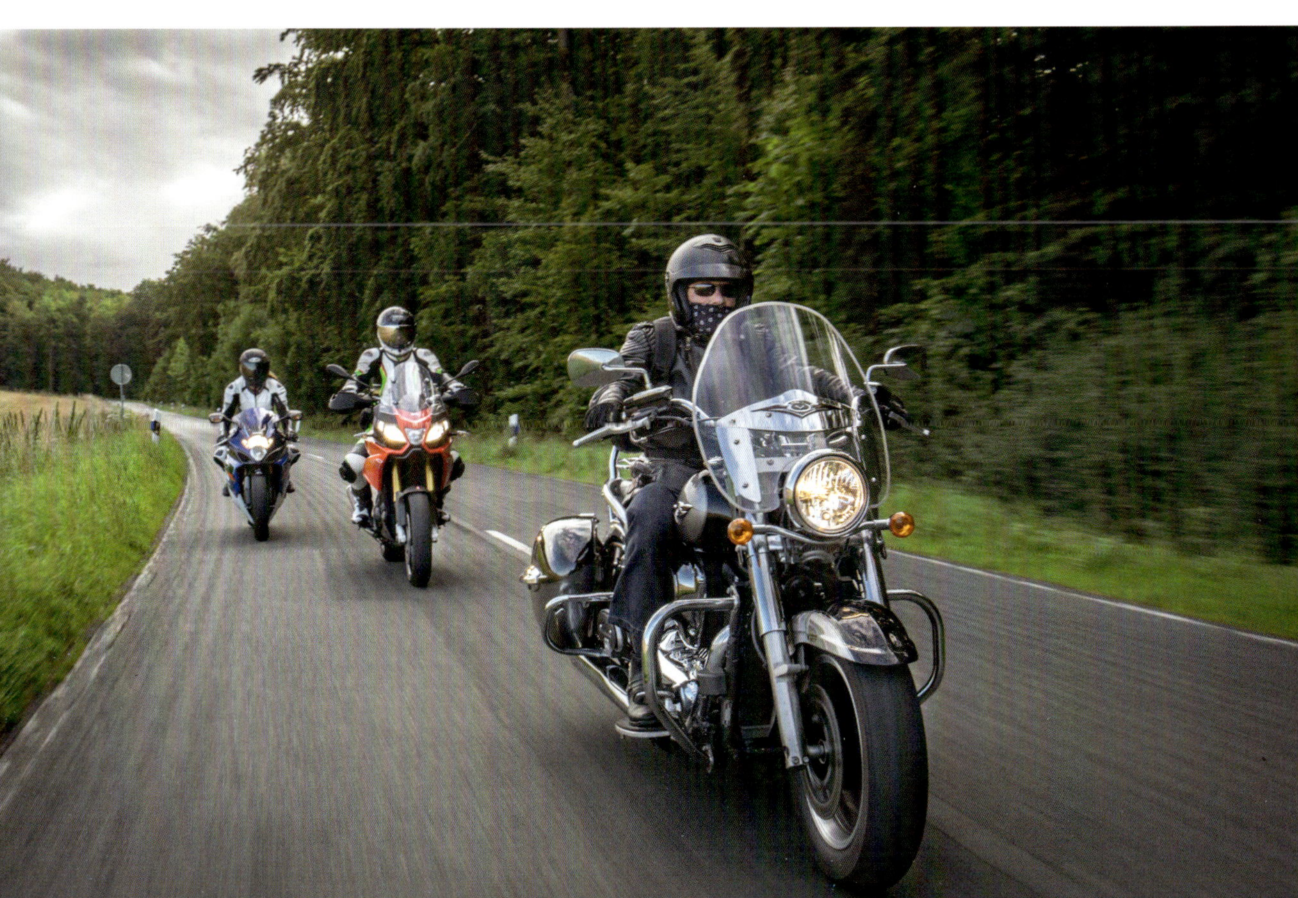

Abb. 6–13 Durch die Staffelung der Maschinen werden alle drei Motorräder gut sichtbar im Foto dargestellt. Ich selbst fuhr auf einer BMW S 1000 R als Sozius mit und fotografierte nach hinten (38 mm, 1/60 s, f/11, ISO 400).

Vor dem Shooting sollten Sie mit den anderen Fahrern einfache Handzeichen ausmachen, um das Shooting nonverbal dirigieren zu können. Als hilfreich erwiesen haben sich einige wenige Gesten:

- Heranwinken für »Komm näher«,
- »Wegdrücken« mit einer Hand zum Biker hin für »Bitte etwas mehr Abstand«,
- Daumen hoch für »Bleib so«,
- ein senkrecht nach oben gerichteter Zeigefinger mit kreisenden Bewegungen für »Bitte innerhalb der Gruppe die Plätze tauschen«.

Spielen Sie mit der Belichtungszeit, um die Aufnahmen interessant zu gestalten. Ermitteln Sie die Belichtungszeit, bei der man während der Fahrt noch scharfe Aufnahmen von der Maschine und eine von Bewegungsunschärfe verwischte Umgebung erhalten kann. Das fotografierte Motorrad wird, wenn es mit der gleichen Geschwindigkeit fährt wie das Motorrad des Fotografen, (theoretisch) scharf abgebildet. Da Sie die Kamera aber auf einem fahrenden Motorrad nicht komplett ruhig halten können, wird auf den meisten Aufnahmen das fotografierte Bike verwischt oder verwackelt sein. Hier kommt wieder das erwähnte »spray'n'pray« zum Einsatz. Bei einer größeren Serie von Aufnahmen ist, dem Zufallsprinzip folgend, eine scharfe Aufnahme dabei, weil im Moment der Aufnahme gerade mal keine Unebenheit auf der Straße war und der Fahrer nicht beschleunigt oder gebremst hat.

Stellen Sie an der Kamera den Modus »kontinuierlicher Autofokus« (oft »AF-C«) ein. In dieser Betriebsart führt die Kamera die Schärfe ständig nach, was beim Fotografieren von bewegten Objekten notwendig ist. Viele Kameras haben auch eine Autofokus-Betriebsart, in welcher das Feld, auf welches scharf gestellt wird, automatisch gewählt und ein durch das Bildfeld fahrendes Objekt automatisch scharf gehalten wird. Dieser Modus heißt oft »3D-Autofokus«. Bitte konsultieren Sie die Bedienungsanleitung Ihrer Kamera, um zu prüfen, ob Ihre Kamera einen solchen Modus besitzt, und zu erfahren, wie man ihn aktiviert. Starten Sie mit einer Belichtungszeit von 1/40 s und fotografieren Sie eine Serie. Wenn kein brauchbares Bild dabei ist, wählen Sie eine kürzere Belichtungszeit. Wenn scharfe Aufnahmen dabei sind, versuchen Sie eine längere Belichtungszeit, um die Bewegungsunschärfe zu intensivieren. Wiederholen Sie dies, bis Sie Ihre persönliche Grenze gefunden haben.

Auf geraden Streckenabschnitten kann der andere Fahrer auch mal kurz neben dem Fotobike herfahren, um das Motorrad auch mal von der Seite zu fotografieren. An erster Stelle muss natürlich auch hier die

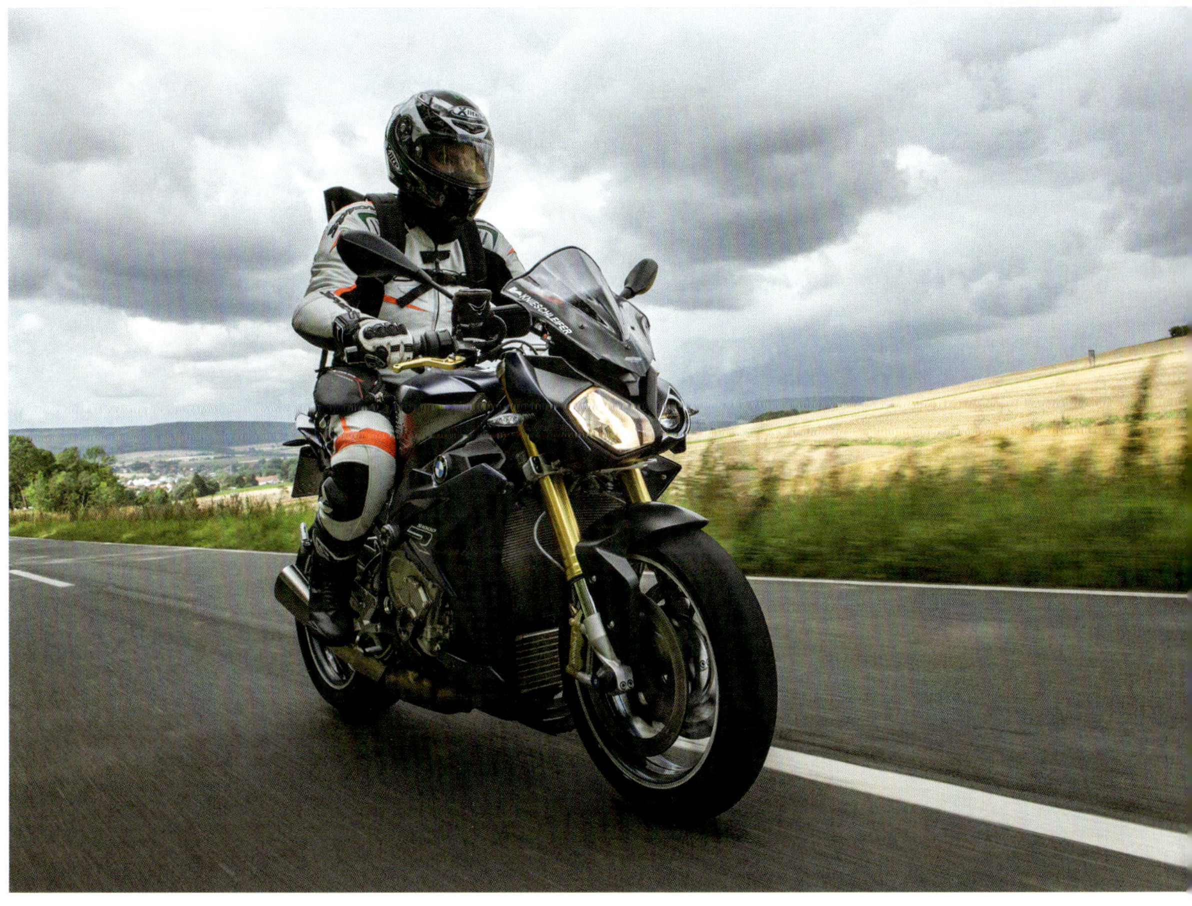

Abb. 6–14 BMW S 1000 R (27 mm, 1/100 s, f/11, ISO 180)

Sicherheit stehen – kein Foto der Welt ist ein riskantes Überholmanöver oder andere leichtsinnige Aktionen wert!

Eine Variante beim Fotografieren als Sozius sind »Huckepack«-Bilder (siehe Abb. 6–15). Sie als Fotograf fahren wieder als Sozius mit, diesmal wird allerdings nach vorne über die Schulter des Fahrers fotografiert.

Die Sitzposition ist deutlich entspannter und man kann das Bild besser komponieren, da keine Verrenkungen gemacht werden müssen. Bei solchen Fotos kann ein interessanter Effekt beobachtet werden. Der Fahrer und das Cockpit des Bikes werden scharf abgebildet (zumindest auf einem der Bilder aus einer Serienaufnahme, s. o.), während die Umgebung mit Bewegungsunschärfe abgebildet ist. Diese Bewegungsunschärfe nimmt mit zunehmender Entfernung vom Bike ab. Dies kann einfach erklärt werden: Während Objekte nah am Motorrad innerhalb der Belichtungszeit ihre relative Distanz zum Motorrad deutlich verkleinern, verringert sich die Distanz von Objekten in der Ferne

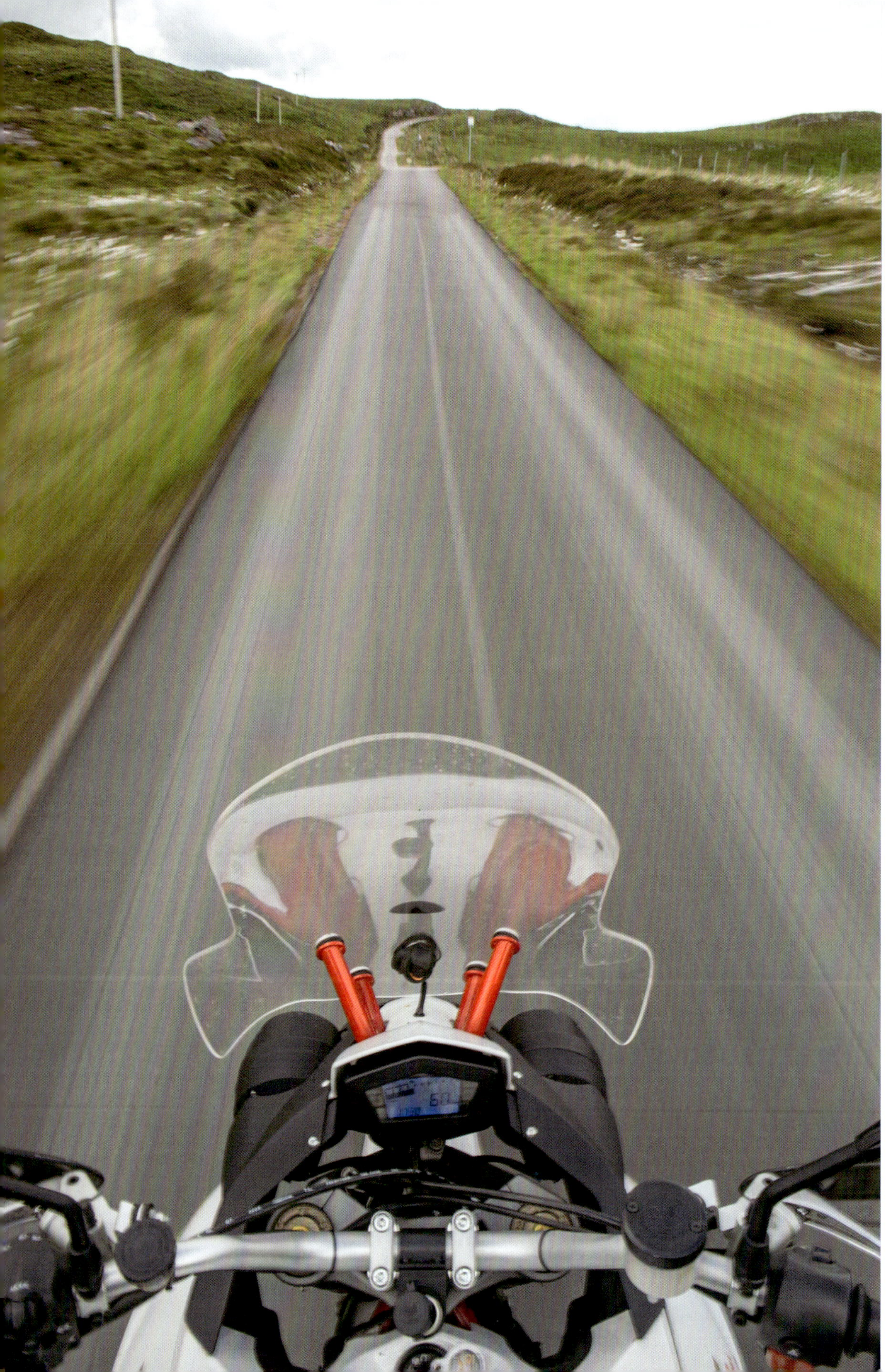

relativ gesehen kaum. Einfach gesprochen: Alles in der Nähe »zischt« am Motorrad vorbei, alle weit entfernten Dinge bleiben quasi stehen.

Gegenüberliegende Seite:
Abb. 6–15 Über die Schulter des Fahrers fotografierte Szene (27 mm, 1/20 s, f/22, ISO 250)

6.6 Bildbesprechung: Motorrad auf der Landstraße

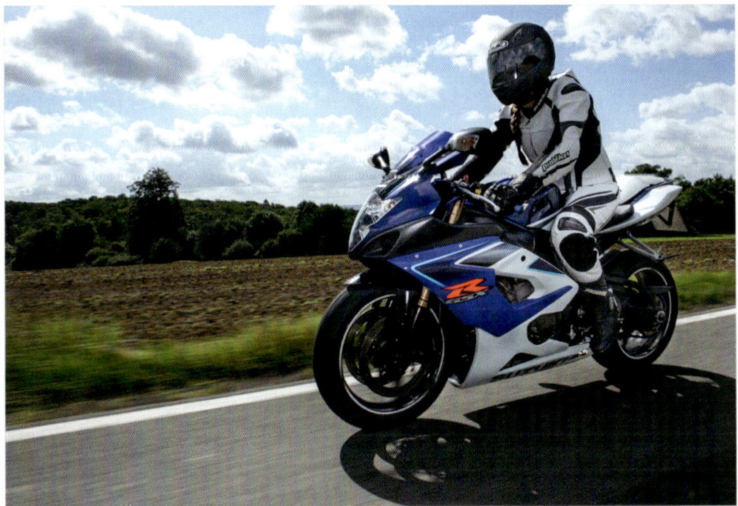

Abb. 6–16 Eine Suzuki GSX-R 1000 im Gegenlicht, zum Aufhellen angeblitzt. Denken Sie bei der Verwendung eines Blitzes daran, den Fahrer zu instruieren, dass er nicht in die Kamera blickt! (24 mm, 1/125 s, f/11, ISO 100)

Dieses Foto ist während eines Bike-to-Bike-Shootings entstanden. Ich fuhr auf einer Maschine als Sozius mit, die GSX-R folgte. Die Aufnahme wurde gegen das Sonnenlicht gemacht. Obwohl die Sonne nicht direkt im Bild zu sehen ist, herrschte eine starke Gegenlichtsituation. Um dieses zu kompensieren, wurde auf der Kamera ein Blitz mit einer kleinen Softbox installiert. Dies ist eine Abkehr von dem bisherigen Mantra »Das Blitzlicht darf nie die gleiche Richtung wie die Kamera haben«. Da aber entfesseltes Blitzen aus praktischen Gründen nicht zu realisieren war (Blitz von der Kamera runter und aus

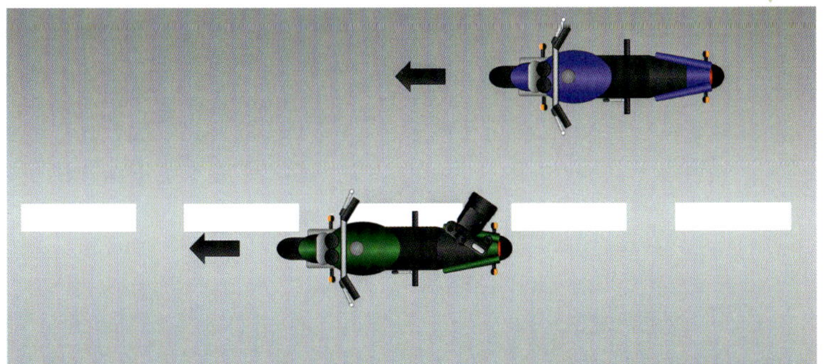

Abb. 6–17 Aufnahmesituation bei einem Bike-to-Bike-Shooting. Das grüne Motorrad fährt leicht versetzt vor dem blauen Motorrad. Ich saß hinten auf der grünen Maschine und hatte mit der Kamera und einem Aufsteckblitz schräg nach hinten fotografiert, um die Maschine im Gegenlicht aufzuhellen.

Gegenüberliegende Seite:
Abb. 6–18 Yamaha FZ6 Fazer (Foto: Dominik Spitz; 24 mm, 1/40 s, f/4, ISO 320)

anderer Richtung kommend), musste auf diesen »Notnagel« zurückgegriffen werden. Weil es sich hier nur um einen Aufhellblitz handelt und der Rest der Szenerie durch das Tageslicht gut ausgeleuchtet wird, tritt der Effekt des »Plattblitzens« nicht auf. Trotz der relativ kurzen Belichtungsdauer von 1/125 s ist die Umgebung der Maschine mit Bewegungsunschärfe versehen. Das Bike an sich ist scharf, da es die gleiche Geschwindigkeit hatte wie das Foto-Bike.

6.7 Training Bewegung I: Mitzieher

Für dieses Training begibst du dich am besten an einem sonnigen Wochenende an eine belebte Motorradstrecke (wenn du keine guten Strecken kennst, helfen befreundete Motorradfahrer sicherlich mit Tipps aus). Meistens gibt es in jeder Region mehrere »Hot Spots«, an welchen die Motorradfahrer sich austoben. Positioniere dich am Straßenrand, idealerweise hinter einer Leitplanke oder einem Baum. Achte darauf, nicht in einer Sturzzone zu stehen (das ist der Bereich abseits der Straße, in welchen ein Motorradfahrer im Falle eines Sturzes hineinrutscht). Je diskreter du dich positionierst, desto sicherer wird es für dich und den Motorradfahrer (Kameras spornen manche Fahrer zu Leichtsinn an).

Beginne mit einer Belichtungszeit von ca. 1/40 s. Wenn du die Kamera im Serienbildmodus verwendest, erhöhst du die Chance auf ein gutes Bild. Nimm eine stabile Position ein: Knie dich hin oder lehne dich zum Beispiel an einen Baum, um möglichst viel Stabilität zu erreichen. Wenn ein Motorrad heranfährt, erfasse es im Sucher und fokussiere, indem du den Auslöser halb drückst. Wenn das Motorrad an dir vorbeifährt, löse die Kamera aus und halte den Auslöser gedrückt, während die Kamera eine Serie von Aufnahmen macht. Mache eine Pause zwischen zwei Motorrädern und kontrolliere die Bilder. Ist die Maschine scharf? Wie gut ist die Bewegungsunschärfe? Hast du die Kamera gerade gehalten? Wie ist das Motorrad im Bild positioniert? Versuche besonders im letzten Punkt, unterschiedliche Aufnahmen zu bekommen. So kannst du ein Gefühl dafür entwickeln, welcher Bildaufbau dynamisch wirkt.

Variiere anschließend die Belichtungszeit. Belichte länger (ca. 1/25 s), um noch mehr Bewegungsunschärfe zu erzeugen. Du kannst dich schrittweise an dein persönliches Limit herantasten und herausfinden, mit welcher Belichtungszeit du noch gute Ergebnisse erzielst. Du wirst sehen – ab einer bestimmten Belichtungszeit wirst du auch nach noch so vielen Fotos keine scharfen Ergebnisse mehr erreichen.

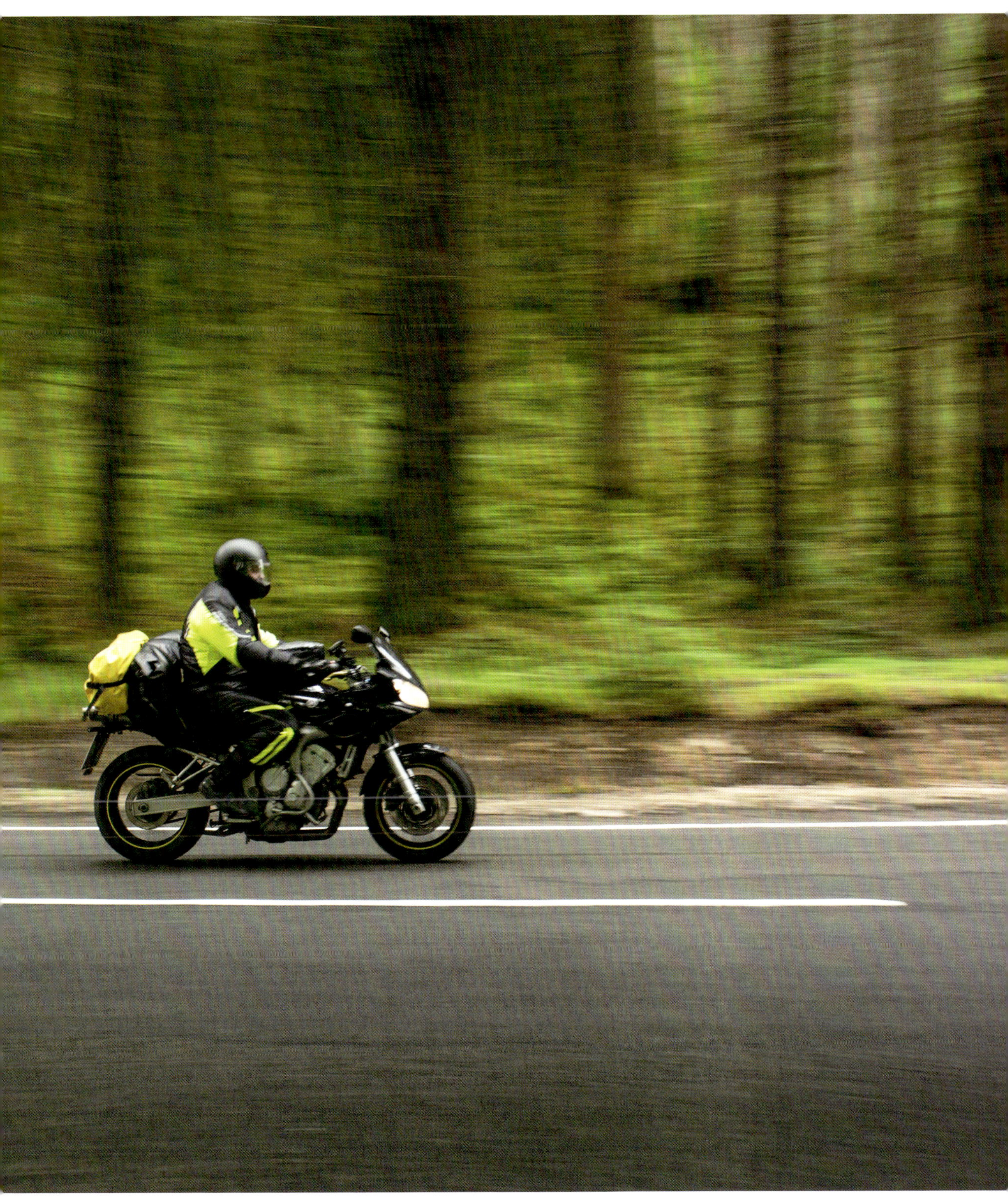

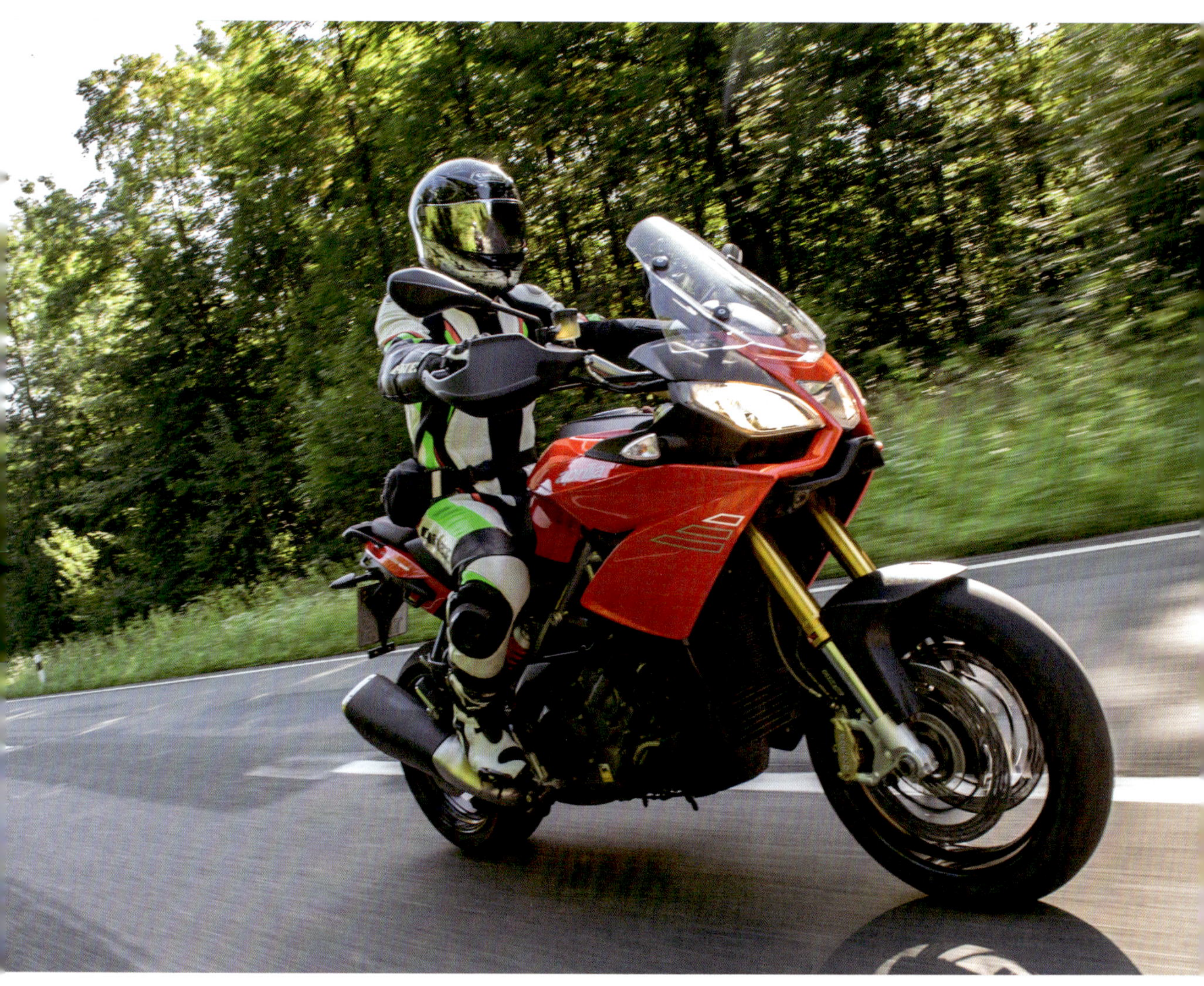

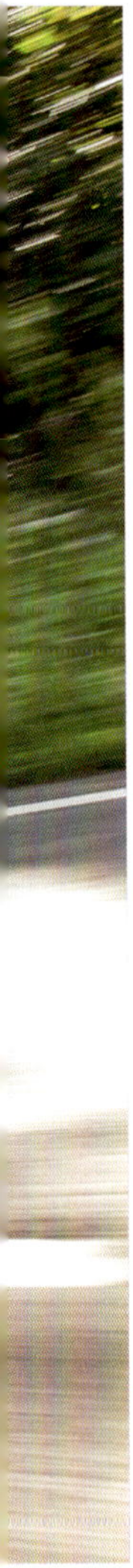

6.8 Training Bewegung II: Schrägstellung der Kamera

Diese Übung eignet sich gut, zusammen mit der vorherigen Übung durchgeführt zu werden. Im Gegensatz zu einem Mitzieher wählst du an der Kamera nun eine kurze Belichtungszeit, um die Bewegung des Motorrads einzufrieren. Fotografiere vom Straßenrand aus einige Motorräder, die an dir vorbeifahren. Halte die Kamera beim Fotografieren bewusst schräg. Dies mag etwas Überwindung kosten, weil man als Fotograf eigentlich darauf trainiert ist, das Bild möglichst gerade aufzunehmen. Beachte, dass die Schräglage eines Motorrads in Kurvenfahrten durch die Schrägstellung der Kamera verstärkt werden kann. Fotografiere nicht nur Motorräder in Kurvenfahrten, sondern auch während der Vorbeifahrt an einem geraden Straßenstück. Begutachte die entstandenen Bilder. Welche Schrägstellung wirkt dynamisch, welche übertrieben? Wie wirkt es, wenn nach links oder rechts gekippt wird oder das Bike von links oder rechts durch das Bild fährt? An welchem Punkt der Kurvenfahrt lässt sich die Schräglage der Maschine noch gut mit der Schräghaltung der Kamera unterstützen?

Abb. 6–19 Aprilia Caponord 1200
(24 mm, 1/100 s, f/8, ISO 720)

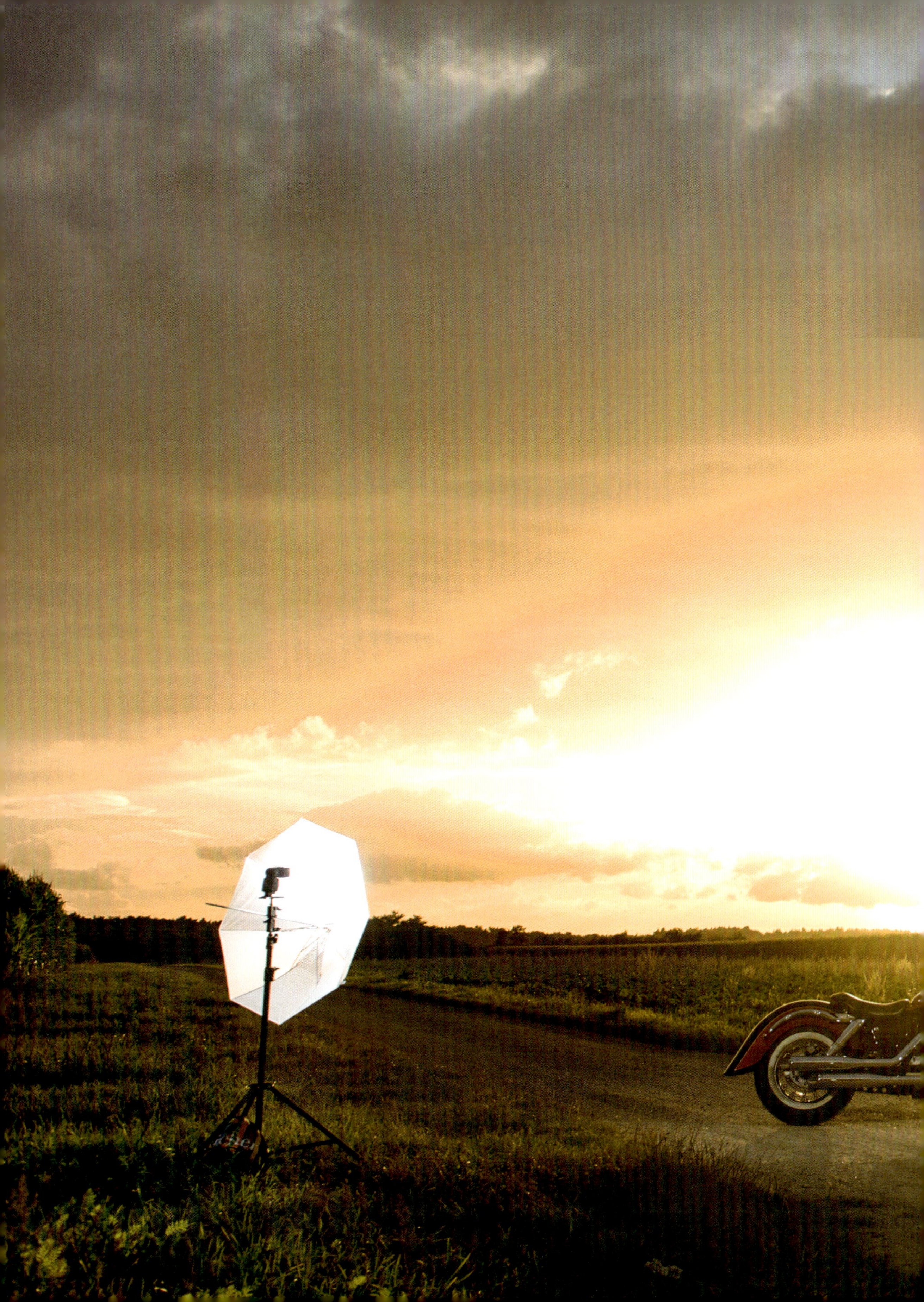

Kapitel 7

Motorradshootings planen und durchführen

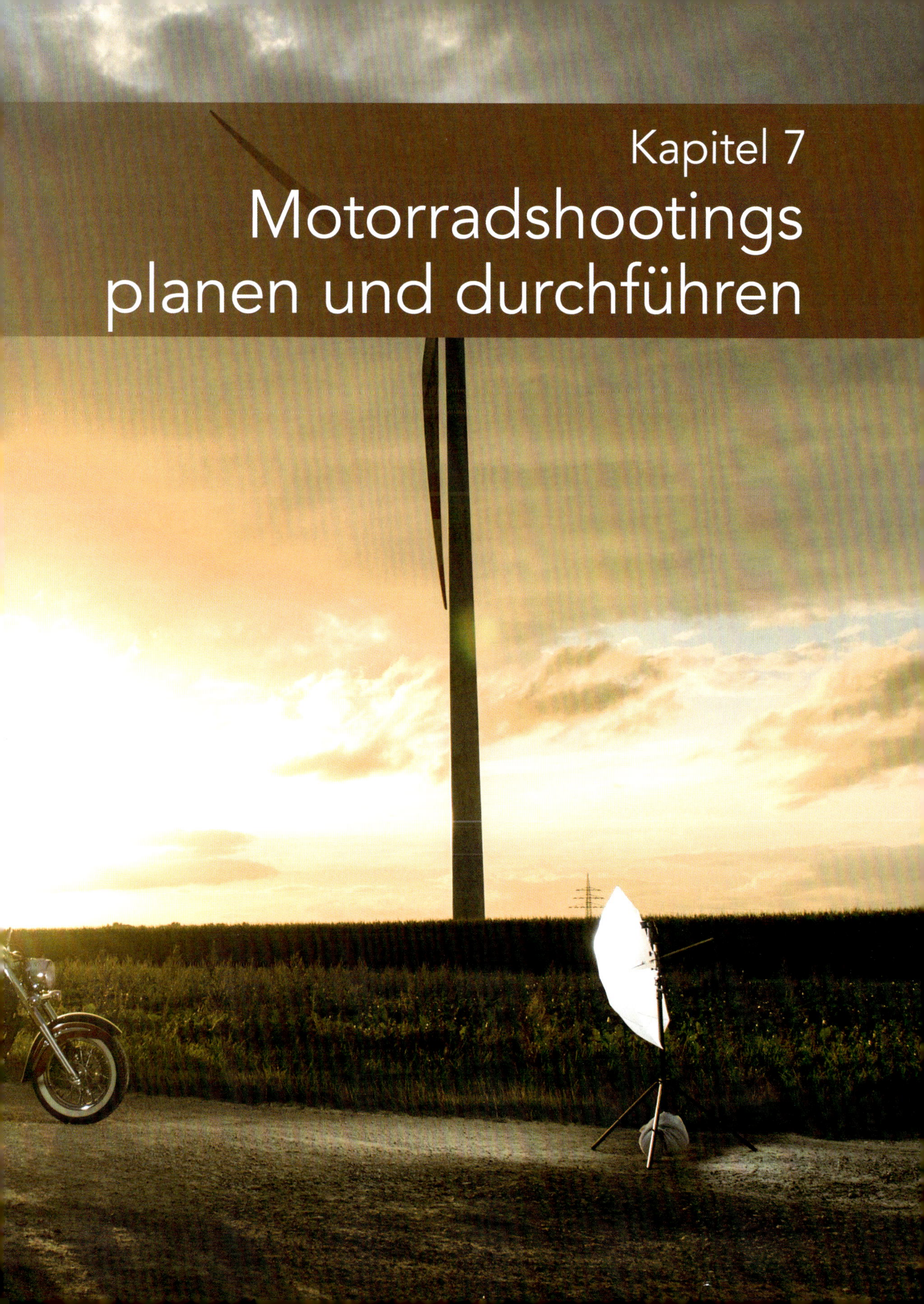

Vorherige Doppelseite:
Abb. 7–1 Honda VT 1100 Shadow C3
(24 mm, 1/200 s, f/5.6, ISO 100)

7.1 Motorräder finden

Es ist sehr wahrscheinlich, dass das erste Motorrad, welches Sie fotografieren, das eigene ist. Es liegt in der Natur der Sache, dass das eigene Bike jederzeit verfügbar ist und keine Absprachen mit dem Besitzer getroffen werden müssen. Nach einiger Zeit werden Sie jedoch jede Schraube an der eigenen Maschine fotografiert haben und es ist Zeit für andere Motorräder. Doch wie kommt man an andere Maschinen?

Eine naheliegende Quelle sind *Freunde*, *Verwandte* und *Arbeitskollegen*. Wenn Sie motorradverrückte Gesellinnen oder Gesellen im näheren sozialen Umfeld haben, ist es in der Regel einfach, eine Maschine samt Fahrer für ein Shooting bereitgestellt zu bekommen. Vergessen Sie nicht – die meisten Motorradfahrer haben noch nie ein Fotoshooting mitgemacht, wodurch es eine spannende neue Erfahrung für jeden Biker ist.

Sehr ergiebig ist in der Regel der Beitritt in eine *Motorradgruppe in den sozialen Medien*. Es gibt für fast jede Stadt und Region eine Facebook-Gruppe von Motorradfahrern. Über diese Gruppen lernen Sie schnell neue Leute mit interessanten Maschinen kennen. Auch hier gilt: Sobald Sie einige Shootings absolviert und die Ergebnisse gepostet haben, wird die Sache zum Selbstläufer.

Parkplätze und *Motorradtreffpunkte* sind ebenfalls ein guter Ort, um Shooting-Partner zu finden. Man kommt mit Bikern unheimlich leicht ins Gespräch. Wenn Sie also eine spezielle Maschine interessiert, sprechen Sie den Besitzer an.

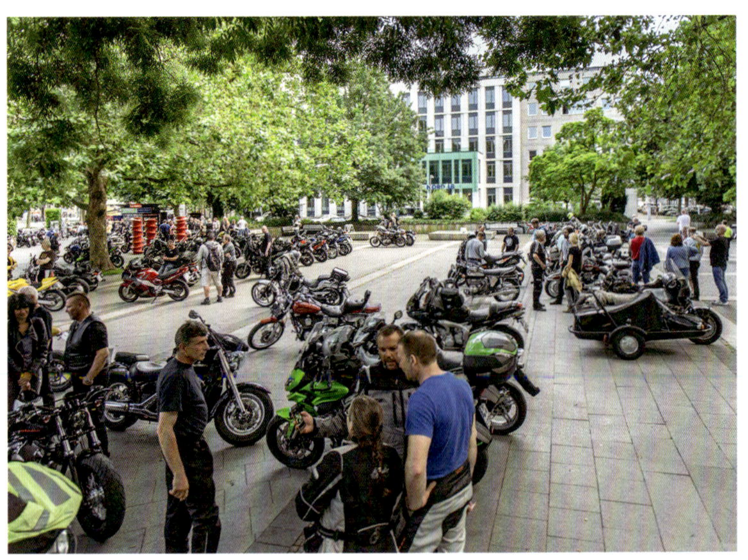

Abb. 7–2 Jeden Freitag tummeln sich auf dem »Georg« (Georgsplatz) in Hannover Dutzende Biker. So ziemlich alles, was zwei Räder und einen Motor hat, ist hier vertreten. Biker sind ein sehr offenes und aufgeschlossenes Völkchen, sodass Sie hier schnell ins Gespräch kommen können.

Man kann *Motorräder auch mieten*. Dies ist zugegebenermaßen eine kostspielige Variante, um an Fotomodelle zu kommen. Sie hat aber den Vorteil, dass Sie nach der Fotosession auch noch eine tolle Spritztour mit der Maschine durchführen können.

Wenn Sie sich intensiver mit Motorradfotografie beschäftigen, so sind diese »Quellen« nur für die ersten Shootings von Bedeutung. Nachdem Sie einige Motorräder fotografiert haben und die Bilder zirkulieren, kommt der Ball (bzw. das Rad) ins Rollen. Je mehr Biker Ihre Arbeit kennen und schätzen, desto einfacher wird es sein, Maschinen und Fahrer für das nächste Fotoshooting zu rekrutieren.

7.2 Ein Motorradshooting planen und durchführen

Ein erfolgreiches Motorradshooting bedarf einer sauberen Vorbereitung, Durchführung und Nachbereitung. Da die meisten Motorradshootings ähnlich ablaufen, möchte ich an dieser Stelle eine allgemeine Beschreibung/Anleitung vorstellen.

7.2.1 Vorbereitung

Es beginnt mit der *Kontaktaufnahme* zu dem betreffenden Biker. Idealerweise kennen Sie sich bereits persönlich, vielleicht haben Sie sich auch über eine Facebook-Gruppe kennengelernt. In einem Vorgespräch (persönlich, telefonisch, im Chat) sollten Sie kurz absprechen, was die jeweiligen Vorstellungen sind, einen gemeinsamen Termin finden und sonstige Fragen klären. Evtl. gibt es Besonderheiten an der Maschine, die für das Shooting wichtig sind. Hat die Maschine zum Beispiel einen Spitznamen, der die Idee für ein Shooting geben könnte? Hat der Biker eine persönliche Geschichte, die man in ein Foto bannen kann? Der Biker sollte im Vorfeld des Shootings außerdem zwei bis drei Fotos der Maschine bereitstellen, damit Sie sich vorbereiten können.

Wichtig ist außerdem zu kommunizieren, dass die Teilnahme auf eigene Gefahr erfolgt. Gerade wenn Sie sich abseits öffentlicher Straßen bewegen (zum Beispiel Industriegelände, Schrottplätze etc.), könnte zum Beispiel mal ein rostiger Nagel herumliegen, der dem Reifen nicht gut bekommt. Sie können die meisten Risiken durch gute Vorbereitung minimieren (zum Beispiel Location Scouting, siehe Abschnitt 4.1.2), aber eliminieren kann man Risiken nie.

Nachdem ein Termin gefunden wurde, muss die Location festgelegt werden (vgl. Abschnitt 4.1). Idealerweise können Sie schon im Vorgespräch eine Location ermitteln, andernfalls verschieben Sie die Festlegung auf einen späteren Zeitpunkt. Nicht vergessen, dass die Location vorher noch einem Scouting unterzogen werden muss! Die schöne abbruchreife Industrieruine, die Sie vor zwei Monaten gefunden haben, könnte mittlerweile mit Bauzäunen und Baggern zugestellt sein. Daher sollte das Scouting zeitnah zum eigentlichen Shooting erfolgen.

Ich empfehle außerdem dringend den Abschluss eines *Shooting-Vertrags*. Ein solcher Vertrag regelt, wie die Bilder nach dem Shooting von beiden Parteien genutzt werden dürfen, er schafft Klarheit und sichert ab. Bevor ich selbst Shooting-Verträge aufgesetzt habe, verließ ich mich auf das Bikerehrenwort und den gesunden Menschenverstand. Dies ging auch meistens gut, bis ich einmal mit einem Biker aneinandergeriet, der eines der Bilder aus seinem Shooting unter seinem Namen bei einem Wettbewerb einreichte. Er betrachtete die Bilder als seinen Besitz, da er und seine Maschine ja schließlich darauf abgebildet waren. Leider waren ihm die Grundzüge des Urheberrechts nicht bekannt. Ein Shooting-Vertrag hätte hier viele Probleme vermeiden können und seitdem fotografiere ich nicht mehr ohne Vertrag.

In den Tagen vor dem Shooting müssen Sie die Wettervorhersage gut im Auge behalten. Die meisten Shootings finden draußen statt, sodass Regen hier einen Strich durch die Rechnung machen kann. Aber selbst wenn es zum Zeitpunkt des Shootings trocken ist, kann ein kräftiger Regenguss vorher dafür sorgen, dass die frisch geputzte Maschine während der Fahrt zum Shooting wieder Reinigungsbedarf aufweist. Der Faktor Wetter ist eine Variable bei Motorradshootings, mit der man als Fotograf dieses Genres leben muss, wobei »Regen« nicht gleich »Regen« ist. Ein wenig Nieselregel oder ein kurzer Schauer während des Shootings können abgewartet werden, denn schließlich sind weder Biker, Fotograf noch Maschine aus Zucker. Und mit ein paar sauberen Lappen im Gepäck des Bikers können Sie die Maschine auch schnell wieder abtrocknen.

Abb. 7–3 Nicht aufgeladene Akkus oder volle Speicherkarten sind klassische Fehler bei Shootings und einfach zu vermeiden, indem Sie am Abend vorher alles vorbereiten. Vergessen Sie nicht Ersatzakkus und zusätzliche Speicherkarten.

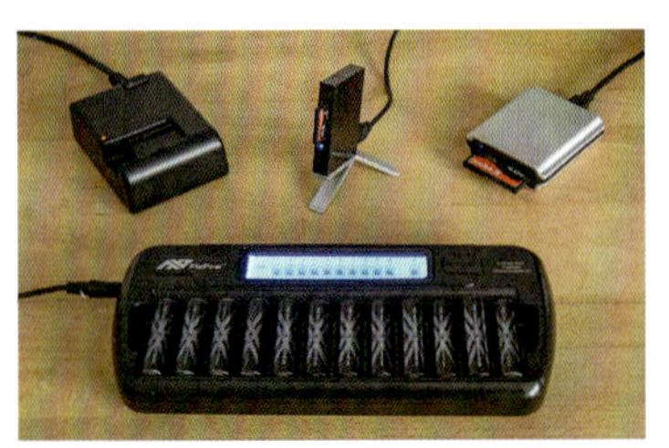

Ich handhabe es daher so, dass ich Shootings kurzfristig (ein paar Tage, höchstens eine Woche) im Voraus terminiere. Die Wettervorhersage für die nächsten zwei bis drei Tage kann als einigermaßen akurat angesehen werden, alles darüber hinaus stellt eher eine Tendenz dar, denn eine Information, mit der man planen könnte. Ich beobachte die Wettervorhersage genau und stehe mit dem Biker in engem Kontakt. Im Notfall muss man einen neuen Termin vereinbaren.

Am Abend vor dem Shooting sollten Sie die fotografische Ausrüstung fit machen. Dazu zählt:

- Die Fototasche packen (siehe Packliste).
- Alle Akkus laden (Kamera, Blitze, Zubehör) und Ersatzakkus einpacken.
- Evtl. vorhandene Fotos von der Kamera herunterladen und anschließend die Speicherkarte löschen.
- Die Kameraeinstellungen prüfen. Klassischer Fehler: Am Abend vorher mit hohem ISO-Wert im Dunkeln fotografiert. Am nächsten Tag bei Tageslicht fotografiert und alle Bilder sind hoffnungslos überbelichtet.

Packliste für ein On-Location-Shooting

Folgende Ausrüstung ist für ein Motorradshooting zu empfehlen:

Muss:

- Kamera mit Objektiv und Tragegurt
- Kamerastativ
- Zusätzliche Akkus für Kamera und Blitze
- Zusätzliche Speicherkarten
- Zwei Blitze mit Funkauslösern und Stativen
- Linsenputztücher o. Ä.
- Kamera-Blasebalg (zum Reinigen der Linse, des Spiegelkastens und zum Entfernen von Staub am Motorrad bei Nahaufnahmen)
- Gewebeklebeband (»Panzertape« – nützlich für alle möglichen Dinge)
- Eine Flasche Wasser (Fotografieren macht durstig)
- Shooting-Vertrag und einen Kugelschreiber

Kann:

- Zwei Sandsäcke zum Beschweren der Stative (bei Wind)
- Dritter Blitz mit Stativ
- Lichtformer und Farbfilter für alle Blitze
- Gegebenenfalls zweites Objektiv
- Matte, Plane o. Ä. für Aufnahmen im Liegen
- Einen schmutzigen Lappen für die Reifen der Maschine

Der Biker soll neben seiner Maschine mitbringen:

- Sich selbst in voller Montur
- Eine Sonnenbrille (auch, wenn Sie abends fotografieren)
- Ein sauberes Mikrofasertuch für das Motorrad
- Etwas zu trinken
- Je nach Jahreszeit und Temperatur einen extra Pullover für kühle Abendstunden

7.2.2 Planen der Tageszeit

Wenn Sie wie in Abschnitt 4.2.1 beschrieben die Morgen- oder Abendsonne für ein Shooting nutzen möchten, müssen Sie den Zeitpunkt gut planen. Eine einfache Anfrage in einer beliebigen Suchmaschine ergibt die Sonnenauf- und Sonnenuntergangszeit (»Sonnenuntergang <Ort>«), woran Sie den Zeitpunkt für das Shooting festlegen können. Detaillierter planen können Sie mit Diensten oder Apps, welche auch den Sonnenstand und die Sonnenrichtung an einem beliebigen Ort zu einer beliebigen Uhrzeit visualisieren.

Der Dienst *www.suncalc.net* zum Beispiel geht über das reine Bereitstellen der Uhrzeit des Sonnenuntergangs hinaus. Vielmehr werden der Sonnenstand sowie Sonnenauf- und -untergang visuell auf einer Karte dargestellt. Sie können mit solch einem Dienst den geplanten Standort für das Shooting anwählen, der Sonnenstand im Tagesverlauf wird dann als ein Kreis um den Standort herum projiziert. Mit einem Regler können Sie die Tageszeit einstellen und die Sonne so vor- und zurückwandern lassen. So können Sie den idealen Zeitpunkt bestimmen, zu welchem Sie sich mit dem Biker zum Fotografieren treffen möchten. Das Pendant ist www.mondverlauf.de, welches den Verlauf des Monds für einen frei wählbaren Standort ähnlich visuell darstellt.

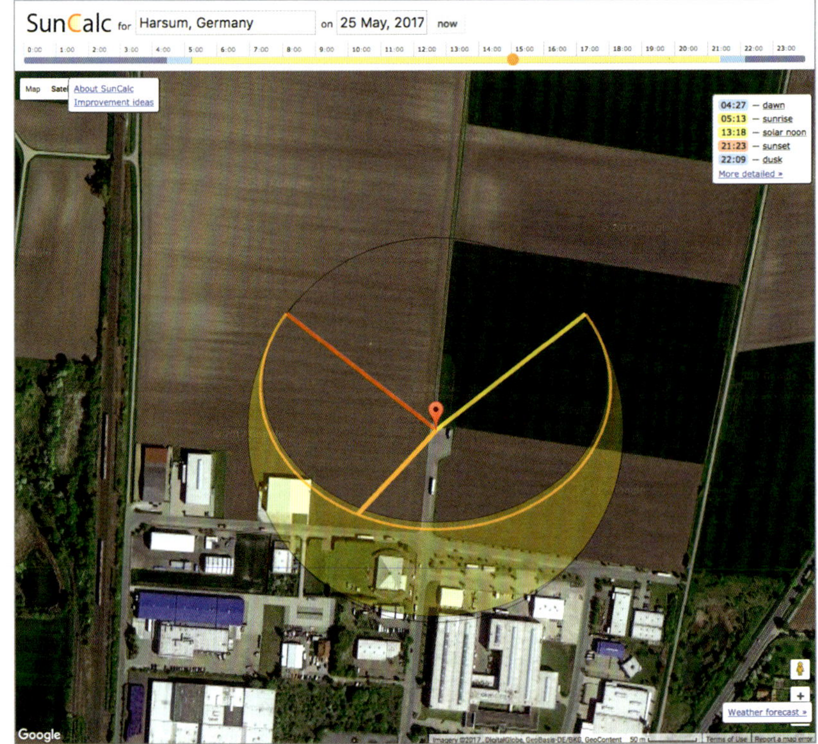

Abb. 7–4 Der Dienst *suncalc.net* ermöglicht es Ihnen, den Sonnenstand an einem Ort und einem Datum vorherzusagen. In dem Beispiel sehen Sie für den gewählten Ort die Richtung des Sonnenaufgangs (gelber Strich), des Sonnenuntergangs (roter Strich) und den Sonnenstand für eine beliebige Uhrzeit (gelber Strich, wählbar über die Zeitleiste oben).

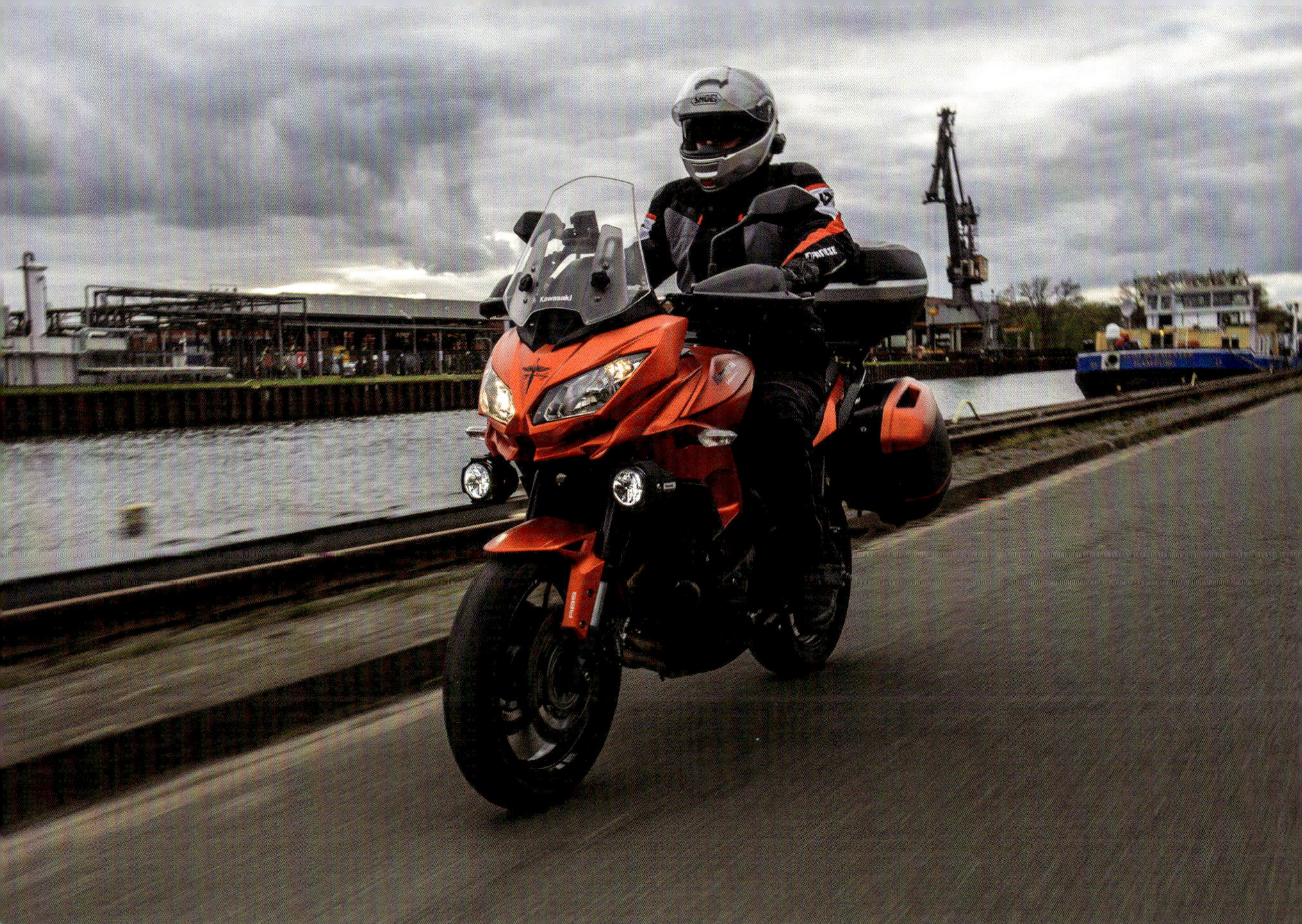

Abb. 7–5 Kommunikation ist alles. Erklären Sie insbesondere bei Bike-to-Bike-Shootings den Fahrern genau, was für eine gelungene Aufnahme wichtig ist. In diesem Fall: Langsam und beständig geradeaus fahren und einen konstanten Abstand zum Motorrad halten, auf welchem Sie als Fotograf sitzen (Kawasaki Versys 650, 35 mm, 1/30 s, f/9, ISO 100).

7.2.3 Während des Shootings

Es empfiehlt sich, immer etwas *früher als der Biker* vor Ort zu sein. So können Sie zum Beispiel schon einmal die Blitze aufbauen, die Kamera bereitmachen und sich mental auf das anstehende Shooting vorbereiten. Trifft der Motorradfahrer dann ein, dürfen vor lauter Tatendrang nicht die Begrüßung und ein wenig Smalltalk fehlen. Nehmen Sie sich die Zeit, die Maschine noch einmal aus der Nähe und mit eigenen Augen zu betrachten. Hier können Sie Ausschau halten nach interessanten Details und sich Notizen dazu machen.

Erklären Sie dem Biker, was Sie zu tun gedenken und was seine Aufgaben sind. In der Regel ist der Biker für die Positionierung seiner Maschine zuständig. Dies entlastet Sie zum einen als Fotograf und belässt zum anderen das Risiko beim Bewegen der Maschine beim Biker. Es empfiehlt sich, nicht direkt mit dem kompliziertesten Setting anzufangen. Machen Sie einige Bilder, reden Sie dabei mit dem Biker. Nicht vergessen: Für die meisten Teilnehmer ist dies eine ungewohnte Situation! In der Regel haben Motorradfahrer noch nie ein Fotoshooting mitgemacht, sodass sie nicht genau wissen, was sie erwartet. Sprechen Sie besonders bei Shootings mit Motorrädern in Bewegung mit den Fahrern genau ab, was Sie machen möchten. Je genauer der Biker darüber bescheid weiss, was und warum Sie etwas machen, desto besser kann er mitarbeiten.

Nun kommt ein für den Fotografen kritischer Moment. Wenn Sie eine gute Perspektive gefunden haben und die Lichtsituation beherrscht wird, müssen Sie lernen, sich nach einer Reihe gelungener Aufnahmen auch wieder davon loszureißen und einen Perspektivwechsel durchzuführen. Sie können die Maschine drehen, an eine andere Stelle fahren oder selbst etwas um die Maschine wandern, um eine andere Perspektive einzunehmen.

7.2.4 Was tun, wenn es nicht klappt

Manchmal funktioniert etwas einfach nicht wie angedacht. Es kann vorkommen, dass die Beleuchtung in einer Situation auf dem Foto immer unbefriedigend bleibt. Es kann sein, dass die Maschine aus einer gewissen Perspektive immer eigenartig aussieht, obwohl man ein anderes Bild im Kopf hat. Sie werden unweigerlich während eines Fotoshootings ab und zu an einen solchen Punkt kommen. So eine Situation frustriert, denn Sie wissen in dem Moment einfach nicht, wo der Fehler liegt, warum das Bild nicht so wird, wie man es geplant hat.

Der beste Tipp lautet dann, sich nicht in diese Situation zu verbeißen, sondern etwas anderes auszuprobieren. Manchmal reicht ein kleiner Perspektivwechsel oder eine veränderte Positionierung der Blitze, um bessere Ergebnisse zu erzielen. Oder man bewegt das Motorrad ein paar Meter und stellt es etwas anders auf. Solch kleine Veränderungen bewirken manchmal Wunder. Wenn alles nichts hilft, dürfen Sie sich auch nicht zu schade sein, eine Bildidee aufzugeben und mit dem Shooting an anderer Stelle weiterzumachen. Die Zeit ist einfach zu kostbar, als sie mit Ärgern und Rätseln zu verbringen. Und die Bildidee muss nicht gänzlich aufgegeben werden. Wenn Sie nach dem Shooting die Bilder sichten und Ihre Arbeit reflektieren, denken Sie unweigerlich wieder über das »nicht funktionierende« Bild nach. Vielleicht kommt Ihnen dann eine Idee, wie es doch funktionieren könnte, und Sie haben wieder etwas für die nächste Fotosession.

7.3 Quellen der Inspiration

Um sich Ideen und Anregungen für Shootings, Bildkonzepte etc. zu holen, ist die Arbeit anderer Fotografen eine wertvolle Quelle. Nehmen Sie sich daher ab und zu etwas Zeit, um die Arbeiten anderer Motorradfotografen zu studieren. Die Hauptquelle für Motorradfotos stellt das Internet mit seinen zahlreichen sozialen Medien und Bilderdiensten dar. Hier muss nur nach den Stichwörtern »Motorrad«, »Motorbike« oder »Motorcycle« gesucht werden und man erhält im Handumdrehen eine schier unermessliche Auswahl an Bildern.

Motorradzeitschriften zeigen meist das gesamte Spektrum an Fotos: On-Location-Porträts der Maschinen, Reisefotografie, Studiobilder, Actionfotos. Aber auch Kataloge und Prospekte sind eine gute Inspirationsquelle, obschon die Bilder hier mit Vorsicht zu genießen sind. Professionelle Werbeaufnahmen werden in der Regel mit einem erheblichen Budget und einer Crew produziert. Diese Aufnahmen kann man als Richtschnur für die eigene Arbeit nehmen, aber nicht als Messlatte (zumindest zu Beginn der fotografischen Tätigkeit noch nicht ;-).

Doch egal, aus welcher Quelle die Inspiration kommt: Es geht hierbei nicht um das Kopieren bzw. Abklatschen von fremden Ideen! Das Studium anderer fotografischer Stile und Bildkonzepte ist unerlässlich, um zu lernen, seinen eigenen Stil zu finden und Ideen für das nächste Shooting zu generieren. Außerdem bietet eine solche Recherche die Möglichkeit, ein Benchmarking durchzuführen und die eigene Arbeit mit der anderer Fotografen zu vergleichen.

Es kann sein, dass Sie über ein Bild stolpern, welches Ihnen so gut gefällt, dass Sie es in ähnlicher Weise nachstellen möchten. Auch dies ist (moralisch) in Ordnung, sofern Sie ein paar Details beachten. Eine 1:1-Kopie eines Fotos »nachzuschießen«, ist unter Übungsgesichtspunkten absolut in Ordnung (und nebenbei bemerkt gar nicht so einfach). Ziel sollte hierbei sein, die fotografische Technik des Originalbilds zu erlernen oder zu perfektionieren. Das Nachstellen kann ein mächtiges Werkzeug zum Erlernen der Fotografie sein. Denn zuerst müssen Sie analysieren, wie das Bild entstand, das heißt, welche Brennweite, Perspektive oder wie die Beleuchtung umgesetzt wurde. Und danach erst können Sie das Foto nachstellen. Sie lernen beim Kopieren also doppelt. Wenn Sie das eigene Bild veröffentlichen, gebietet es allerdings der Anstand, auf die Entstehungsgeschichte hinzuweisen. Ein kurzer Hinweis à la »Mir hat das Foto von XY so gut gefallen, dass ich die Idee auch mal umsetzen wollte« reicht, versehen mit einem Link zum Originalbild.

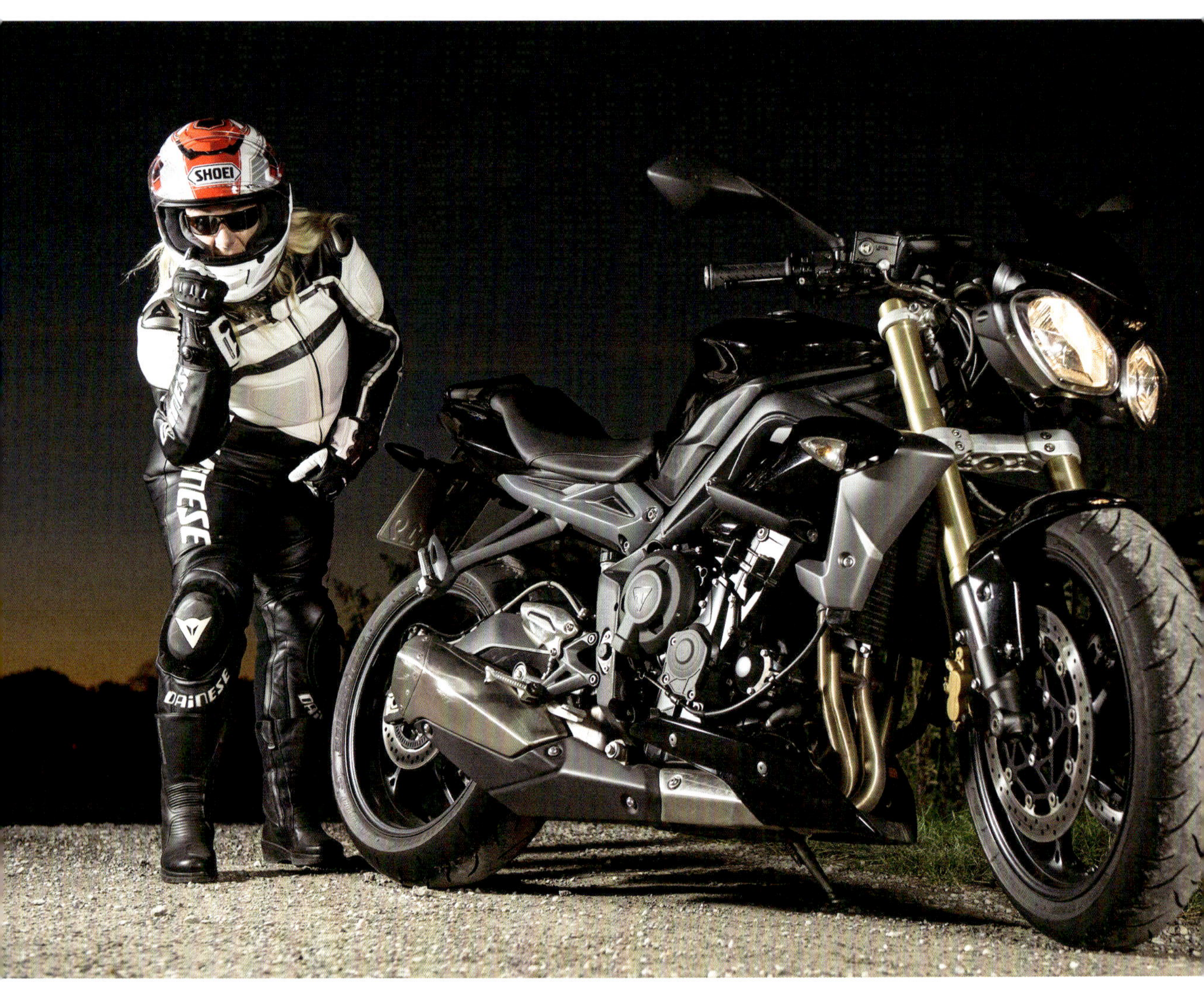
SHOEI
DAINESE

7.4 Bildbesprechung: Die persönliche Note

Fotos sind nicht nur reine Abbildungen, sondern auch Erinnerungen, welche mit Emotionen verbunden sind. Daher sind Bilder mit einem persönlichen Bezug zur Geschichte des Motorrads oder des Fahrers etwas ganz Besonderes. Wenn eine persönliche, visuelle Verbindung zu dem Motorrad und seinem Fahrer aufgebaut werden kann, gibt dies dem Bild das gewisse Extra, welches ein Foto aus der Menge herausstechen lässt.

Bea, die in Abbildung 7–6 kampfeslustig ihre Faust Richtung Kamera ballt, hat in ihrem Leben so einiges erlebt und schwierige Zeiten durchgemacht, sowohl gesundheitlich als auch zwischenmenschlich. In einem lang andauernden Prozess und mit der Hilfe ihrer Freunde hat sie ihre Lebensfreude und ihr Selbstbewusstsein wiedergefunden. Dies zeigt sich in ihrem Motorrad, welches neben dem Ausdruck der Selbstbestimmung auch Freiheit und die eingangs erwähnte Lebensfreude symbolisiert. Die Geste zur Kamera hin war weder geplant noch von mir angeordnet, es war ein spontaner Moment während des Shootings. Das Bild zeigt Bea, wie sie heute ist: selbstbewusst, selbstständig, stark und wehrhaft.

Abb. 7–6 Bea mit ihrer Triumph Street Triple (48 mm, 1/160 s, f/4, ISO 1.000).

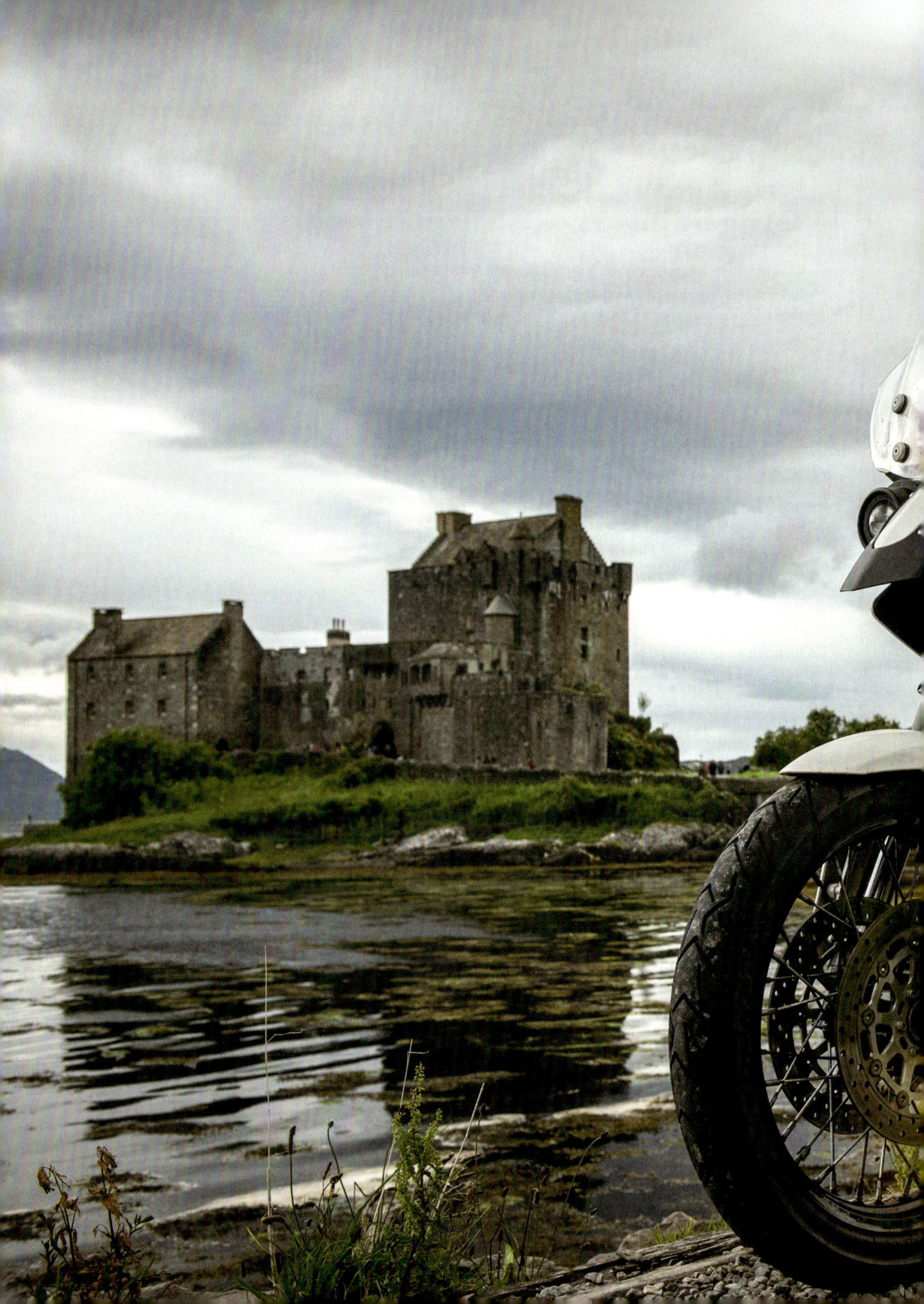

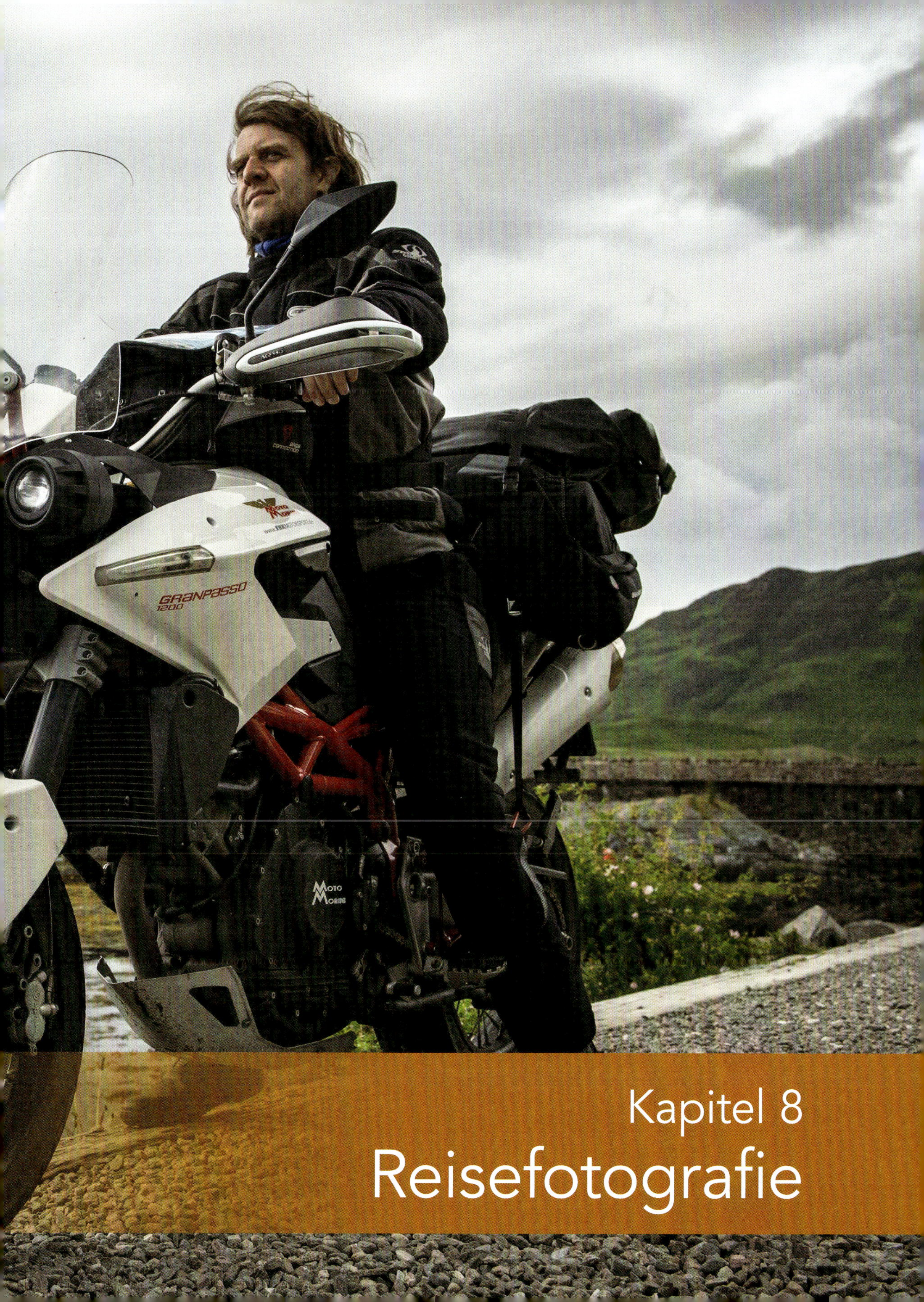

Kapitel 8
Reisefotografie

Vorherige Doppelseite:
Abb. 8–1 Eines des berühmtesten Schlösser Schottlands: Eilean Donan Castle (32 mm, 1/800 s, f/5.6, ISO 900)

Wer mit dem Motorrad verreist, möchte die Reise dokumentieren und tolle Aufnahmen von sich und der Maschine wieder mit nach Hause bringen. Der Platz auf einem Motorrad ist begrenzt, sodass Sie sehr gut überlegen müssen, welchen Umfang die mitgeführte Fotoausrüstung haben soll. Hier sind diejenigen klar im Vorteil, die sich zum Beispiel für eine kleine spiegellose Systemkamera entschieden haben (vgl. Abschnitt 2.2). Das Mitführen aufwendiger Blitztechnik sowie mehrerer Objektive ist meist nicht möglich bzw. nicht sinnvoll.

Um sich auf das Fotografieren während einer Motorradreise vorzubereiten, können Sie Anregungen für interessante Aufnahmen in den Reiseberichten von Motorradzeitschriften finden (siehe hierzu auch Abschnitt 7.3). Lesen Sie daher vor der Reise ein paar dieser Berichte und beachten Sie speziell den fotografischen Stil der Bilder.

Doch bevor Sie mit dem Packen der Kameratasche beginnen, müssen Sie sich Gedanken darüber machen, welche Art von Reise Sie unternehmen möchten. Wie hoch ordnen Sie die Fotografie in Relation zum Fahren ein? Möchten Sie möglichst viele Fotos machen (also primär als Motorradfotograf unterwegs sein) oder nur das Nötigste dokumentieren und mehr Zeit auf der Maschine verbringen? Diese Frage mutet trivial an, sie ist allerdings eine der Kernfragen für die Dokumentation der Reise, denn die Antwort bestimmt den Rhythmus von Fahrt und

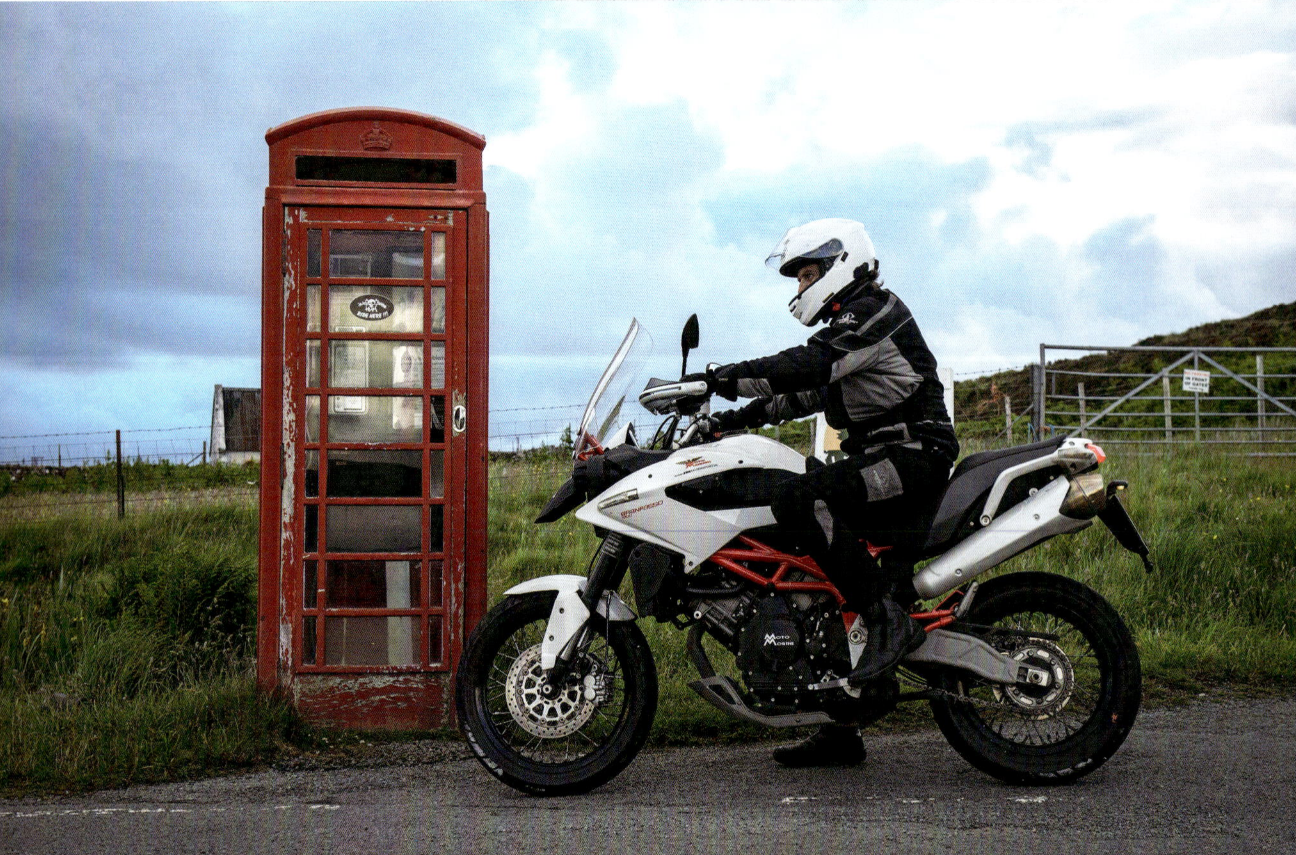

Abb. 8–2 Moto Morini Granpasso 1200 (52 mm, 1/400 s, f/5.6, ISO 560)

Fotostopps sowie den Umfang der mitgeführten Ausrüstung. Am Ende müssen Sie diese Frage gemeinsam mit Ihren Mitreisenden klären. Letztendlich sollten alle Spaß haben und schöne Erinnerungen sammeln können.

8.1 Ausrüstung

Je mehr Zeit für die Fotografie bereitsteht, desto mehr lohnt es sich, das eine oder andere zusätzliche Fotoutensil mitzunehmen. Aber: Je kleiner und handlicher der Ausrüstungsumfang, desto unbeschwerter können Sie reisen. Je mehr Fotozubehör Sie mitnehmen, desto höher ist der (selbst gemachte) Druck, dieses auch einzusetzen. Neben dem beschränkten Stauraum auf einem Motorrad ist dies also ein weiterer Grund, das Fotogepäck so klein wie möglich und so groß wie nötig zu halten. Hier mein Vorschlag für eine kleine, aber feine Fotoausrüstung:

- *Kamera mit Objektiv und Tragegurt.* Ich empfehle ein Zoomobjektiv, welches sowohl Weitwinkel- als auch Telebrennweiten bietet, zum Beispiel 24–70 mm (leichtes Tele) oder ein Reisezoom wie zum Beispiel 18–250 mm (siehe Abschnitt 2.4).
- Ein *kompaktes Reisestativ.* Ein Reisestativ zeichnet sich dadurch aus, dass es ein geringes Packmaß aufweist. Vor dem Kauf eines Stativs sollten Sie Abschnitt 2.5 beachten.
- *»Kleinkram«*, wie Polarisationsfilter, Akkus und Ladegeräte (gegebenenfalls einen 12-V-Adapter für die Bordsteckdose nicht vergessen, um zum Beispiel das Mobiltelefon während der Fahrt laden zu können), Speicherkarten (lieber eine zu viel als eine zu wenig) und Linsenputztücher (dies im Plural, denn sollte es regnen und Sie die Linse abtrocknen müssen, kann das nasse Putztuch nur schwerlich trocknen).
- Gegebenenfalls ein *Blitz mit Auslösern* (nur, wenn Sie auch die Muße haben, entsprechende Aufnahmen während der Reise anzufertigen).
- Falls vorhanden auch eine *Actionkamera* mit entsprechenden Befestigungen, Akkus und Ladegeräten.

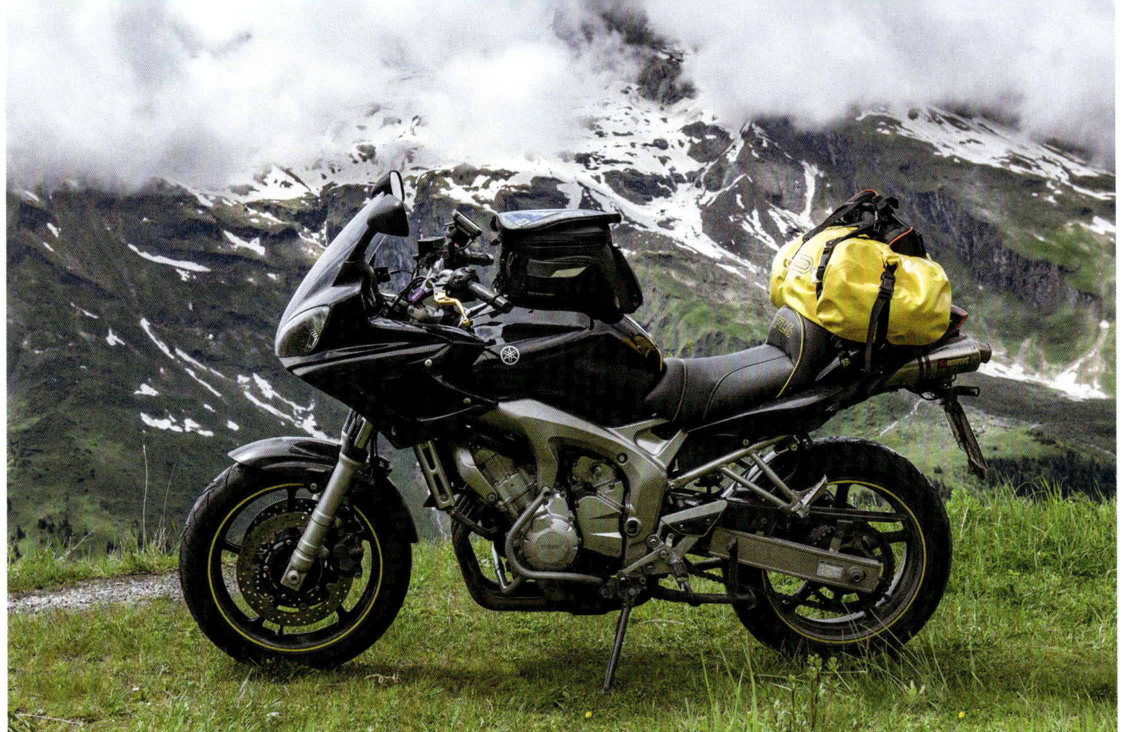

Abb. 8–3 Die Kamera ist im Tankrucksack verstaut, das Hauptgepäck in einer Packrolle auf dem Soziussitz. Beachten Sie auf diesem Foto, dass sich auf der Packrolle die Stativtasche befindet, sodass bei Fotostopps ein schneller Zugriff auf das Stativ erfolgen kann (50 mm, 1/800 s, f/9, ISO 560).

8.2 Vorbereitung

Die Grundvorbereitungen sind die gleichen wie bei einem normalen Fotoshooting: Laden Sie die Akkus, leeren Sie die Speicherkarten, prüfen Sie alle Gegenstände auf Funktion und Vollständigkeit.

Während der Reise muss die Kamera griffbereit sein. Sie kann entweder im Tankrucksack, einem der Koffer oder dem Topcase verstaut werden. Die Kamera in einer Packrolle zu transportieren, ist unpraktisch, da Sie für jeden Zugriff die Rolle abschnallen müssen. Je einfacher Sie an die Kamera kommen, desto öfter werden Sie das gute Stück auch in die Hand nehmen. Das Stativ sollte, falls möglich, auch schnell erreichbar verstaut werden. Es könnte zum Beispiel in einer kleinen Stativtasche zusammen mit der Packrolle auf dem Soziussitz festgezurrt werden. So kann das Stativ bei einem Fotostopp schnell der Stativtasche entnommen werden, ohne dass man die Packrolle abschnallen und öffnen muss. Wer mit Koffern oder einem Topcase fährt, muss das Stativ lediglich direkt oben in den Koffer legen.

Wie eingangs schon erwähnt, ist es absolut wichtig, sich mit den anderen Reisenden über Anzahl und Dauer der Fotostopps einig zu sein. Hier können keine Regeln an die Hand gegeben werden, außer der, ein wenig zwischenmenschliches Gespür und kommunikatives Geschick walten zu lassen.

Wenn die Reisegruppe nicht über ein in den Helm integriertes Kommunikationssystem verfügt, vereinbaren Sie mit Ihren Mitfahrern ein

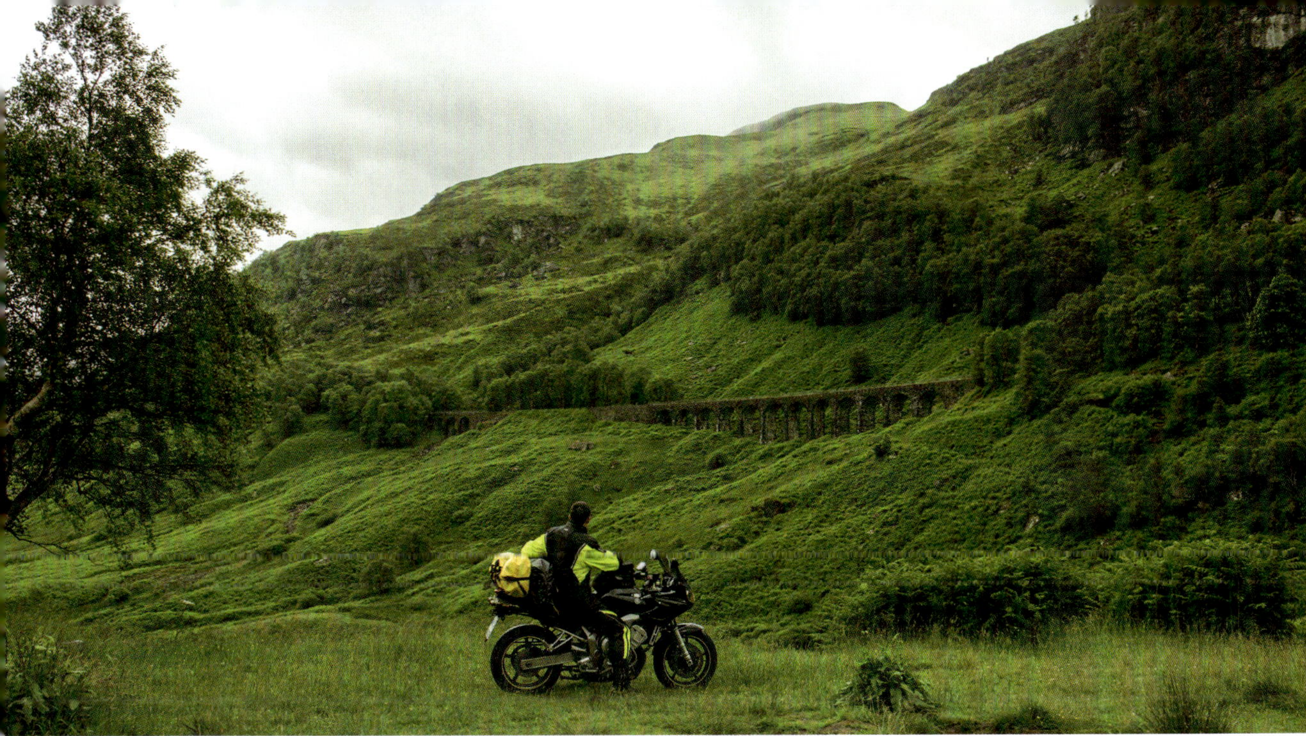

Abb. 8–4 Eine kurze Rast mit schöner Aussicht sorgt für Entspannung und bietet die Gelegenheit, gleichzeitig eindrucksvolle Bilder von der Landschaft zu machen. Das Motorrad ermöglicht eine Größenreferenz (Foto: Dominik Spitz; 28 mm, 1/1.250 s, f/4.5, ISO 1.000).

Handzeichen, um den Wunsch nach einem Fotostopp zu kommunizieren (andere Handzeichen für zum Beispiel »Gefahr«, »muss tanken« oder generell »Pause« sollten sowieso zum Standardrepertoire eines jeden Motorradfahrers gehören).

8.3 Während der Reise

Die Fotos einer Motorradreise sollten eben genau das wiedergeben – dass es eine Reise mit dem Motorrad ist. Auf den Bildern sollte daher entweder ein Motorrad oder einer der Biker in Montur sichtbar sein. Bei Landschaftsaufnahmen ist ein Motorrad immer ein guter Ankerpunkt für den Blick des Betrachters und gibt eine Größenreferenz ab.

Reizvoll sind auch Aufnahmepunkte ein paar Meter abseits der Straße. So können Sie die Umgebung besser in das Bild integrieren, zum Beispiel indem Grashalme von unten in das Bild ragen oder man mit niedrig hängenden Ästen eines Baums einen Rahmen um das Motorrad bildet (vgl. Abschnitt 4.5.4). Im Grunde ist die gesamte Reise mit dem Motorrad ein großes On-Location- und Motorräder-in-Bewegung-Shooting.

Fangen Sie unterwegs Szenen ein, welche die Stimmung der Reise wiedergeben und dem Betrachter etwas vom bereisten Land mitteilen, wie zum Beispiel Abbildung 8–5. Hier verrät die Architektur, dass die Motorräder in Italien unterwegs sind. Für diese Aufnahme habe ich meine Maschine abgestellt und meine Mitreisenden gebeten, lang-

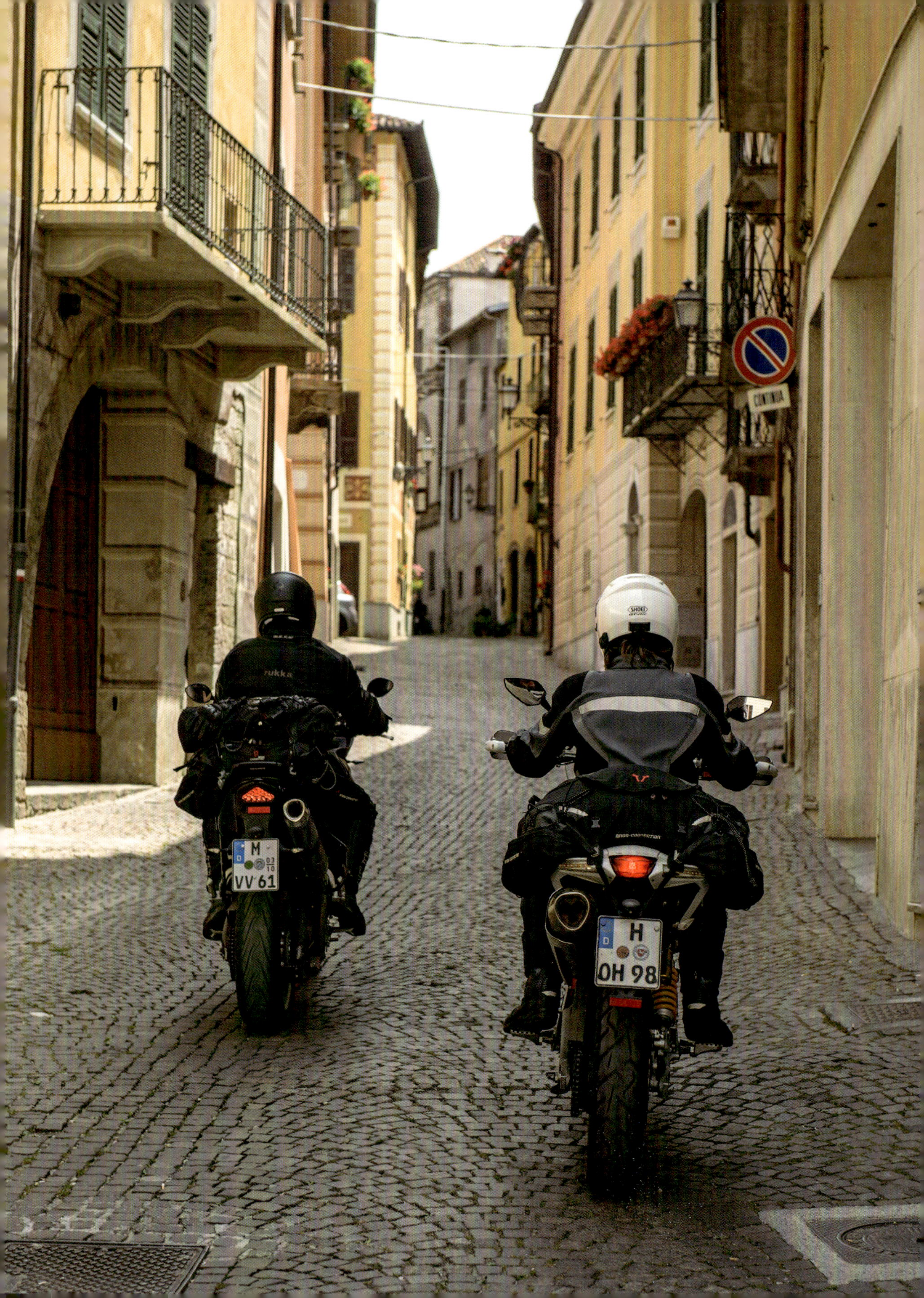
rukka
M VV 61
H OH 98

sam die Gasse entlang zu fahren. So konnte ich mir die Muße nehmen, diese Aufnahme zu komponieren. Sie müssen also nicht viel Zeit in diese Mini-Fotostopps investieren, ein paar Minuten reichen: Das eigene Motorrad abstellen, die Kamera hervorholen, Fotos machen, Kamera wieder einpacken und weiterfahren. Machen Sie lieber viele kurze solcher Stopps als wenige, längere Fotosessions. Dies ist besser sowohl für den Rhythmus zwischen Fahren und Fotografieren als auch die Vielfalt der Bilder, welche Sie wieder mit nach Hause nehmen.

Gegenüberliegende Seite:
Abb. 8–5 Fahrt durch ein kleines italienisches Bergdorf. Die Architektur zeigt dem Betrachter sofort, dass die beiden Motorräder in einem mediterranen Land unterwegs sind (66 mm, 1/400 s, f/4, ISO 100).

8.4 Georeferenzierung

Zu einer vernünftigen Dokumentation der Reise gehört auch die korrekte Verortung der Bilder. Sie ermöglicht ein Nachvollziehen der Reise und hilft zum Beispiel beim Schreiben eines Reiseberichts auf dem persönlichen Blog. Außerdem können Sie mit einer Ortsangabe auch Jahre später noch anderen Bikern weiterhelfen, wenn Sie nach guten Routen gefragt werden.

Es gibt viele Möglichkeiten, den Aufnahmeort eines Fotos festzuhalten. Die vielleicht komfortabelste Methode ist das sogenannte Geotagging. Dabei werden die GPS-Koordinaten zu den einzelnen Bildern aufgezeichnet, sodass jedes Foto einer Position zugeordnet werden kann. Geotagging ist praktisch, denn die Information ist direkt im Bild enthalten und kann mit Bildbearbeitungsprogrammen wie zum Beispiel Lightroom ausgelesen werden. Manche Kameras haben einen GPS-Empfänger fest verbaut. Für die meisten anderen Kameras gibt es externe Empfangsgeräte.

Eine andere Methode des Geotaggings besteht darin, die Route unabhängig von den Fotos mitzuverfolgen und die Geodaten nach der Tour in die Dateien schreiben zu lassen. Sie können zum Beispiel das Navigationsgerät des Motorrads die Route mitschreiben lassen. Alternativ sind separate GPS-Tracker erhältlich, welche den gefahrenen Weg aufzeichnen. Die Koordinaten können nach der Tour mit einer Software in die Bilder geschrieben werden. Dazu vergleicht die Software den Aufnahmezeitpunkt des Bilds mit dem Zeitstempel in der aufgezeichneten GPS-Route und schreibt die Koordinaten in die Bilddatei, welche dem Aufnahmezeitpunkt des Bilds am nächsten kommen. Achten Sie in diesem Fall darauf, dass in der Kamera die korrekte Uhrzeit eingestellt ist! Eine weitere Alternative ist, mit dem Smartphone bei jedem Fotostopp ein Foto zu schießen. Die meisten Smartphones können GPS-Signale empfangen und die Ortsangabe mit den Fotos abspeichern. Allerdings muss man so nach der Tour händisch die Koordinaten bzw. ungefähren Ortsangaben in die Bilder einfügen oder entsprechende Schlagworte einfügen.

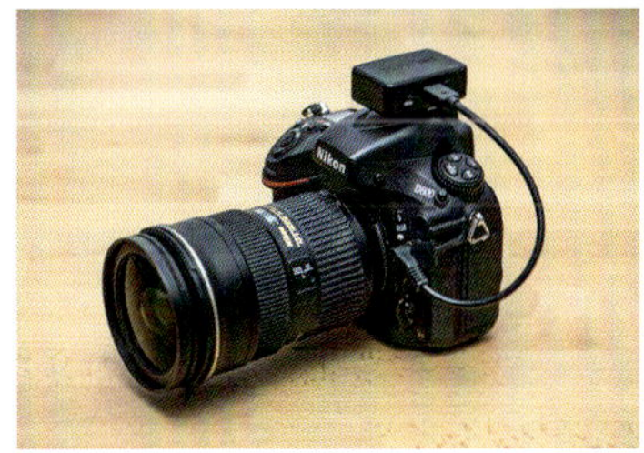

Abb. 8–6 Geotagger versehen die Fotos mit exakten GPS-Koordinaten. Diese werden direkt in die Metadaten des Bilds geschrieben und können später in Lightroom auf einer Karte dargestellt werden. Hier handelt es sich um einen externen Geotagger, der auf dem Blitzschuh der Kamera montiert wird.

Es gibt auch völlig analoge Möglichkeiten, die Aufnahmeorte festzuhalten, wenn auch mit reduzierter Genauigkeit. Ein täglich geführtes Reisetagebuch zum Beispiel ermöglicht es, die ungefähren Orte der Fotos nachzuvollziehen. Voraussetzung ist wieder die korrekte Angabe des Datums in der Kamera. Sie können auch auf eine Methode aus Zeiten der Filmfotografie zurückgreifen. Da damals keine Metadaten gespeichert werden konnten, haben sich die Fotografen Belichtungsdaten und Aufnahmeort der Fotos mit Stift und Papier notiert. Ähnlich können Sie auch verfahren und jeden Fotostopp mit Ort, Datum und Uhrzeit notieren.

Die Genauigkeit der Stift-und-Papier-Methode ist im Vergleich zu einem auf den Meter genauen GPS-Plot gering. Führen Sie sich aber Sinn und Zweck der Ortsangabe noch einmal vor Augen. Es geht hier nicht darum, eine auf den Meter genaue Ortsangabe zu bekommen, wie sie vielleicht bei einer Schnitzeljagd notwendig wäre. Meist reicht eine grobe Angabe des Orts aus (zum Beispiel »Landstraße X zwischen Dorf A und Dorf B«), um die Route nachvollziehen zu können bzw. Geheimtipps für interessante, kurvenreiche Strecken an andere Biker weiterzugeben. Ein auf den Meter genauer Standpunkt wird höchstens benötigt, wenn jemand an exakt der gleichen Stelle fotografieren möchte.

8.5 Selbstporträts

Wenn Sie alleine unterwegs sind oder in einer Gruppe fahren und auch mal mit im Foto sein möchten, müssen Sie Selbstporträts anfertigen. Mit einem Stativ und Fern- bzw. Zeitauslöser können Sie Motorradfotos von sich selbst erstellen.

Zur Information

Selbstporträts sind das Mittel, um den »Fluch des Fotografen« zu überwinden, nämlich dass er selbst nie auf seinen eigenen Bildern zu sehen ist. Natürlich können Sie nicht nur auf Reisen Selbstporträts anfertigen. Wenn Sie allerdings verreisen, so möchten Sie bestimmt die ganze Reisegruppe (also auch sich selbst) auf dem Foto haben. Ähnlich verhält es sich, wenn man alleine unterwegs ist. Immer nur das Motorrad ohne Fahrer auf den Fotos zu haben, wird auf Dauer langweilig.

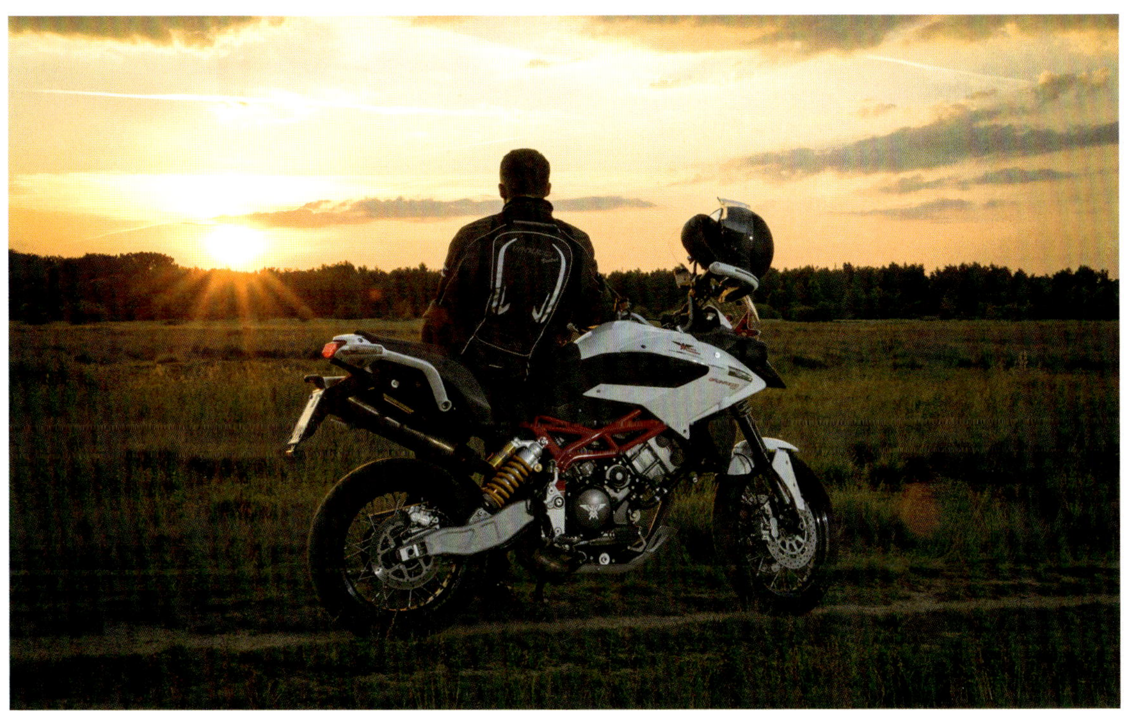

Abb. 8–7 Selbstporträts im Alleingang anzufertigen ist anstrengend, da Sie als Beleuchter, Fotograf, Fahrer und Model agieren. Mit ein paar Minuten Vorbereitung und ein paar Testbildern jedoch können Sie auch alleine schöne Aufnahmen von sich selbst und der Maschine machen (45 mm, 1/15 s, f/22, ISO 400).

Es gelten für Selbstporträts die gleichen fotografischen Regeln wie für normale Porträtsessions mit Fotograf und Fahrer. Nur dass eben diesmal alles eine One-Man-Show ist. Sie sind Fotograf, Beleuchter und Model gleichzeitig, wie dies zum Beispiel bei dem Foto im Sonnenuntergang in Abbildung 8–7 der Fall war. Das Bild erforderte diverse Probefotos, bis der Bildausschnitt und die Belichtung stimmten. Wenn Sie alleine sind, bedeutet dies, dass Sie nach jedem Foto wieder zur Kamera gehen und kontrollieren müssen. Korrigieren, wieder zum Motorrad, neues Bild, wieder kontrollieren. Besonders wenn es wärmer ist und Sie die volle Motorradmontur tragen, kann dies zu einer schweißtreibenden Tätigkeit ausarten.

Wenn Sie an der Location angekommen sind, müssen Sie zunächst die Kamera auf dem Stativ montieren und den Fernauslöser anschließen. Komponieren Sie nun das Bild im Kamerasucher oder am Display. Mit einem Testbild können Sie prüfen, ob die Belichtung stimmt. Wenn ein Blitz zum Einsatz kommt, muss auch dieser auf einem separaten Stativ montiert und positioniert werden. Beachten Sie bei der Komposition des Bilds, gegebenenfalls genügend Platz zum oberen Bildrand hin zu lassen, wenn Sie mit auf dem Foto sein möchten.

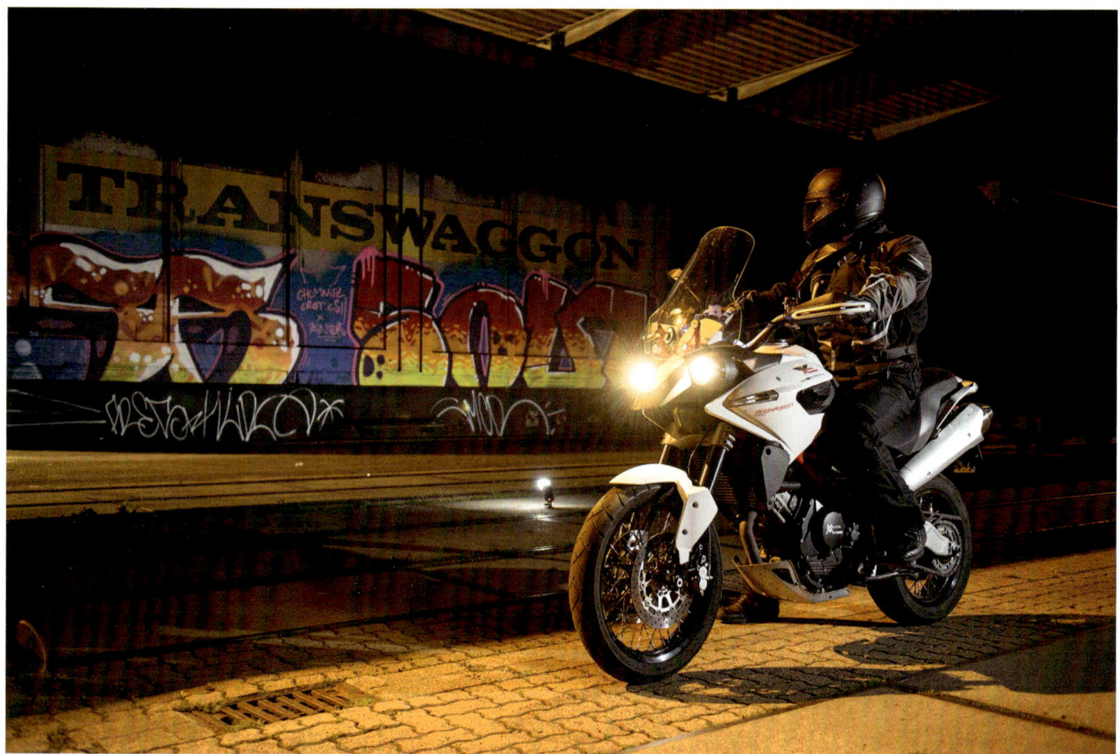

Abb. 8–8 Ein Selbstporträt auf dem Gelände eines Industriehafens. Der Fahrer blickt zum bunt bemalten Güterwaggon und lenkt so den Blick des Betrachters auch dorthin. Der Blitz auf dem Boden hellt die Seite des Waggons auf. Ich habe das Blitzgerät nicht aus dem Bild retuschiert, da es mir gut gefallen hat, das sonst unsichtbare Equipment einmal absichtlich im Bild zu haben (35 mm, 1/2 s, f/2.8, ISO 320).

Um sich selbst zu fotografieren, muss die Kamera irgendwie ausgelöst werden. Dazu gibt es zwei Möglichkeiten: einen Funk-Fernauslöser oder die Zeitauslösefunktion der Kamera.

Mit einem Funk-Fernauslöser lässt es sich deutlich entspannter arbeiten, da man nicht nach jedem Bild wieder zur Kamera laufen, auslösen und sich anschließend wieder in Pose stellen muss. Fernauslöser sind kostengünstig im Zubehörhandel erhältlich und nehmen nicht viel Platz weg. Sie können den Fernauslöser unauffällig in einer Hand halten, die der Kamera abgewandt ist. So lassen sich in kurzer Zeit verschiedene Aufnahmen machen, in welcher der Fahrer immer an einer anderen Stelle steht. Nach einigen Aufnahmen sollten Sie die Ergebnisse kontrollieren und mit der Kamera, sofern notwendig, eine andere Perspektive einnehmen.

Wenn Sie einen Fernauslöser mit einem auf wenige Sekunden eingestellten Zeitauslöser an der Kamera kombinieren, können Sie den Fernauslöser auch noch schnell einstecken, bevor das Foto gemacht wird. Effektiv ist die Kombination mit der Intervallschaltung, welche manche Kameras anbieten. In der Intervallschaltung macht die Kamera eine festgelegte Anzahl an Aufnahmen in einem festgelegten zeitlichen Abstand, also zum Beispiel fünf Aufnahmen im Abstand von

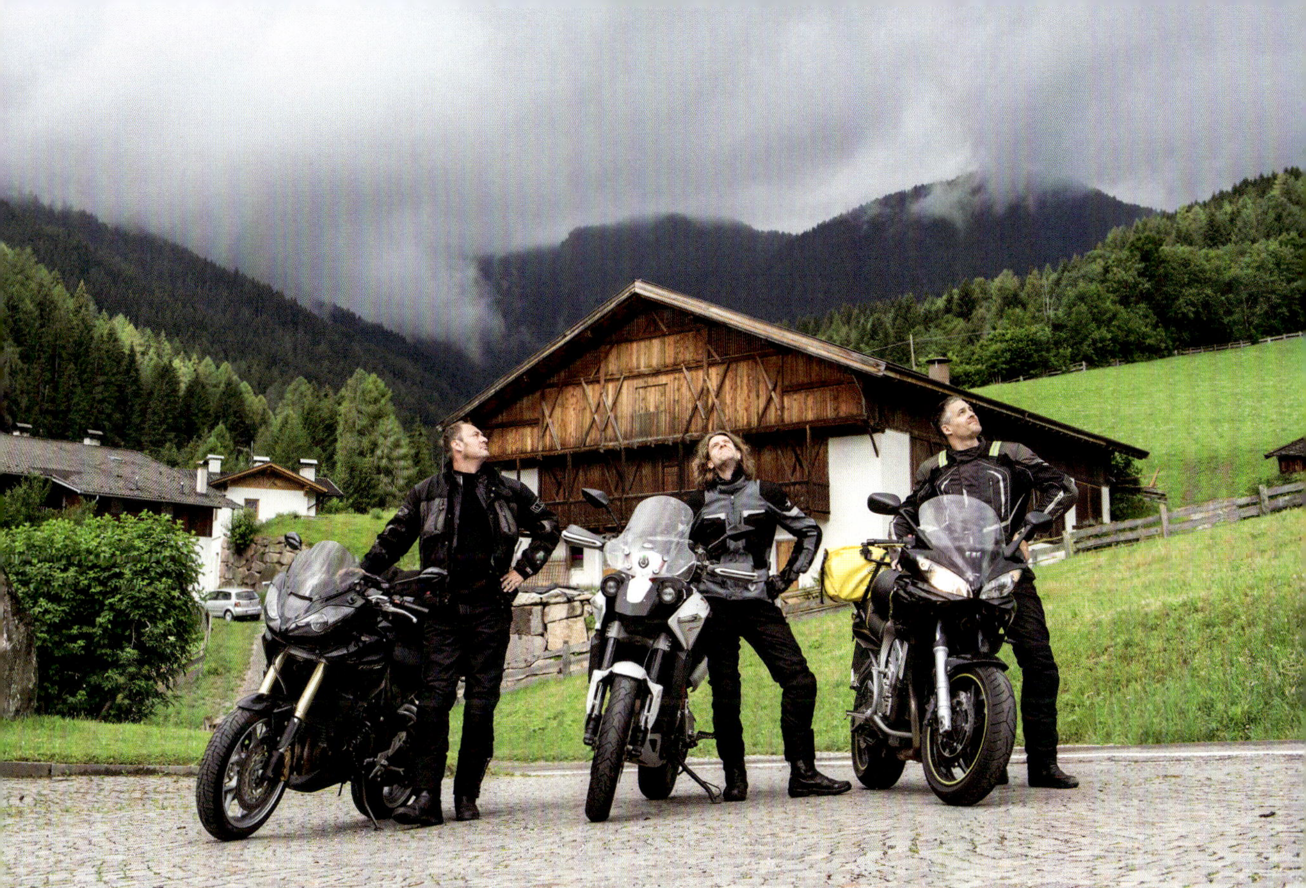

jeweils drei Sekunden. Die Bedienungsanleitung der Kamera gibt Auskunft darüber, ob eine solche Funktion vorhanden ist. Wenn die Kamera eine solche Funktion nicht anbietet, gibt es alternativ auch externe Auslöser, welche eine Intervallschaltung ermöglichen. Mit der Intervallschaltung können Sie zwischen den Bildern eine andere Haltung oder Position einnehmen, in eine andere Richtung schauen und so in kurzer Zeit verschiedene Bilder erstellen.

Abb. 8–9 Gruppenbild in den Südtiroler Alpen zum Abschluss einer Tour (38 mm, 1/400 s, f/5.6, ISO 450)

Nichts ersetzt jedoch die Kontrolle der Fotos am Display. Egal, ob Einzelbild oder Serie, Funkauslöser oder Intervallschaltung, ein prüfender Blick ist unerlässlich. Wenn das Bild noch nicht den Vorstellungen entspricht, müssen Sie gegebenenfalls das Motorrad anders abstellen, den Bildausschnitt verändern oder die Blitze (falls verwendet) anders positionieren.

Vergessen Sie während der Reise übrigens nicht, mindestens einmal ein Gruppenbild mit allen beteiligten Fahrern und Maschinen zu machen. Sie haben Spaß während der Reise, dokumentieren Sie dies für Ihre Freunde. Dabei ist es egal, ob Sie ein Foto mit allen Fahrern in betont cooler Pose machen oder sich selbst nicht so ernst nehmen wie in Abbildung 8–9. Hauptsache, alle Teilnehmer sind auf dem Bild.

8.6 Mit dem Smartphone fotografieren

Unter Fotografen gibt es den Ausdruck der Immer-dabei-Kamera, welches die Kamera beschreibt (nomen est omen), die man ständig greifbar hat, auch wenn man als Fotograf gerade nicht »im Dienst« ist. Für viele Menschen ist dies das Smartphone, da man es sowieso meist mit sich trägt. Die Qualität der Aufnahmen ist mittlerweile so gut geworden, dass sie mit Kompaktkameras mithalten können, und die Tendenz geht zu immer besseren und leistungsstärkeren Smartphone-Kameras. Vor allem die Möglichkeit, RAW-Dateien aufzunehmen, also die volle Sensorinformation abzuspeichern statt eines komprimierten JPGs, macht Smartphones zu einem leistungsfähigen Werkzeug für die Motorradfotografie.

Abb. 8–10 Eine Triumph Tiger 1050 SE vor einer alten Industriekulisse. Beachten Sie, dass das Format des Bilds (16:9) dem Bildaufbau zugute kommt. Die Maschine benötigt etwas Freiraum nach links, um besser wirken zu können (Samsung Galaxy S7, 4,2 mm, 1/2.300 s, f/1.7, ISO 40).

Wer mit dem Handy fotografiert, ist bewusst mit einem äußerst minimalistischen Equipment unterwegs, denn viel kleiner wird die Ausrüstung nicht mehr werden können. Es gibt keine externen Blitze, keine verschiedenen Objektive, der optische Zoom ist in der Regel stark limitiert. Dies ist zum einen natürlich eine Einschränkung, gleichzeitig aber auch aus fotografischer Sicht eine Chance. Wenn Sie weniger technische Möglichkeiten zur Verfügung haben, konzentrieren Sie sich auf das Wesen der Fotografie und fordern Ihre Kreativität heraus. Komposition, Perspektive und Posing der Maschine rücken in den Vor-

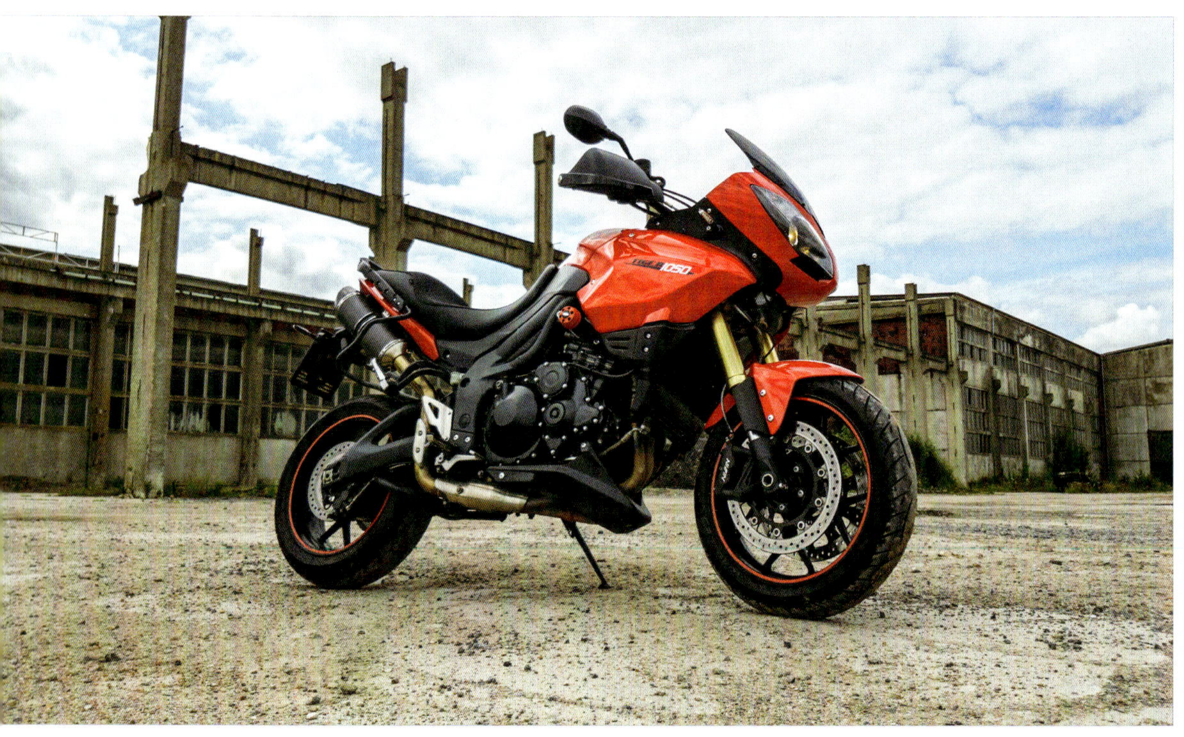

dergrund. Das Foto in Abbildung 8–10 ist auf einer Location Scouting-Tour entstanden, als ich das Gelände eines alten Industriegebäudes auskundschaftete.

Minimalismus

In diesem Abschnitt wird eine minimalistische Smartphone-Fotografie beleuchtet. Es existieren am Zubehörmarkt viele Produkte, welche das Fotografieren mit einem Smartphone verbessern und vielseitiger machen sollen. Es gibt zum Beispiel Objektive, die man vor die Kameralinse schnallen kann, Stative, Fernbedienungen, LED-Blitze für Selfies und Filtersysteme. All dieses Zubehör wird in diesem Kapitel jedoch bewusst nicht behandelt, da die Smartphone-Fotografie in Kontrast zu einer umfangreichen Kameraausrüstung gesetzt wird.

Die erste Regel bei der Smartphone-Fotografie heißt, wie bei der »normalen« Fotografie auch: Aufnahmeformat auf RAW einstellen! Es soll das Maximum an Bildinformationen aufgenommen werden, um in der Nachbearbeitung möglichst viele Möglichkeiten zu haben, aus einem guten Bild ein außergewöhnliches Bild zu machen.

Bei den meisten Smartphone-Kameras können Sie auch das Bildformat einstellen. Während die gewöhnlichsten Fotoformate 3:2 bzw. 4:3 sind, haben Telefone oftmals einen Bildschirm mit dem Seitenverhältnis 16:9. Sie können oftmals das Aufnahmeformat auch auf 4:3 bzw. 1:1 oder ähnliche Formate umstellen. Zu empfehlen ist das größtmögliche Bildformat. Fotografieren Sie zum Beispiel in 16:9, können Sie in der Nachbearbeitung immer noch das Bild auf ein anderes Format beschneiden. Es erfordert bei der Aufnahme einen geschulten Blick, um aus dem 16:9-Bild auf dem Display im Kopf ein kleineres Format zu erstellen, um so zu prüfen, ob das Bild funktioniert.

Viele Smartphone-Fotografen treten die guten Manieren der Fotografie mit Füßen und fotografieren alles und jeden im Hochformat, also auch Motive, welche nicht für das Hochformat geeignet sind. Der Grund dafür ist, dass ein Telefon für die Benutzung im Hochformat konzipiert wurde, es kann so mit einer Hand bedient werden. Das darf aber nicht dazu verführen, ein Motorrad im Hochformat aufzunehmen (sofern die Komposition es nicht ausdrücklich erfordert). Meist muss das Smartphone dazu mit spitzen Fingern bedient werden, damit man a) keinen Finger vor der Linse hat und b) nicht mit den restlichen Fingern das Display berührt und zum Beispiel einen anderen Fokuspunkt festlegt (was bei Modellen, die fast keinen Rand um das Display mehr besitzen, eine echte Herausforderung sein kann). Da man mit einem Smartphone keine externen Blitze ansteuern kann, ist man auf das vorhandene Licht (Tageslicht, Straßenbeleuchtung etc.) angewiesen.

In den Abbildungen 8–11 bis 8–14 ist dargestellt, wie man ein anfänglich katastrophales Smartphone-Foto mit wenigen einfachen Handgriffen deutlich besser gestalten kann.

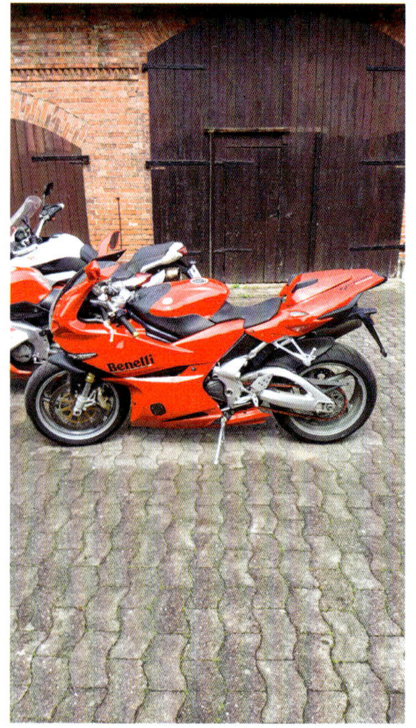

Abb. 8–11 Ausgangslage: Dieses Hochkantfoto einer Benelli Tornado ist barbarisch: Die Maschine ist eingequetscht, oben und unten ist zu viel leerer Platz, links sieht man noch andere parkende Maschinen. Das Bike verliert an Wirkung (Samsung Galaxy S7, 4,2 mm, 1/750 s, f/1.7, ISO 40).

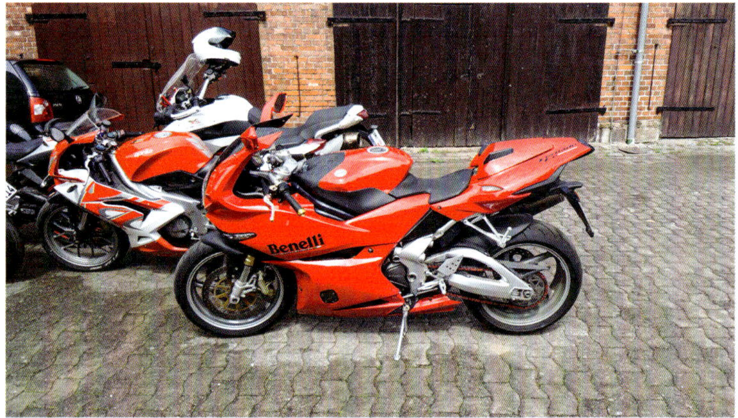

Abb. 8–12 Schritt 1: Verwenden Sie das Querformat! Durch einfaches Drehen des Telefons haben Sie nun das gesamte Motorrad im Bild und genügend Platz links und rechts (Samsung Galaxy S7, 4,2 mm, 1/1.100 s, f/1.7, ISO 40).

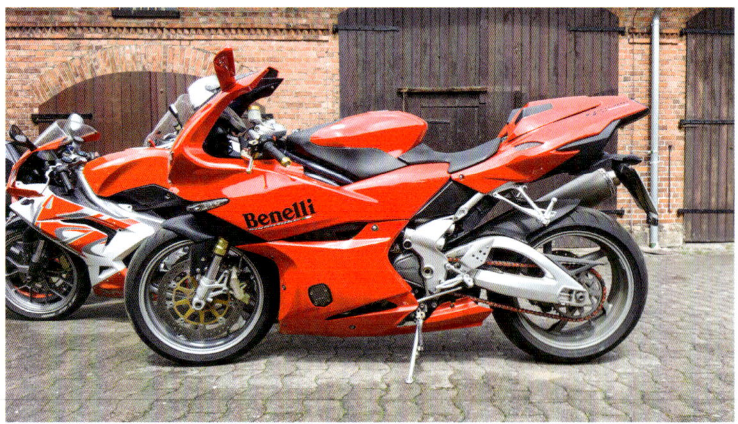

Abb. 8–13 Schritt 2: Gehen Sie in die Hocke! Im Stehen zu fotografieren, ergibt eine sehr gewöhnliche Perspektive. Ein niedriger Standpunkt bei der Aufnahme wertet das Foto noch einmal deutlich auf. Jetzt sieht die Maschine viel besser aus (Samsung Galaxy S7, 4,2 mm, 1/950 s, f/1.7, ISO 40).

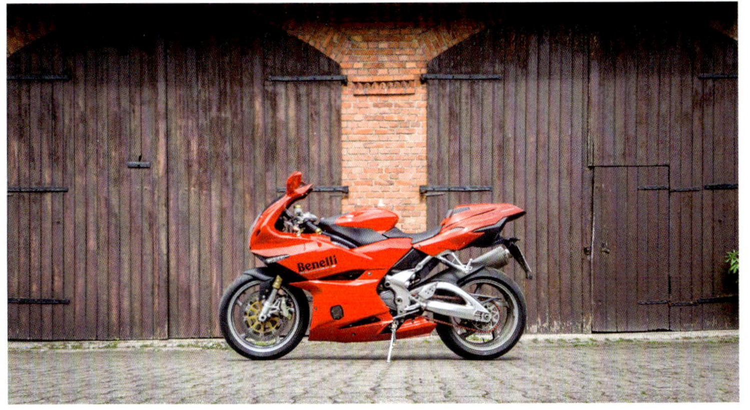

Abb. 8–14 Schritt 3: Achten Sie auf den Hintergrund! Die Benelli wurde für dieses Foto lediglich ein paar Meter nach hinten bewegt. Die Scheunentore geben einen schönen, symmetrischen Hintergrund ab, von welchem sich die feuerrote Maschine eindeutig abhebt (Samsung Galaxy S7, 4,2 mm, 1/690 s, f/1.7, ISO 40).

8.6.1 Training: Bessere Fotos mit dem Handy aufnehmen

Damit deine Handyfotos aus der Masse herausstechen, musst du ein wenig üben. Du kannst diese Übung zum Beispiel gut auf einer Motorradtour machen, wenn ihr gerade an einer interessanten Location eine Pause macht. Die Herausforderung lautet, trotz der technischen Limitationen einer Smartphone-Kamera ansprechende Bilder zu gestalten.

Zunächst stellst du in der Kamera-App ein, dass RAW-Bilder abgespeichert werden. Positioniere die Maschine so, dass die anderen Maschinen nicht mit im Bild sind (es sei denn, du möchtest sie bewusst in die Bildkomposition einschließen). Mache Fotos von der Maschine »auf Augenhöhe« und geh mit der Perspektive auch gerne etwas tiefer. Achte auf den Aufnahmewinkel, den Bildausschnitt, die Umgebung. Ist der Horizont gerade? Ist das Motorrad gut beleuchtet oder nur eine schwarze Silhouette gegen den grellen Himmel? Ist dein eigener Schatten im Bild, so wie es bei tiefstehender Sonne abends gerne mal geschieht?

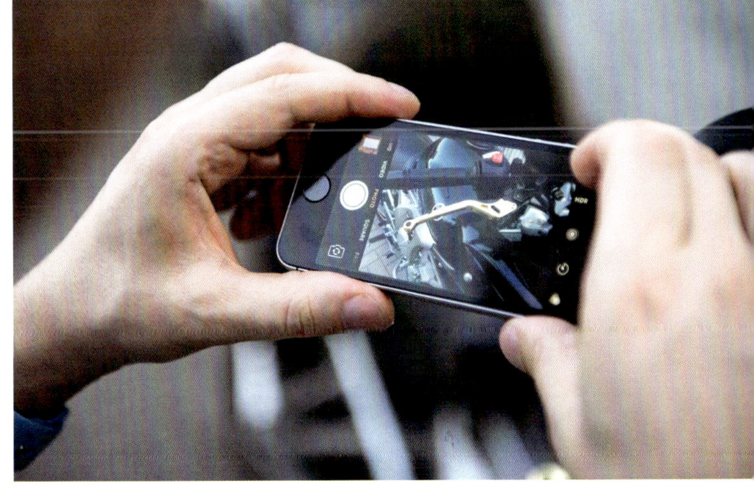

Abb. 8–15 Mit dem Handy fotografieren

8.7 Fotografieren mit Actionkameras

Motorradfahren ist geradezu prädestiniert für die Verwendung einer Actionkamera. Die kleinen Kameras (siehe Abschnitt 2.2.5) können mit einer Vielzahl von Adaptern und Befestigungen an fast jeder Stelle der Maschine oder am Fahrer befestigt werden und ermöglichen gestochen scharfe Mitschnitte während der Fahrt. Zwar sind Actionkameras primär für das Drehen von Videos entwickelt worden, jedoch können Sie mit ihnen auch fotografieren. Bedingt durch ihre Konstruktion erfordert dies eine andere Herangehensweise an die Fotografie (feste Fisheye-Brennweite, wenig bis kein Einfluss auf die Belichtungsparameter, keine Blitze).

Zunächst müssen Sie wissen, dass es grundsätzlich zwei Methoden gibt, um mit einer Actionkamera zu fotografieren: Sie können die Kamera im Videomodus betreiben und aus einem Clip ein Einzelbild extrahieren oder Sie verwenden den Fotomodus und schießen direkt Bilder.

Wenn Sie den Video-Modus verwenden, sollten Sie in einer möglichst hohen Auflösung filmen. In Full HD haben Sie nur 1.920 × 1.080 Pixel, was knapp 2 Megapixel Auflösung der Standbilder entspricht. Diese Auflösung ist für Ausdrucke oder Veröffentlichungen etwas gering, daher sollten Sie mindestens zu 2,7K (2.704 × 1.520 Pixel, also ca. 4,1 Megapixel) oder direkt 4K greifen (3.840 × 2.160 Pixel, ca. 8,3 Megapixel).

Die Extraktion eines Bilds aus einem Video kann über eine Videobearbeitungssoftware erfolgen. Die meisten Hersteller von Actionkameras bieten solche Schnittprogramme kostenlos an, siehe Abbildung 8–16. In dem Programmen, im Beispiel die Software GoPro Quik, navigieren Sie einfach mit dem Fortschrittsbalken unter dem Video zu der gewünschten Stelle. Ein Klick auf den Button »Foto extrahieren« sorgt dann dafür, dass das angezeigte Bild als Foto gespeichert wird.

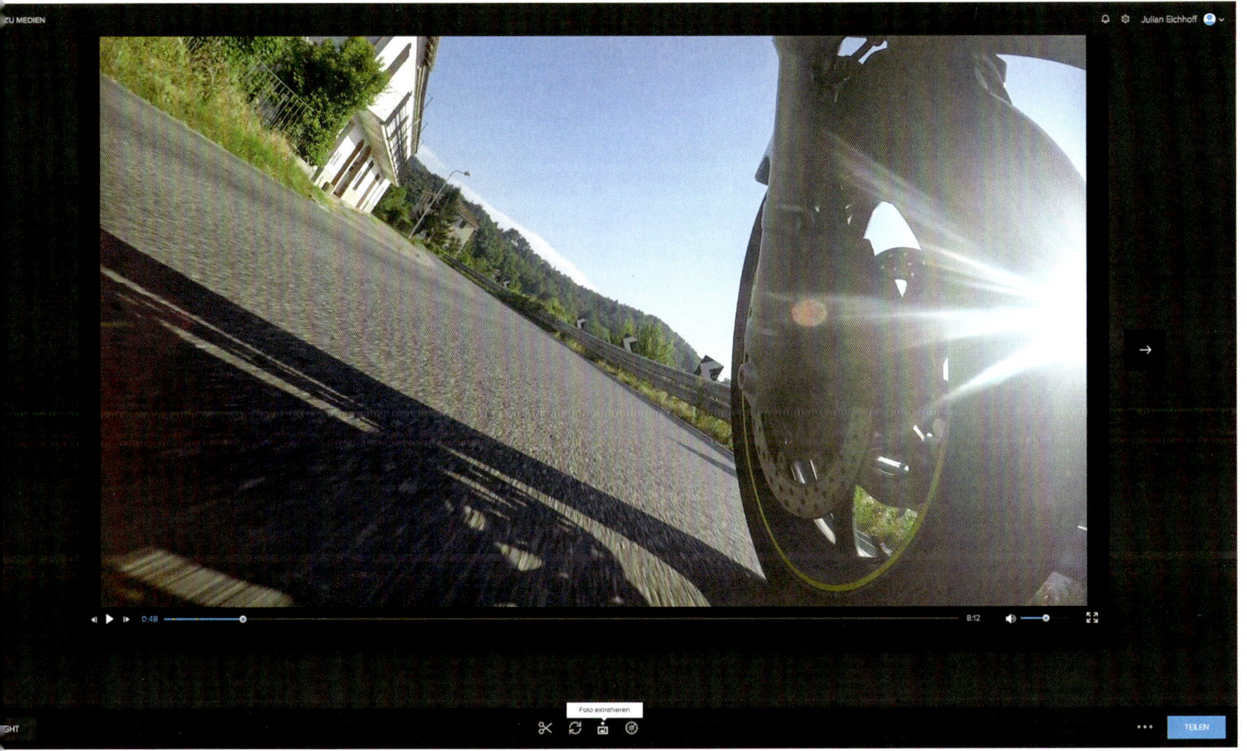

Abb. 8–16 Mit einer Schnittsoftware können Sie Einzelbilder aus einem Actionkamera-Video exportieren. Viele Hersteller bieten eigene Programme an, die einfach zu bedienen und kostenlos erhältlich sind. In diesem Beispiel ist die Oberfläche des Programmes GoPro Quik zu sehen. Navigieren Sie mit dem Fortschrittsbalken unter dem Video zu der Stelle, welche Sie als Foto extrahieren möchten. Über den Button »Foto extrahieren« (unterer Bildrand Mitte, 2. Button von rechts) wird das Bild gespeichert.

Auf der folgenden Doppelseite sind sechs Beispiele für die Positionierung einer Actionkamera während der Fahrt aufgeführt. Beachten Sie, dass dies nur eine kleine Auswahl der Möglichkeiten darstellt, denn dank unzähliger Adapter kann die Kamera fast überall befestigt werden. Achten Sie lediglich darauf, dass zwischen Befestigung und Kamera nicht zu viele Verlängerungen installiert sind. Je länger und weiter ausladend die Konstruktion wird, desto anfälliger ist sie für Vibrationen und Erschütterungen (und davon gibt es auf einem fahrenden Motorrad eine Menge). Wenn Sie die Actionkamera also zum Beispiel an einer 50 cm langen Stange befestigen würden (Extrembeispiel), erhielten Sie ein sehr wackliges und unruhiges Bild.

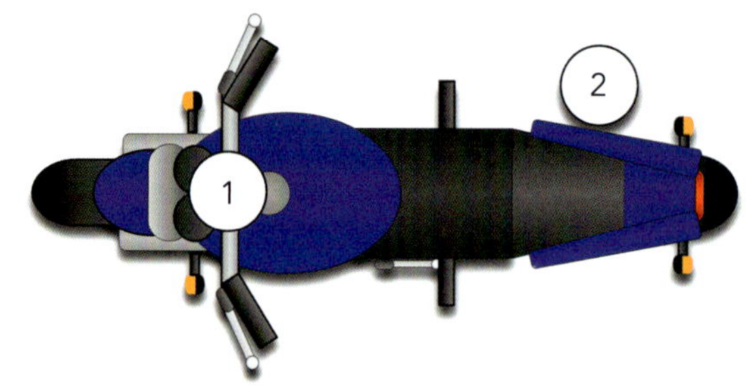

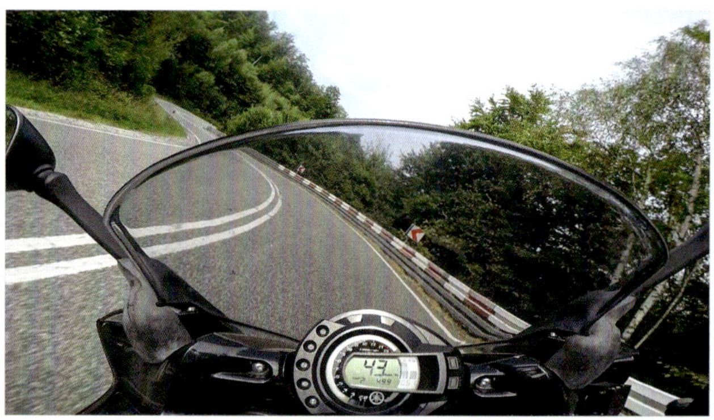

Abb. 8–17 (1) Befestigung am Lenker, Ausrichtung nach vorne. Aus dieser Position heraus sind sehr intensive Perspektiven möglich. Selbst bei niedrigen Geschwindigkeiten (siehe Tacho) können so spannende Actionfotos entstehen.

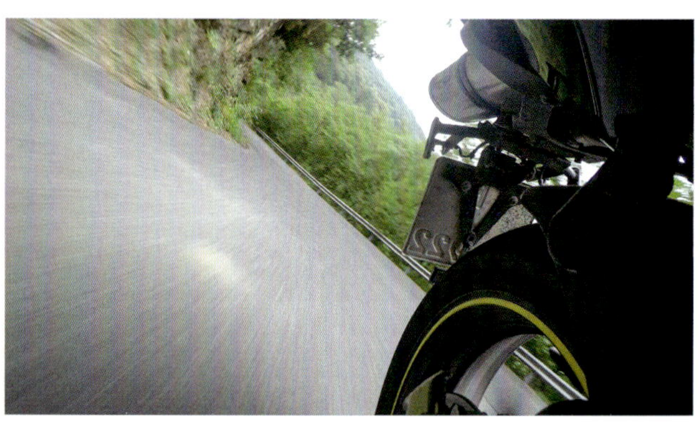

Abb. 8–18 (2) In diesem Beispiel wurde die Kamera am Gestänge der Sozius-Fußrasten befestigt. Dies erzeugt eine tiefe Perspektive und führt aufgrund der rückwärtigen Ausrichtung zu ungewöhnlichen Fotos.

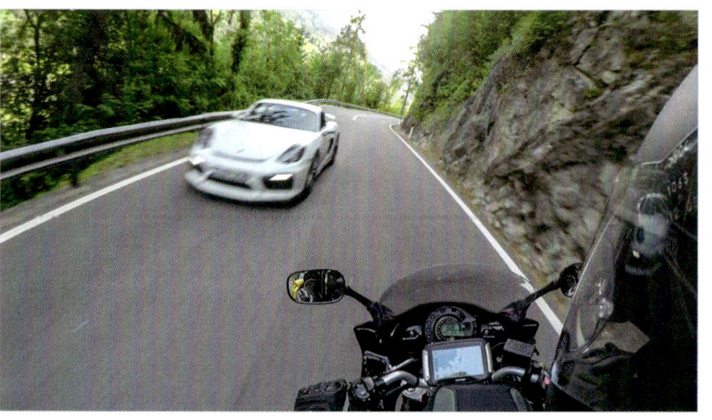

Abb. 8–19 (3) Befestigung der Kamera seitlich am Helm. So erhalten Sie eine gute Übersichtsperspektive, bei welcher ein Teil der Maschine und ein großer Teil der Straße zu sehen ist.

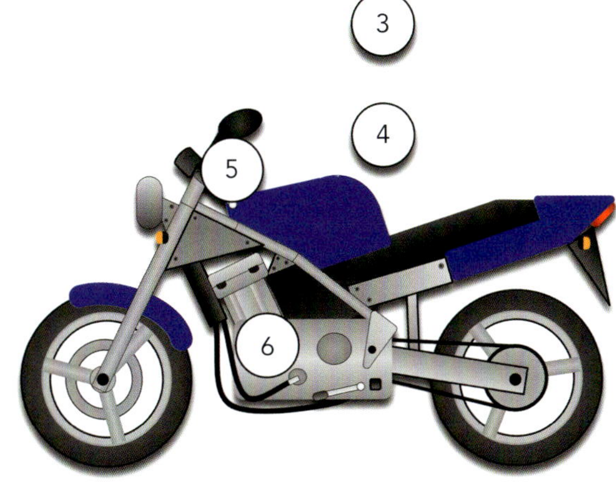

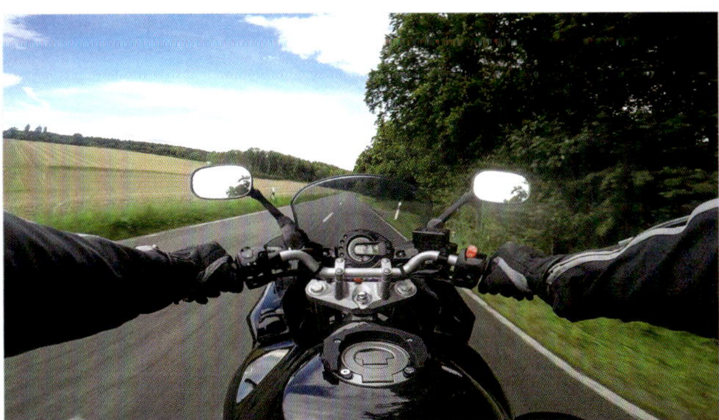

Abb. 8–20 (4) Die Kamera ist hier an einem Brustgurt (»Chesty«) montiert. Eine witzige Perspektive, die ein wenig an die Ego-Perspektive aus Computerspielen erinnert.

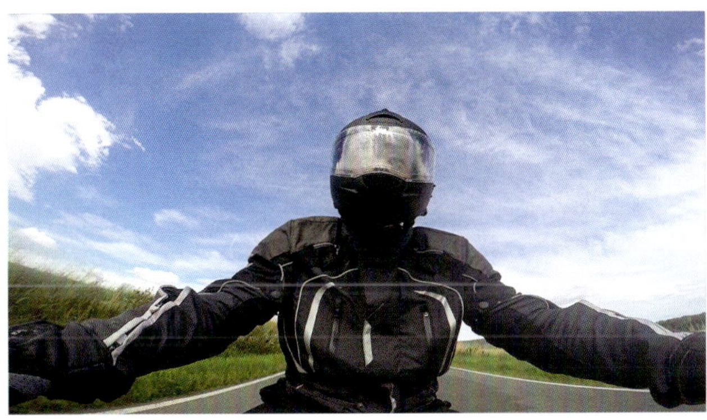

Abb. 8–21 (5) Befestigung am Lenker, rückwärtige Ausrichtung der Kamera. Eine interessante Perspektive für Selbstporträts während der Fahrt.

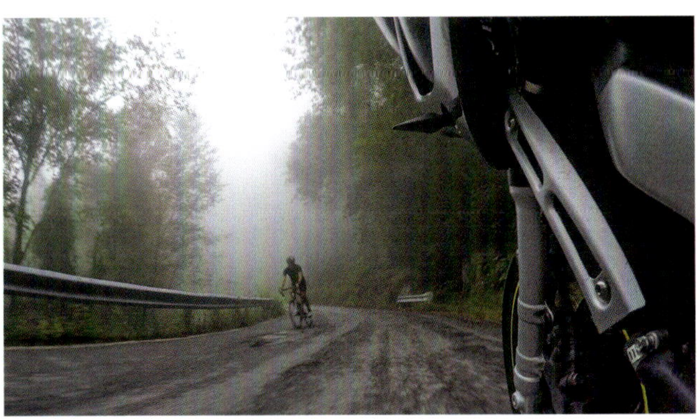

Abb. 8–22 (6) Montage der Kamera auf Höhe des Motorblocks. Eine gute Position, um viel von der Straße und auch ein wenig von der Maschine zu sehen. Durch die niedrige Montageposition befindet sich die Kamera nah an der Straße, Fotos kommen so actiongeladener rüber. Die Montage auf der linken Seite der Maschine ist zu empfehlen, da Sie so auch den Gegenverkehr mit der Kamera einfangen können.

Wenn Sie die Kamera seitlich an der Maschine positionieren (Positionen (2) und (6)), so haben Sie ein zweiteiliges Bild: links oder rechts einen Teil der Maschine, auf der anderen Seite des Bildes die Straße bzw. den Gegenverkehr. Das Foto wird interessanter, wenn man nicht immer nur eine leere Straße sieht, sondern auch einmal ein entgegenkommendes Fahrzeug oder eines, welches Sie gerade überholen. Beachten Sie, dass durch die extreme Weitwinkligkeit ein Objekt nur dann einigermaßen groß abgebildet wird, wenn es nah an der Kamera ist. Das sollte Sie aber niemals dazu verleiten, für ein Foto zu dicht aufzufahren oder dem Gegenverkehr gefährlich nah an der Mittellinie zu begegnen. Ihre Sicherheit und die anderer Verkehrsteilnehmer hat immer die erste Priorität!

Die Grenzen der technischen Leistungsfähigkeit von Actionkameras werden deutlich, wenn Sie in Situationen mit wenig Licht filmen (siehe Abb. 8–23). Bei dieser Tunneldurchfahrt produzierte die Kamera nur noch verwaschene, blasse und stark körnige Videosequenzen. Die extrahierten Einzelbilder sind von entsprechender Qualität. Wenn auch mit technischen Mängeln versehen, vermitteln solche Bilder trotzdem ein Bild von diesem Abschnitt der Reise, weshalb Sie nicht kategorisch auf solche Aufnahmen verzichten sollten.

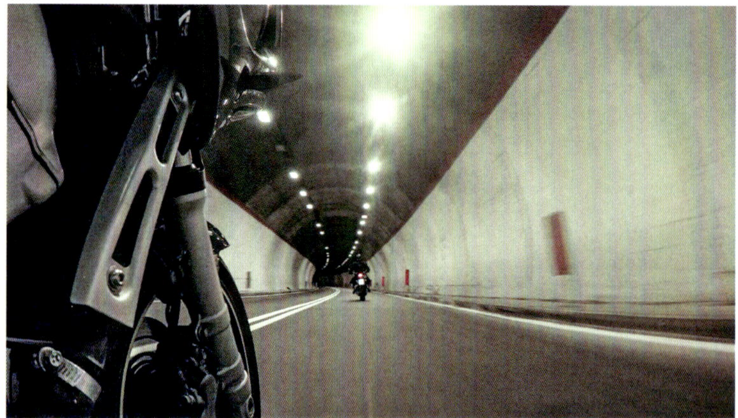

Abb. 8–23 Bei Tunnelfahrten ist wenig Licht vorhanden. Hier geht der Sensor einer Actionkamera meist in die Knie und liefert nur noch verwaschene, stark körnige Bilder mit blassen Farben. Dennoch kann man aus solchen Passagen ein paar interessante Einzelbilder extrahieren.

Wenn Sie allerdings »ganz klassisch« Fotos aufnehmen möchten, bietet Ihre Actionkamera auch einen Fotomodus. In diesem werden Bilder aufgenommen, deren Auflösung in der Regel über denen der Video-Standbilder liegt. So kann die GoPro Hero4 zum Beispiel in 4K filmen (8,3 Megapixel), aber 12 Megapixel große Fotos aufnehmen. Genau genommen beinhaltet der Fotomodus der GoPro Hero4 sogar drei verschiedene Betriebsarten: Einzelbild, Serienbildaufnahmen oder Zeitraffer. Beim Einzelbildmodus wird, wie der Name schon sagt,

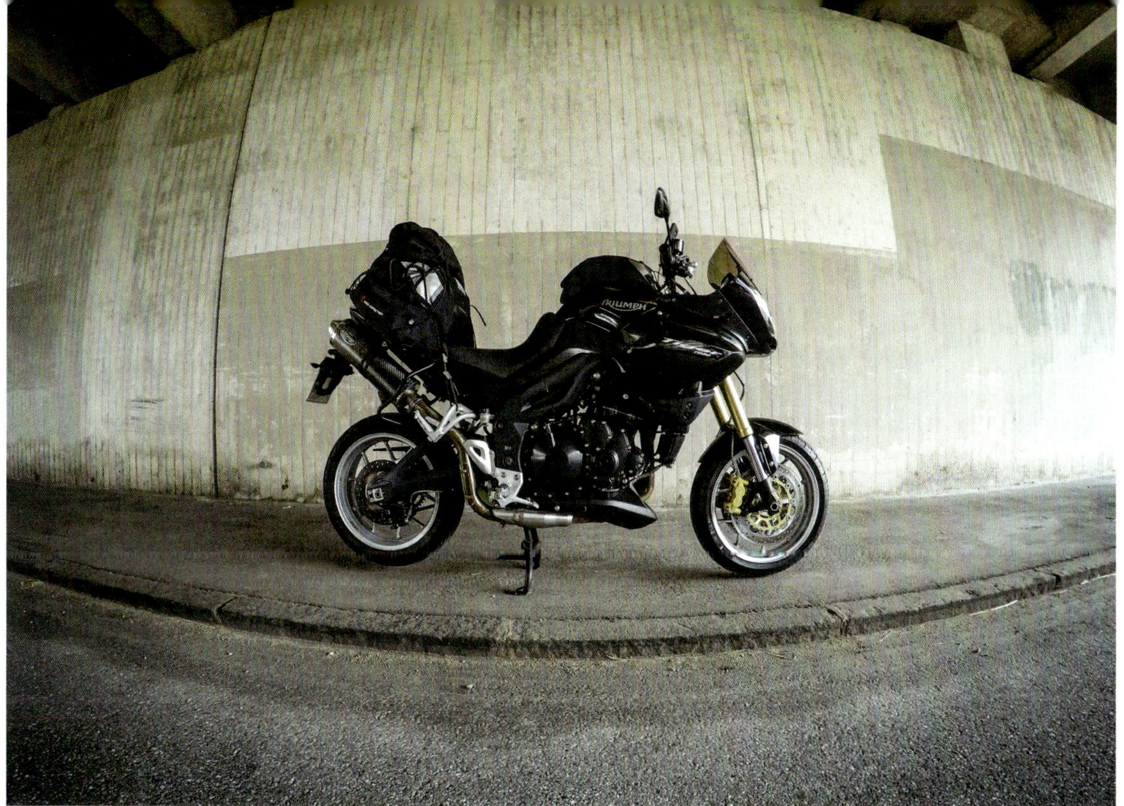

Abb. 8–24 Ein Positivbeispiel für den Einsatz der Verzerrung einer Fisheye-Optik. Dieses Porträt einer Triumph Tiger 1050 wurde mit einer GoPro Hero4 im Fotomodus aufgenommen. Da die Maschine im Mittelpunkt des Bildes steht und aus einigen Metern Abstand fotografiert wurde, fällt die Verzerrung nicht sehr stark aus. Der im Gegensatz dazu stark verbogene Hintergrund (die Betonwand einer Autobahnunterführung) wertet die Aufnahme sogar auf (3 mm, 1/60 s, f/2.8, ISO 139).

nach dem Drücken des Auslösers ein einzelnes Foto aufgenommen. Bei der Serienbildaufnahme wird nach dem Auslösen innerhalb weniger Sekunden eine Bilderserie von bis zu 30 Fotos geschossen. Dies ist sinnvoll, wenn Sie zum Beispiel eine Vorbeifahrt fotografieren möchten. Im Zeitraffermodus nimmt die Kamera über einen längeren Zeitraum Fotos in einem festgelegten Intervall auf (zum Beispiel 30 Minuten lang alle zwei Sekunden ein Foto). Die meisten Actionkameras können nur JPG-Dateien abspeichern, aber neuere Modelle wie zum Beispiel die GoPro Hero5 erlauben auch die Aufnahme von RAW-Dateien.

Unabhängig von der Art und Weise, wie Sie die Fotos aufnehmen, gilt es bei der Komposition der Bilder ein paar optische Eigenheiten der Actionkameras zu beachten. Durch die starke Verzerrung der Fisheye-Optik kommt es zu starken Krümmungen, wenn Sie mit der Kamera zu nah an ein Objekt herantreten.

Bei anderen Aufnahmen wirkt die Wölbung der Umgebung und der Maschine weniger vorteilhaft (siehe Abb. 8–25). Doch es gibt ein potentes Gegenmittel, um diese Verzerrungen zu eliminieren: Lightroom. Im Entwicklungsmodul der Software müssen Sie im Menüfeld »Objektivkorrekturen« bei »Profilkorrektur aktivieren« einen Haken setzen und schon wird das Bild gerade gezogen (siehe Abb. 8–26). Lightroom wendet dabei ein abgespeichertes Verzerrungsprofil des

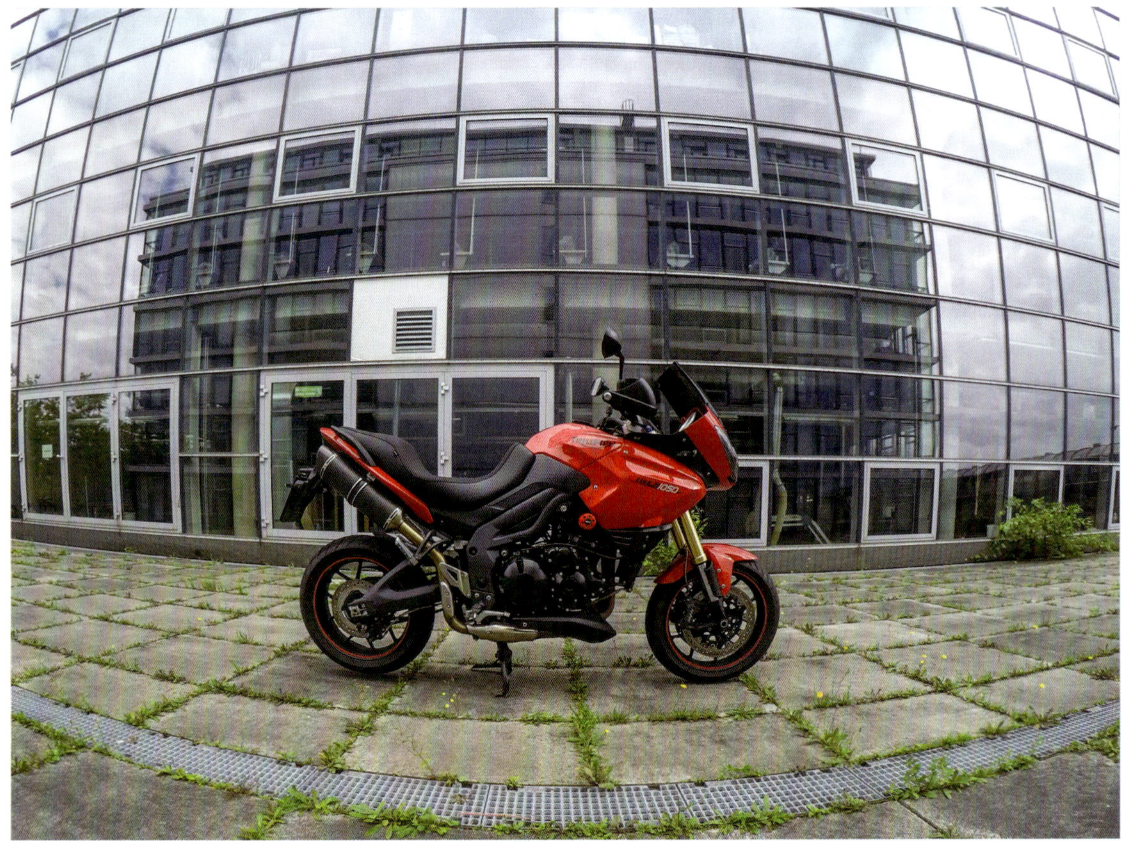

Abb. 8–25 Auf diesem Foto kann man gut erkennen, wie stark die Umgebung von der Optik der Actionkamera gewölbt wird. Wenn Sie die Wölbung elimineren möchten, setzen Sie in Lightroom einen Haken bei der Option »Profilkorrektur«. Das Ergebnis dieses einen Klicks sehen Sie in Abbildung 8-26.

Objektivs auf das Bild an und rechnet die Wölbungen heraus. Bei starken Wölbungen kann dies manchmal zu eigentümlichen Artefakten am Bildrand führen, aber im Großen und Ganzen erweitert dieser Trick den Einsatzbereich von Actionkameras bei der Fotografie von Motorrädern ungemein.

Hinweis

Die Profilkorrektur in Lightroom funktioniert nur automatisch, wenn Sie die Actionkamera im Fotomodus verwendet haben, um das Bild aufzunehmen. Wenn Sie Standbilder aus einem Video extrahieren, kann Lightroom dem Bild keine Kamera mehr zuordnen, da die Metadaten nicht übernommen werden. In diesem Fall können Sie das Profil manuell auswählen, indem Sie im Menü »Profilkorrektur« den Reiter »Profil« auswählen und in den darunter liegenden Dropdown-Menüs das entsprechende Kameramodell auswählen (siehe Abb. 8–27).

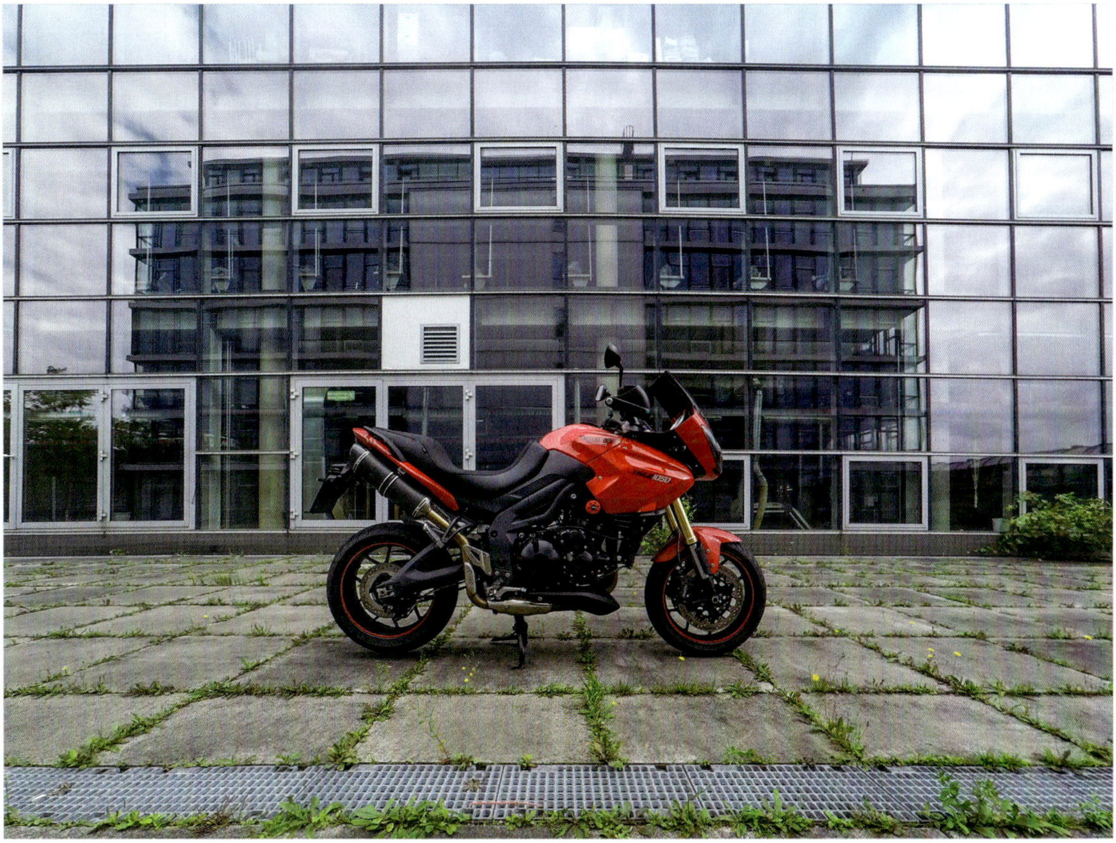

Fazit: Sie können mit einer Actionkamera Ihre Reise mit dem Motorrad fotografisch dokumentieren. Die vielfältigen Befestigungsmöglichkeiten erlauben dabei Aufnahmen aus Perspektiven, welche Sie mit einer Spiegelreflex- oder spiegellosen Systemkamera nicht machen können. Jedoch ist eine Actionkamera immer noch primär für die Aufnahme von Videoclips konzipiert, sodass sie als Fotokamera technischen Einschränkungen unterworfen ist. Daher sollten Sie Actionkameras als Ergänzung Ihrer fotografischen Ausrüstung bei einer Reise betrachten, jedoch nicht als Ersatz für Ihre »Hauptkamera«.

Abb. 8–26 Wenn Sie die Profilkorrektur im Entwicklungsmodul von Lightroom aktivieren, rechnet das Programm die Wölbung aus dem Bild heraus.

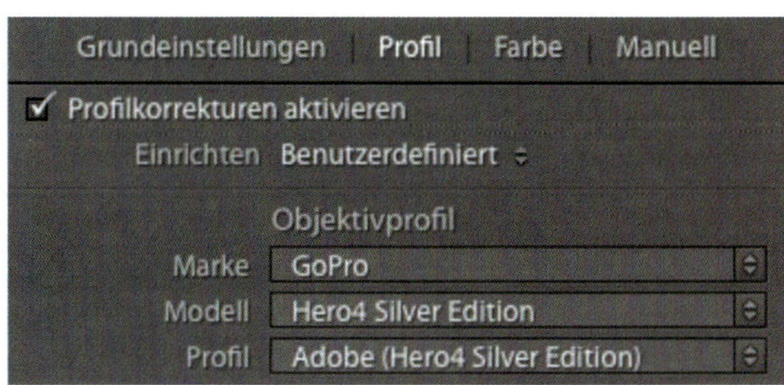

Abb. 8–27 In diesem Menü können Sie manuell das Korrekturprofil auswählen, welches zum Herausrechnen der Verzerrungen in einem Foto angewandt werden soll.

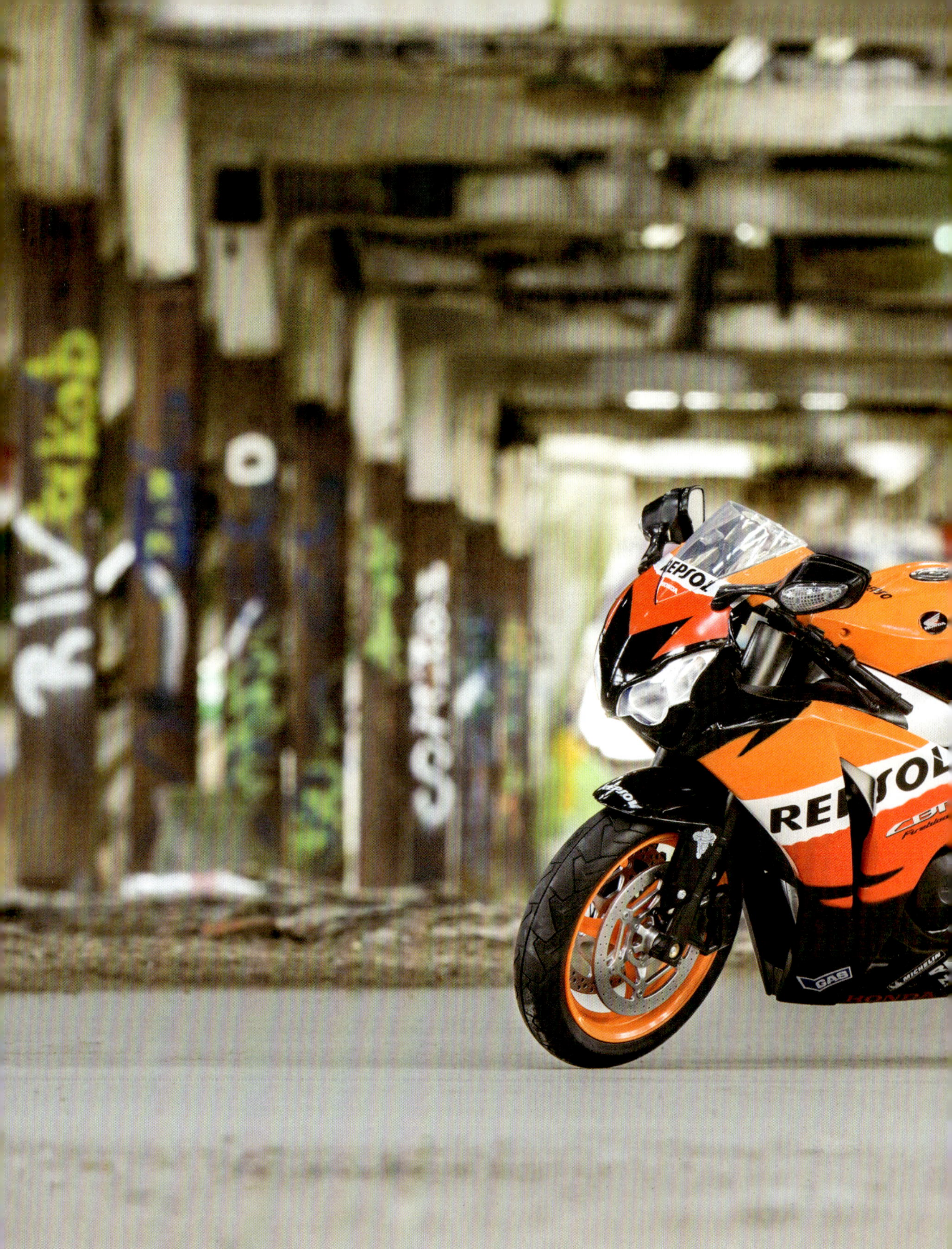
REPSOL
GAS
MICHELIN

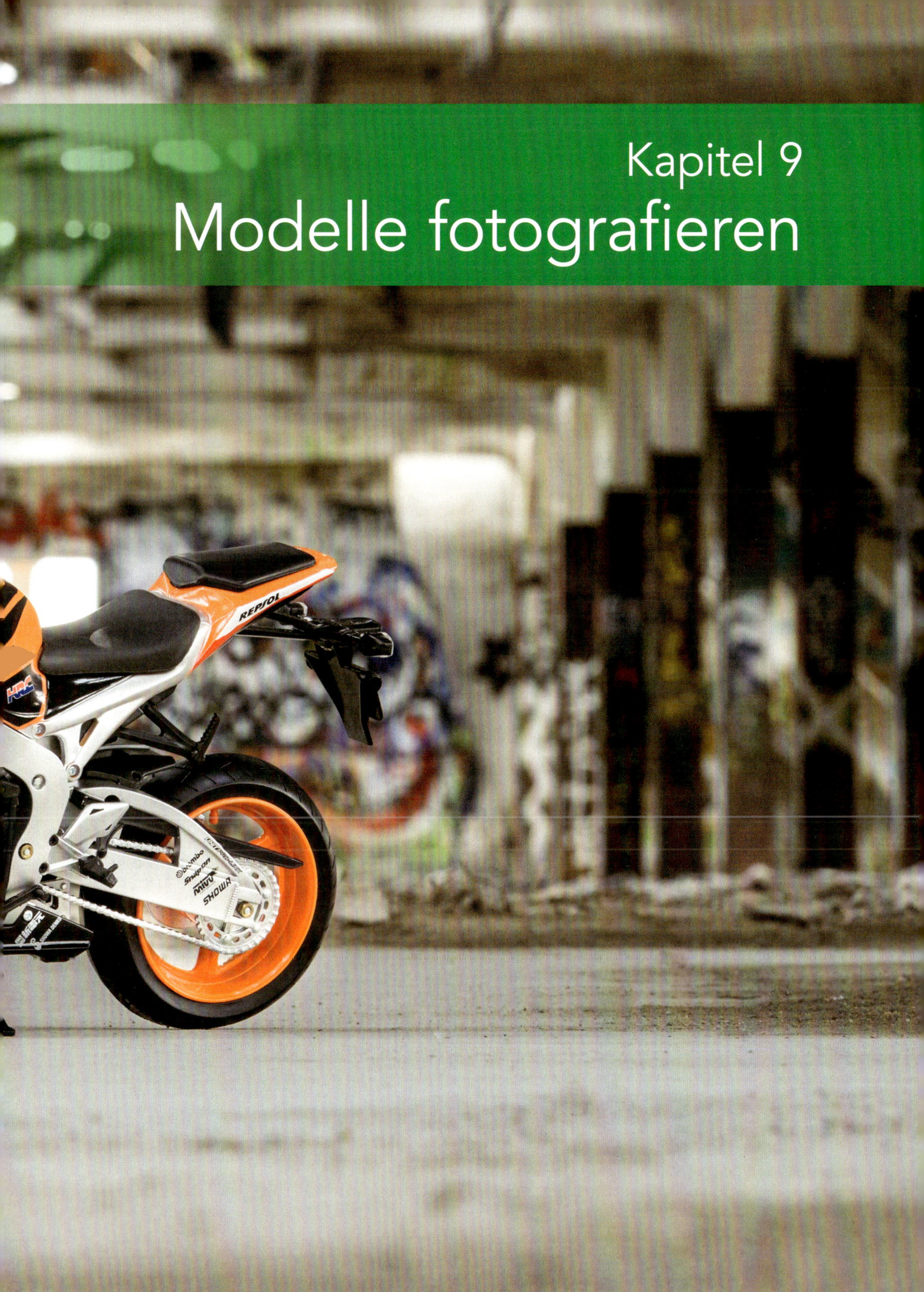

Kapitel 9
Modelle fotografieren

Vorherige Doppelseite:
Abb. 9–1 Honda CBR 1000 RR Fireblade (122 mm, 2 s, f/18, ISO 100)

Wenn gerade kein Bike verfügbar oder keine Motorradsaison ist, können Sie (Spielzeug-)Modelle fotografieren. Dies ist auch eine gute und einfache Methode, um Beleuchtung und Bildaufbau für das Fotografieren von echten Motorrädern zu üben. Die Honda Fireblade in Abbildung 9–2 ist ein Modell im Maßstab 1:6, es ist ca. 35 cm lang.

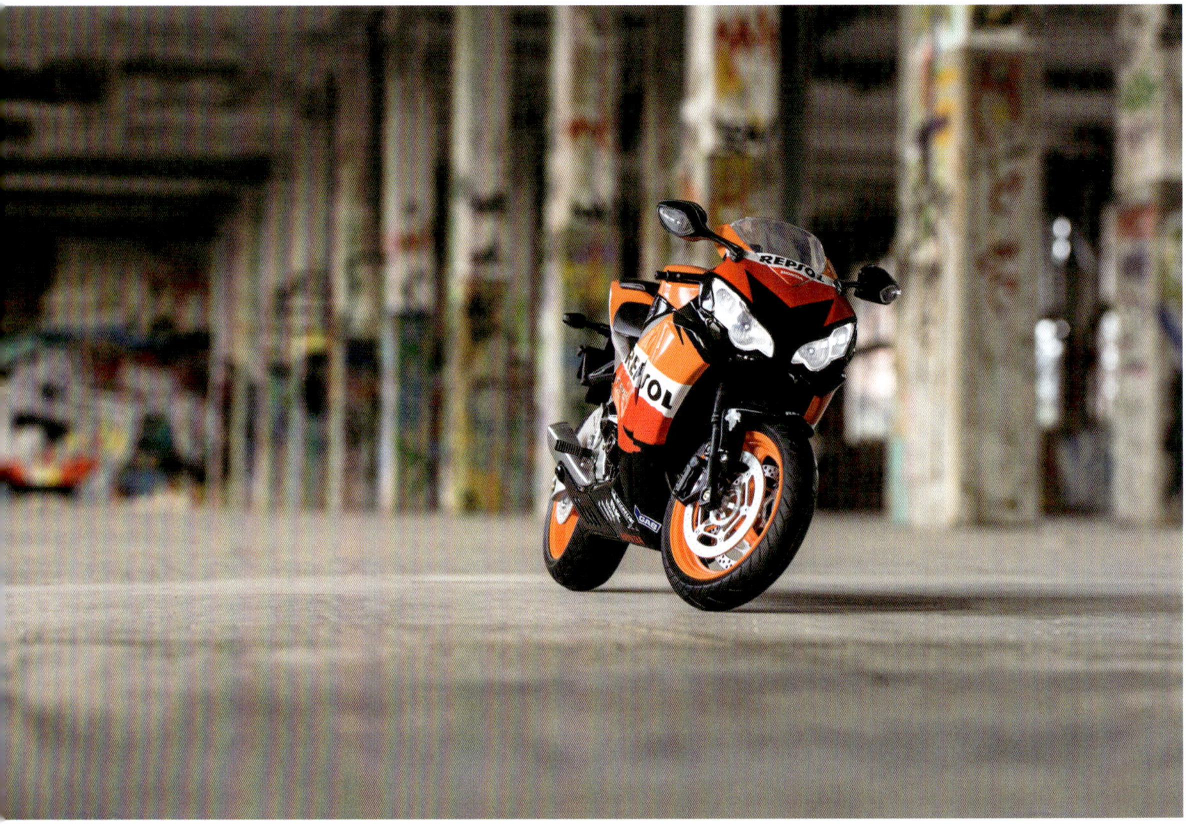

Abb. 9–2 Oben: Eine Honda CBR 1000 RR Fireblade in einer Industrieruine. Das Bike passt gut in die Location, welche für echte Motorräder allerdings vollkommen unzugänglich ist. Daher kam hier ein Modell im Maßstab 1:6 zum Einsatz (86 mm, 1/13 s, f/10, ISO 100).

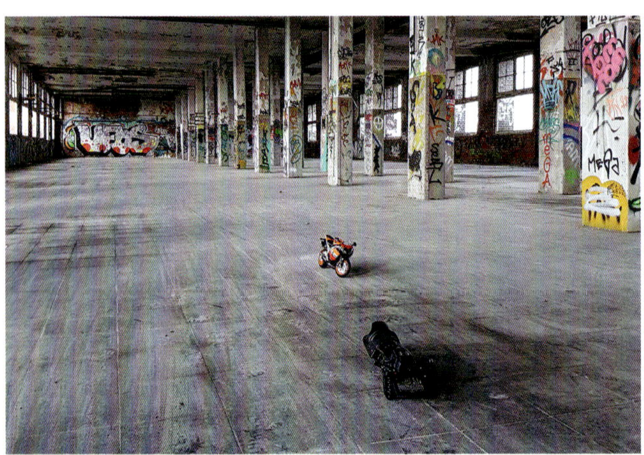

Abb. 9–3 Das Making-of zu Abbildung 9–2. Die Kamera lag auf dem Boden, um dem Bike möglichst auf Tankhöhe zu begegnen.

Das menschliche Gehirn sucht beim Betrachten eines Bilds automatisch nach Merkmalen, um ein Bild einordnen zu können. Werden diese Merkmale erkannt, wird das Bild in eine »Schublade« gesteckt. In diesem Fall soll das Foto auf keinen Fall in die Schublade »Dies ist kein echtes Motorrad, es ist zu klein«. Wie das Gehirn nun diese Einordnung vornimmt, wird vornehmlich von drei Merkmalen bestimmt:

Schärfentiefe: Nahaufnahmen (= etwas Kleines groß abbilden) haben meist eine geringe Schärfentiefe. Das haben wir im Laufe der Zeit durch das Betrachten vieler Fotos gelernt, daher signalisiert unser Gehirn sofort: »Achtung, das, was du da siehst, ist klein.« Daher: mit möglichst geschlossener Blende arbeiten, um eine hohe Schärfentiefe zu erreichen. Hier ist übrigens ein kleinerer Sensor hilfreich, da Kameras mit kleinen Sensoren eine hohe Schärfentiefe erreichen können (Erklärung siehe Infobox).

Ein Exkurs zur Schärfentiefe

Die Schärfentiefe bezeichnet den Bereich vor und hinter dem Fokuspunkt, der noch scharf abgebildet bzw. als scharf abgebildet wahrgenommen wird (vgl. Abschnitt 3.2). Die Schärfentiefe wird nicht nur von der Blende, sondern auch von der Sensorgröße und der Brennweite beeinflusst, wobei die Blende das wichtigste Instrument ist. Je größer die Brennweite und größer die Blendenöffnung (kleine Blendenzahl), desto geringer wird die Schärfentiefe (d.h. nur ein schmaler Bereich vor und hinter dem Fokuspunkt wird noch scharf abgebildet). Je größer der Sensor, desto größer ist die Schärfentiefe. Dies steht allerdings im Gegensatz zu der landläufigen Meinung: »Eine Kamera mit einem kleinen Sensor erzeugt eine hohe Schärfentiefe.« Fakt ist: Der kleine Sensor verringert eigentlich die Schärfentiefe. Da aber Kameras mit kleinen Sensoren auch speziell angepasste Objektive mit kurzen Brennweiten besitzen, erhöht dieser Effekt die Schärfentiefe. Der Effekt der kurzen Brennweite überwiegt dabei den Effekt des kleineren Sensors, sodass im Endergebnis eine hohe Schärfentiefe erzeugt wird.

Größenreferenz: Weit um das Modell herum darf sich nichts befinden, was eine Größenreferenz geben könnte. Steinchen, Gras, Gegenstände etc. müssen aus der unmittelbaren Umgebung des Modells entfernt werden (entweder vor der Aufnahme oder später am Computer). Der Untergrund, auf dem das Motorrad steht, muss außerdem für

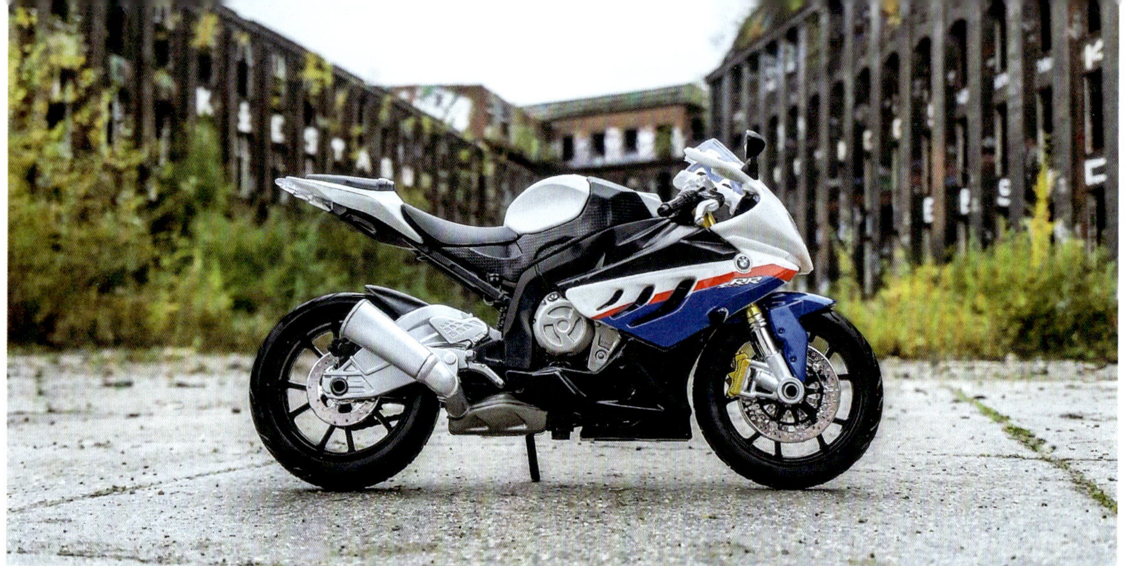

Abb. 9–4 BMW S 1000 RR, fotografiert mit einem Smartphone. Da dies ein Modell im Maßstab 1:12 ist, musste für diese Seitenansicht auch die Kamera klein sein, um tief genug fotografieren zu können (Samsung Galaxy S7, 4,8 mm, 1/180 s, f/2.2, ISO 40).

eine solche Aufnahme geeignet sein, das heißt, er muss so beschaffen sein, dass man die Größe nicht erkennt. Rauer Asphalt mit großen offenen Poren zum Beispiel ist weniger geeignet, auch hier erkennt das Gehirn sofort die Anomalie und zerstört die Illusion. Größere Objekte in der Umgebung wie zum Beispiel Gebäude, parkende Autos, Schilder, Zäune usw. müssen in großem Abstand zum Modell sein, sodass man sie nicht in ein direktes Größenverhältnis stellen kann.

Die *Qualität und Größe* des Modells sind ausschlaggebend für den Erfolg des Shootings. Je größer und detaillierter ein Modellmotorrad ist, desto besser ist es für den fotografischen Zweck geeignet. Typische Maßstäbe sind 1:12 (Modell ist ca. 17 cm lang) und 1:6 (ca. 34 cm lang). Es gibt auch Modelle im Maßstab 1:18, diese sind aber aufgrund ihrer geringen Größe recht detailarm, sodass dem Betrachter schneller auffällt, dass es sich hier nicht um ein echtes Motorrad handelt.

Bei echten Motorrädern fotografiert man »auf Augenhöhe«, also auf Tank- oder Scheinwerferhöhe. Bei Modellmotorrädern bedeutet dies, dass die Kamera auf dem Boden liegen muss. Bei Modellen der Größe 1:12 kann dies schon schwierig werden, wenn man bedenkt, dass die optische Achse des Objektivs bei großen Spiegelreflexkameras schon höher sein kann als das Modell selbst, wenn beide auf dem Boden stehen.

Ein Ausweg aus dieser Situation kann der Griff zum Smartphone sein, denn dessen Kamera kann einfach auf Tankhöhe gebracht werden. Außerdem produziert sie aufgrund der sehr geringen Brennweite (siehe Infobox Schärfentiefe) Bilder mit sehr hoher Schärfentiefe, was einen weiteren Vorteil für die Modellfotografie mit sich bringt. Wie das aussehen kann, ist in Abbildung 9–4 zu sehen.

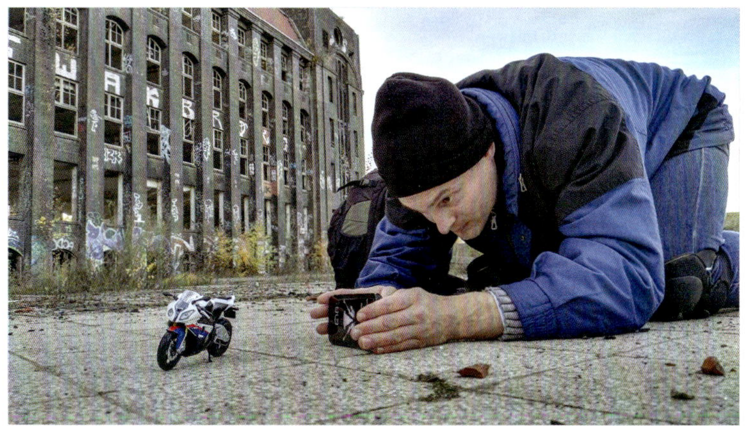

Abb. 9–5 Hier ist gut zu sehen, dass sich Kamera und Maschine auf gleicher Höhe befinden. Knieschoner vom Inline-Skating sorgten dafür, dass ich mich komfortabel hinknien konnte.

Praxistipp

Knieschoner (zum Beispiel aus dem Baumarkt oder zum Inline-Skating) sind ein nützliches Accessoire, wenn Sie längere Zeit in Bodennähe arbeiten müssen. Knieschoner sind nicht unbedingt besonders kleidsam, bieten aber einen gewissen Komfort und schonen die Gelenke und den Stoff der Hose.

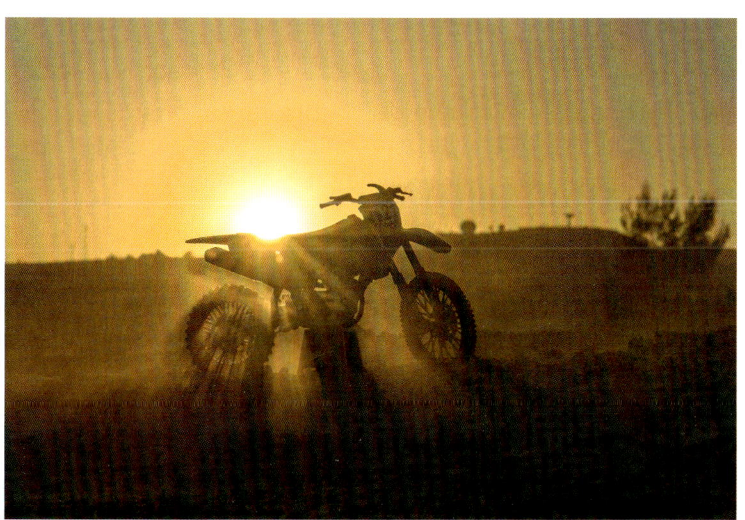

Abb. 9–6 Kawasaki KX450F. Gegenlichtaufnahmen sind ein effektives Mittel, um die wahren Dimensionen eines Modellmotorrades zu verbergen. Ich habe von links etwas Sand in den Bildausschnitt geworfen. Dadurch entstand eine kleine Staubwolke, welche die Szene realistischer erscheinen lässt (70 mm, 1/100 s, f/22, ISO 110).

Beachten Sie, dass bei manchen Modellmotorrädern unter dem Heck eine Herstellerbezeichnung aufgeprägt ist. Diese stellt wieder eine Größenreferenz dar. Ein weiterer »Schwachpunkt« bei vielen Modellmotorrädern sind die Bremsscheiben. Diese weisen bei Modellen des

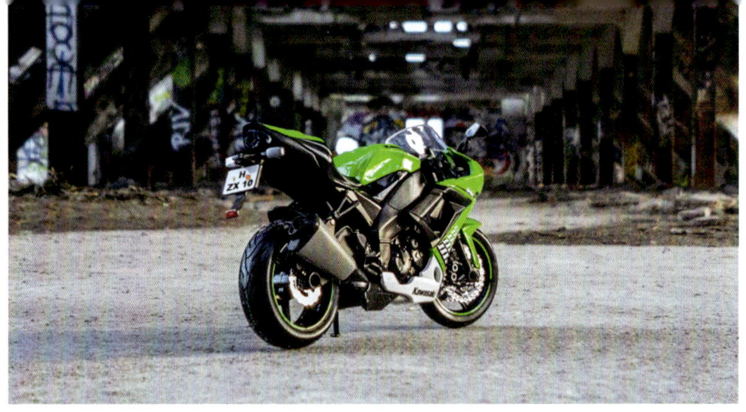

Abb. 9–7 Kawasaki Ninja ZX-10R. Das Kennzeichen an diesem Modell trug den Schriftzug des Spielzeugherstellers, weshalb hier ein anderes Kennzeichen einmontiert wurde (Samsung Galaxy S7, 4,2 mm, 1/50 s, f/1.7, ISO 160).

Maßstabes 1:12 meist keine Löcher auf, was auf einem Foto sofort ins Auge springt und die Illusion zerstört. Positionieren Sie das Modellmotorrad also entweder so, dass man die Schrift unter dem Heck nicht sieht oder die Bremsscheiben nicht prominent präsentiert werden (Viertelprofil zum Beispiel), oder korrigieren Sie diese Details in der Nachbearbeitung.

Den letzten Schliff bekommen die Bilder in der Nachbearbeitung. Ein paar Sonderpunkte können hierbei genannt werden, die bei der Retusche von Fotos echter Motorräder nicht zum Zuge kommen:

- Die Umgebung des Modells muss von störenden Elementen gereinigt werden. Kleine Steinchen oder ein Grashalm verraten die wahre Größe des abgebildeten Motorrads.
- Spielzeugmodelle werden mit kleinen Schrauben und Schnappverbindungen zusammengebaut. Diese verraten sofort die wahre Größe der Maschine und müssen daher am Rechner retuschiert werden.
- Bei kleineren Modellen sind die Löcher in den Bremsscheiben nur angedeutet. Sie können die Löcher nachträglich hineinretuschieren, indem Sie mit dem Kopierstempel einen kleinen Punkt aus der Umgebung auf die Stelle der Scheibe setzen, wo ein Loch sein soll.
- Kleine Kunststoff- und Metallbauteile werden im Spritzgussverfahren hergestellt. Dabei wird flüssiges Metall bzw. Kunststoff in den Hohlraum zwischen zwei Formen injiziert. Dort, wo die Formen aufeinandertreffen, entsteht ein kleiner Grat entlang der spritzgegossenen Bauteilkante. Diese Spritzgusslinien müssen entfernt werden. Beachten Sie dabei besonders die Reifen, hier wirken Spritzgusslinien stark unnatürlich.
- Modelle werden in der Regel mit einem Kennzeichen ausgeliefert, welches den Markennamen des (Spielzeug-)Herstellers trägt. Hier ist gegebenenfalls ein entsprechendes Kennzeichen am Rechner einzumontieren (siehe Abb. 9–7) oder Sie rücken dem Modell mit einem scharfen Werkzeug zu Leibe und entfernen gleich den ganzen Kennzeichenhalter.

9.1 Studiofotografie mit Modellen

Da Studiofotografie mit echten Motorrädern aufwendig und zeitintensiv ist, können Sie mit Motorradmodellen im Studio sehr gut Beleuchtungsszenarien üben, bevor Sie zu großen Motorrädern übergehen. Modelle im Studio zu fotografieren, bietet mit überschaubarem Aufwand einen hohen Lerneffekt. Der grundsätzliche Aufbau eines Studios auf dem Wohnzimmertisch unterscheidet sich in seinen Grundelementen nicht vom Aufbau eines großen Studios für echte Motorräder. Das Modellstudio ist lediglich viel kleiner. Sie benötigen:

- Eine ausreichend große Auflagefläche für das Modell mit geeignetem Untergrund.
- Einen neutralen, zum Beispiel schwarzen Hintergrund.
- Ein flächiges Hauptlicht von oben.
- Modellierungslichter, um die Seite des Modells aufzuhellen.

Abb. 9–8 Kawasaki ZX-10R Ninja in einer Tabletop-Studiobeleuchtung (105 mm, 1/160 s, f/20, ISO 100)

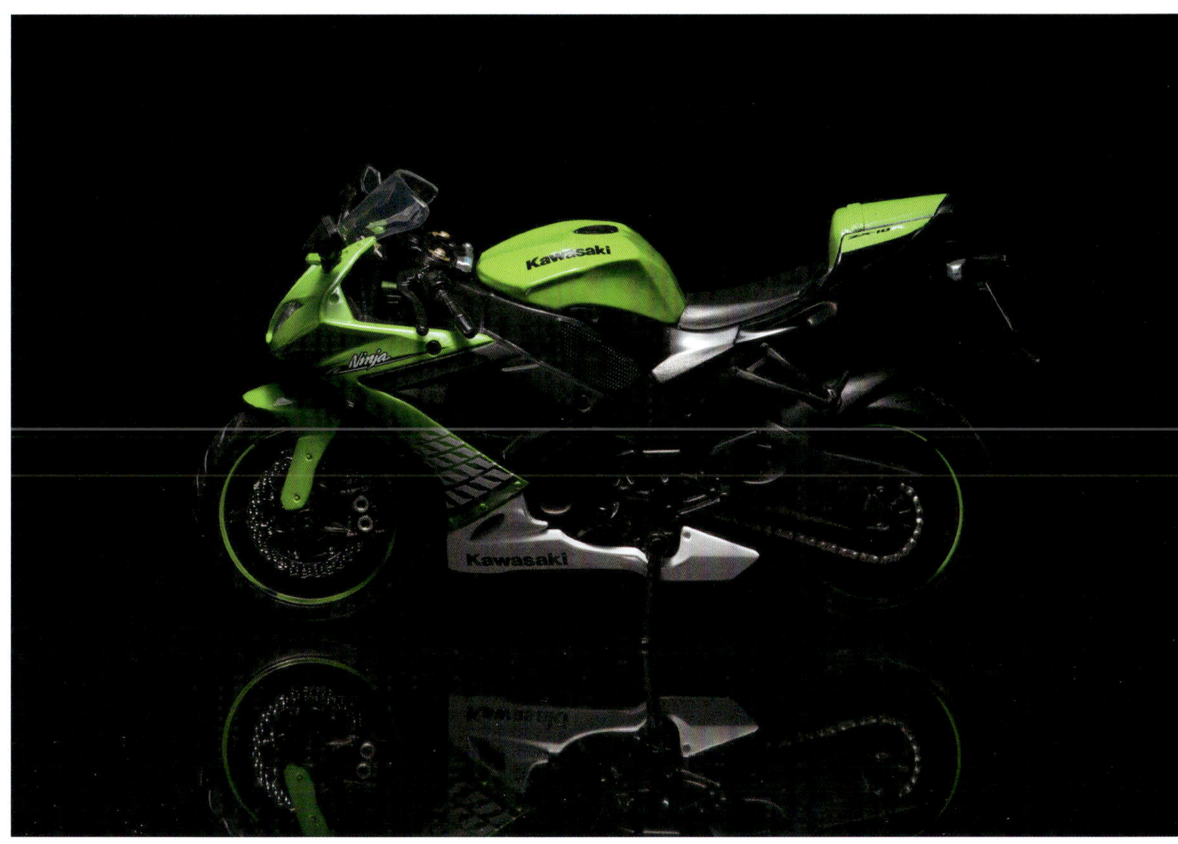

Bei der Wahl der Auflagefläche sollten Sie ein Material wählen, welches sich in einer Nahaufnahme nicht sofort durch seine Oberflächenstruktur verrät. Eine kostengünstige und optisch interessante Lösung ist eine große Bodenfliese, welche Sie in einem Baumarkt für wenig Geld (auch einzeln) kaufen können. Die Fliese kann zum Beispiel schwarz oder weiß sein, wichtig ist nur, dass sie möglichst glatt ist. Oft haben Bodenfliesen eine leicht unebene Struktur, damit sie beim Begehen etwas mehr Halt bieten. Diese leichte Welligkeit macht sich in den Spiegelungen bemerkbar und bildet damit einen weiteren Indikator für das menschliche Gehirn, die Täuschung nicht ungefragt anzunehmen.

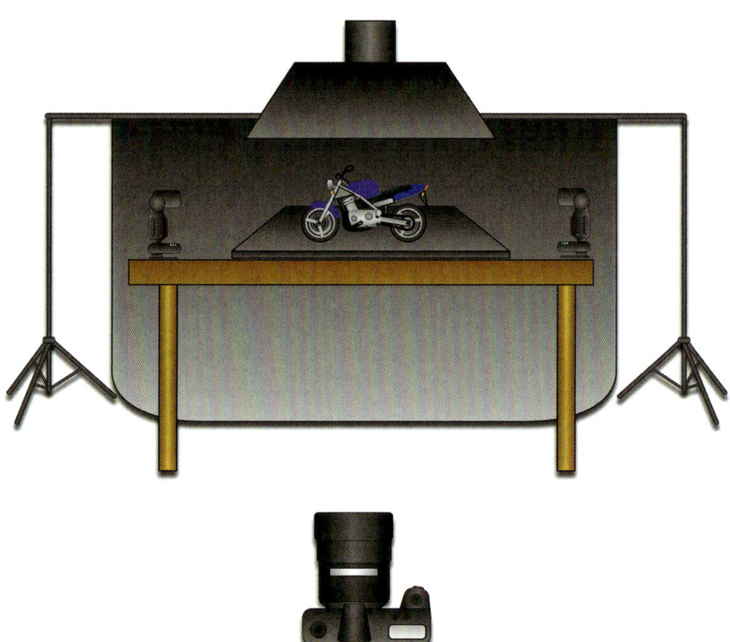

Abb. 9–9 Studioaufbau für die Modellfotografie. Der grundsätzliche Aufbau ist identisch mit einem großen Studio: Hintergrundsystem, Hauptlicht von oben, Hilfslichter von der Seite. Als Untergrund eignen sich zum Beispiel große Bodenfliesen aus dem Baumarkt. Tipp: Legen Sie etwas unter die Fliese, sodass sie schräg steht und Sie das Motorrad »bergauf« fotografieren können. Dies unterstützt die Perspektive.

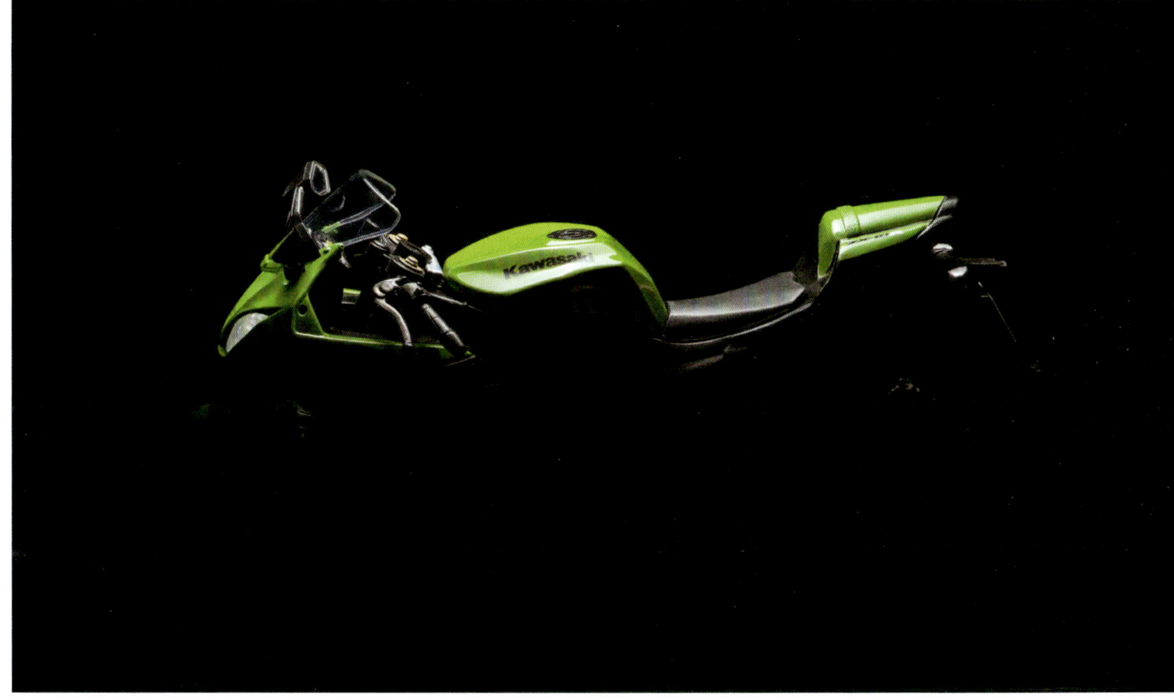

Abb. 9–10 Die obere Kontur der Maschine ist sichtbar, der Rest verschwindet in der Dunkelheit. Ein probates Mittel, die verräterischen Details der Nahaufnahme zu verbergen (105 mm, 1/160 s, f/20, ISO 100).

Die Fotografie von Modellen im Studio ist einfacher, wenn Sie einen schwarzen Hintergrund verwenden. Dadurch können Sie die Details der Maschine »in den Tiefen absaufen« lassen und zum Beispiel nur die Kontur eines Modells zeigen. So werden verräterische Details verborgen und die Illusion gelingt besser.

Staub ist in der Modellfotografie ein allgegenwärtiger Feind. Wenn Sie nicht gerade einen Reinraum zur Fertigung von Mikrochips zur Verfügung haben, befindet sich eine erhebliche Menge Staub in der Luft. Besonders staubbelastet sind Räume mit hohem Textilanteil, wie Schlafzimmer, Wohnzimmer und generell Räume mit Teppichböden. Sie können das Motorradmodell so oft und intensiv reinigen wie Sie möchten – Staubpartikel legen sich sofort wieder auf der Oberfläche ab. Wenn Sie einen schwarzen Stoffhintergrund anstatt Fotokarton verwenden, intensiviert sich das Staubproblem.

Fazit: Staub wird auf dem Modell sichtbar sein, egal wie vorsichtig und gründlich Sie arbeiten. Mit einem Blasebalg kann das Modell vor jeder Aufnahme freigepustet werden, doch am Ende des Tages wird man mit dem Kopierstempel in Lightroom oder Photoshop eine Menge Feinkorrekturen durchführen müssen.

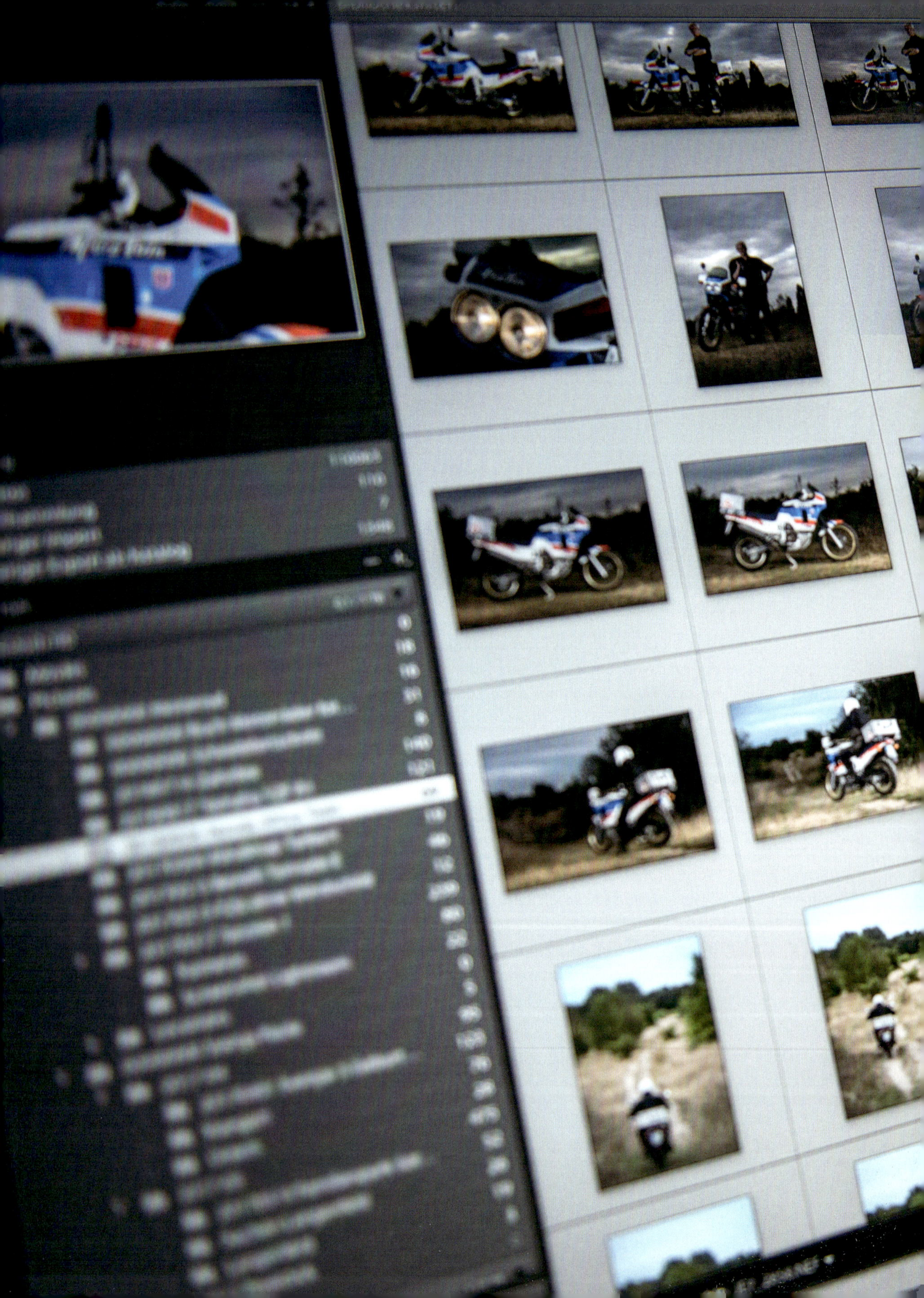

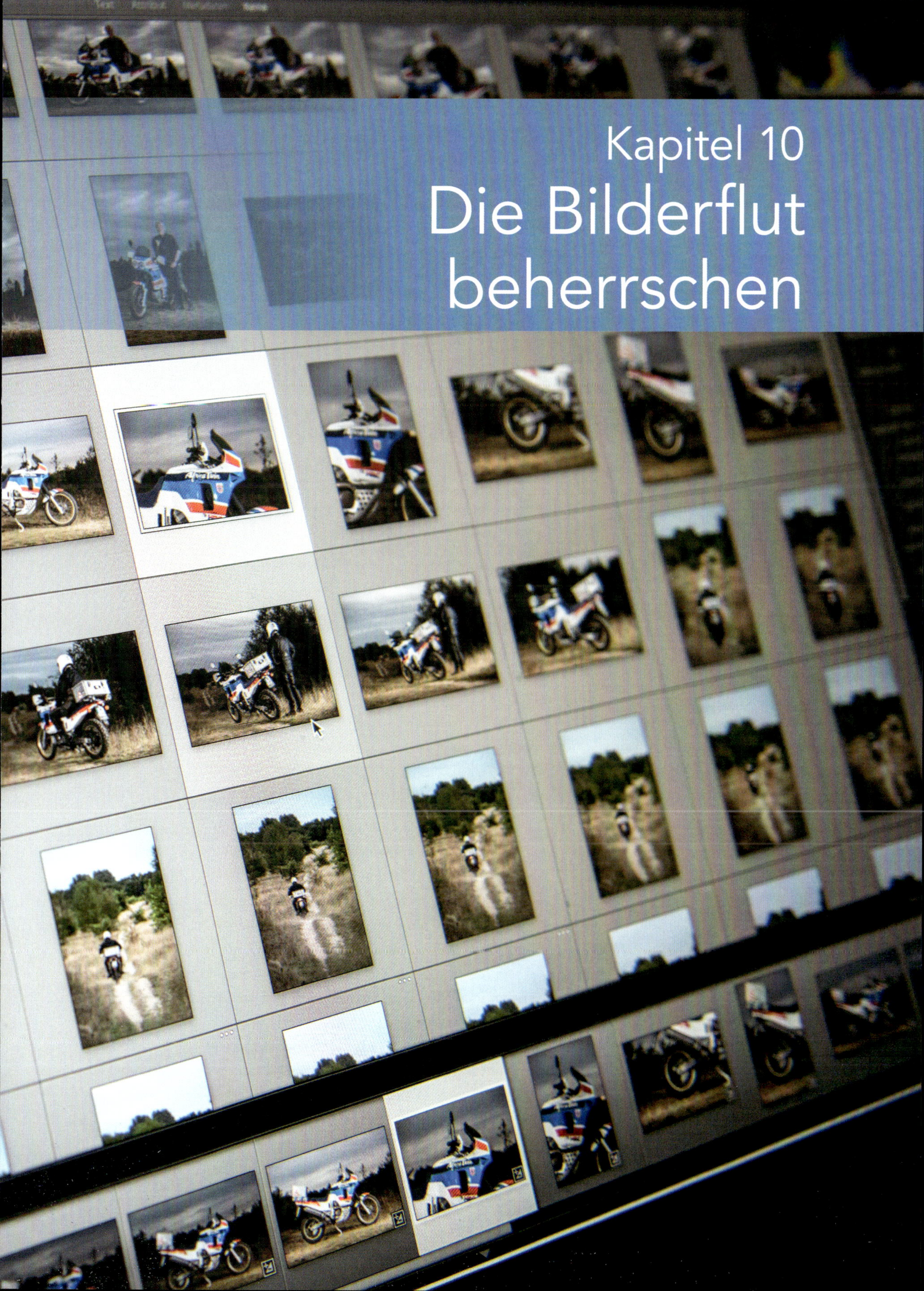

Kapitel 10
Die Bilderflut beherrschen

Vorherige Doppelseite:
Abb. 10–1 Screenshot einer Adobe-Photoshop-Lightroom-Ansicht

In diesem Kapitel geht es um alle Schritte, die auf ein Shooting folgen, also das Sortieren, Nachbearbeiten, Veröffentlichen und Archivieren der Fotos. Mit Digitalkameras produziert man in kürzester Zeit eine große Menge an Bildern. Dies ist Segen und Fluch zugleich. Der Segen ist, dass ein Digitalbild keine Kosten produziert, wie das in analogen Zeiten mit einem Film der Fall war. Sie können also nach Herzenslust experimentieren und müssen bei einem Shooting keine Sorgen haben, dass Bilder »nichts werden« und dies Geld kostet. Der Fluch wiederum ist, dass man dazu verleitet wird, viel zu viele Fotos zu machen und später in der Nachbearbeitung und Archivierung vor großen organisatorischen Aufgaben steht.

Es stellt sich also die Frage, wie Sie a) aus der Masse der Bilder diejenigen herauspicken, welche der Veröffentlichung würdig sind, b) diese Bilder nachbearbeiten, um das Optimum aus ihnen herauszuholen und c) die Bilder nach abgeschlossener Arbeit sicher und wiederauffindbar archivieren können. Zum Glück gibt es leistungsstarke Programme, die Sie in dem Prozess unterstützen können.

Der Preis der digitalen Fotografie

Dass Digitalfotografie keine Kosten verursacht, ist selbstverständlich ein Ammenmärchen. Kameras und Objektive sind teure Anschaffungen und – wie alle technischen Gerätschaften – einer begrenzten Lebensdauer unterworfen. Sie haben zwar keine Kosten für Filme, Entwicklung und Abzüge wie in der analogen Fotografie, doch hat die Kamera definitiv irgendwann ihr Dasein hinter sich. Ferner stellen Sie bei einem Shooting nicht nur Ihre Ausrüstung zur Verfügung, sondern vor allem Ihre Zeit, Kreativität und Ihr Können.

Viele Menschen fotografieren hobbymäßig und möchten kein Geld für die erbrachte Leistung nehmen, besonders, wenn sie für Freunde oder Bekannte fotografieren. Es ist jedem selbst überlassen, ob er für das Shooting eine Gebühr verlangt. Bedenken Sie jedoch, dass in der heutigen Umsonst-Kultur der Wert der Fotografie immer weiter sinkt. Jeder möchte zwar schöne Fotos haben, aber nur, wenn es sie kostenlos gibt. Dies liegt unter anderem auch darin begründet, dass viele (Amateur-)Fotografen ihre Fotos kostenlos hergeben. Dadurch hat sich eine allgemeine Erwartungshaltung etabliert. Welche Schlüsse man daraus für seine eigene Fotografie zieht, ist jedem Leser selbst überlassen.

Es ist eine abgedroschene Phrase, aber sie stimmt: Was nichts kostet, ist nichts wert.

Adobe Photoshop Lightroom ist eine leistungsfähige Software zur Bildverwaltung und -bearbeitung. Das Programm deckt die gesamte Kette der Bildverarbeitung ab und gliedert sich, grob gesprochen, in die drei Bereiche Organisation, Bearbeitung und Export der Bilder. In diesem Abschnitt wird eine Methode zur effizienten Abarbeitung eines großen Bilderstapels vorgestellt. Sie ist exemplarisch für das Programm Adobe Photoshop Lightroom beschrieben, in ihren Grundzügen aber auch auf andere Bildverwaltungsprogramme übertragbar. Es werden bewusst nicht alle Klicks und Tastenkürzel detailliert beschrieben, da die Methode weitgehend allgemein gehalten werden soll, damit sie auch mit anderen Programmen funktioniert.

10.1 Auswahl, Bewertung und Dateiablage

Unter der Organisation der Bilder wird das Importieren, Verschlagworten und Sortieren (Auswählen) verstanden. Schritt 1 ist das Importieren der Bilder von der Speicherkarte der Kamera auf die Festplatte des Computers. Für jedes Shooting sollten Sie themenbezogen einen eigenen Ordner anlegen. Stellen Sie dem Ordnernamen einen Datumscode voran, um eine chronologische Sortierung der Shootings zu erhalten. Der Name des Ordners kann dann zum Beispiel Marke und Modell der fotografierten Maschine sowie ein kurzes Stichwort zum Ort beinhalten. In diesem Fall würde das Schema lauten »*JJJJMMTT <Marke> <Modell> <Ort>*«, zum Beispiel »20160622 Ducati Panigale 1299 Brücke«. Wenn eine andere Sortierung für Sie besser funktioniert, so verwenden Sie Ihr eigenes System, so könnte auch zum Beispiel »*<Marke> <Modell> <Fahrer>*«, also »Honda CMX 500 Rebel Brigitte« ein nach Marken und Modellen sortiertes Ablagesystem sein. Wichtig ist nur, dass Sie Ihr System strikt beibehalten, sobald Sie eine Ordnerbenennung festgelegt haben.

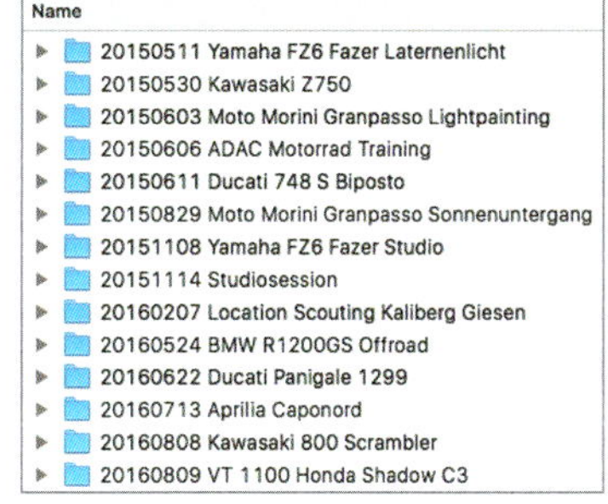

Abb. 10–2 Die Ordner mit den Fotos sind in einem Verzeichnis organisiert. Jeder Ordner wird nach dem gleichen Schema benannt. In diesem Beispiel ergibt sich der Ordnername aus dem Datumscode, dem Maschinentyp und gegebenenfalls einem Stichwort zur Location oder den Umständen.

Sind die Bilder in den erstellten Ordner kopiert worden, müssen Sie in Schritt 2 eine *erste Sichtung* durchführen. Dabei müssen Sie der Versuchung widerstehen, bereits beim Sortierdurchgang einfache Korrekturen am Bild durchzuführen. Wichtig: In diesem ersten Durchgang zählt einzig und allein das Markieren der Bilder! Erst wenn Sie eine Übersicht zu allen erstellten Aufnahmen haben, können Sie auswählen, welche Fotos in die Nachbearbeitung wandern. Zur Markierung von Fotos stehen in Lightroom verschiedene Werkzeuge zur Verfügung:

- Markierung »Behalten« (P wie »Pick«) oder »Zurückweisen« (X)
- Markieren mit Sternen (Tasten 1–5)
- Farbliche Markierungen (Tasten 6–9)
- Schlagworte
- Geodaten

Es ist effizient, das Sortieren in zwei Stufen durchzuführen. In der ersten Stufe wird nur nach »Behalten« und »Zurückweisen « unterschieden. Hierzu haben Sie in Lightroom die oben beschriebenen Optionen über die Tasten P für »Behalten« und X für »Zurückweisen« zur Verfügung. Betrachten Sie jedes Foto nur ein bis zwei Sekunden, bevor Sie sich für eine der beiden Optionen entscheiden und es entsprechend markieren. Was zählt, ist der erste Eindruck. Kann man das Bild verwerten oder ist es zum Beispiel unscharf? Ist mit einem klugen Beschnitt die Komposition zu retten? Dies erfordert etwas Übung und ist am Anfang mühselig. Mit der Zeit werden Sie aber Routine bekommen und ein Stapel mit hundert Bildern ist in weniger als zwei Minuten gesichtet.

Praxistipp

Wenn die Umschalten-Taste (Caps Lock) aktiviert ist, schaltet Lightroom nach dem Markieren eines Bilds automatisch zum nächsten Foto der Serie. So können Sie noch schneller einen Stapel Bilder durcharbeiten, da das Weiterschalten per Hand entfällt.

Es ist dabei wichtig zu erwähnen, dass die Markierung »Zurückweisen« das Foto nicht löscht! Die Aufnahme ist immer noch vorhanden und lediglich zum Löschen vorgemerkt. Später, nach Abschluss aller Sortier- und Nachbearbeitungsvorgänge, können die zum Löschen markierten Fotos auch wirklich von der Festplatte entfernt werden (in Lightroom mit Cmd-Rücktaste [Mac] bzw. Strg-Rücktaste [Windows]). Bis dahin sollten sie aber noch nicht verworfen werden. Manchmal kommt es vor, dass man mit der eingangs getroffenen Auswahl nicht ganz zufrieden ist – für diese Fälle haben Sie dann die mit X markierten Fotos in der Hinterhand. Nachdem der erste Sortierdurchgang erfolgt ist, sollte die Zahl der Bilder mindestens halbiert sein.

Danach können Sie *Wertungen in Form von 1–5 Sternen* pro Bild vergeben. Ob Sie die volle Bandbreite für die Sternvergabe ausnutzen, ist Ihrer persönlichen Arbeitsweise überlassen. Wenn Sie 1–5 Sterne vergeben, differenzieren Sie stark und haben eine präzise Vorauswahl getroffen. Wenn Sie zum Beispiel nur 1, 3 oder 5 Sterne vergeben, erleichtert dies die Einsortierung, weil das Unterscheiden von drei Kategorien ad hoc einfacher ist als von fünf Kategorien. Sie verlieren dann natürlich ein wenig Präzision in der Vorauswahl. Unabhängig davon, welche Methode Sie favorisieren, möchte ich Ihnen einen Vorschlag für die Kategorisierung mit fünf Sternen vorstellen:

1 Stern: Der klassische »Schnappschuss«. Das Bild ist zu dokumentatorischen Zwecken geeignet, zum Beispiel um eine Location zu zeigen. In die Entstehung des Bilds sind aber wenig bis keine Gedanken gegangen. Das bedeutet, das Bild transportiert eine Information, die nicht verloren gehen soll, ist jedoch unter fotografisch-künstlerischen Gesichtspunkten ungeeignet zur Veröffentlichung. Bilder mit nur einem Stern sind völlig ok. Sie sind zum Beispiel notwendig, um Gedanken festzuhalten oder Informationen zu fixieren (siehe Abb. 10–3).

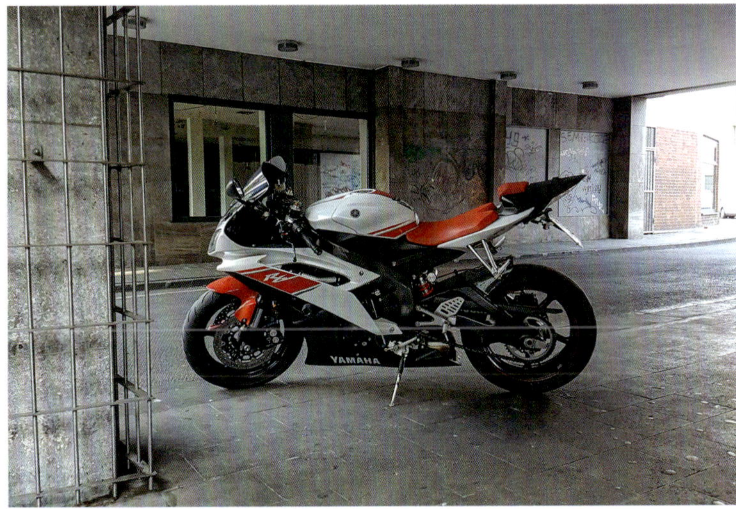

Abb. 10–3 Beispiel für ein 1-Stern-Bild. Diese Yamaha R6 habe ich in einer Unterführung zwischen zwei Gebäuden gesehen und im Vorbeigehen geknipst. Das Bild ist schlecht aufgebaut, der Hintergrund ist unruhig, links stört der Betonpfeiler. Das Foto habe ich gemacht, weil sich ein Arbeitskollege für die Maschine interessierte.

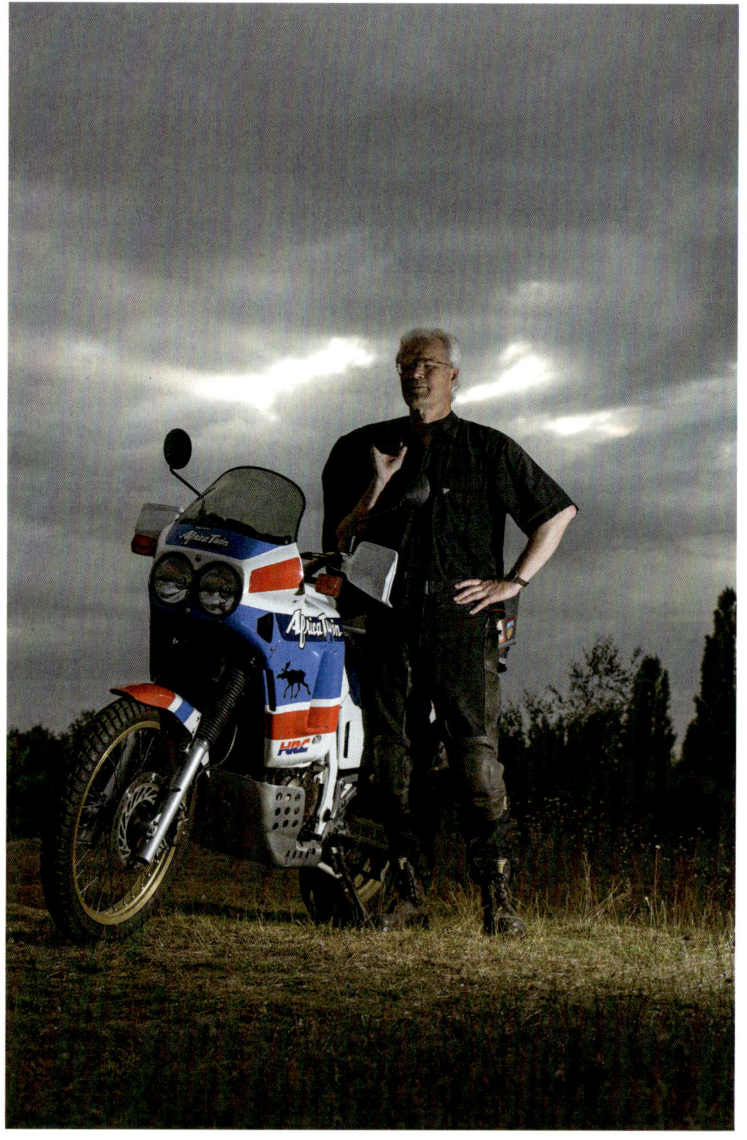

Abb. 10–4 Beispiel für ein 2-Sterne-Bild. Die Umgebung passt zur Maschine, der Fahrer ist gut platziert. Allerdings wurde nur ein Blitz verwendet, wodurch der vordere Teil der Maschine dunkel bleibt. Des Weiteren sind Maschine und Fahrer etwas weit links im Bild und nach oben hin ist zu viel leerer Raum. Mit etwas Nachbearbeitung und Beschneiden könnte man noch etwas herausholen, es wird aber ein mittelmäßiges Bild bleiben.

2 Sterne: »Hat Potenzial«. Der Fotograf hat sich Gedanken um Belichtung, Komposition etc. gemacht, die Arbeit ist aber nicht gut ausgeführt. Vielleicht ist die Lichtsetzung unglücklich, vielleicht ist das Bild nicht gut geschnitten (siehe Abb. 10–4).

3 Sterne: »Gute Arbeit«. Das Bild ist schon recht gut und gefällt auf Anhieb, aber es gibt einige Kritikpunkte im generellen Bildaufbau oder in der Belichtung, welche den Gesamteindruck des Fotos schmälern (siehe Abb. 10–5).

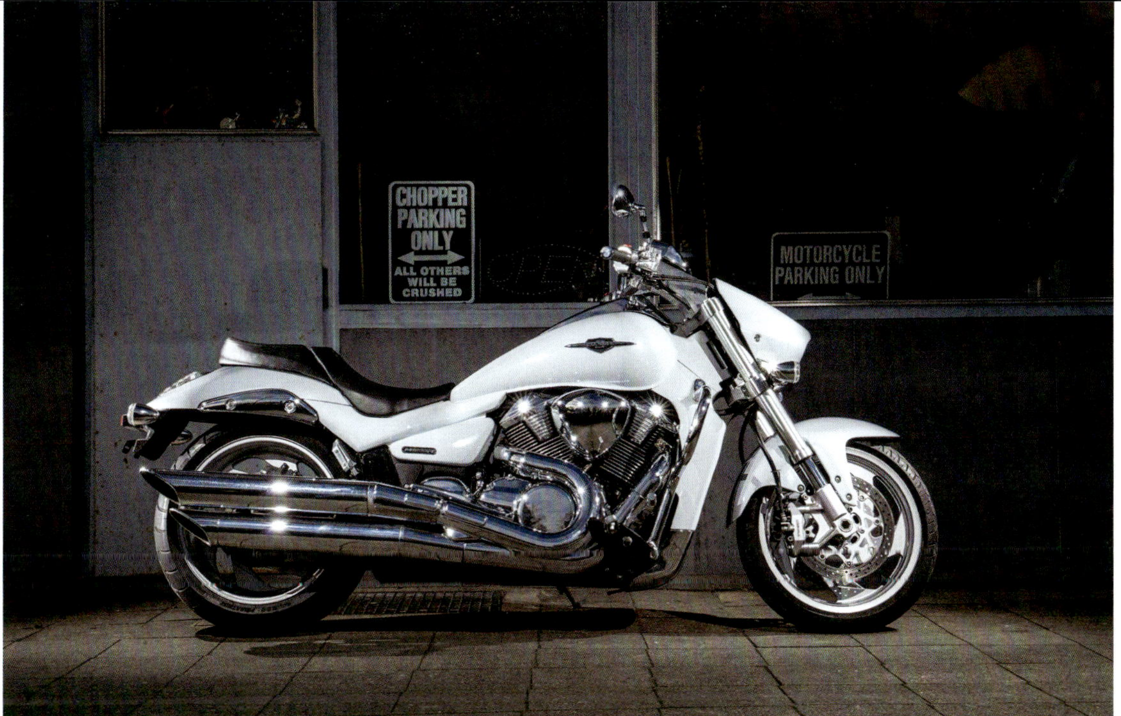

4 Sterne: »Exzellent«. Das Bild ist handwerklich und künstlerisch anspruchsvoll umgesetzt und beeindruckt auf den ersten Blick. Ein Vier-Sterne-Bild sollten Sie ohne Bedenken online und offline zeigen können (siehe Abb. 10–6).

Abb. 10–5 Beispiel für ein 3-Sterne-Bild: Das Bild dieser Suzuki VZR 1800 M Intruder ist mit der Methode des virtuellen Studios (siehe Abschnitt 5.5) entstanden. Das Motorrad ist schön herausgearbeitet, aber der Hintergrund ist nicht besonders gut, da er durch Schilder, Fenster, Linien und unterschiedliche Oberflächen ablenkend wirkt.

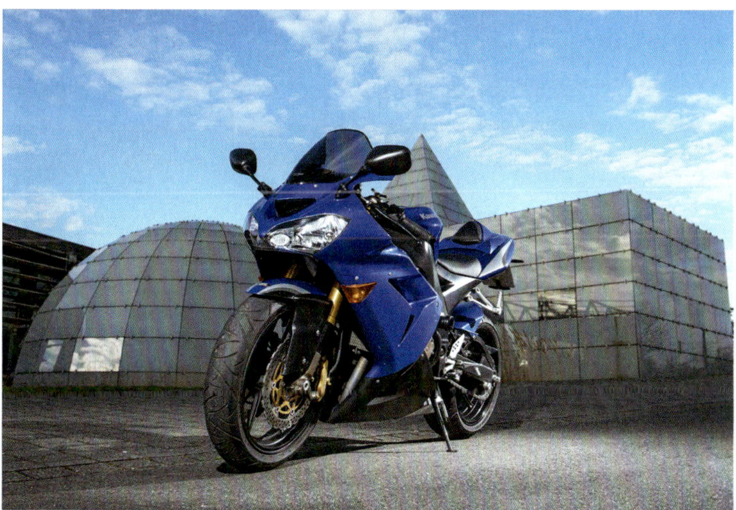

Abb. 10–6 Beispiel für ein 4-Sterne-Bild: Eine Kawasaki Ninja vor interessanter architektonischer Kulisse. Das Blau der Maschine kommuniziert Technik und harmoniert gut mit dem Grau und Blau des Hintergrunds. Die abstrakten Formen des Gebäudes komplementieren das zackige und sportliche Design der Maschine.

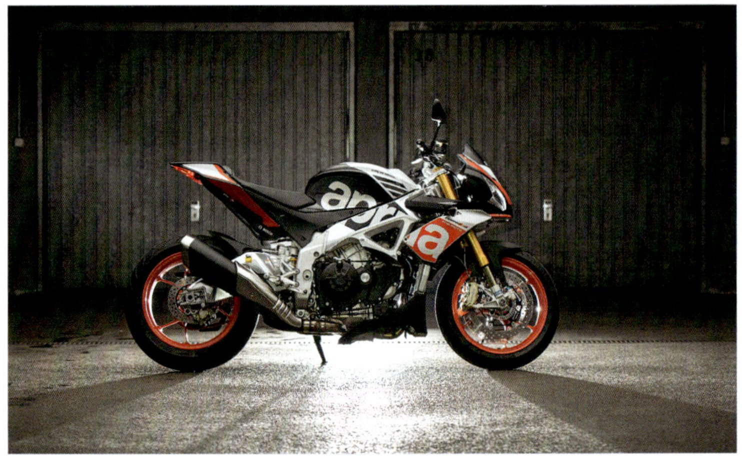

Abb. 10–7 Beispiel für ein 5-Sterne-Bild: Dieses Bild ist uns schon vorher begegnet. Hier stimmt einfach alles: Die Aprilia Tuono ist perfekt und ungewöhnlich ausgeleuchtet. Der Hintergrund ist symmetrisch und lenkt nicht zu stark ab. Die Schatten der Reifen formen führende Linien, welche auf das Bike weisen.

5 Sterne: »Portfolio-Material«. Dies ist ein Bild, bei dem einfach alles stimmt. Belichtung, Komposition, Nachbearbeitung, Schärfe. Bilder mit fünf Sternen sollten eine Qualität haben, die Sie sofort im eigenen Portfolio zeigen können. Dort sollte sich nur die Crème de la crème der eigenen Fotografie befinden, welche Sie einem potenziellen Kunden zeigen würden, um ihn davon zu überzeugen, Sie zu engagieren (siehe Abb. 10–7).

Die oben beschriebene Standardvorgehensweise kann nach Belieben abgewandelt werden, um dem persönlichen Arbeitsstil am besten zu entsprechen.

Ich persönlich handhabe es so, dass ich die Erstsortierung entfallen lasse. Diese Methode weicht von der eingangs beschriebenen Wertungsmechanik ab. Ich kombiniere den ersten und zweiten Durchgang und markiere Fotos entweder mit »Zurückweisen« (X) oder drei Sternen. Wenn mir ein Bild auf Anhieb sehr gut gefällt, vergebe ich sporadisch auch vier Sterne. Nach dieser ersten Sortierung werden alle Fotos mit drei oder mehr Sternen nachbearbeitet und die Bewertung anschließend gegebenenfalls auf zwei, vier oder fünf Sterne korrigiert. Nach diesem Schema sparen Sie einen Sortierdurchgang, verlieren allerdings auch eine gewisse Genauigkeit in der Kategorisierung der Bilder.

Nach der Markierung und Bewertung können die Bilder optional noch verschlagwortet werden. Schlagworte dienen dazu, den Inhalt und die Kategorie der Fotos zu charakterisieren, um sie später leichter auffinden zu können. Wer konsequent (und vor allem einheitlich!) verschlagwortet, kann auch aus einem riesigen Bilderstapel zum Beispiel alle Bilder von roten Yamahas anzeigen lassen oder alle Fotos, die in einem Wald aufgenommen wurden.

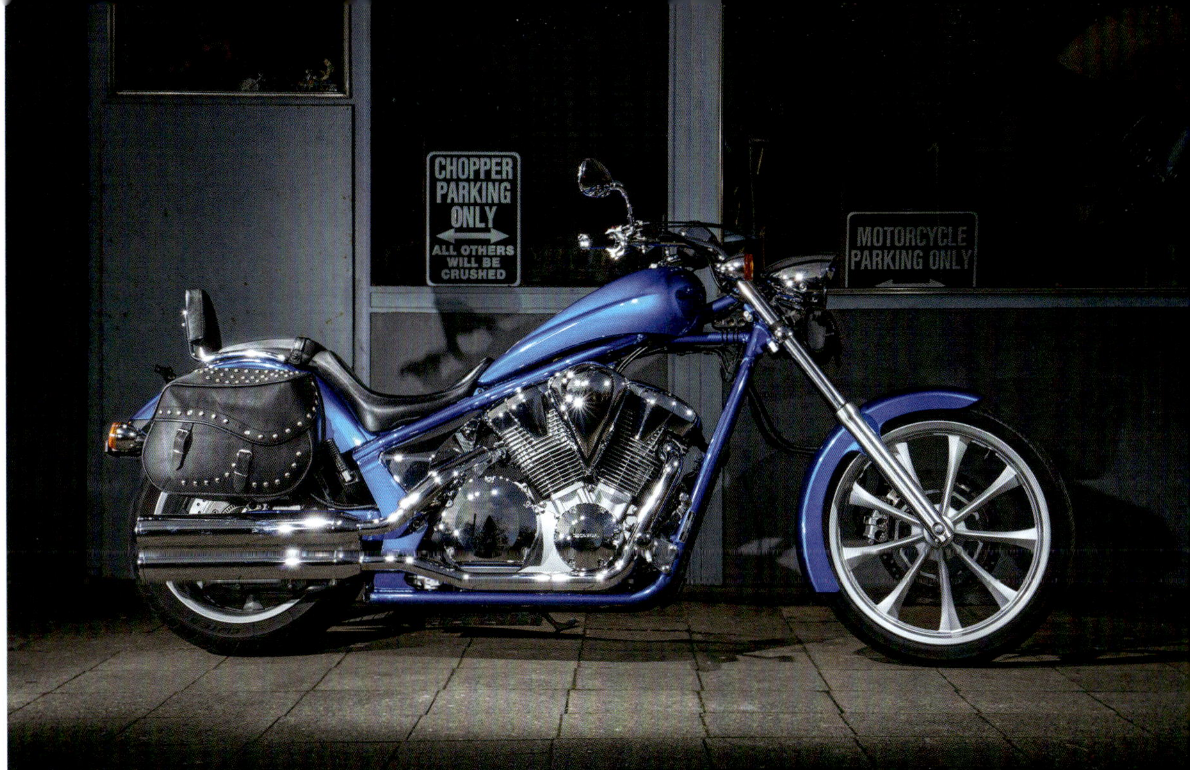

Abb. 10–8 Die Schlagwörter für diese Honda VT 1300 Fury könnten lauten: »Honda«, »Fury«, »Chopper«, »Blau«, »Chrom«. Fotografiert und bearbeitet nach der Methode der virtuellen Blitze, siehe Abschnitt 5.5 (55 mm, 1/200 s, f/20, ISO 100).

Schlagworte sollten einfach sein und die wesentlichen Inhalte des Bilds beschreiben. Das in Abbildung 10–8 gezeigte Foto könnte zum Beispiel mit den Schlagworten »Honda«, »Fury«, »Chopper«, »Blau« kategorisiert werden.

Hinweis

Egal, für welche Methode Sie sich entscheiden: Die beste ist diejenige, die für Sie persönlich am besten funktioniert. Die Sortier- und Kategorisierungsoptionen der Software sind als Supermarkt zu verstehen. Eine breite Auswahl an Möglichkeiten ist gegeben, aber Sie müssen nur diejenigen nutzen, die Sie mögen. Es gibt keinerlei Pflicht, mit Gewalt jede in der Software vorhandene Option auch in den persönlichen Workflow zu integrieren.

10.2 Nachbearbeitung

Der fotografische Prozess ist nicht mit dem Drücken des Auslösers beendet. Das Foto auf der Speicherkarte ist vielmehr die Basis, um das endgültige Bild herauszuarbeiten. RAW-Dateien sind nur die Basis der Fotos und es gilt, aus jedem Foto das Maximum herauszuholen. Es gibt Puristen, die jegliche Veränderung des Fotos am Rechner ablehnen. Diesen Zeitgenossen können Sie entgegenhalten, dass auch zu analogen Zeiten Bilder schon in der Dunkelkammer selektiv ausbelichtet wurden, um die Bildwirkung zu beeinflussen. Nachbearbeitung ist kein Verfälschen mit Täuschungsabsicht, sondern Teil des fotografisch-künstlerischen Prozesses (ausgenommen ist der journalistische Bereich, in welchem sich Retuschen verbieten).

Die Nachbearbeitung (Retusche) von Fotos ist ein Thema, welches Regalmeter an Fachliteratur einnehmen kann. In diesem Abschnitt werden daher nur grundlegende Techniken und Vorgehensweisen vorgestellt. Grundsätzlich sind Sie mit Lightroom dazu in der Lage, 95% der anfallenden Nachbearbeitungsschritte durchzuführen, sofern keine aufwendigen Montagen oder komplexen Retuschen notwendig sind (hierfür benötigen Sie dann ein Bildbearbeitungsprogramm wie Photoshop).

Das Traumziel eines jeden Fotografen ist, dass das Bild direkt aus der Kamera (»out of camera«) makellos und perfekt ist. Dies zu erreichen, würde von einem hohen Können zeugen und auch die jedem Menschen innewohnende Faulheit wohlwollend bedienen, denn die nachfolgende Bildbearbeitung würde entfallen. Doch in der fotografischen Praxis ist man weit von diesem Idealbild entfernt. Dabei sind es bei weitem nicht nur Fehler bei der Aufnahme, die korrigiert werden müssen (zum Beispiel einen Stein oder eine Zigarettenkippe im Bild übersehen). Oftmals können Details erst am Rechner herausgearbeitet werden, zum Beispiel die dunklen Bereiche einer Maschine in einer Gegenlichtaufnahme hervorholen. Nachbearbeitung und Retusche sind also kein Zeugnis mangelnden fotografischen Könnens, sondern im Gegenteil ein Bestandteil des Entstehungsprozesses einer Fotografie (ähnlich wie bei einem Film, dessen finale Entstehung erst nach Abschluss aller Dreharbeiten mit dem Schneiden beginnt).

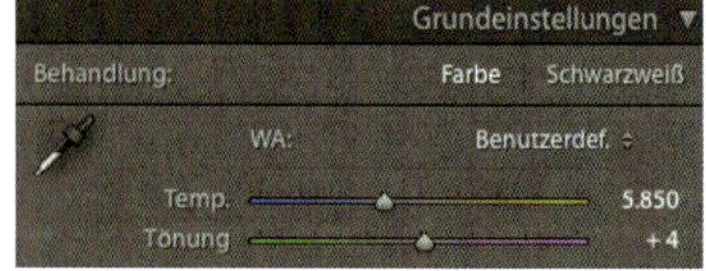

Abb. 10–9 Sie können den Weißabgleich entweder über die Regler einstellen oder mit der Pipette einen neutralweißen oder grauen Bereich auswählen, welcher den Weißpunkt setzt.

Fotografie lebt von Licht, Formen und Farben. Voraussetzung für die korrekte Darstellung der Farben ist ein einheitlicher *Weißabgleich* auf allen Fotos (vgl. Abschnitt 3.8). Wenn Sie während der Aufnahme eine Graukarte verwendet haben, können Sie den Weißabgleich durch einen Klick auf die Pipette (siehe Abbildung 10–9) und anschließenden Klick auf die Graukarte durchführen. Lightroom nimmt dann den ausgewählten Bereich als Bezugspunkt und richtet die Farben im Bild entsprechend aus. Wenn keine Graukarte verwendet wurde, können Sie auch eine möglichst neutrale Stelle im Bild verwenden, um den Weißabgleich durchzuführen. Hierzu eignen sich weiße bzw. hellgraue Flächen. Das funktioniert zwar auch ganz gut, ist aber im Endergebnis nicht so konstant wie der Abgleich mit einer Graukarte, das heißt, die unterschiedlichen Bilder einer Serie können farbliche Abweichungen aufweisen.

Farbkalibrierung

Alle Bemühungen um eine realistische Einstellung der Farben in einem Foto setzen voraus, dass Ihr Monitor die Farben auch korrekt wiedergibt. Bedingt durch Art und Verarbeitung des Monitors sowie das Alter des Geräts verändert sich die Farbwiedergabe. Um zu gewährleisten, dass ein gewisser Farbton auch exakt angezeigt wird, muss das Gerät einer Farbkalibrierung unterzogen werden. Dies kann durch Kalibrierungsprogramme erfolgen, mit welchem Sie Kontrast und Helligkeit des Monitors anhand von Testbildern manuell einregeln. Automatisiert, und vor allem genauer, ist die Farbkalibrierung mit einem Colorimeter. Dabei wird ein Messgerät (siehe Abb. 10–10) auf den Monitor aufgesetzt und ein mitgeliefertes Kalibrationsprogramm durchfahren. Dieses lässt den Monitor eine Palette von Farben anzeigen, welche von dem Messgerät ausgewertet werden. Die Software vergleicht die dem Monitor vorgegebenen Farbwerte mit den tatsächlich gemessenen Farben. Daraus wird ein Anzeigeprofil für den Monitor erstellt. Die Kalibrierung muss in regelmäßigen Abständen wiederholt werden, um die Gleichmäßigkeit des Anzeigeergebnisses zu gewährleisten.

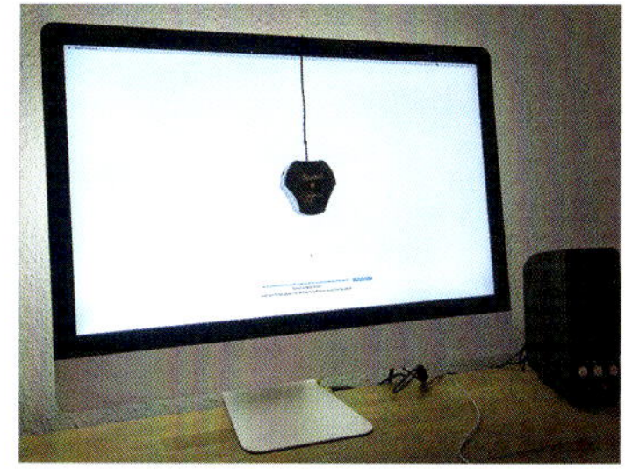

Abb. 10–10 Ein Gerät zur Monitorkalibrierung im Einsatz. Die angezeigten Farbtöne werden gemessen und so wird ein Soll-Ist-Vergleich erstellt. Auf Basis dieses Vergleichs errechnet die Software ein Anzeigeprofil, mit welchem die Farbwiedergabe des Monitors geregelt wird.

Oftmals ist ein Bild ein wenig *schief*. Das menschliche Gehirn erkennt auch einen geringfügig schiefen Horizont sofort und meldet: »Hier stimmt etwas nicht!« Das Bild wirkt automatisch eigenartig. Es gibt in Lightroom mehrere Möglichkeiten, um ein schief fotografiertes Bild zu korrigieren. 1. Möglichkeit: Mit dem Freistellungswerkzeug (siehe Abb. 10–11) können Sie den Bildausschnitt wie auch eine Schiefstellung korrigieren. Hierbei hilft der Regler zur Korrektur des Winkels. 2. Möglichkeit: Noch einfacher geht es, wenn Sie auf die kleine Wasserwaage neben dem Regler »Winkel« klicken. Damit können Sie eine horizontale oder vertikale Linie entlang einer Referenzlinie im Bild ziehen (zum Beispiel eine waagerechte Linie entlang einer Mauerkante) und das Bild wird entsprechend dieser Linie ausgerichtet. 3. Möglich keit: Noch einfacher geht es mit der »Upright«-Funktion. Wird diese aktiviert, sucht sich der Algorithmus von selbst eine Referenzlinie und richtet das Foto an ihr aus. Diese Automatik funktioniert erstaunlich gut und kann bei der Bearbeitung viel Zeit sparen.

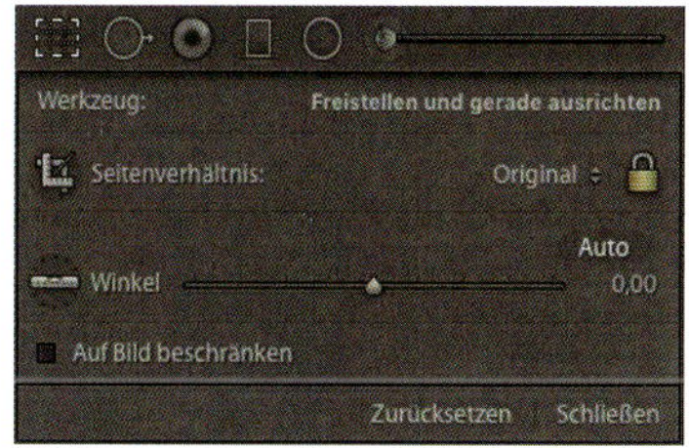

Abb. 10–11 Mit dem Winkel-Regler können Sie das Bild stufenlos kippen, bis es korrekt ausgerichtet ist. Einfacher geht es, wenn Sie auf die Wasserwaage klicken und dann eine Referenzlinie im Bild nachzeichnen (zum Beispiel den Horizont). Lightroom richtet dann das Bild automatisch an dieser Referenzlinie aus.

Manchmal ist die *Belichtung* etwas daneben. Vielleicht haben Sie die Kamera nicht richtig eingestellt und zu kurz belichtet oder die ISO-Empfindlichkeit war zu niedrig. Die Ursache macht dabei keinen Unterschied in der Nachbearbeitung, denn die Belichtung kann sehr einfach nachgeregelt werden. Dazu ziehen Sie den Regler nach links oder rechts. Mit dem Belichtungsregler wird die Helligkeit des gesamten Bilds angehoben, als ob man länger belichtet hätte (oder eben abgedunkelt, wenn Sie in die andere Richtung regeln).

Etwas mehr Feintuning kann notwendig sein, wenn Sie zum Beispiel dunkle Bereiche im Bild haben, die heller erscheinen sollen, ohne dass der Rest des Bilds heller wird. Hierzu gibt es die Regler »Lichter« und »Tiefen«. Diese funktionieren ähnlich wie der Belichtungsregler, nur dass sie eben lediglich die Lichter bzw. Tiefen beeinflussen. So können Sie zum Beispiel bei Gegenlichtfotos im Sonnenuntergang noch einige Details einer Maschine herausholen, die vorher im Schatten verborgen lagen. Allerspätestens hier merkt man als Fotograf übrigens, wie gut es ist, im RAW-Format zu fotografieren.

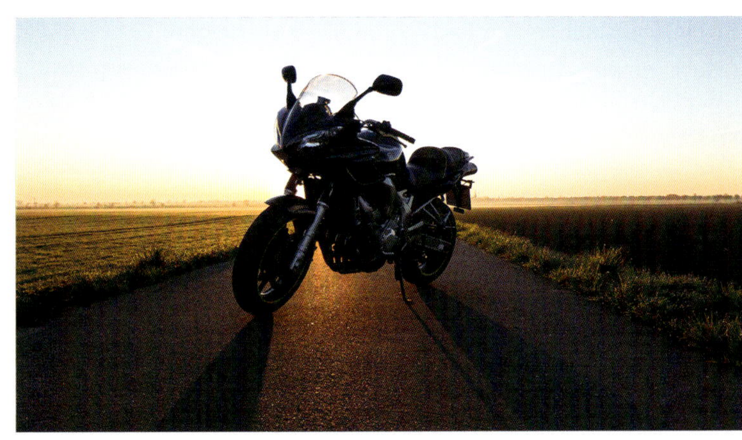

Abb. 10–12 Eine Gegenlichtaufnahme mit dem Smartphone. Von der schwarzen Yamaha im Morgenlicht ist nicht viel zu sehen (Samsung Galaxy S7, 4,2 mm, 1/680 s, f/1.7, ISO 40).

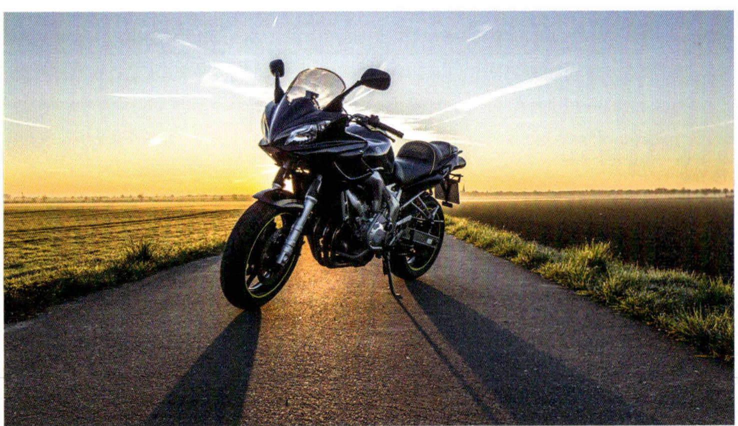

Abb. 10–13 Da das Foto im RAW-Format aufgenommen wurde, konnte ich mithilfe der Regler für Lichter (-72) und Tiefen (+58) die Details retten. Um das Bild noch etwas knackiger zu gestalten, habe ich Klarheit +61 und Dynamik auf +25 gesetzt. Das Endresultat ist ein Bild mit hohem Kontrastumfang, was schon fast ein wenig künstlich wirkt (Samsung Galaxy S7, 4,2 mm, 1/680 s, f/1.7, ISO 40).

Der Regler *Sättigung* kann dem Bild einen zusätzlichen Pepp geben. Der Sättigungsregler verändert die Intensität der Farben, das heißt, Sie können ein Bild flauer bzw. blasser erscheinen lassen (Sättigung verringern) oder die Farben verstärken (Sättigung erhöhen). In der Regel hilft es, die Sättigung ein kleines bisschen anzuheben, da hierdurch die Farben »knalliger« wirken. Äußerstes Fingerspitzengefühl ist bei der Bedienung dieses Reglers gefragt, da durch das Übersättigen eines Fotos die Aufnahme schnell ins Kitschige abdriftet und die Farben den Betrachter »erschlagen«.

Mit dem Regler *Klarheit* wird der Kontrast im Mittenbereich angehoben, sodass der Eindruck von mehr Schärfe entsteht. Das Bild wirkt »knackiger« bzw. klarer (siehe Abb. 10–14 und 10–15). Ähnlich wie beim Sättigungs-Regler ist auch hier ein dosierter Einsatz das Mittel der Wahl. Beim Verringern der Klarheit wird das Bild mehr und mehr weichgezeichnet, bis hin zum »Matschig sein«. Das Anheben der Klarheit hingegen verstärkt Kontrast und Schärfe. Auch hier muss mit Fingerspitzengefühl gearbeitet werden, um das richtige Mittelmaß zwischen Detailschärfung und Überzeichnung herauszuarbeiten.

Abb. 10–14 Ein gutes Bild, doch wirkt alles noch etwas flau. Die Krümmer der Ducati Scrambler können weiter aufgewertet werden, indem Sie im Reglerfeld »Präsenz« des Entwicklungsmoduls von Lightroom die Werte für Klarheit, Dynamik und Sättigung erhöhen.

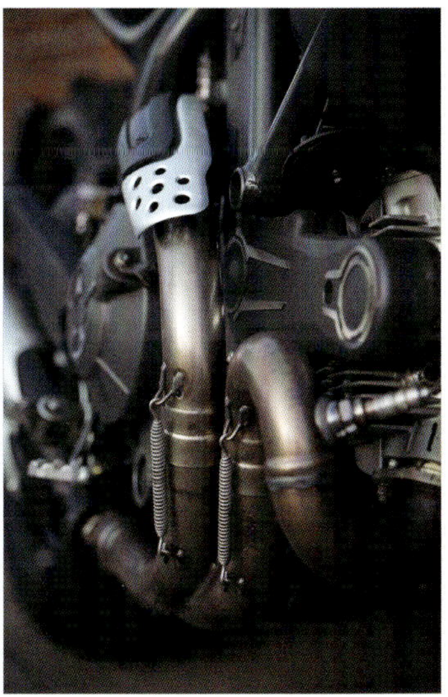

Praxistipp

Manchmal sieht man den Wald vor lauter Bäumen nicht mehr, weil man zu viel an den Reglern und anderen Parametern gedreht hat, um ein Bild zu verbessern. Sieht das Bild jetzt mit etwas mehr oder etwas weniger Sättigung gut aus? In solchen Fällen können Sie sich selbst wieder »eichen«, indem Sie den betreffenden Regler mit der Maus anklicken, die Maustaste gedrückt halten und den Regler mehrmals hintereinander an die gegenüberliegenden Extrempositionen fahren. Dadurch sehen Sie, a) was mit dem Bild geschieht (Lerneffekt) und b) werden Ihre persönlichen Grenzwerte für »zu viel« und »zu wenig« neu definiert. Dies hilft ungemein dabei, sich selbst bei der Beurteilung des bearbeiteten Bilds neu einzupegeln.

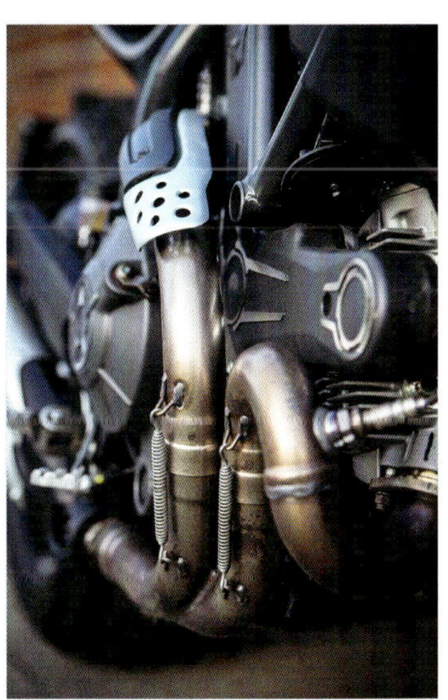

Abb. 10–15 Das Bild wirkt nun klarer und knackiger. Klarheit +42 (Anhebung des Mittenkontrasts), Dynamik +25 (früher hieß der Regler mal »Lebendigkeit«: Anhebung der Sättigung von Farbtönen, die etwas lasch daherkommen, gleichzeitig Schutz vor Übersättigung von Farbtönen), Sättigung +15 (Anhebung der gesamten Sättigung des Bilds).

Eine *Vignette* ist unter Motorradfahrern eher bekannt als ein Aufkleber, der zum Befahren einer Autobahn berechtigt. Im fotografischen Sinn ist mit einer Vignette aber die Abdunklung der Randbereiche eines Bilds gemeint. Vignettierung tritt bei Objektiven mit großer Blendenöffnung manchmal auf und liegt darin begründet, dass das einfallende Licht, bedingt durch die (kreisförmige) Linsenkonstruktion des Objektivs, nicht gleichmäßig auf dem (rechteckigen) Sensor verteilt wird. So gesehen ist Vignettierung also eigentlich das Resultat einer technischen Unzulänglichkeit des optischen Systems.

Die Abdunklung der Bildränder hat aber auch den Effekt, dass die Aufmerksamkeit des Betrachters zur Bildmitte hin gelenkt wird. Daher kann eine Vignette in Lightroom auch künstlich erzeugt werden (siehe Abb. 10–16 und 10–17). Hierzu gibt es den Regler »Vignette«. Er funktioniert in beide Richtungen: Sowohl eine Abdunklung als auch eine Aufhellung der Randbereiche ist durchführbar.

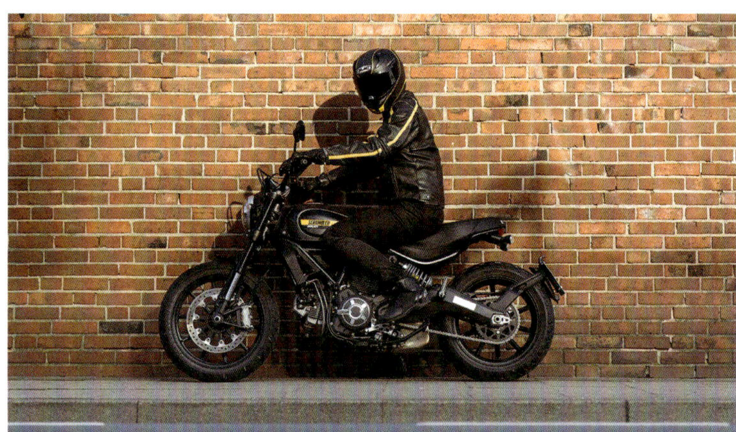

Abb. 10–16 Das Motorrad steht vor einer gleichmäßig beleuchteten Wand.

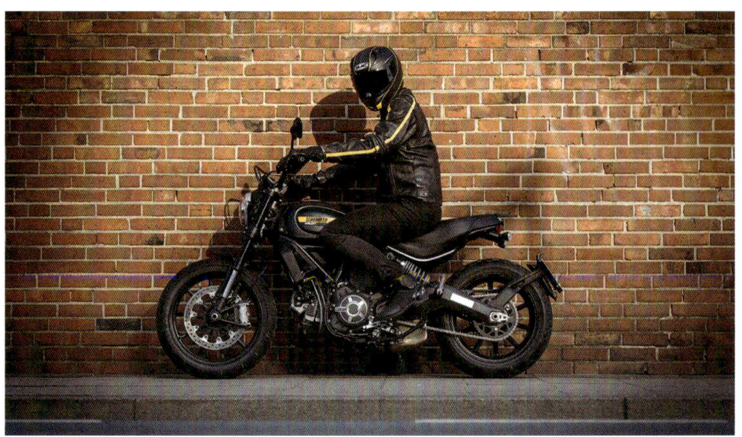

Abb. 10–17 Eine Vignette von -43 wurde angewandt. Die äußeren Bildbereiche sind nun abgedunkelt, die Aufmerksamkeit wird auf die Bildmitte gelenkt (die Stärke der Vignette ist hier etwas weniger subtil gewählt worden, um den Effekt zu demonstrieren).

Die oben beschriebenen Regler wirken auf das gesamte Bild. Doch nicht immer möchte man das Bild in seiner Gesamtheit verändern. Vielleicht möchten Sie den Motor der Maschine aufhellen, die Bäume im Hintergrund aber so dunkel belassen, wie sie sind. Der Tiefen-Regler würde rigoros alle dunklen Bereiche aufhellen, ist also nicht geeignet. In so einem Fall kann eine lokale Anpassung mit dem *Korrekturpinsel* erfolgen. Der Pinsel erlaubt die lokale Anpassung von Farbtemperatur, Belichtung, Kontrast, Tiefen, Lichter, Klarheit etc., praktisch von allen Werten, die auch mit den globalen Reglern auf das gesamte Bild angewendet werden können. Mit dem Regler »Größe« wird der Durchmesser des Pinsels bestimmt, der Regler »Weiche Kante« beeinflusst die Härte der Pinselränder. Ist zum Beispiel die Umgebung einer Maschine gut belichtet, die Maschine selbst aber zu dunkel, können Sie mit dem Korrekturpinsel die dunklen Bereiche (Tiefen) der Maschine anheben und so zum Beispiel Details am Motor sichtbar machen.

Verwendet wird der Korrekturpinsel, indem Sie die entsprechenden Bildbereiche anmalen. So wird eine Maske erzeugt, innerhalb welcher die mit den Reglern eingestellten Werte Anwendung finden. Haben Sie zu viel angemalt, können Sie Teile der Maske entfernen, indem Sie mit gedrückter Alt-Taste die entsprechenden Bildbereiche neu anmalen, Lightroom entfernt dann diese markierten Stellen. Mit der Taste »O« (für »Overlay«) kann die Maske farblich eingeblendet werden. Dies ist praktisch, wenn Feinkorrekturen durchgeführt werden müssen.

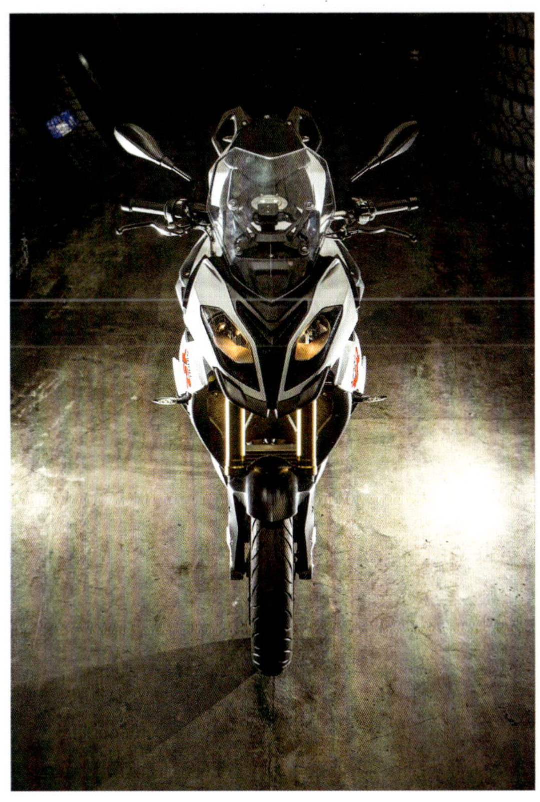

Abb. 10–18 Die BMW S 1000 XR sieht zwischen den Reifen schick aus. Einzig der blaue Aufkleber oben links stört.

Der *Bereichsreparaturstempel* (ein herrlich deutsches Wortungetüm nebenbei bemerkt) ist ein intelligentes Werkzeug, um einfache Retuschen im Sinne der Entfernung von unerwünschten Bildelementen zu ermöglichen (siehe Abb. 10–18 bis 10–22). Mit diesem Werkzeug können Bildbereiche markiert und entfernt werden, zum Beispiel Schmutz an der Maschine oder Flecken/Steinchen am Boden. Lightroom ermittelt einen passenden Bildbereich, der als »Flicken« über die zu verändernde Stelle gelegt wird. Die Algorithmen sind mittlerweile so gut geworden, dass die Retusche in den meisten Fällen nicht sichtbar ist. Im Modus »Reparieren« werden Helligkeits- und Farbwerte dieses »Flickens« automatisch angepasst, sodass die Nahtstellen nicht sichtbar sind. Im Kopierstempel-Modus wird ein zur Umgebung der markierten Stelle passender Bildbereich gesucht und an die Stelle kopiert, ohne eine umfassende Anpassung von Helligkeit und Kontrast des »Flickens« durchzuführen. Meist bringt der Modus »Reparieren« bessere Ergebnisse.

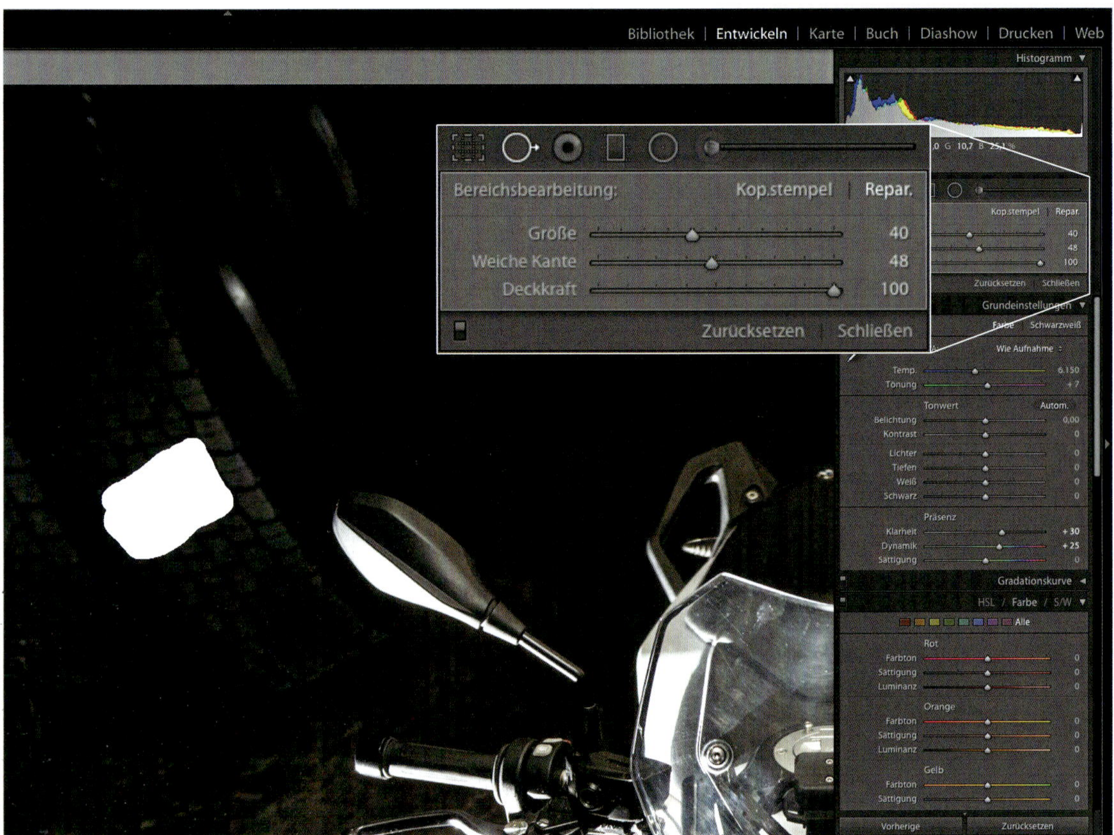

Abb. 10–19 Markieren Sie mit dem Korrekturpinsel-Werkzeug den Aufkleber.

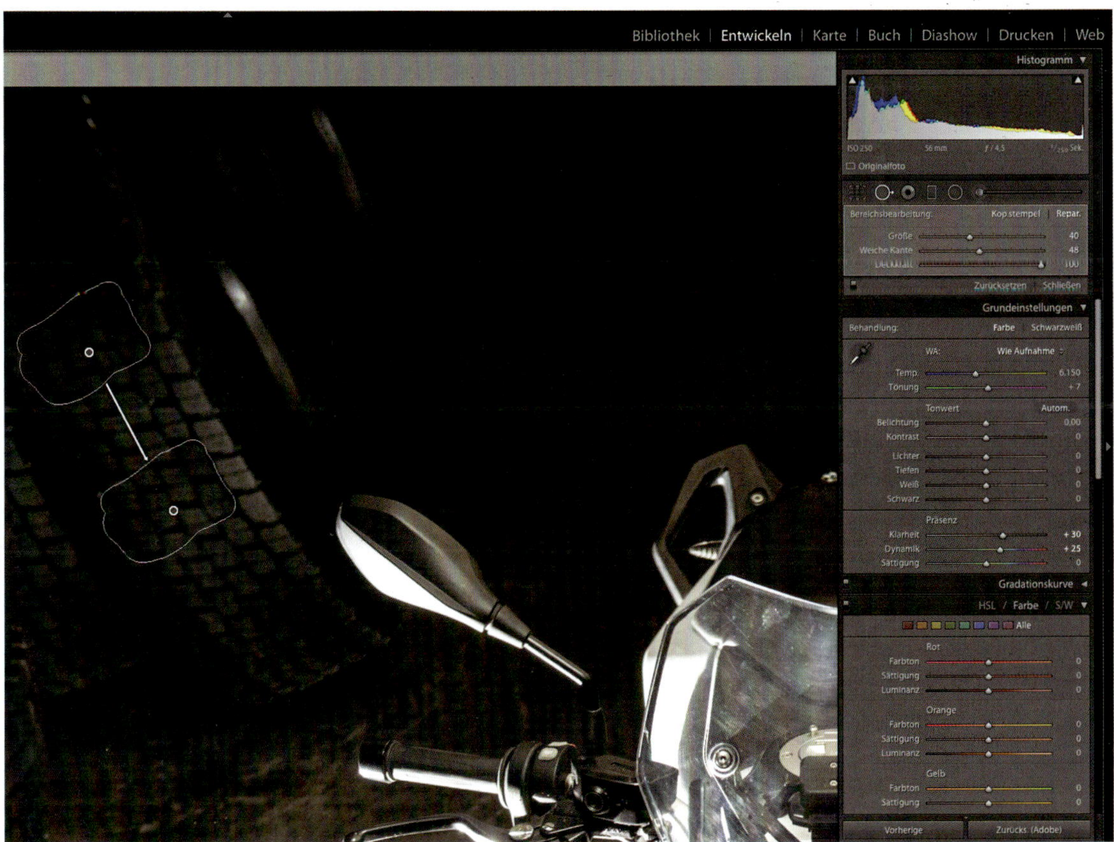

Abb. 10–20 Lightroom sucht nun einen passenden Flicken und legt diesen über die zu retuschierende Stelle. Bei diesem Beispiel musste die Quelle für den Flicken (die Wolke oberhalb des Aufklebers) manuell ein wenig verschoben werden, damit das wiederkehrende Muster der Stollen in der Reifenlauffläche keine Sprünge aufweist.

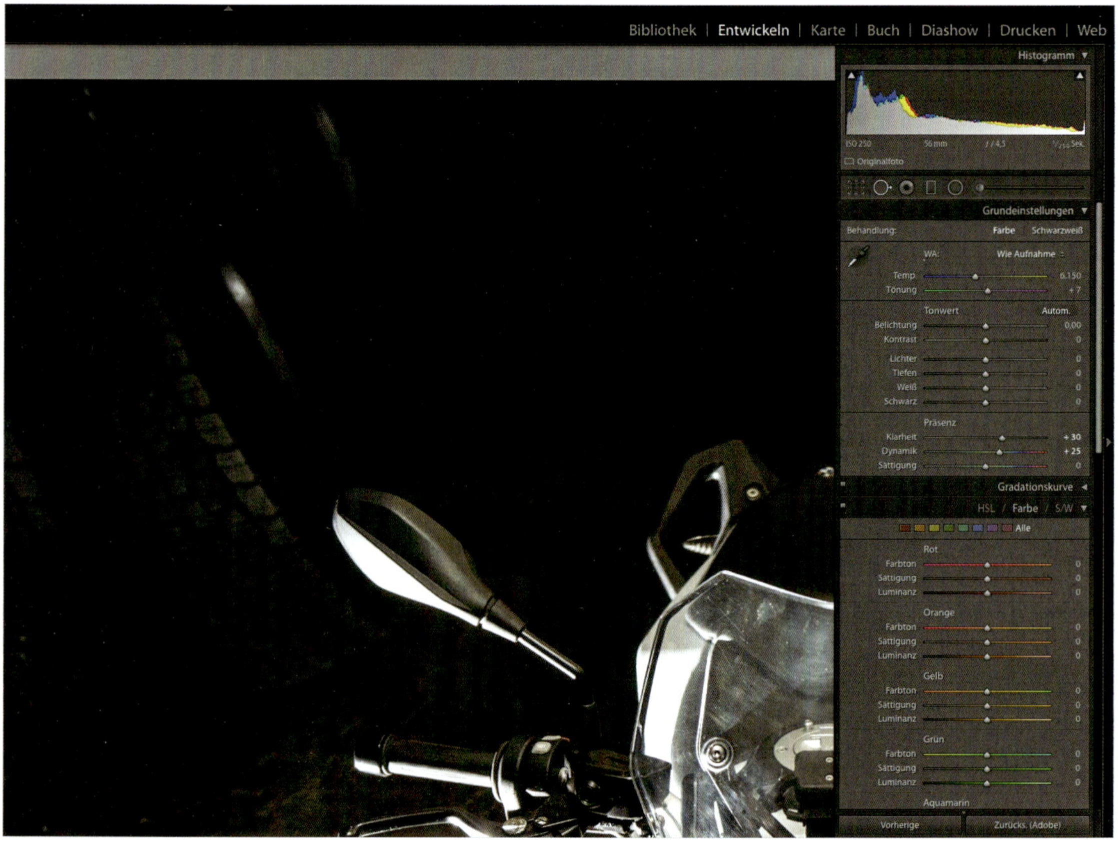

Abb. 10–21 Der Aufkleber ist verschwunden.

Abb. 10–22 Das Gesamtbild ist nun stimmiger und die Aufmerksamkeit des Betrachters bleibt beim Motorrad.

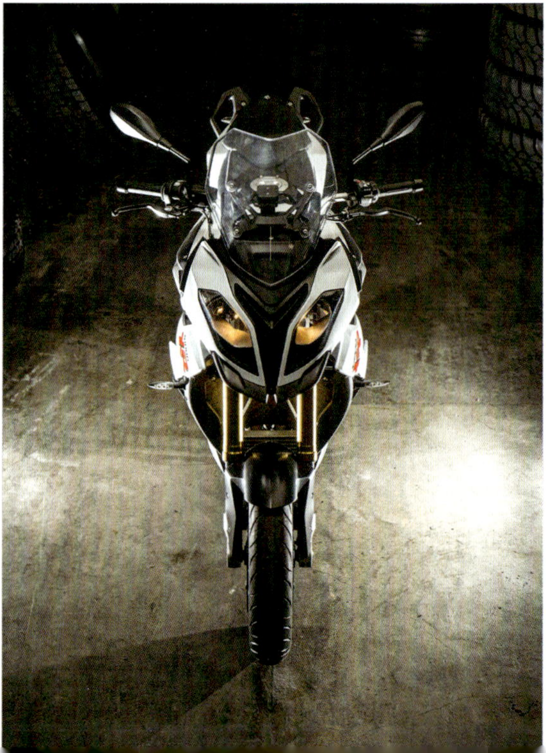

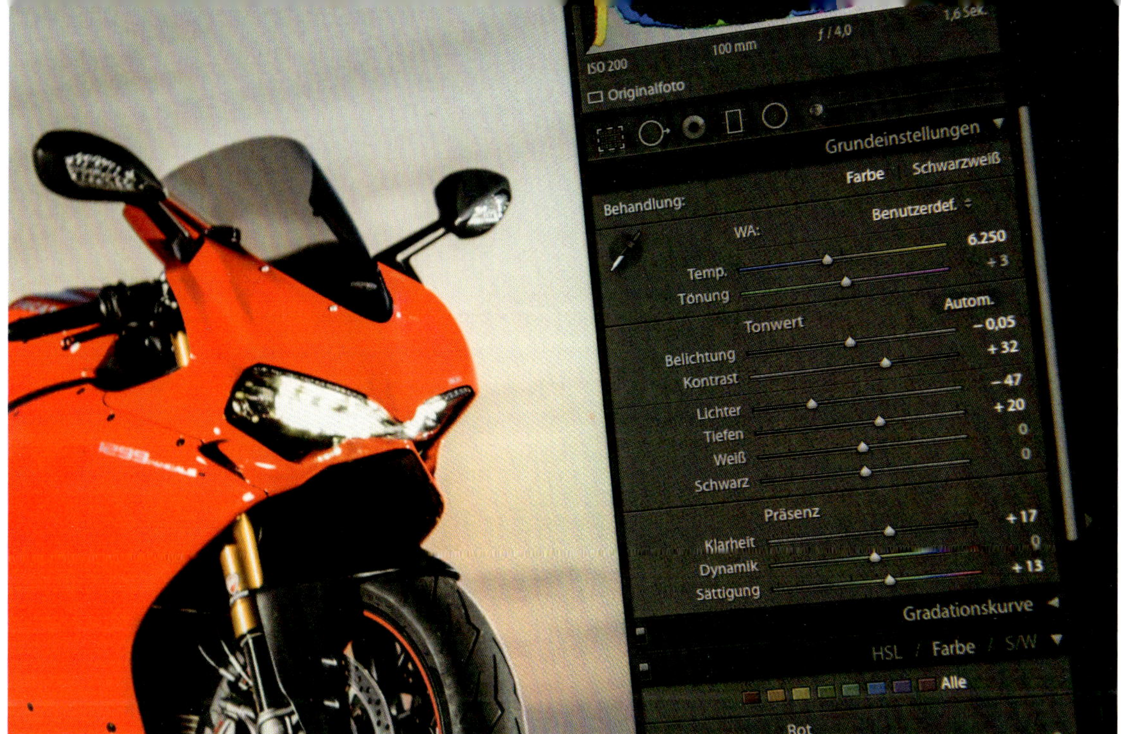

10.2.1 Training: RAW-Entwicklung

Abb. 10–23 Screenshot einer Adobe-Photoshop-Lightroom-Ansicht

In diesem Training kannst du dir die RAW-Entwicklung erarbeiten und deine Fähigkeiten schärfen, das Beste aus den Fotos herauszuholen. Du benötigst dazu einen Satz an unbearbeiteten Fotos. Hierzu eignen sich prinzipiell alle Motorradfotos, für einen besonders hohen Lerneffekt jedoch sind Maschinen mit starkem Hell-Dunkel-Kontrast optimal. In der Bilderserie sollte ein Foto mit einer Graukarte vorhanden sein (siehe Abschnitt 3.8).

Beginne damit, die *Belichtung* mit dem gleichnamigen Regler anzupassen, sofern dies notwendig ist. Schiebe den Regler abwechselnd in den positiven und negativen Bereich und beobachte den Effekt im Foto. Achte dabei auf helle und dunkle Stellen: Ab wann wird der Himmel zu hell? Ab wann kommt der schwarz lackierte Motor nicht mehr zur Geltung? Stelle nach dem Ausprobieren letztendlich eine Belichtung ein, bei welcher der Großteil des Bilds gut belichtet ist. Ignoriere vorerst zu helle oder zu dunkle Bereiche, sie werden in einem späteren Schritt bearbeitet.

Nun kannst du den *Weißabgleich* des Fotos korrekt setzen. Klicke auf die Pipette (siehe Abb. 10–9) und anschließend auf die Graukarte. Die Farben im Bild sollten nun korrekt wiedergegeben werden. Nun wiederhole den Vorgang mehrfach und wähle andere Stellen des Bilds als Referenzpunkt (weiße oder graue Bildteile). Beobachte, welche Farbtemperatur eingestellt wird und wie sich die Einfärbung des Bilds verändert. Du wirst feststellen, dass bestimmte Grau- und Weißtöne ein ähnlich gutes Ergebnis liefern wie die Graukarte. Dies hilft dir dabei, ein Auge für geeignete Weißabgleichspunkte zu finden, wenn du bei einem Shooting mal keine Graukarte verwendet hast.

Nachdem du Belichtung und Weißabgleich gesetzt hast, geht es an die Detailarbeit. Gibt es im Bild zu helle oder zu dunkle Stellen? Oftmals ist der Himmel zu hell dargestellt und der Motorblock zu dunkel. Hier kannst du mit den Reglern *»Lichter«* und *»Tiefen«* die hellen Bereiche des Fotos etwas herunter- und die dunklen Bereiche heraufregeln. Verwende zum Üben wieder das vorher beschriebene Hin- und Herschieben des Reglers. Die hellen Bereiche werden synchron dazu heller oder dunkler dargestellt. So siehst du sehr schnell, welche Bildbereiche von dem Regler beeinflusst werden. Achte vor allem darauf, was passiert, wenn du den entsprechenden Regler an eine Extremposition fährst. Welche Einstellung wirkt gut und verbessert das Bild? Ab welchem Punkt kippt der Bildeindruck hin zum Unnatürlichen?

Weitere Verfeinerungen des Bildeindrucks kannst du durch die Beeinflussung der Regler »Kontrast« und »Klarheit« einbringen. Studiere durch das nun bekannte Schieben der Regler den Einfluss dieser Einstellungen. Der Regler »Klarheit« verändert im Wesentlichen die Kontraste im Mittenbereich, wodurch die wahrgenommene Schärfe des Bilds ansteigt.

Fahre mit der Übung nach Belieben fort, indem du die anderen Optionen des Entwicklungsmoduls in Lightroom ausprobierst.

10.3 Export

Nach erfolgreicher Bearbeitung der Fotos müssen diese aus Lightroom exportiert werden. »Export« bedeutet hierbei, dass aus der RAW-Datei mit allen Anpassungen eine neue Datei generiert wird, die in Folgeprozessen weiterverwendet werden kann. Als Dateiformate stehen JPG, TIFF, DNG (ein universelles RAW-Format von Adobe), PSD (Photoshop-Datei) und das Originalformat der jeweiligen Datei zur Verfügung. In den meisten Fällen verwenden Sie ein JPG als universell lesbares Format. Neben der Auswahl des (Ziel-)Dateiformats können Sie eine individuelle Umbenennung der zu exportierenden Dateien festlegen, die Kantenlänge der längeren Bildseite bestimmen sowie ein individuelles Wasserzeichen in jedes Bild einfügen.

Der Export kann standardmäßig als Datei auf die Festplatte, in ein E-Mail-Programm oder auf eine CD/DVD erfolgen. Zahlreiche verfügbare Plug-ins von Drittanbietern ermöglichen es, direkt von Lightroom aus auf eine Webseite oder einen Blog zu veröffentlichen.

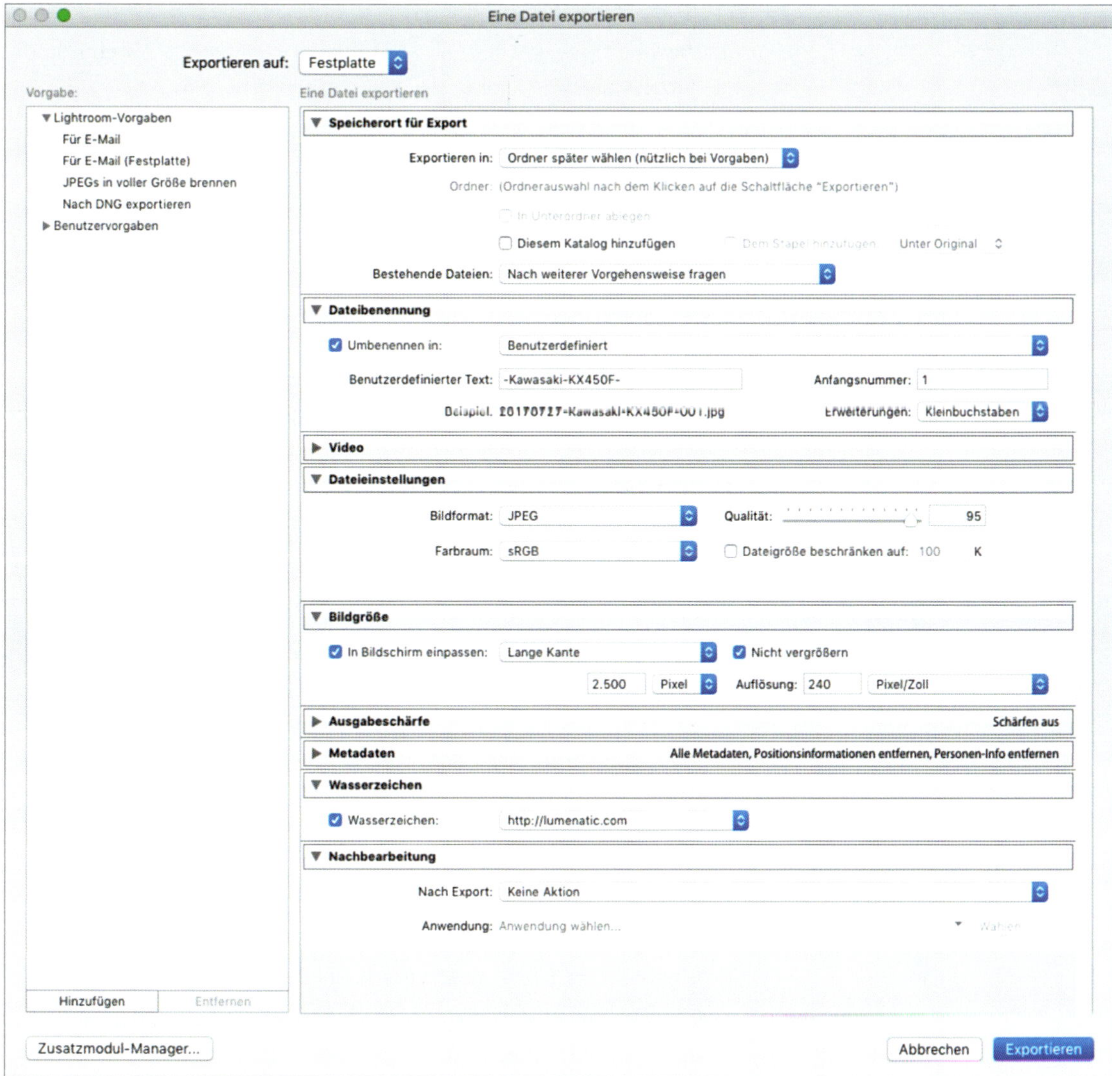

Abb. 10–24 Der Exportdialog von Adobe Photoshop Lightroom. Sie können u. a. die Dateien umbenennen, einen individuellen Dateinamen vergeben und ein Wasserzeichen einfügen. Von Drittanbietern erhältliche Plug-ins ermöglichen den direkten Upload auf Bilderdienste, in soziale Netzwerke und Blogs.

10.3.1 Wasserzeichen und Signaturen verwenden

Wasserzeichen sind in der fotografischen Welt ein kontrovers diskutiertes Thema. Während die einen darin ein Branding bzw. Werbung sehen sowie einen Copyright-Schutz, sehen die anderen in einem Wasserzeichen lediglich eine Verunstaltung und Störung des Bilds. Auch in dieser Thematik existiert kein »Richtig« und kein »Falsch«, weshalb ich hier lediglich Beispiele für die Handhabung von Wasserzeichen präsentieren kann. Die Entscheidung über Art und Weise der Anwendung von Wasserzeichen obliegt Ihnen als Fotograf und Ihren persönlichen Bedürfnissen bzw. dem ästhetischen Empfinden. Zu-

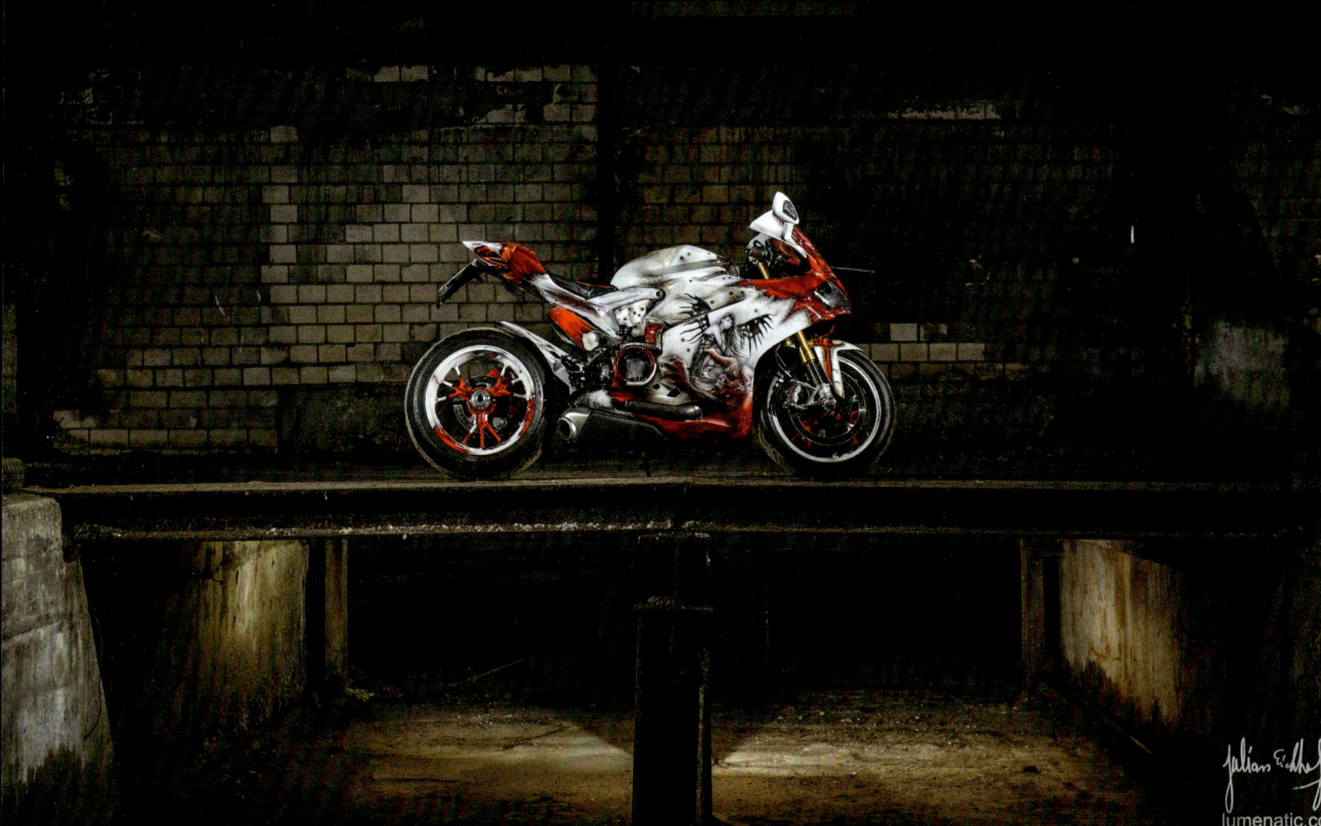

Abb. 10–25 Beispiel für die Verwendung der eigenen Unterschrift als Wasserzeichen

nächst müssen wir uns vergegenwärtigen, welche Funktionen ein Wasserzeichen übernehmen kann:

- Kennzeichnen der Bilder mit dem Namen des Fotografen oder des Fotostudios (Branding).
- »Signatur« im Sinne einer Veredelung (so wie Maler ihre Gemälde signieren).
- Schutz vor Diebstahl durch Kenntlichmachung des Copyrights (beschränkt wirksam).

Die erste Variante ist die geläufigste. Der Name des Fotografen bzw. die URL der Homepage kann dezent in der unteren linken oder rechten Ecke des Fotos platziert werden. Die Wahl der Schriftgröße sowie des Textumfangs bestimmt hierbei, wie prominent das Wasserzeichen auf dem Foto ist. Es ist im Sinne des Fotografen, dass bekannt wird, wer die Bilder gemacht hat, und Motorradfahrer zeigen stolz die Bilder ihrer Maschinen. Und wenn bei eindrucksvollen Bildern der Name des Fotografen direkt im Bild genannt wird, wissen potenzielle Interessenten sofort, an wen sie sich wenden müssen.

Eine Signatur (handgeschriebene Unterschrift, siehe Abb. 10–25) des Bilds ist die edlere Variante eines Wasserzeichens. Sie sollte, wenn überhaupt, nur sparsam verwendet werden und lediglich auf den besten Fotos zum Einsatz kommen. Die Unterschrift kann also in diesem Fall die Funktion eines Gütesiegels übernehmen und das Bild als etwas Besonderes kennzeichnen. Die Vorgehensweise zum Einfügen einer handgeschriebenen Unterschrift in die eigenen Fotos ist in Abschnitt 10.3.2 beschrieben.

Ich habe bei der Recherche nach Motorradfotos einmal einen Fotografen gefunden, der aus Angst vor einem Diebstahl der Bilder ein Wasserzeichen flächendeckend und halbtransparent über das gesamte Bild gelegt hat. Dies ist in der Tat ein effektiver Schutz gegen Diebstahl, aber auch eine höchsteffektive Methode, dem braven Betrachter jegliche Freude an den Fotos zu nehmen.

Ob ein Wasserzeichen vor dem Diebstahl eines Bilds schützt, kann aus *technischer* Sicht mit einem klaren »Nein« beantwortet werden. Die meisten Bilder werden online verbreitet und betrachtet. Wenn ein beliebiger Betrachter ein Foto auf seinem Smartphone, Computer oder Tablet ansieht, befindet sich das Bild bereits auf seinem Gerät (zwar meist im Zwischenspeicher, aber mit der Option »Speichern unter« oder »Bild sichern« kann das Bild lokal abgespeichert werden). Selbst wenn solche Speichermöglichkeiten vom jeweiligen Dienst nicht angeboten werden, kann das Bild immer noch als Screenshot gespeichert werden.

Des Weiteren lassen sich Wasserzeichen in der Regel auch schon mit geringen Kenntnissen der Bildretusche schnell aus einem Foto entfernen (sofern Sie nicht das gesamte Bild überdecken, wie im angesprochenen Beispiel). Ein Wasserzeichen kann also nur die Hemmschwelle zum Bilderklau erhöhen oder diejenigen mahnen, die sich keine Gedanken über das Urheberrecht oder Copyright machen (Stichwort »Der Wert der Fotografie«, siehe Infobox in Kapitel 10). Diese Personen könnten durch das Wasserzeichen noch einmal darauf sensibilisiert werden, dass ein Bild mit gewissen Schutzrechten versehen ist. Aber auch dieser Effekt ist meiner Erfahrung nach recht begrenzt. Man mag es kaum glauben, aber Sie werden im Laufe Ihres fotografischen Lebens auf eine Menge Menschen treffen, denen das Konzept, dass ein Bild jemandem »gehört«, fremd ist. Urheberrecht ist für viele Menschen ein abstraktes Thema. Ein typischer Satz, der in diesem Kontext fällt, lautet: »Was hast du denn, ist doch nur ein Bild …«

Ziel dieser Ausführungen ist es nicht, die Mitmenschen schlecht zu reden! Aber die Praxis hat gezeigt, dass es früher oder später zu einer Situation kommen wird, in der Sie nicht mit der Weiterverwendung der eigenen Bilder einverstanden sind. Sie müssen sich dieser Thematik bewusst sein, wenn Sie sich Gedanken zu Wasserzeichen oder der

Art der Veröffentlichung von Bildern machen. Auch sollten Sie sich schon einmal mit dem Gedanken befassen, wie Sie reagieren möchten, wenn Sie eines der eigenen Bilder auf fremden Webseiten finden. Wie möchten Sie sich verhalten, wenn das Bild dort verwendet wurde, aber Ihr Name als Quelle genannt wird? Wie verhalten Sie sich, wenn Ihr Foto zu Werbezwecken auf einer fremden Homepage verwendet wird? Was, wenn jemand das Wasserzeichen herausretuschiert und das Bild weiterverwendet?

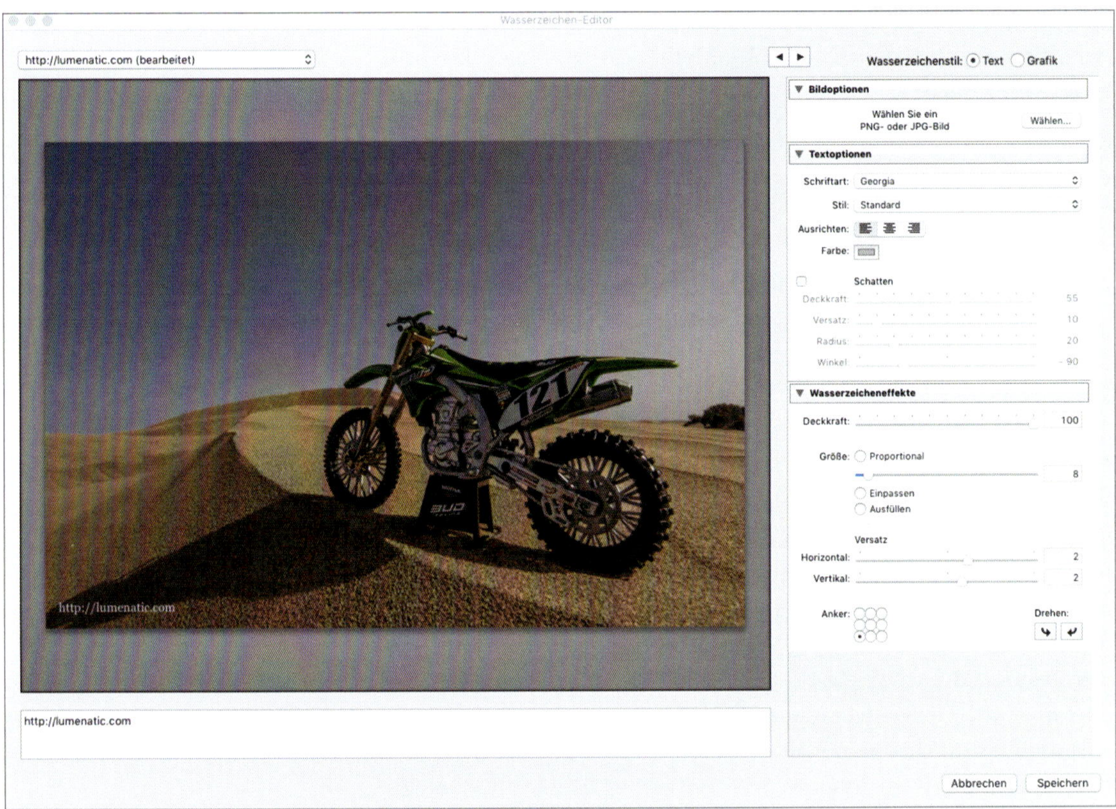

Abb. 10–26 Im Wasserzeichen-Editor können Sie Größe, Schriftart, Lage und Text eines Wasserzeichens festlegen. Alternativ können Sie auch Ihr Logo als Bildwasserzeichen einfügen. In diesem Fall wählen Sie in diesem Dialog oben rechts den Punkt »Grafik«.

Das Einfügen von Wasserzeichen in Lightroom erfolgt beim Export. Im Export-Dialog (siehe Abb. 10–24) findet sich die Option »Wasserzeichen«. Wenn Sie den Haken setzen und eine Vorgabe auswählen, fügt Lightroom in jedes Bild des zu exportierenden Stapels ein Wasserzeichen ein. Die Gestaltung des Wasserzeichens erfolgt in einem eigenen Dialog (siehe Abb. 10–26), welcher über die Option »Wasserzeichen bearbeiten« in der Dropdown-Liste der Wasserzeichen-Vorlagen zu finden ist. Das Wasserzeichen kann entweder als Text oder als Bilddatei (das Logo oder der Schriftzug der eigenen Fotowebseite) eingefügt werden. Sie können Schriftart und Schriftgröße, Farbe, Position, Transparenz und Abstand zum Bildrand definieren.

10.3.2 Die eigene Unterschrift als Wasserzeichen

Um eine handgeschriebene Unterschrift als Wasserzeichen in ein Foto einzufügen, muss eine Bilddatei vorbereitet werden, welche die Unterschrift auf einem transparenten Hintergrund beinhaltet. Es soll so aussehen, als hätten Sie mit einem Stift auf das Foto geschrieben. Die Erstellung einer solchen Bilddatei erfolgt in mehreren Schritten.

Zunächst benötigen Sie ein weißes Blatt Papier und einen guten Stift, zum Beispiel einen Füller. Schreiben Sie ein gutes Dutzend Mal Ihre Unterschrift auf das Papier und lassen Sie zwischen den Unterschriften ein wenig Platz. Jede Unterschrift gelingt mal etwas formschöner, mal etwas weniger. So können Sie dann die schönste Unterschrift auswählen (siehe Abb. 10–27).

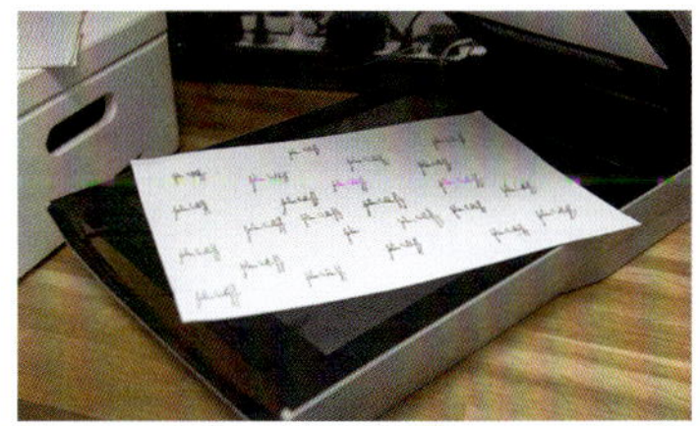

Abb. 10–27 Um eine gut gelungene Unterschrift für das Wasserzeichen zu erhalten, sollten Sie Ihren Namen mehrfach mit einem dunklen Stift auf Papier schreiben. So können Sie dann die Unterschrift auswählen, welche Ihnen am besten gelungen ist.

Aus diesem »Pool« an Unterschriften können Sie nun die schönste auswählen. Diese Unterschrift muss eingescannt werden, notfalls kann man sie auch abfotografieren (achten Sie in diesem Fall darauf, dass das Blatt gleichmäßig beleuchtet ist und die Kamera parallel und senkrecht über der Unterschrift positioniert wird). Es empfiehlt sich, eine hohe Auflösung beim Scannen zu verwenden, zum Beispiel 300 dpi oder höher. So wird das Wasserzeichen auch auf großen Fotos sauber dargestellt, ohne pixelig zu erscheinen.

Die gescannte Unterschrift muss nun in Photoshop so nachbearbeitet werden, dass alle Bildteile, die nicht zum Schriftzug gehören, gelöscht werden (siehe Abb. 10–28 und 10–29). Heben Sie den Kontrast so stark an, dass das Papier weiß erscheint und die Unterschrift möglichst dunkel wird. Markieren Sie mit dem Zauberstab-Werkzeug nun alle weißen Bildbereiche. Ist der Kontrast zwischen Unterschrift und Hintergrund groß genug, erfolgt so automatisch eine klare Auswahl. Mit Cmd-Shift-I (Mac) bzw. Strg-Shift-I (Windows) kann die Auswahl umgekehrt werden, sodass nun statt des Hintergrunds der Schriftzug markiert ist. Der Grund für diesen »Umweg« ist, dass das Auswählen des Hintergrunds einfacher funktioniert als das Auswählen einer dünnen Handschrift.

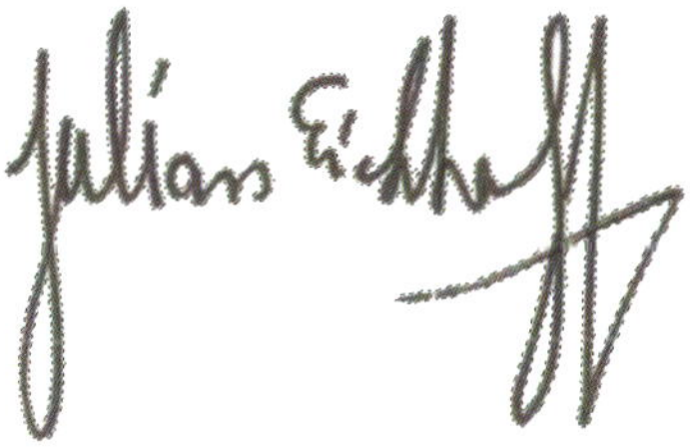

Abb. 10–28 Die Konturen der Unterschrift wurden ausgewählt. Nachdem Sie die Schrift nachgedunkelt haben, zum Beispiel durch Erhöhung des Kontrasts oder mit dem Nachbelichten-Werkzeug, müssen Sie die Auswahl umkehren. Dies erfolgt, indem Sie Cmd-Shift-I bzw. Strg-Shift-I drücken. Nun ist der Hintergrund ausgewählt, welchen Sie jetzt löschen können.

Mit Cmd-C (Strg-C) wird nun die Unterschrift in die Zwischenablage kopiert. Erstellen Sie dann mit Cmd-N (Strg-N) ein neues Dokument. Es ist wichtig, dass Sie im Dropdown-Menü »Vorgabe« den Wert »Zwischenablage« auswählen und den Hintergrundinhalt auf »transparent« setzen (vgl. Abb. 10–30). Erstellt wird nun eine Datei, in welcher die Unterschrift auf transparentem Hintergrund zu sehen ist.

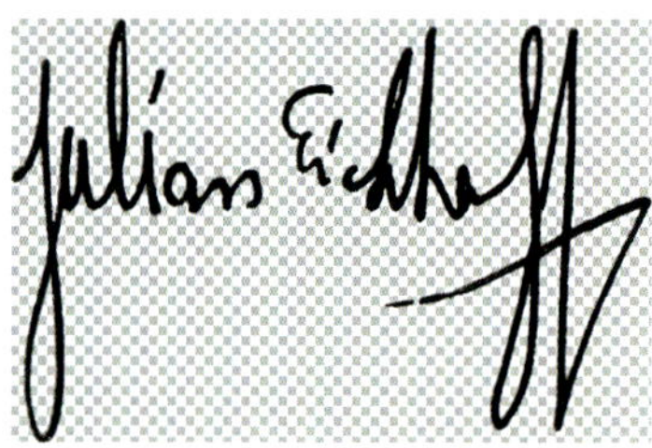

Im letzten Schritt müssen Sie die Datei im PNG-Format abspeichern (Datei => Für Web speichern…). Im Dialogmenü muss der Haken bei »Transparenz« gesetzt sein, damit Photoshop diesen Bereich als durchsichtig markiert. Die so erstellte Datei mit der Unterschrift kann nun in Lightroom im Export-Dialog als Wasserzeichen eingefügt werden (siehe Abb. 10–31).

Abb. 10–29 Oben: Nun haben Sie eine schwarze Unterschrift ohne Hintergrund (die grauweiß karierte Fläche deutet in Photoshop an, dass hier keine Bildinformationen vorliegen).

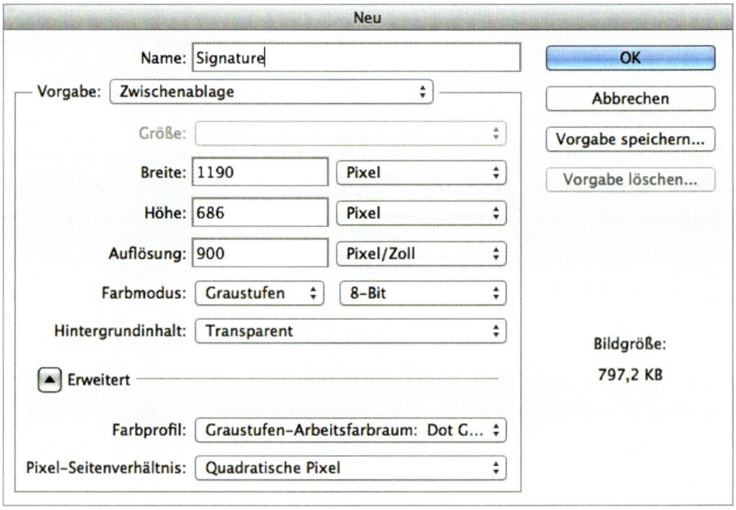

Neu

Name: Signature
Vorgabe: Zwischenablage
Größe:
Breite: 1190 Pixel
Höhe: 686 Pixel
Auflösung: 900 Pixel/Zoll
Farbmodus: Graustufen 8-Bit
Hintergrundinhalt: Transparent
Erweitert
Farbprofil: Graustufen-Arbeitsfarbraum: Dot G…
Pixel-Seitenverhältnis: Quadratische Pixel
OK
Abbrechen
Vorgabe speichern…
Vorgabe löschen…
Bildgröße:
797,2 KB

Abb. 10–30 Screenshot des Dialogmenüs »Neue Datei erstellen« in Adobe Photoshop. Beachten Sie, dass der Hintergrundinhalt auf »transparent« gesetzt ist.

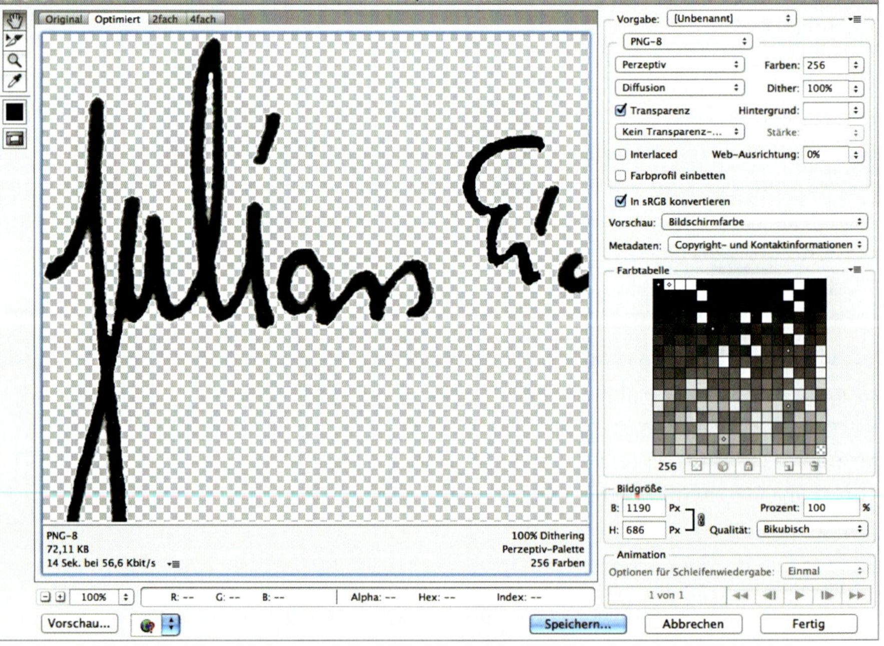

Abb. 10–31 Im Menü »Für Web speichern« müssen Sie nun die Unterschrift als PNG-Datei speichern. Der Haken bei »Transparenz« muss gesetzt sein, damit der Hintergrund unsichtbar ist.

10.4 Präsentation und Veröffentlichung

Nachdem Sie nun ein Motorrad fotografiert, die Bilder sortiert, nachbearbeitet und als JPG-Datei exportiert haben, stellt sich die Frage nach der Veröffentlichung. »Fotos sind zum Zeigen da« lautet ein Sprichwort und somit müssen Sie sich entscheiden, auf welchen Medien und Plattformen Sie Ihre Bilder präsentieren möchten.

10.4.1 Online-Veröffentlichung

Die meisten Bilder werden heutzutage online betrachtet. Bilderdienste und soziale Medien wie Facebook, Twitter oder Instagram bieten dabei die Möglichkeit, Ihre Arbeit einem potenziellen Millionenpublikum zu präsentieren. Doch es ist paradoxerweise gerade die Vielfalt an Möglichkeiten, welche das Veröffentlichen schwierig macht. Welches ist also die »richtige« Plattform? Um sich einen groben Pfad durch den digitalen Dschungel zu schlagen, sei an dieser Stelle ein Beispiel für eine Veröffentlichungsstrategie erläutert.

Ich persönlich unterhalte zwei Homepages, welche a) als Blog und b) als Portfolio-Seite fungieren. Der Blog beheimatet Artikel über Shootings, Reisen und fotografische Techniken. Einmal pro Woche erscheint ein Artikel, welcher dann auf Twitter und über Facebook geteilt und verbreitet wird. Auf der Portfolio-Seite befindet sich eine Auswahl meiner besten Fotos. Diese Seite ist für potenzielle Kunden gedacht, welche sich einen schnellen Überblick über meine Arbeiten machen möchten. Zusätzlich führe ich ein Konto bei Instagram, auf welchem ich regelmäßig Bilder veröffentliche.

Beim Teilen von Artikeln und Fotos ist es wichtig, die richtige Zielgruppe zu erreichen. Auf Facebook bedeutet dies, dass Sie den Artikel nicht nur auf Ihrer eigenen Seite veröffentlichen sollten, sondern auch gezielt in Motorrad- oder Fotografiegruppen, welche für Sie relevant sind. Je mehr andere User Ihre Beiträge teilen, desto mehr Menschen werden Sie erreichen. Achtung: In vielen Gruppen wird es nicht gern gesehen, wenn man außer den Inhalten der eigenen Homepage nichts schreibt. Informieren Sie sich daher vorher darüber, wie die Gruppe »tickt«, um Ärger zu vermeiden. Auf Bilderdiensten wie Instagram oder dem Blogging-Dienst Tumblr können Hashtags vergeben werden, anhand welcher andere Benutzer Bilder suchen können. So könnte Ihr Bild zum Beispiel mit #motorrad #honda #africatwin versehen sein. Stöbern Sie vorher selbst ein wenig in den Fotos auf den Diensten, um geläufige und häufig verwendete Hashtags zu einem Thema zu identifizieren.

10.4.2 Abzüge, Ausdrucke und Co.

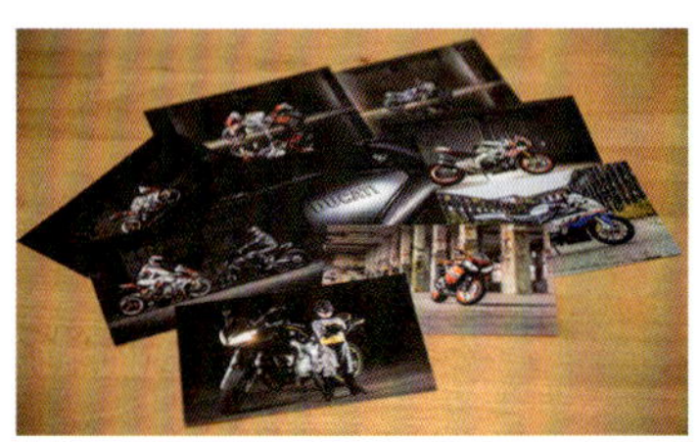

Abb. 10–32 Die meisten Bilder werden auf einem Bildschirm betrachtet. Abzüge auf Fotopapier bringen daher Abwechslung.

Bei der Allgegenwärtigkeit digitaler Geräte und Medien kann schon fast in Vergessenheit geraten, dass man Fotos auch ganz klassisch als Papierabzug produzieren und ausstellen kann (siehe Abb. 10–32). Bei der Auswahl des Druckanbieters sollten Sie auf Qualität achten. Es ist viel Energie und Zeit in die Erstellung der Bilder geflossen, nun sollten Sie nicht im letzten Schritt an ein paar Cent sparen. Fotoautomaten in der Drogerie oder dem Discounter drucken meist auf billigem Papier, die Farbwiedergabe lässt zu wünschen übrig und der Zuschnitt ist mehr als großzügig, sodass ein eigentlich mittig im Bild platziertes Motorrad auf einmal zum Rand verschoben erscheint. Hier bieten professionelle Reproduktionsservices deutlich bessere Qualität. Sie müssen im Gegensatz zum Automaten ein paar Tage auf Ihre Abzüge warten, aber die Geduld lohnt sich.

Fragen Sie sich vor dem Bestellen von Abzügen: Möchten Sie die Fotos aufhängen? Sollen sie gerahmt werden? Wie groß sollen die Fotos werden? Möchten Sie die Bilder in regelmäßigen Abständen tauschen und wenn ja, wie oft?

Eine Alternative zum Bestellen von Abzügen ist das eigene Ausdrucken auf einem speziellen Fotodrucker. Diese sind erschwinglich und für den Heimgebrauch gut geeignet. Informieren Sie sich vor der Anschaffung aber genau darüber, welche Kosten zu erwarten sind. Der Anschaffungspreis eines Fotodruckers ist nicht besonders hoch, die Folgekosten für Patronen und Fotopapier können aber erheblich sein. Wie oft möchten Sie zum Beispiel Bilder ausdrucken? Patronen in einem Tintenstrahldrucker können zum Beispiel bei längerer Standzeit austrocknen und unbrauchbar werden. Es kann also gegebenenfalls günstiger sein, regelmäßig in hochwertige Abzüge aus einem Profilabor zu investieren, als einen eigenen Fotodrucker zu unterhalten.

Eine andere Möglichkeit ist ein *großformatiger Druck*, der zum Beispiel auf Leinwand, Aluminium oder als Abzug hinter Acrylglas erfolgen kann. Großformatige Abzüge sind ein Blickfang und sollten an der Zimmerwand entsprechend gewürdigt werden. Das Anfertigen großformatiger Bilder ist kostspielig, weshalb hier nur 5-Sterne-Bilder infrage kommen.

Wenn Sie sich eine Zeitlang mit der Motorradfotografie beschäftigen und ein kleines Portfolio aufgebaut haben, können Sie auch ein Fotobuch erstellen. Dieses eignet sich auch gut zum Dokumentieren einer Motorradreise. Fotobücher werden über eine spezielle Software erstellt, welche vom Druckdienstleister zur Verfügung gestellt wird. Die Erstellung eines Fotobuchs erfolgt in zwei grundlegenden Schritten. Zuerst müssen Sie aus dem Pool der vorhandenen Fotos die Kandidaten für das Buch aussuchen. In der Regel benötigt man mehrere Durchläufe, um die Anzahl der Fotos entsprechend zu reduzieren. Pro Seite sollten höchstens drei bis vier Fotos erscheinen, sonst überfrachtet man die Seiten sehr schnell. Im zweiten Schritt wird das Fotobuch dann mithilfe der vom Anbieter bereitgestellten Software layoutet. Hier erleichtern vorgefertigte Designs die Arbeit. Lassen Sie das Layout nach Fertigstellung mindestens einen Tag lang »ruhen«. Mit einem frischen Blick am nächsten Tag sieht man deutlich klarer und kann das am Rechner erstellte Buch endgültig beurteilen.

10.4.3 Bildrechte

Disclaimer

Die dargelegten Sachverhalte entstammen der gelebten fotografischen Praxis und wurden nach bestem Wissen und Gewissen recherchiert und formuliert. Ich weise jedoch ausdrücklich darauf hin, dass die in diesem Abschnitt getätigten Aussagen *keine Rechtsberatung* darstellen! Ich bin kein Jurist und daher nicht zu einer verbindlichen Rechtsberatung befugt. Weitergehende Informationen zum Thema Bildrechte beinhaltet das Buch »Recht am Bild« von Florian Wagenknecht und Dennis Tölle, erschienen im dpunkt.verlag.

Bei konkreten Fragen oder Streitfällen zum Thema Urheberrecht wenden Sie sich bitte an einen Fachanwalt.

Im Umgang mit Fotos sind verschiedene rechtliche Rahmenbedingungen zu beachten. Am wichtigsten sind hierbei das Persönlichkeitsrecht sowie das Urheberrecht. Letzteres regelt, wer der »Schöpfer« des Fotos ist (»Werk« im Juristendeutsch). Urheber eines Fotos ist nach deutschem Recht derjenige, der auf den Auslöser gedrückt hat. Das heißt, per definitionem ist der Fotograf automatisch der Urheber sämtlicher von ihm erstellten Fotos. Wenn man Urheber ist, bedeutet dies aber nicht automatisch, dass man die Bilder veröffentlichen oder verkaufen darf.

Befinden Sie sich auf *Privatgelände*, benötigen Sie eine Einwilligung des Inhabers, denn er hat hier Hausrecht. Sie können also nicht auf einen beliebigen Firmenhof fahren und Bilder aufnehmen, sondern müssen im Vorfeld eine Erlaubnis einholen. Ebenso wichtig, wie die Beachtung des Hausrechts, ist das Persönlichkeitsrecht abgebildeter Personen. Wenn auf dem Foto eine Person erkennbar abgebildet ist, benötigen Sie deren Einwilligung für die Veröffentlichung. »Erkennbar« wird dabei sehr weit ausgelegt. Selbst wenn ein Biker einen Helm mit verspiegeltem Visier trägt, ist er doch meistens über eindeutige Merkmale wie individualisierte Details am Motorrad oder eine markante Wahl der Bekleidung identifizierbar. Dies sei der Vollständigkeit halber angemerkt, ist aber in der Motorradfotografie meist kein Problem, da die Fotos bei Porträt- und Studioaufnahmen mit dem Einverständnis des Besitzers (meist sogar in dessen Auftrag) angefertigt werden. Dennoch empfiehlt es sich, beim Fotografieren von Bikern immer einen sogenannten Model Release bzw. Shooting-Vertrag zu vereinbaren. Dies sind standardisierte Verträge, in welchen geregelt ist, dass das Model (in der Fotografie ist jede Person vor der Kamera ein Model) der Veröffentlichung der Bilder zustimmt.

Wie verhält es sich aber nun mit dem Foto eines Motorrads, ohne dass eine Person mit auf dem Bild ist? Ein Irrglaube besagt, dass das Bildrecht dann beim Biker liegt, schließlich sei ja sein Motorrad abgebildet. Mein Motorrad, mein Bild! Dem ist nicht so. Gegenstände haben in diesem Sinne kein Persönlichkeitsrecht wie Menschen. Wurde die Maschine also auf öffentlichem Grund fotografiert und es ist keine erkennbare Person auf dem Foto, darf das Foto veröffentlicht werden, ohne dass es einer gesonderten Genehmigung bedarf.

10.4.4 Datenschutz und Kennzeichen

Einige Biker haben Bedenken, wenn das Kennzeichen der Maschine auf einem Foto sichtbar abgebildet ist. Dahinter steht zum Beispiel die Befürchtung, dass Kriminelle anhand des Kennzeichens den Halter und somit die Adresse ermitteln könnten und das Motorrad gestohlen wird.

Dem entgegen steht die Argumentation, dass ein Krimineller sich nur an einem schönen Sonntag an eine beliebte Motorradstrecke stellen oder zu einem Motorradtreff gehen muss. Im Handumdrehen hätte er mehrere Dutzend Kennzeichen von interessanten Maschinen. Kennzeichen sind nun einmal da, weil sie gesehen werden müssen. Wer mit seinem Motorrad durch die Stadt fährt, zeigt sein Kennzeichen einem jeden, der ihm über den Weg läuft.

Sind Sie verpflichtet, ein Kennzeichen unkenntlich zu machen? Verletzen Sie Rechte des Halters, wenn Sie »seine« Daten (das Kennzeichen) im Internet veröffentlichen? Der gesunde Menschenverstand sagt, dass das Kennzeichen alleine keine persönliche Information darstellt, weil der Normalbürger keine Verbindung zwischen dem Kennzeichen und dem Halter ziehen kann. Aber leider ist keine eindeutige rechtliche Regelung bekannt. Im Streitfall wird individuell von den Gerichten entschieden.

Als Richtschnur kann gelten: Ist im Bild nur das Kennzeichen sichtbar und sonst kein weiterer Bezug zum Halter, seiner Adresse etc. zu sehen, dann ist das Bild eher unkritisch. Für den externen Betrachter ist irgendein Motorrad an irgendeinem Ort zu sehen. Befinden sich jedoch weitere Informationen auf dem Bild, welche eine örtliche oder persönliche Zuordnung ermöglichen, könnten Rechte des Halters berührt werden. Dies kann zum Beispiel der Fall sein, wenn ein Schild mit dem Straßennamen oder ein Firmenschild zu sehen ist, welches in direktem Zusammenhang mit dem Halter steht.

Egal, zu welcher Seite der Argumentation man seine persönliche Meinung zählt, Einigkeit besteht unter Bikern lediglich darin, dass ein Motorrad ohne Kennzeichen meistens besser aussähe. Und ungeachtet der rechtlichen Situation sollte der Wunsch eines Bikers respektiert werden. Somit stellt sich die Frage, welche Art des »Unkenntlichmachens« geeignet ist. Sie könnten ein Kennzeichen unscharf machen, schwärzen oder weißen oder – eine Unsitte in sozialen Medien – einen Smiley über das Kennzeichen legen.

Bei diesen Methoden wird zwar erfolgreich das Kennzeichen unkenntlich gemacht, gleichsam erfolgreich ist aber auch die Zerstörung der Bildwirkung. Der Mensch ist darauf programmiert, ungewöhnliche Dinge sofort zu registrieren. Man ist daran gewöhnt, dass ein Kennzeichen aus Zahlen und Buchstaben besteht. Man nimmt das Kennzeichen quasi nicht wahr und betrachtet nur die Maschine. Ungewöhnlich hingegen ist eine weiße oder verpixelte Fläche. Das Auge bleibt automatisch an dem unkenntlich gemachten Kennzeichen hängen und kehrt immer wieder dorthin zurück. Die Bildwirkung wird gestört, wenn nicht sogar zerstört.

Es gibt daher eine intelligentere Methode, die Interessen von Biker und Fotograf gleichermaßen zu berücksichtigen: die Veränderung des Kennzeichens. Ein einfacher Buchstaben- oder Zahlendreher reicht aus, um eventuelle finstere Ansinnen ins Leere laufen zu lassen. So könnte zum Beispiel aus dem Kennzeichen H-XD 922 das Kennzeichen H-DX 229 werden. Sie können auch Buchstaben oder Zahlen verdoppeln (zum Beispiel aus H-XD 922 ein H-DD 229 machen).

Dieser Tausch ist recht einfach:

- Wählen Sie das erste zu tauschende Zeichen in Photoshop mit dem Polygon-Lasso aus, kopieren Sie den Bereich mit Strg-C (Mac: Cmd-C) und fügen Sie ihn in einer neuen Ebene mit Strg-V (Cmd-V) ein.

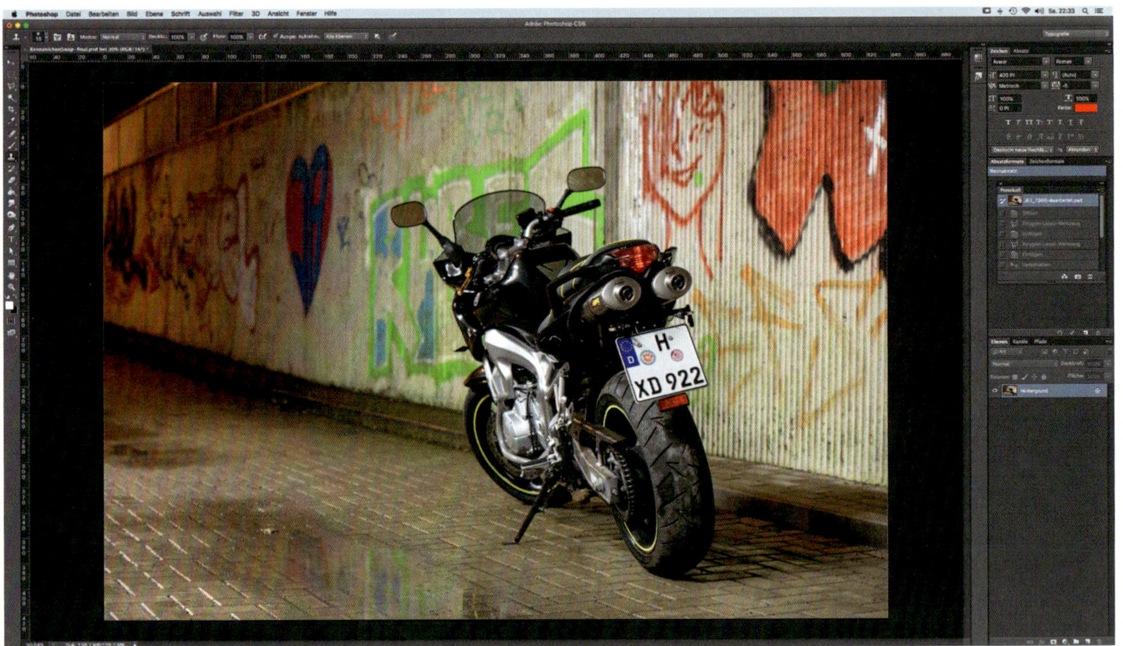

Abb. 10–33 Das Originalbild in Photoshop

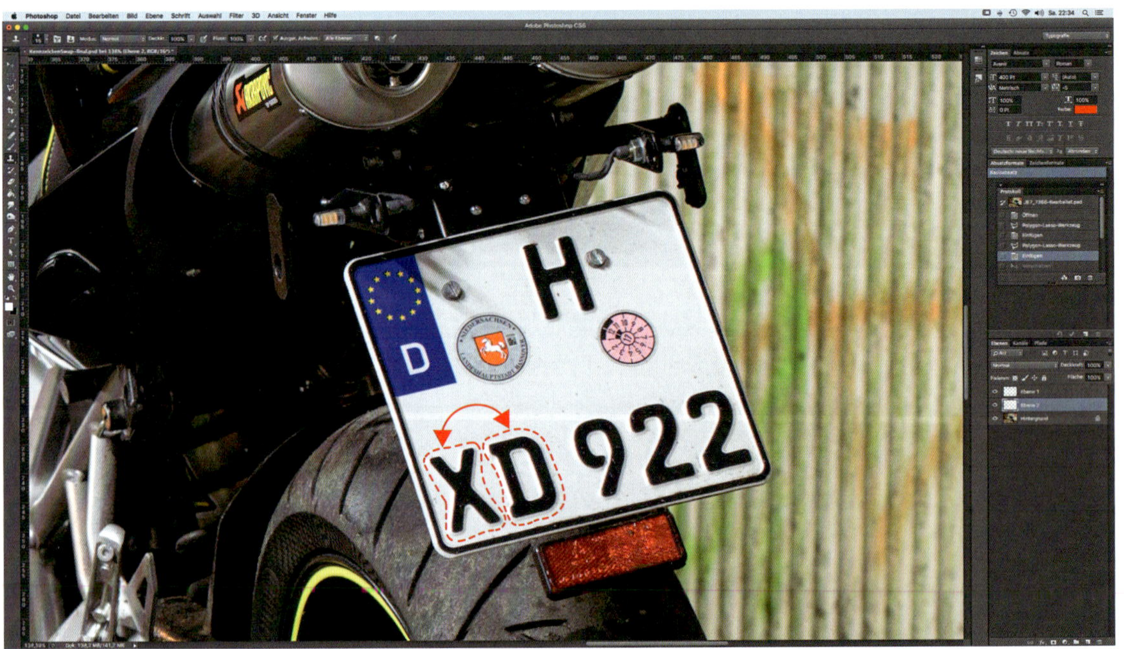

Abb. 10–34 Das D und das X wurden jeweils einzeln mit dem Lasso-Werkzeug markiert und als Kopie in einer separaten Ebene eingefügt.

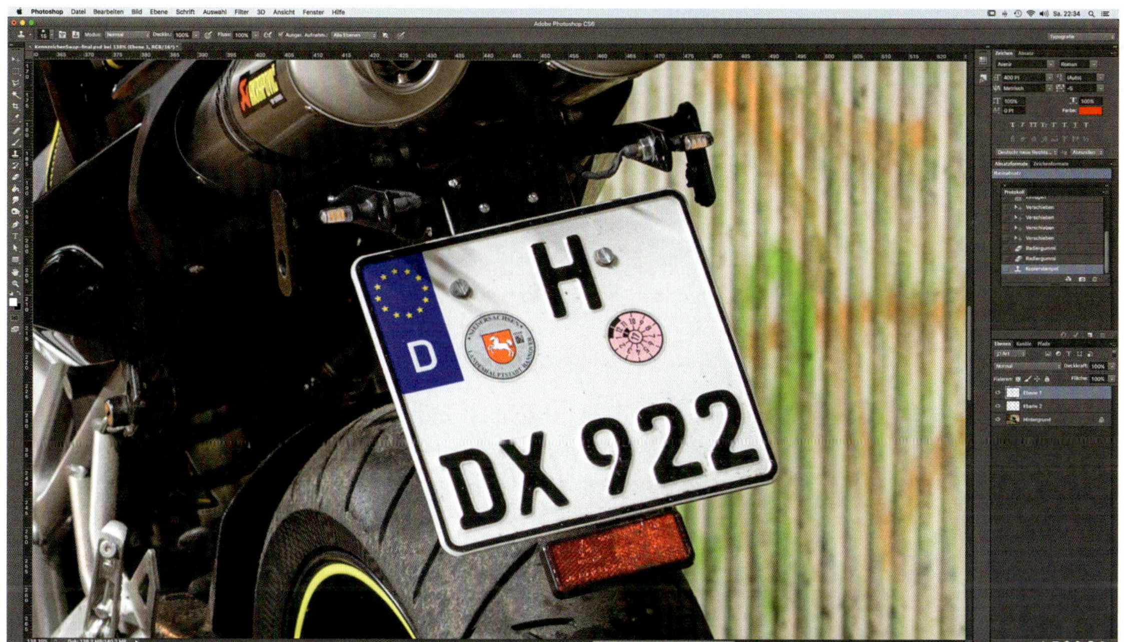

Abb. 10–35 Mit dem Verschieben-Werkzeug wurden die Buchstaben getauscht. Aus »XD« wurde »DX«. Mit dem Kopierstempel wurden leichte Unsauberkeiten an den Kanten der getauschten Bereiche korrigiert.

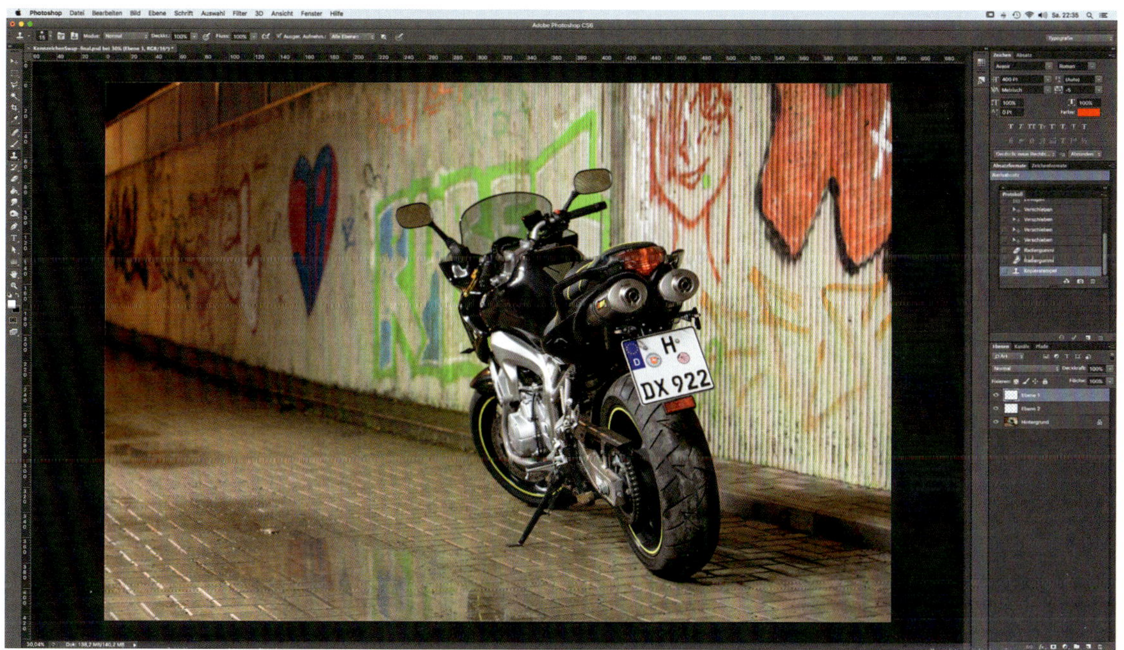

Abb. 10–36 Das finale Bild: Nun hat das Motorrad ein anderes Kennzeichen. Der gesamte Vorgang hat in Photoshop ca. drei Minuten gedauert.

- Verfahren Sie ebenso mit dem zweiten zu tauschenden Zeichen.
- Tauschen Sie anschließend mit dem Verschieben-Werkzeug die beiden Zeichen.
- Oft kommt es nach dem Tausch zu kleineren Unstimmigkeiten am Farb- oder Helligkeitsverlauf an den Kanten der kopierten Bereiche. In diesem Fall müssen Sie mit dem Kopierstempel-Werkzeug oder dem Reparatur-Werkzeug diese Bereiche noch einmal nacharbeiten, bis man nicht mehr sieht, dass die Buchstaben ursprünglich an einer anderen Stelle standen.

Diese Methode ist schnell und einfach (drei bis fünf Minuten pro Bild, je nach Ihrer Fertigkeit im Umgang mit Photoshop). Sie ist insbesondere deswegen einfach in der Umsetzung, weil vorhandene Bildbereiche verwendet werden, die auch eng nebeneinanderstehen. Somit sind Helligkeitsverläufe zwischen den Zeichen gering).

10.5 Bilderklau und wie man damit umgehen kann

Die Veröffentlichung von Fotos im Internet zieht es nach sich, dass diese Bilder auch gestohlen werden können. Dabei bedeutet »gestohlen« nicht, dass sie weg sind, wie zum Beispiel ein Gemälde aus einem Museum. Im digitalen Kontext bedeutet es, dass ein Bild ohne Autorisierung wiederverwendet wird. Gemeint ist auch nicht das Rebloggen bzw. Verbreiten durch Teilen in sozialen Medien, denn hier gehört das Verbreiten zum Konzept. Es geht um die ungefragte Weiterverwendung in Blogs, auf Webseiten oder sogar in gedruckten Erzeugnissen wie Katalogen und Flyern. Leider ist aufgrund der Bilderflut im digitalen Zeitalter und der Allgegenwärtigkeit von Fotos in sozialen Medien eine gewisse Sättigung eingetreten. Die Verfügbarkeit von Fotos wird als selbstverständlich angenommen, und da man sich ungehindert und kostenfrei sämtliche Bilder auf Portalen ansehen kann, wird oftmals vergessen, dass diese Fotos auch mit Rechten versehen sind und kein Allgemeingut darstellen.

In den meisten Fällen bekommen Sie einen Urheberrechtsverstoß leider gar nicht mit. Das Bild wird unbemerkt von irgendwem heruntergeladen, in einen gedruckten Flyer integriert oder auf eine Homepage gesetzt. Stößt man nicht per Zufall drauf oder wird darauf aufmerksam gemacht, wird nichts geschehen. Wo kein Kläger, da kein Richter. Doch gehen wir davon aus, dass Sie eines schönen Tages eines Ihrer Bilder auf der Seite eines Online-Motorradmagazins wiederfinden. Wie möchten Sie sich dann verhalten? Nichts zu tun und sich gar geschmeichelt fühlen, dass das eigene Bild so gut ist, dass es gestohlen wird, ist keine Lösung. Wer nichts unternimmt, leistet nur dem Werteverfall in der Fotografie weiteren Vorschub. Somit empfehle ich, dass Sie sich wehren.

Zuallererst müssen Beweise gesichert werden. Im Falle von gedruckten Publikationen ist dies einfach, bei Onlinemedien sollten Sie Screenshots speichern, das entwendete Bild herunterladen und die URL des entwendeten Bilds sichern. Sind die Beweise gesichert, so gibt es mehrere Möglichkeiten, wie man sich wehren kann (in Reihenfolge steigender Heftigkeit):

- Den Betreiber der Webseite bitten, das Bild umgehend zu entfernen.
- Eine Rechnung mit einem Honorar für eine »nachgelagerte Lizenzierung« zu schreiben.
- Den Gang zu einem Fachanwalt, der dann eine Abmahnung mit entsprechenden Gebühren verschickt.

Eine Rechnung zu schreiben mit einer nachgelagerten Lizenzierung des Fotos ist eine elegante Art und Weise, seine Ansprüche geltend zu machen. Sie können die Angelegenheit gegebenenfalls selbst regeln und kommen vorerst ohne einen Anwalt aus (der wiederum ein finanzielles Risiko darstellt, wenn die Gegenpartei nicht zahlen kann oder will). Auf jeden Fall sollten Sie ein konkretes Zahlungsziel nennen, zum Beispiel 14 Tage ab Zugang der Dokumente. Sollte die Gegenpartei innerhalb der gesetzten Frist die Rechnung nicht beglichen haben, können Sie immer noch einen Anwalt konsultieren, der dann Ihr Recht durchsetzt.

Die erste Option könnte die Sache schnell aus der Welt räumen, tut demjenigen aber nicht weh, der das Urheberrecht des Fotografen verletzt hat. Evtl. handeln Sie sich sogar noch einen lapidaren Kommentar ein, Sie sollen sich nicht so anstellen. »Ist doch nur ein Foto« ist in diesem Zusammenhang eine oft gehörte Aussage, welche viel über die Wertschätzung der Fotografie aussagt.

Ein Fall aus der Praxis

Ich habe eines Tages festgestellt, dass eine große Motorradseite im Internet eines meiner Studiofotos einer Suzuki GSX-R 750 (siehe Abb. 5–6) in einem Artikel über die GSX-R-Familie verwendet hat. Die Verwendung war nicht angefragt worden, außerdem wurde von der Online-Redaktion das Bild beschnitten, um das Wasserzeichen mit meiner Unterschrift (vgl. Abschnitt 10.3.2) zu entfernen. Diese Handlung zeigte klar und deutlich, dass die Herkunft des Bilds verschleiert werden sollte. Hier lag kein unbedachtes oder naives Handeln vor, sondern Vorsatz.

Ich habe daraufhin zunächst wie beschrieben die Beweise gesichert und anschließend einen freundlichen, aber bestimmten Brief an den Geschäftsführer des Portals geschrieben sowie eine Rechnung beigelegt. Der Rechnungsbetrag orientierte sich an den Kosten eines regulären Studioshootings und wurde mit einem Faktor für die nachgelagerte Lizenzierung beaufschlagt. Der Brief schloss mit den Worten, dass bei Ablauf der Zahlungsfrist ohne Zahlungseingang ein Anwalt beauftragt würde. Die Unterlagen wurden per Briefpost als Einschreiben und zusätzlich per E-Mail verschickt.

Eine Stunde, nachdem die E-Mail verschickt wurde, war das Bild von der Homepage verschwunden. Es dauerte dann noch einige Zeit, bis eine erste schriftliche Reaktion erfolgte. Der Geschäftsführer kontaktierte mich und begann, über den Fall zu verhandeln. Die dabei ins Feld geführten Argumente waren teilweise haarsträubend und bedienten jedes nur erdenkliche Klischee, welches man von Fotografenstammtischen kennt. Hier ein Auszug:

»Es ist doch kein Schaden entstanden, denn das Bild war nicht lange online.« Doch darum geht es nicht. Ob und wie viel Geld verdient wurde, ändert nichts an der Tatsache, dass eine Urheberrechtsverletzung vorliegt.

»Uns ist nicht bewusst gewesen, dass das Bild einem Copyright unterliege.« Diese Behauptung ist, und dafür gibt es keine andere Bezeichnung, dreist. Fotos sind per definitionem mit einem Copyright versehen, es sei denn, es wird ausdrücklich das Gegenteil erklärt. Des Weiteren widersprach in dem konkreten Fall das bewusste Entfernen des Wasserzeichens dieser Aussage.

»Das ist doch tolle Werbung für dich.« Der Aspekt der Werbung wird immer wieder ins Feld geführt, wenn es darum geht, nicht für Fotos bezahlen zu wollen. Komischerweise wird aber angenommen, dass nur Fotografen Werbung als Bezahlung sehen und davon profitieren. Die simple Gegenfrage, ob man denn die Produkte der urheberrechtsverletzenden Partei auch kostenlos nutzen könne (zum Beispiel ein Zeitschriftenabonnement), lässt dieses Argument in sich zusammenfallen.

»Wir haben für Fotos kein Budget.« Das ist der Klassiker unter den Klassikern der Ausreden, warum man für Fotografie nichts bezahlen möchte. Eigenartigerweise haben Firmen für alles Budget, in diesem Praxisfall für Redakteure, Räume, Server, Computer, Onlinewerbung etc. Dass keinerlei Budget vorhanden ist, um eine ungeplante Rechnung zu bezahlen, ist nicht besonders glaubwürdig, wenn das Unternehmen schon länger am Markt besteht.

Um die Geschichte abzukürzen: Es gingen einige Mails hin und her, in denen die absurdesten Argumente vorgetragen wurden, warum man für die Verwendung des Bilds nicht zahlen müsse/könne/wolle. Letztendlich bewirkte aber mein Beharren auf dem Zahlungstermin und die Drohung mit rechtlichen Schritten, dass die Firma doch die Rechnung bezahlte. Es ist davon auszugehen, dass in dieser Redaktion keine weiteren Urheberrechtsverletzungen mehr begangen werden.

10.6 Datenarchivierung und Backupstrategien

Mit der Fülle an Bildinformationen und der Größe von RAW-Dateien kommt schnell der Punkt, an welchem die Festplatte des Computers voll ist und Daten ausgelagert bzw. archiviert werden müssen. Die Langzeitarchivierung von digitalen Daten ist mit technischen Hindernissen verbunden, die es zu beherrschen gilt. Als Langzeitspeichermedien stehen Speicherkarten, optische Datenträger, Festplatten und Cloudspeicher zur Verfügung.

Für die Langzeitarchivierung von großen Datenmengen kommen im Grunde nur Festplatten oder internetbasierte Cloudspeicher (die wiederum auch Festplatten einsetzen) infrage. Nur Festplatten bieten ausreichend hohe Speicherkapazitäten von derzeit bis zu mehreren Terabyte (Tendenz steigend) bei einem vergleichsweise niedrigen Preis. Weder Speicherkarten noch optische Datenträger erreichen Speicherkapazitäten, um Hunderte und Tausende Gigabyte aufzunehmen.

Doch Daten auf einer Festplatte allein zu archivieren, reicht nicht aus, um die Bilder nachhaltig vor Verlust zu schützen. Wer mit digitalen Medien arbeitet, muss Backups machen, denn zu vielfältig sind die Risiken, welche zu einem Datenverlust führen können:

- Benutzerfehler, unbeabsichtigtes Löschen der Daten.
- Hardware-Fehlfunktion (Festplatte erleidet einen Defekt).
- Viren, Malware, Hackerangriffe, Bugs oder Software-Fehlfunktionen.
- Externe Einwirkungen wie Feuer oder Diebstahl.

Anmerkung zu Cloudspeichern

Wer sich für eine Archivierung seiner Daten auf Cloudspeichern (internetbasierten Speicherdiensten) entscheidet, spart sich die Verwaltung und Pflege mehrerer Kopien seines Fotoarchivs. Derartige Speicherdienste sind kostenmäßig vergleichbar, wenn nicht sogar günstiger als die Anschaffung, Erneuerung und Pflege von selbst verwalteten Archiven auf Festplatten.

In den professionell aufgebauten und gut gewarteten Serverfarmen der Anbieter von Cloudspeicherdiensten sind die Daten höchst sicher abgelegt. Meist werden die Daten auch in zwei geografisch unterschiedlichen Rechenzentren gespeichert. Voraussetzung für die praktikable Nutzung einer solchen Lösung ist, dass man für den Up- und Download größerer Datenmengen eine breitbandige Internetverbindung benötigt.

Zunächst muss zwischen einem Backup und einem Archiv unterschieden werden. *Backups* sind Sicherheitskopien des Inhalts der Festplatte im Arbeitsrechner. Die Bilder werden vom Computer auf ein externes Speichermedium kopiert und existieren somit doppelt. Ein Archiv hingegen beinhaltet alle Fotos, welche nicht mehr auf der Festplatte des Computers verbleiben und aus Platzgründen ausgelagert werden. Die Auslagerung bedeutet, dass die Bilddateien nun nur noch an einer Stelle existieren, nämlich auf dem externen Speichermedium. Dieses muss aus Sicherheitsgründen auch vervielfältigt werden.

Datensicherheit erreichen Sie aber nur, wenn die Bilder immer auf mindestens zwei getrennten Speichermedien separat voneinander existieren. Der Verlust von Daten auf einem Medium kann mit den Daten des anderen Mediums wieder behoben werden. Nach einem Backup existieren die Daten an zwei Orten: auf der Festplatte des Computers und auf der Backupfestplatte. Bei einem Archiv (ausgelagerten Daten) existieren diese nur auf der Archivfestplatte. Somit ist ein zweites, identisches Archiv notwendig, um bei Beschädigung des ersten Archivs eine Sicherungskopie zu haben. Ein Speicherkonzept hoher Datensicherheit zeichnet sich also dadurch aus, dass die Daten an mindestens drei Speicherorten jeweils identisch vorhanden sind (vgl. Abb. 10–37). Aktuelle Daten befinden sich auf dem Arbeitscomputer. Sämtliche aktuellen Daten werden von dem Arbeitscomputer mit einem Backup-Programm auf die Backupplatte kopiert und synchronisiert. Dauerhaft ausgelagerte Daten werden auf eine separate Archivplatte kopiert und vom Arbeitsrechner gelöscht. Zusätzlich existiert eine Kopie des Archivs auf einem weiteren, separaten Speichermedium,

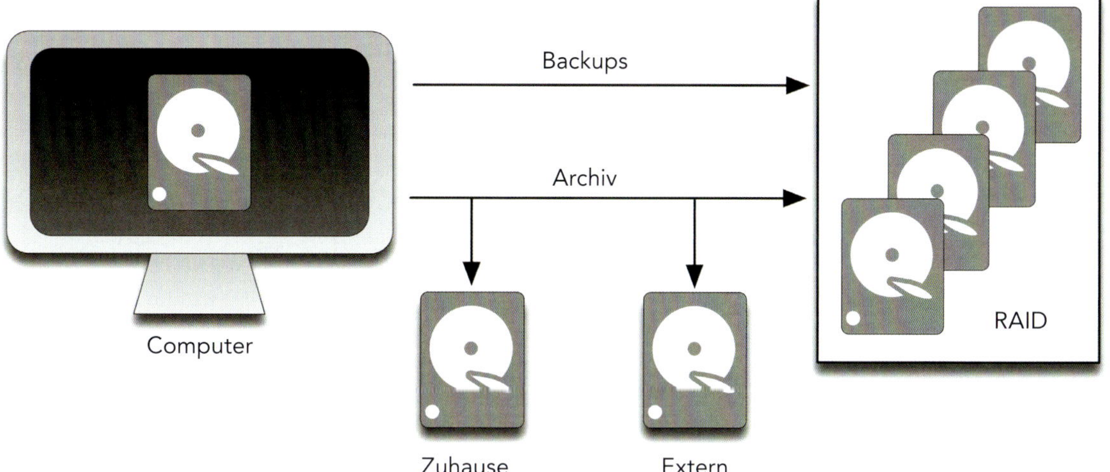

Abb. 10–37 Struktur einer mehrschichtigen Datensicherung. Der Inhalt des Computers wird ständig als Backup auf einem RAID-System mit vier Festplatten gesichert (die Festplatten im Raid sichern sich gegenseitig gegen einen Ausfall ab). Ausgelagerte Fotos werden in einen Archivordner auf dem RAID-System gespeichert und parallel dazu auf zwei identisch angelegte Archivfestplatten kopiert. Diese Platten sind nur zum Datenabgleich mit dem Rechner verbunden; eine der beiden Platten wird nicht im gleichen Gebäude wie die erste Platte gelagert.

um auch das Archiv abzusichern. Wird das separate Archiv nun noch an einem räumlich getrennten Ort aufbewahrt (also nicht im gleichen Gebäude, sondern zum Beispiel im Haus eines Freundes oder Familienmitglieds), so ist eine höchstmögliche Datensicherung vorhanden:

- Unbeabsichtigt gelöschte Daten können mit dem Backup wiederhergestellt werden.
- Tritt ein Defekt an einer beliebigen Festplatte auf, gibt es immer noch eine Sicherheitskopie.
- Viren und Malware können nicht gleichzeitig auf allen drei Platten zuschlagen und Schaden anrichten, da sie räumlich getrennt sind.
- Geht die Archivplatte durch Diebstahl, Feuer, Blitzschlag o. Ä. verloren, gibt es immer noch die außerhalb des Hauses gelagerte Kopie.

Es bleibt anzumerken, dass eine solche Datensicherungsstrategie zwar hohen Schutz, aber nicht absoluten Schutz vor Datenverlust garantiert. Wie so oft im Leben ist ein 100 %iger Schutz nicht möglich, man kann sich nur so gut vorbereiten, wie man kann und möchte.

Motorräder in diesem Buch

Marke	Modell	Seiten
Aprilia	Caponord 1200	84, 107, 159, 169, 176
Aprilia	Tuono V4 1100 Factory	67, 90, 91, 133, 232
Benelli	Tornado E	205
BMW	R 1200 GS	146
BMW	R 1200 GS Adventure	37, 97, 112
BMW	R 1200 R	13
BMW	S 1000 R	82, 89, 124, 125, 171
BMW	S 1000 RR	114, 130, 132
BMW	S 1000 RR (Modell)	218
BMW	S 1000 XR	42, 95 ,106, 239, 242
Ducati	748 S Biposto	46
Ducati	Diavel black	87, 100, 103, 152
Ducati	Panigale 1299 S	116
Ducati	Panigale 1299 S Custom	Titelbild, 96, 104, 113, 246
Ducati	Scrambler Full Throttle	45, 89, 105, 137, 238
Honda	CB1 400	156
Honda	CBF 600	150
Honda	CBR 900 Custom	94
Honda	CBR 1000 RR Fireblade (Modell)	33, 215, 216
Honda	CMX 500 Rebel	4, 34, 61 ,64
Honda	VT 1100 Shadow C3	58, 90, 117, 149, 157, 179
Honda	VT 1300 Fury	233
Honda	VTX 1300	101, 102
Honda	XRV750 Africa Twin	85, 164
Kawasaki	ER-6N	160
Kawasaki	GPZ 1000 RX	65, 134

Marke	Modell	Seiten
Kawasaki	KX450F (Modell)	219, 248
Kawasaki	Versys 650	185
Kawasaki	Versys 1000	74
Kawasaki	VN 1700	168, 169
Kawasaki	W800 Retro Scrambler (Custom)	70, 75
Kawasaki	Z750 (blau)	77, 135
Kawasaki	Z800	161
Kawasaki	ZX-10R Ninja (blau)	18, 98, 231
Kawasaki	ZX-10R Ninja (schwarz)	141, 145
Kawasaki	ZX-10R Ninja (grün, Modell)	220, 221 ,223
KTM	LC4	41, 55
Moto Morini	Granpasso 1200	31, 56, 78 ,92, 108, 122, 163, 165, 172, 191, 192, 196, 199, 200, 201
Suzuki	Bandit 1200	29
Suzuki	Bandit 1200 (Custom)	38, 54, 72, 94
Suzuki	GSX-R 600	138, 147
Suzuki	GSX-R 750	143
Suzuki	GSX-R 750 (Custom)	47
Suzuki	GSX-R 1000	147, 169, 173
Suzuki	VZR M 1800 Intruder	231
Triumph	Street Triple	52, 118, 129, 188
Triumph	Tiger 1050 (schwarz)	50, 196, 201, 211
Triumph	Tiger 1050 SE (rot)	92, 93, 202, 213
Yamaha	FZ1 Fazer	86
Yamaha	FZ6 Fazer	v, 1, 23, 39, 49, 53, 55, 60, 69, 86, 111, 126, 128, 131, 167, 175, 194, 195, 201, 236
Yamaha	MT-09	19, 166
Yamaha	YZF-R1	59, 66, 80, 115

Index

Symbole

A

B

C

D

E

F

T

U

V

W

Z